« esclaves », ils devinrent « gens de couleur », « *Negroes* », « Noirs », puis « Afro-Américains ». Chacun de ces termes, qui serviront de jalons au fil de ces pages, rend compte, à chaque époque, d'une place et d'un statut dans la société et témoigne du prodigieux cheminement de ceux qui aujourd'hui, peuvent s'appeler, enfin et simplement : Américains.

LES NOIRS AMÉRICAINS

Le piège : quand la démocratie perd la tête, Paris, Le Seuil, 1999.
Good Morning America : ceux qui ont inventé l'Amérique, Paris, Le Seuil, 2001.
Faut-il avoir peur de l'Amérique ?, Paris, Le Seuil, 2005.
Américains, Arabes : l'affrontement, avec Antoine Sfeir, Paris, Le Seuil, 2006.
Pourquoi nous avons besoin des Américains, Paris, Le Seuil, 2007.
Le petit livre des élections américaines, Paris, Editions du Panama, 2008.
La plus belle histoire de la liberté, avec André Glucksmann et Abdelwahab Meddeb, Paris, Le Seuil, 2009.

Pour en savoir plus
sur les Éditions Perrin
(catalogue, auteurs, titres,
extraits, salons, actualité…),
vous pouvez consulter notre site internet :
www.editions-perrin.fr

collection tempus

Nicole BACHARAN

LES NOIRS AMÉRICAINS

Des champs de coton à la Maison Blanche

PERRIN
www.editions-perrin.fr

© Nicole Bacharan/Éditions Perrin, 2010
ISBN : 978-2-262-03275-3

tempus est une collection des éditions Perrin.

Ce livre est édité par Dominique Simonnet

AVANT-PROPOS

Le Nouveau Rêve

Ils sont arrivés au Nouveau Monde, la chaîne au cou, les pieds entravés, réduits à l'état de sous-hommes, triés comme du bétail sur les quais de débarquement avant d'être vendus à des colons. Esclaves…

Quatre siècles d'asservissement, de ségrégation, de violences, de souffrance ont suivi. Quatre siècles de combats, pour reconquérir le statut d'être humain, imposer leurs droits, affirmer leur dignité… Il n'y a pas si longtemps, lorsque Barack Obama était enfant, Martin Luther King était assassiné, et les Noirs d'Amérique risquaient encore le lynchage. L'histoire des Noirs américains est sans doute l'une des plus tragiques de toute l'aventure humaine. L'une des plus nobles aussi.

L'Amérique ne fut jamais la société blanche qu'elle prétendit longtemps être. Dès le début, elle fut une société multiraciale, métissée, qui a tenté de nier la présence en son sein des Indiens et des Noirs. Ces derniers, raflés en Afrique ou aux Antilles, pris dans l'infernal trafic de la traite, sont arrivés dans les premiers bateaux européens, avant même les pèlerins du *Mayflower*. Ils étaient là, dès le prologue de l'Histoire américaine, luttant eux aussi contre la nature hostile pour fonder les colonies et semer les premières graines de ce qui deviendra quelques décennies plus tard « les États-Unis d'Amérique ».

Eux aussi, ils ont contribué de façon essentielle à l'exploration et au développement du nouveau continent. Eux aussi, ils ont déboisé, construit, travaillé dans les champs et dans les ateliers, lutté contre la puissance coloniale. Eux aussi, ils ont bâti la richesse et l'indépendance américaines. Eux aussi, ils se sont identifiés aux idéaux de liberté et d'égalité de la nation naissante. Eux aussi, ils ont construit le rêve américain. Eux aussi, ils étaient, dès le début, américains.

Mais eux, ils ont dû lutter, souffrir, mourir, pour être reconnus comme tels. Eux, ils ont dû vaincre le système esclavagiste, la discrimination incessante, l'hypocrisie criminelle, la violence quotidienne, les sévices sexuels, l'opprobre, l'humiliation, et la ségrégation forcenée, obsessionnelle, qu'il y a à peine cinquante ans, une partie des Blancs tentait toujours d'imposer… Eux, ils ont dû se battre, jour après jour, année après année, pour faire reconnaître leur citoyenneté. Et ils ont créé une culture originale, à la fois profondément noire et profondément américaine, à jamais indissociable de la civilisation des États-Unis.

L'histoire des Noirs américains, c'est l'histoire de l'Amérique. Mais c'est aussi une histoire contre l'Amérique, une histoire pour l'Amérique, et un combat pour le droit à l'Histoire.

Du XVIIᵉ au XXIᵉ siècle, de l'esclave peinant dans les champs de coton à Barack Obama installé à la Maison Blanche, les Noirs américains furent désignés successivement sous différents vocables. Tout d'abord

PREMIÈRE PARTIE

Esclaves

CHAPITRE 1

Dans la nuit des colonies

L'Institution particulière

Ils furent une vingtaine, qui débarquèrent d'un navire hollandais à la fin du mois d'août 1619 dans un lieu marécageux et insalubre baptisé Jamestown, l'embryon d'une colonie nommée Virginie. Vingt Noirs, les premiers, croit-on, à poser le pied sur ce continent hostile que l'on appelle Nouveau Monde, un an avant l'arrivée des pèlerins du *Mayflower*. Qui étaient-ils ? Impossible à dire. D'où venaient-ils exactement ? Nul ne le sait. Personne ne répertoriait alors les rares navires qui accostaient, souvent des bateaux corsaires qui n'avaient pas très bonne réputation, et les historiens d'aujourd'hui ont bien peu de choses à se mettre sous la dent. Tout au plus a-t-on retrouvé la trace de cette mention, attribuée à John Rolfe, le premier juge de Virginie, planteur de tabac :

« À la fin août, un vaisseau de guerre hollandais nous a vendu vingt nègres[1]. »

C'est donc, faute de mieux, la date que l'on retient pour fixer l'origine de l'esclavage en Amérique du Nord. Il est probable que le navire ait plutôt été un corsaire et que les esclaves aient été capturés sur un bateau portugais aux Antilles. Mais les appelait-on seulement esclaves, ces vingt premiers infortunés ? En ce temps-là, l'Amérique ne se nommait pas encore États-Unis, il n'y avait bien sûr pas encore d'États, à peine une colonie qui se résumait à quelques implantations sommaires, et moins d'un millier d'Européens téméraires luttant contre la malaria. Là-bas, l'esclavage ne s'appelait pas encore esclavage. Les premiers Noirs américains étaient « serviteurs sous contrat » pour des colons en mal chronique de main-d'œuvre, qui recrutaient ceux qui arrivaient en haillons après avoir affronté l'océan : marins désargentés, anciens repris de justice cherchant des jours meilleurs ou simplement aventuriers espérant faire fortune, les uns volontaires, les autres kidnappés dans les taudis de Londres et de Bristol.

Blancs, venus d'Europe, et Noirs, issus de la traite qui se développait à partir de l'Afrique puis des Antilles, ces serviteurs étaient unis par la dureté de leur condition comme par le mépris dans lequel les englobaient leurs propriétaires. Ils peinaient côte à côte, et souvent nouaient des relations qui engendrèrent la première génération de mulâtres. Les colons britanniques considéraient en général cette intimité d'un œil critique[2]. Pendant quelques décennies, certains Noirs retrouvèrent leur liberté au bout de leur période de servitude, et purent eux aussi, aller et venir, acheter, vendre, voter et participer aux procédures judiciaires. Mais ce temps-là ne dura pas : très vite, une distinction nette s'établit cependant entre Africains et serviteurs venus d'Europe, et seuls les Noirs se trouvèrent embrigadés dans un système de servitude perpétuelle, transmise de génération en génération : « l'Institution particulière[3] ». En termes moins pudiques et plus clairs : l'esclavage.

Le bois d'ébène

Le commerce du « bois d'ébène », autre terrible euphémisme qui désignait les cargaisons humaines, n'était pas chose nouvelle. Dès le XVe siècle, les marins portugais, bientôt suivis des Espagnols, des Français, des Anglais, des Hollandais, des Danois, des Suédois et des Allemands du Brandebourg avaient kidnappé ou acheté des esclaves sur la côte occidentale de l'Afrique. Ils les revendaient ensuite en Europe mais surtout dans les colonies d'Amérique du Sud et des Antilles. Les colons, à la tête de vastes territoires, ne se montraient pas regardants quant à l'origine de leur main-d'œuvre.

Ils avaient tout d'abord tenté d'embrigader les indigènes, mais ces derniers prenaient facilement la fuite à travers un pays dont ils connaissaient chaque buisson, ou mouraient par centaines, victimes des maladies transmises par les Européens et jusqu'alors inconnues[4]. Les Blancs miséreux capturés sur le vieux continent auraient aussi bien fait l'affaire, néanmoins ils pouvaient se targuer de quelque protection gouvernementale, et ils se fondaient aisément dans la foule des colons. Tout naturellement, le choix s'était donc porté sur les Africains, physiquement plus résistants que les Indiens, immédiatement repérables grâce à leur couleur, peu susceptibles de recourir à la fuite à travers un territoire totalement inconnu, et dépourvus de toute protection dans un monde colonial qui avait entrepris de dépecer le continent africain.

Comme en Amérique du Sud et en Amérique centrale, l'esclavage sur le territoire des futurs États-Unis procéda davantage d'une adaptation progressive aux circonstances économiques que d'une démarche délibérée[5]. L'essor du capitalisme dans l'Europe du XVIIe siècle créait une vaste catégorie de consommateurs, avides de denrées de luxe : le sucre, le tabac, le cacao, le café, le riz, plus tard le coton et l'indigo. Les propriétaires établis dans les premières colonies, soutenus par cette demande commerciale, élargissaient leurs domaines. Les fermes devenues plantations exigeaient une main-d'œuvre abondante, bon marché, à demeure. Les planteurs prolongèrent donc le temps de service de leurs « employés » noirs, restreignirent les conditions de leur mise en liberté, n'envisagèrent même plus de leur rendre cette liberté. En 1661, la Virginie reconnut l'existence légale de l'esclavage[6] et dans la décennie qui suivit, les autres colonies lui emboîtèrent le pas.

Dans les colonies du Sud et du Centre, où dominait l'économie de plantation, la démarche semblait plus urgente, mais à la fin du XVIIe siècle, on trouvait des esclaves jusque chez les puritains de Nouvelle-Angleterre[7]. Une question morale agitait pourtant les milieux bien-pensants : fallait-il baptiser les esclaves ? L'importation du « bois d'ébène » n'avait pas troublé leur conscience, puisqu'il s'agissait de païens, mais que faire d'esclaves baptisés, quand la coutume anglaise avait toujours reconnu que le baptême chrétien affranchissait le nouveau converti ? Qu'à cela ne tienne. En 1667, la loi de Virginie décida : « Le baptême n'altère pas la condition de la personne quant à son asservissement ou à sa liberté[8]. » Tranquillisés, les planteurs purent s'adonner à leur mission civilisatrice, et amener au Christ des païens qu'ils ne risquaient plus de transformer en hommes libres.

Dès lors, le commerce des esclaves vécut son âge d'or. Il n'est pas possible de chiffrer avec précision le nombre d'Africains qui furent ainsi arrachés à leurs villages et revendus quelques semaines plus tard sur les quais d'un port américain. Les estimations les plus plausibles se situent entre 1,5 et 3 millions pour le XVIIe siècle, entre 6 et 7 millions pour le XVIIIe siècle[9].

Le « passage du milieu »

Les négriers suivaient généralement une route triangulaire : d'Europe en Afrique, d'Afrique en Amérique, avant de retourner en Europe. Pour les marchands comme pour les esclaves, la traversée de l'Atlantique d'est en ouest constituait le « passage du milieu ». Les premiers y voyaient la possibilité de puiser avidement dans les richesses apparemment infinies du continent africain ; les autres entamaient une descente aux enfers, depuis les forts de la côte africaine jusqu'à une ferme ou une plantation coloniale, qu'ils ne devaient plus jamais quitter de leur plein gré.

Les Européens se plaisaient à croire que l'Afrique livrée aux ambitions coloniales vivait dans un état de sauvagerie primitive. Les marchands d'esclaves avaient installé leurs comptoirs le long d'une bande côtière de plusieurs milliers de kilomètres, qui s'étendait de l'embouchure du fleuve Sénégal à la frontière méridionale de l'actuel Angola. Même sans pénétrer plus avant à l'intérieur du continent, ils se trouvaient confrontés à des tribus représentant des langues, des coutumes, et des types physiques très divers. Presque partout l'organisation politique avait atteint un niveau suffisant pour assurer des modes de gouvernement relativement stables et efficaces. La cohésion sociale reposait sur la cellule familiale étendue au clan et à la tribu, d'autant que la polygamie était largement pratiquée. La religion, présente à chaque instant de la vie africaine, se rattachait pour l'essentiel au culte des ancêtres et renforçait la valeur des liens familiaux.

Peuples essentiellement agricoles, souvent nomades, les habitants de l'Afrique occidentale pratiquaient cependant des activités économiques diversifiées, dont témoignait l'essor du commerce et de l'artisanat. La richesse de l'âme africaine, la sensibilité aux forces de la nature et de l'au-delà, l'amour de sa terre et de son peuple s'exprimaient à travers la musique, la danse, la sculpture, les contes et récits de la tradition orale.

De cet héritage culturel si méconnu, que resta-t-il après le « passage du milieu » ? Jusqu'à quel point les malheureux qui quittèrent l'Afrique, enchaînés deux par deux, avant d'être précipités dans un monde totalement étranger, réussirent-ils à en sauver des bribes pour les transmettre à leurs enfants ? Cette question continue à diviser les historiens à la recherche de traces « d'africanismes » dans la culture noire américaine. Si l'on passe outre aux arguments de ceux qui ont longtemps considéré que les Africains n'avaient rien à transmettre, il reste deux tendances principales. Les uns[10] ont mis l'accent sur la rupture totale et définitive avec le passé africain : les marchands d'esclaves, sans aucune considération pour les liens familiaux ou tribaux, choisissaient avant tout des hommes jeunes, les moins à même de faire passer les traditions familiales à la génération suivante ; sur les navires comme dans les plantations, propriétaires et surveillants faisaient en sorte de séparer les esclaves proches par leurs origines ethniques, et décourageaient la pratique des langues et des coutumes indigènes. « Dans le Nouveau Monde, conclut ainsi E. Franklin Frazier, le processus par lequel le Noir se trouvait dépouillé de son héritage social et par là même (…) déshumanisé, était achevé[11]. »

De nombreux historiens se sont efforcés de nuancer ce point de vue, et sans nier le bouleversement fondamental provoqué par l'expérience de l'esclavage, ont su dégager des éléments de continuité qui ont permis aux Noirs de développer une identité nouvelle et spécifique sur le sol américain[12]. Bien que représentant des écoles et des méthodes fort différentes, tous se situent dans la ligne du plus célèbre des intellectuels noirs, W.E.B. Dubois, qui a toujours défendu la force et la spécificité de l'héritage africain. Tous souscriraient certainement à l'analyse de John Hope Franklin, selon qui, « en dépit de l'hétérogénéité caractéristique de maints aspects de la vie africaine, les peuples d'Afrique possédaient cependant suffisamment d'expériences en commun pour pouvoir coopérer au Nouveau Monde dans leur formation de coutumes et de traditions nouvelles reflétant leur héritage africain[13] ».

Les cargaisons humaines

Les négriers qui opéraient dans les comptoirs établis le long de la côte africaine ne se posaient certes pas de questions d'ordre social ou même simplement humain. Ils arrivaient sur des navires remplis de denrées européennes – fusils, liqueurs, perles, tissus – et entreprenaient de s'assurer la coopération des chefs de tribus locaux. Ceux-ci, après maints marchandages, se chargeaient de procurer des captifs en nombre suffisant. L'esclavage en Afrique était chose courante. Victimes des guerres tribales, les prisonniers se trouvaient souvent réduits à l'asservissement, sans que cela les marque d'un statut d'infériorité quant à leurs origines ou à la couleur de leur peau. Mais il en fallait bien davantage pour satisfaire l'avidité des marchands. Des guerres éclataient quand une tribu tentait de vendre les membres d'une autre tribu, des victimes isolées étaient capturées par les Européens eux-mêmes, d'autres payaient ainsi une infraction à la loi africaine.

Ce ne fut pourtant pas le rebut de la société africaine qui fit voile vers l'Amérique. Nobles et paysans, commerçants et poètes, toutes les catégories sociales se mêlaient dans les forts de la côte où leurs ravisseurs les parquaient avant le départ. Hommes, femmes et enfants, soigneusement examinés comme un bétail de choix et appréciés selon leur taille, leur jeunesse et leur force physique, recevaient une marque au fer rouge sur la poitrine et partaient, enchaînés deux à deux, poignets et chevilles, vers les navires ancrés dans le port. En rangs serrés, ils embarquaient sur les négriers qu'ils emplissaient, allongés, de la cale au pont supérieur, n'ayant la place ni de s'asseoir, ni de se retourner, à peine de respirer. Certains capitaines de vaisseaux chargeaient « lâche », pour parvenir en Amérique avec un maximum d'esclaves en bon état. La plupart préféraient charger « serré », considérant que les pertes au cours du voyage étaient largement compensées par l'abondance de la cargaison[14].

La traversée durait entre six et dix semaines. Aucun chiffre, aucune statistique ne peut rendre l'horreur de ces voyages, le climat de folie et de suffocation qui régnait à bord des bâtiments en route vers le Nouveau Monde. Les quelques esclaves qui parvenaient à s'échapper préféraient la noyade à la captivité. Certains sombraient dans la démence. D'autres entamaient des grèves de la faim, et il n'était pas rare qu'on leur brisât les dents pour les nourrir de force. Le scorbut, les épidémies de variole et de dysenterie opéraient des ravages dans les conditions d'entassement et de saleté où l'on maintenait les prisonniers. Les cadavres des suicidés et des victimes de maladies étaient jetés par-dessus bord en si grand nombre que les requins suivaient les navires à la trace depuis la côte africaine jusqu'en Amérique. Rien dans tout cela qui pût ébranler la détermination des marchands. Leur seule angoisse réelle demeurait celle des mutineries, fréquentes à tel point que beaucoup d'armateurs souscrivaient une « assurance-révolte ». Mais qu'importait. Sur les marchés aux esclaves des colonies, le commerce florissait, et les profits étaient considérables.

Pour les esclaves qui avaient survécu au voyage, la vente aux enchères constituait une épreuve supplémentaire qui décidait de leur avenir. Entièrement nus, ils subissaient publiquement les examens physiques les plus humiliants, avant d'être finalement octroyés au plus offrant. Suivait alors une période d'adaptation, pendant laquelle, répartis en petit nombre parmi des esclaves déjà rôdés, ils apprenaient à se plier aux rythmes de la plantation, à respecter l'autorité des contremaîtres et à communiquer dans l'anglais de fortune en usage chez les premiers Noirs américains. Ils ne retourneraient plus jamais en Afrique.

L'esclavage dans les treize colonies

Le gros des esclaves se retrouvait dans les colonies du Sud dont l'économie, fondée sur les cultures d'exportation, exigeait une main-d'œuvre abondante. La Virginie, premier producteur de tabac, la Caroline du Sud, premier producteur de riz, puis à partir de la seconde moitié du XVIIIe siècle la Géorgie, elle aussi grand producteur de riz, rassemblaient le plus grand nombre d'esclaves. En Caroline du Nord et dans le Maryland, les fermes plus petites absorbaient une moindre quantité d'esclaves. Dans les fermes et les plantations, les Noirs ne faisaient pas que travailler dans les champs, ils exerçaient aussi toutes sortes d'activités artisanales, car les planteurs tendaient à vivre dans un système quasi autarcique.

La terre et le climat des colonies du Centre ne se prêtaient pas aux grandes cultures pratiquées dans le Sud. Néanmoins, en tant que domestiques, manœuvres, artisans, les esclaves apportaient aussi leur contribution. Dans le Nord, ils travaillaient dans les grandes fermes, mais leur valeur demeurait avant tout commerciale. En effet, jusqu'à la guerre d'Indépendance, les ports de Nouvelle-Angleterre constituèrent la plaque tournante du commerce des esclaves.

Les Africains qui avaient si farouchement résisté à leur capture ne s'étaient pas soumis par enchantement en arrivant en Amérique. Le premier complot d'envergure fut découvert en Virginie dès 1663[15]. Révoltes et rébellions ne devaient jamais cesser, et les planteurs vivaient dans la psychose des insurrections sanglantes qui secouaient fréquemment les colonies des Antilles.

Plus le nombre de Noirs était élevé dans une région, plus les craintes des Blancs s'amplifiaient.

La Virginie élabora le premier Code des esclaves, largement inspiré des règles en vigueur dans les Caraïbes, et qui servit de modèle aux autres colonies. Les esclaves ne pouvaient quitter la plantation sans autorisation écrite de leur maître. Fouet, exposition au pilori, mutilation et, dans les cas extrêmes, pendaison représentaient le prix à payer pour les crimes et délits dont ils pouvaient se rendre coupables. Et voilà, rappelle John Hope Franklin, comment fut obtenue la « docilité des esclaves, dont tant de maîtres étaient si fiers[16] ». La Caroline du Sud, où les Noirs composaient la majorité de la population (en 1732, on y comptait 32 000 Noirs et 14 000 Blancs[17]), mit en place le code le plus dur et le plus restrictif. Dans les colonies du Centre et surtout en Nouvelle-Angleterre, les esclaves, moins nombreux, jouissaient d'une relative liberté de mouvement et, fréquemment, ils eurent la possibilité d'apprendre à lire et à écrire.

Le statut et l'instruction des esclaves préoccupaient beaucoup de groupes religieux, puritains, anglicans, quakers. Certains s'efforçaient de propager l'Évangile, d'autres de répandre l'alphabétisation. Dès 1688, les quakers de Germantown, en Pennsylvanie, publièrent une lettre de protestation restée célèbre, dans laquelle ils accusaient certains de leurs coreligionnaires de traiter des hommes comme d'autres traitent le bétail[18]. Le mouvement en faveur de l'abolition se développa dans le Nord au cours du XVIIIe siècle, et tandis que la tension grandissait entre le continent et la Grande-Bretagne, les idéaux de liberté et d'égalité qui agitaient les colons se communiquaient aux esclaves.

Trois cinquièmes d'indépendance

La Grande-Bretagne entendait contrôler de plus près ses colonies d'outre-Atlantique. La longue guerre menée contre les Français et les Indiens, qui s'était achevée en 1763, avait coûté fort cher. La métropole était décidée à renforcer et à faire respecter des lois fiscales que les colons avaient trop tendance à négliger. Chez les Américains, habitués à une large autonomie économique et politique, la révolte grondait. Beaucoup d'entre eux voyaient alors la contradiction existant entre leur lutte pour la liberté et leur statut de marchands d'esclaves.

Le premier projet de Déclaration d'indépendance que Thomas Jefferson soumit au Congrès continental dénonçait violemment l'esclavage :

« Il (le roi George III) a déclaré une guerre cruelle contre la nature humaine elle-même, violant les droits les plus sacrés de la vie et de la liberté en la personne d'un peuple lointain qui ne l'avait jamais offensé (…) Décidé à maintenir ouvert un marché où l'on pouvait vendre et acheter des HOMMES, il a déshonoré son droit de veto en bloquant toute initiative législative tendant à interdire ou à réduire cet exécrable commerce[19]. »

Les rares mesures prises pour limiter le commerce des esclaves au début des années 1770 pouvaient difficilement passer pour une volonté d'abolitionnisme, et il était encore plus improbable de faire porter au roi d'Angleterre toute la responsabilité de l'esclavage en Amérique du Nord. Quoi qu'il en soit, cette condamnation sans équivoque fut rejetée par les délégués des colonies sudistes, et la version définitive de la Déclaration d'indépendance ne mentionna tout simplement pas l'esclavage. Le premier acte de la République américaine confirmait donc sa volonté d'ignorer la question de la population de couleur. Néanmoins, les paroles de Thomas Jefferson, telles qu'elles passèrent à la postérité, étaient suffisamment puissantes pour que beaucoup de Noirs s'identifient à l'idéal de liberté qu'elles proclamaient :

« Nous tenons pour évidentes par elles-mêmes les vérités suivantes : tous les hommes sont créés égaux ; ils sont doués par le Créateur de certains droits inaliénables ; parmi ces droits se trouvent la vie, la liberté et la recherche du bonheur[20]. »

Les colons avaient toujours été hostiles à l'idée d'armer les Noirs, craignant d'alimenter une insurrection parmi les esclaves. Néanmoins, des Noirs avaient déjà participé à la guerre contre les Français et les Indiens. En 1770, lors du fameux massacre de Boston, un esclave fugitif nommé Crispus Attucks devint le premier martyr de l'indépendance en conduisant l'attaque contre les soldats anglais, et dès 1775 des volontaires de couleur combattaient à Lexington, Concord et Bunker Hill.

Quand Washington prit le commandement de l'armée continentale (celle qui se battait pour l'indépendance des colonies) en juillet 1775, il décida d'en exclure tous les Noirs, libres et esclaves. Dans le camp adverse, Lord Dunmore, gouverneur de la Virginie fidèle à la couronne d'Angleterre, en profita pour promettre la liberté à tous les esclaves qui rejoindraient les lignes britanniques. De nombreux esclaves s'empressèrent de saisir cette opportunité. Les propriétaires du Sud s'alarmèrent. La guerre déstabilisait fermes et plantations, beaucoup d'esclaves prenaient la fuite, qu'ils aient ou non l'intention de rejoindre l'armée britannique. Alors, une à une, les colonies reprirent l'enrôlement des soldats de couleur, à l'exception de la Géorgie et de la Caroline du Sud. Sur les quelque 300 000 soldats qui servirent dans l'armée continentale, environ 5 000 étaient d'origine africaine. Ils faisaient en général partie d'unités intégrées, où Noirs et Blancs combattaient côte à côte. On trouvait la plupart des Noirs dans l'infanterie, ou affectés aux travaux de fortification et d'intendance. Quelques-uns pourtant servirent dans la marine, très peu dans l'artillerie et la cavalerie. À la fin de la guerre d'Indépendance, les Britanniques embarquèrent avec eux plusieurs milliers de soldats de couleur, à la grande fureur des Américains qui assistaient impuissants au départ de leurs anciens esclaves.

Quand l'Assemblée constituante se réunit à Philadelphie en 1787, beaucoup de délégués, dont George Washington et Thomas Jefferson, souhaitaient l'abolition de l'esclavage. Néanmoins, au cours du marchandage auquel donna lieu la rédaction de chaque article de la Constitution, l'affirmation anti-esclavagiste initialement prévue fut abandonnée, et les délégués du Sud obtinrent le fameux « compromis des trois cinquièmes » : pour déterminer sa représentation au Congrès et sa participation aux impôts directs, chaque État serait autorisé à dénombrer sur son territoire la totalité des hommes libres et « trois cinquièmes des autres personnes[21] ». Ainsi, sans prendre vraiment position, la Constitution légitimait implicitement la pratique de l'esclavage. Pour beaucoup de Pères fondateurs, il ne s'agissait que d'un compromis temporaire, l'institution de l'esclavage étant destinée à disparaître d'elle-même.

En effet, des milliers d'esclaves avaient obtenu leur liberté au cours de la guerre d'Indépendance. Beaucoup s'étaient enfuis, des milliers d'autres avaient été affranchis en récompense de leur participation au combat. Dans le Sud, le riz et l'indigo rapportaient de moins en moins, la terre marquait des signes d'épuisement et le marché semblait arrivé à saturation. Dans le Nord, de nombreux propriétaires gagnés par les idéaux républicains libéraient leurs esclaves. Les sociétés abolitionnistes se multipliaient. Dès 1777, le Vermont avait aboli l'esclavage, et dans les années qui suivirent, les États de Nouvelle-Angleterre et du Centre optèrent pour des procédures progressives d'abolition. De nombreux groupes religieux entreprirent d'alphabétiser les Noirs et de leur offrir une instruction religieuse.

Les débuts de la société noire libre

Lors du recensement de 1790, on comptait 59 000 Noirs libres, dont 32 000 dans le Sud ; en 1860, ils étaient 319 000, et 54 % d'entre eux habitaient le Sud et l'Ouest[22]. Pendant la guerre d'Indépendance, quelques propriétaires du Sud avaient eux aussi libéré leurs esclaves ; d'autres affranchissaient les enfants mulâtres qu'ils avaient eus de leurs esclaves noires ; le jeu naturel des naissances augmentait cette population noire libre qui représentait pour le Sud une contradiction constante avec l'ordre établi, une menace, et une dangereuse remise en cause de l'équation simple qui liait le statut d'esclave à la couleur de la peau.

Le Sud s'efforça donc de contrôler, de limiter et d'abaisser cette petite société noire libre. À chaque instant, un Noir pouvait être mis en demeure de prouver sa condition d'homme libre ; il risquait d'être kidnappé, ou réduit en esclavage à la suite d'une condamnation en justice. Les déplacements, l'accès à de nombreuses professions, le droit de rassemblement faisaient l'objet de contrôles de plus en plus tatillons. Dans tout le pays, les Noirs libres perdirent peu à peu le droit de vote. Si leur sort paraissait meilleur dans le Nord, où la loi leur permettait au moins de protester et de se défendre, ils s'y trouvaient souvent victimes de violences et d'intimidation.

Isolés, rejetés par la société blanche, les Noirs libres entreprirent alors de fonder leur propre Amérique, et d'y exercer leur liberté avant même de l'avoir officiellement obtenue. Dès 1766, certains avaient engagé des poursuites judiciaires et exercé le droit de pétition auprès des assemblées parlementaires pour lutter contre la discrimination[23]. La fin de l'esclavage dans le Nord leur ouvrit les portes des écoles, même si, dans un premier temps, il s'agissait d'institutions ségréguées. Partout, les Noirs libres se montraient avides d'apprendre. Même dans le Sud, ils parvinrent souvent à acquérir une instruction de base, mais cela de manière privée, presque secrète, jamais dans des écoles. Cependant, dès la fin du XVIIIe siècle, des poètes, des historiens, des écrivains, des journalistes, des scientifiques noirs accédaient à la notoriété. Et si la grande majorité des Noirs libres restaient confinés à la pauvreté et aux travaux subalternes, quelques-uns rencontraient le succès dans leurs professions d'artisans ou de marchands.

Pasteurs et leaders spirituels prenaient également la direction de la vie religieuse. Peu de développements furent aussi essentiels que l'essor d'une Église noire indépendante. Au XVIIe et au XVIIIe siècle, les quakers, beaucoup de baptistes et de méthodistes, toutes couleurs confondues, prêchaient la libération des esclaves. Devant l'opposition rencontrée, ils firent bientôt machine arrière, à l'exception notable des quakers. En 1786, quand les méthodistes de Philadelphie cherchèrent à imposer la ségrégation sur le lieu du culte, les fidèles noirs, menés par Richard Allen et Absalom Jones, quittèrent l'Église pour ne plus y revenir. Ils fondèrent ensemble la *Free African Society*, qui essaima rapidement à travers les villes du Nord. En 1816, le mouvement d'Allen, séparé de Jones, aboutissait à l'organisation de l'*African Methodist Episcopal Church*[24]. Vers 1830, on trouvait des églises noires répondant à toutes les dénominations imaginables. Pour les Noirs écartés du pouvoir, de la vie politique, des arts officiellement reconnus, l'Église offrait la possibilité d'une vie sociale, d'une identité, d'un lieu de succès et d'appréciation, et elle devint une pépinière de leaders.

Dans le Sud, les baptistes noirs avaient, dès la fin du XVIIIe siècle, commencé à développer un mouvement religieux indépendant. Les congrégations épiscopales, presbytériennes et méthodistes accueillirent d'abord les fidèles noirs dans les sections ségréguées de leurs églises ; le nombre augmentant, ils construisirent des bâtiments séparés. Les réunions étaient toujours soumises à la supervision d'une autorité blanche, mais les Noirs trouvaient le moyen d'exprimer leur propre sensibilité religieuse. Après 1822 et la conspiration de l'enclave rebelle Denmark Vesey, le Sud écrasa l'Église noire libre, qu'elle soupçonnait d'être un repaire de conjurés et une menace pour l'ordre établi.

L'Amérique noire libre ne se limitait cependant pas à l'essor des écoles et des églises. À partir de la *Free African Society*, une quantité d'organisations et d'associations virent le jour. Loges de francs-maçons, sociétés de secours mutuel, compagnies d'assurances établirent la base d'une infrastructure économique. Au cours du XIXe siècle, conventions et congrès siégèrent ainsi à un rythme accéléré, mais cela concernait uniquement les Noirs libres du Nord. Car dans le Sud, les organisations noires, privées du droit de réunion et étroitement contrôlées, dépérissaient. Le « Royaume du coton » se refermait sur lui-même pour continuer à imposer sa loi.

CHAPITRE 2

Le Royaume du coton

Le renforcement du système esclavagiste

Pour justifier l'esclavage, les Sudistes citaient volontiers la Bible, et particulièrement la malédiction de Cham, fils de Noé, qui découvrit la nudité de son père : « Et il [Noé] dit : "Maudit soit Canaan ! Qu'il soit l'esclave des esclaves de ses frères"[1]. » Les Noirs, descendants de Cham, étaient donc inévitablement voués à la servitude. La Bible pesa cependant moins lourd que la Révolution industrielle, qui, avec l'invention de la machine à filer et à tisser, transforma l'économie de la Grande-Bretagne. La baisse du coût de production des tissus stimulait en effet considérablement la demande de coton et déjà, les planteurs expérimentaient pour trouver des graines qui donnent des fibres de qualité supérieure. La mise au point, en 1793, de l'égreneuse à coton, le fameux *cotton gin*, qui permettait de séparer mécaniquement les graines des fibres auxquelles elles adhéraient, encouragea les propriétaires du Sud à étendre la culture du coton et fit plus que jamais de l'esclavage l'instrument indispensable de la fortune des planteurs.

Dans les États du Sud atlantique, les fermiers, entraînant leurs esclaves, quittèrent le « Pays haut » pour descendre vers le « Pays bas[2] » plus propice à l'installation de vastes plantations. Pour fournir le marché avide de coton, les planteurs se tournèrent ensuite vers l'Ouest. L'acquisition de la Louisiane en 1803[3], le défrichement du Mississippi puis de l'Alabama, qui se joignirent aux États-Unis en 1817 et 1819, ouvrirent de vastes territoires où le coton poussait sept mois par an et où les esclaves peinaient douze mois sur douze. L'institution de l'esclavage et le Royaume du coton s'étendirent également à la Floride en 1819. Cette marche irrésistible provoquait l'inquiétude et l'hostilité des États du Nord, et le statut du futur Missouri suscita une vive controverse. En 1820, le « Compromis du Missouri » traça sur la carte une ligne fictive qui bannissait l'esclavage au nord de la frontière sud du Missouri. Mais dès 1821, c'est en tant qu'État esclavagiste que le Missouri rejoignait la nation américaine. Le Texas fit de même en 1845.

Le « Roi Coton » réclamait toujours davantage d'esclaves, alors même que l'importation du « bois d'ébène » venait d'être interdite en 1808. Cette interdiction avait été édictée, non pas tant pour des raisons morales que pour répondre à la crainte des Blancs de se voir débordés par une majorité d'esclaves fraîchement arrivés d'Afrique et indisciplinés ; ou, pire encore, d'esclaves sous l'influence des idées révolutionnaires qui avaient embrasé les Antilles françaises[4]. Mais les profits étaient tels que les importations clandestines d'esclaves africains se multipliaient. Elles ne suffisaient pourtant plus au marché intérieur, et celui-ci avait recours plus ou moins officiellement à des « éleveurs d'esclaves ». En 1790, le Sud comptait environ 700 000 esclaves. En 1830, ils étaient 2 millions, et près de 4 millions à la veille de la guerre de Sécession[5].

Dans les plantations

La plantation, popularisée par la tradition et la littérature sudistes, ne représentait pas la forme la plus répandue d'exploitation agricole ni le mode de vie uniforme des esclaves et des propriétaires du Sud. La majorité des Blancs ne possédaient aucun esclave, et parmi les planteurs, près de 90 % régnaient sur moins de vingt esclaves[6]. Mais les grandes plantations, où pouvaient vivre et travailler jusqu'à 400 esclaves, dominaient complètement la vie politique, économique et sociale du Sud. Par leur richesse et leur puissance, elles pesaient d'un poids incontestable sur toutes les décisions prises pour l'avenir du Sud ; elles représentaient l'ambition du petit fermier, le modèle de toute une société qui, même si elle comptait peu de propriétaires, était entièrement esclavagiste.

À la fois ferme et usine, la plantation formait un univers clos, où la vie des esclaves était réglée jusque dans ses moindres détails par les exigences de la terre et la volonté des maîtres. Le Royaume du coton concevait l'esclave comme un objet de propriété, au rang des meubles et du bétail, privé de toute initiative. Les esclaves s'entassaient dans des cases sans plancher ni fenêtres, et dormaient à même le sol. Chaque semaine, ils recevaient leur ration de nourriture, en général suffisante, mais peu équilibrée et monotone, et une fois l'an, ils se voyaient attribuer quelques vêtements de travail, que le planteur choisissait sans guère tenir compte des différences de taille ou des caprices du climat.

Les esclaves cultivaient le coton, le tabac, le riz, le sucre, l'indigo, le maïs. Dans les petites fermes, ils travaillaient côte à côte avec le fermier, mais dans les plantations, contremaîtres et conducteurs[7], également détestés, groupaient les esclaves en équipes, distribuaient les tâches et exerçaient une surveillance sans répit. Jour après jour, semaine après semaine, les esclaves, hommes et femmes, peinaient du lever au coucher du soleil, davantage pendant les moissons et, quand ils regagnaient leurs cases, ils devaient encore accomplir leurs travaux domestiques. Souvent, ils tentaient d'améliorer le régime familial grâce à la chasse, la pêche, ou la culture d'un petit jardin. Ils ne connaissaient que le repos dominical, et une semaine de congé à Noël.

Bien que convaincus de l'infériorité intrinsèque des Noirs et de leur incapacité à progresser au-delà de leur statut d'esclave, les propriétaires ne manquaient pas de leur enseigner les métiers indispensables à la prospérité du Sud. Les esclaves artisans se trouvaient surtout dans les villes, mais les plantations isolées possédaient en général charpentier, maçon, mécanicien ou menuisier. Les femmes filaient, tissaient, tricotaient et cousaient. Quelquefois, ces artisans donnaient à leurs réalisations une dimension artistique qui rappelait le talent des potiers, des sculpteurs et des tisseurs africains[8]. Tous bénéficiaient d'un prestige certain par rapport aux travailleurs des champs et se rapprochaient du sommet de la hiérarchie des esclaves : les domestiques qui partageaient l'intimité des maîtres dans la « Grande Maison ».

L'hypocrisie de la « Grande Maison »

Quelquefois imposante, souvent plus modeste que ne l'a montré la version filmée de *Autant en emporte le vent*, la « Grande Maison » constituait le centre de la vie de la plantation. Les domestiques, généralement mieux logés, mieux nourris et mieux habillés que les autres esclaves, et quelquefois choisis en fonction de leur teint plus clair, se sentaient tout proches du pouvoir, et conscients de leur supériorité. Ils s'accordaient même le droit de partager le mépris que les riches planteurs marquaient aux « pauvres Blancs », autant dépourvus d'esclaves que de manières élégantes. Ces privilèges s'accompagnaient de la nécessité de vivre sous le regard constant des maîtres.

Le monde des planteurs reposait sur l'idée que tous les habitants de la plantation formaient une grande famille, où s'échangeaient droits et devoirs réciproques. Les Noirs apportaient leur travail, les Blancs les guidaient et les protégeaient. Jusqu'à ce que les petits esclaves doivent accomplir leurs premiers travaux, à six ou sept ans, avant d'être envoyés aux champs vers l'âge de douze ans, et jusqu'à ce que les parents imposent aux enfants blancs la notion de leur statut de maîtres, les gamins couraient ensemble à travers bois et jardins et partageaient souvent des amitiés durables[9]. Les femmes régnaient sur la Grande Maison, et en général la « nounou » et la maîtresse n'avaient pas de secret l'une pour l'autre[10].

La maîtresse de la plantation, la *Southern Lady*, raffinée, pure et chaste, passionnément dévouée à la cause du Sud, caractérisait, plus ou moins volontairement, toute la société sudiste, ses aspirations à l'aristocratie, son sens de l'honneur. Mais dans sa vérité profonde, cette femme idéalisée symbolisait tout autant l'hypocrisie fondamentale du Sud, qui pervertissait toute la société, libre et esclave, ainsi que son obsession de la transgression sexuelle. Le piédestal de perfection où on élevait la Dame de la plantation devait la protéger du désir impur de l'homme noir, et l'inciter à fermer les yeux sur les relations que son mari pouvait entretenir avec ses esclaves noires, et sur la naissance inopinée de petits mulâtres au teint clair. Par ailleurs, si maints projets de fuite ou d'insurrection furent trahis par un domestique plus fidèle à sa « famille blanche » qu'à ses compagnons de servitude, plus d'un maître fut victime du poison ou du couteau manié par un « bon Noir » qui avait toujours paru dévoué et satisfait de son sort. L'hypocrisie des Blancs tentait d'occulter la violence omniprésente, garantie de survie d'une société supposée toute de grâce et d'élégance. L'hypocrisie des Noirs visait, elle, à se maintenir en vie et à se soustraire aux sévices des maîtres.

Mutilations et violences sexuelles

Dans la période précédant la guerre de Sécession, le Sud était devenu « la région par excellence du lynchage[11] », et cette pratique frappait plus encore les Blancs soupçonnés de remettre en question l'institution esclavagiste que les esclaves eux-mêmes. Habitués à survivre dans des climats étouffants et insalubres, à imposer leur loi à une foule d'esclaves loqueteux et pourtant témoins du luxe de la Grande Maison, les planteurs renonçaient promptement à leurs manières raffinées pour brandir le fouet ou le fusil. Les récits des esclaves fugitifs font état du rôle constant du fouet, administré presque aussi libéralement par « bons » et « mauvais » maîtres, souvent avec sadisme par les contremaîtres, et destiné à punir les fautes, à stimuler l'ardeur au travail, ou à se décharger de ses frustrations[12].

La faute la plus fréquemment reprochée à un esclave était le délit d'« impudence », vague mélange d'insubordination et d'insolence. Au cours du XIXe siècle, les punitions corporelles les plus sauvages, mutilations, marques au fer rouge, mises à mort pures et simples, se firent moins fréquentes, les planteurs cherchaient plutôt dans une relative amélioration de la condition matérielle des esclaves un moyen supplémentaire de renforcer « l'institution particulière ». Les contrôles, en revanche, devenaient de plus en plus étroits et s'exerçaient sur toute la société sudiste, Blancs et Noirs confondus : pour les Noirs, interdiction de se réunir sans supervision, de posséder quoi que ce soit, de passer un contrat, ou de quitter la plantation sans laissez-passer ; pour les Blancs, interdiction d'apprendre à lire à leurs esclaves, et d'en affranchir aucun si par hasard ils le souhaitaient. Des patrouilles, sorte de milices privées, se chargeaient de ramener les fugitifs, à grand renfort de chiens dressés à la poursuite et à l'attaque, et de visiter les quartiers des cases pour y faire régner à la fois l'ordre et la terreur[13].

Les ventes d'esclaves constituaient une autre source de violence moins immédiatement reconnaissable mais tout aussi réelle. La séparation des familles donnait lieu à des scènes déchirantes, et beaucoup de planteurs ne s'y résignaient qu'avec répugnance. La mise aux enchères d'esclaves nus et examinés sous toutes les coutures sur le marché de Charleston ou de la Nouvelle-Orléans ne semblait pourtant pas choquer l'élégante société sudiste. Il était d'ailleurs de notoriété publique que certaines grandes villes organisaient des « marchés de jolies filles » destinées aux plaisirs des riches planteurs et de leurs fils[14].

« L'épopée des épreuves de la femme noire en Amérique reste à écrire, a pu dire l'essayiste Calvin C. Hernton[15] : presque quatre siècles d'oppression, de viol, d'assassinat, de lynchage, privée de respect humain, traitée comme prostituée ou nourrice. » Si cette généralisation ignore la réserve que certains maîtres observaient vis-à-vis de leurs esclaves, par morale plus souvent que par racisme, ainsi que les liens d'affection véritable qui se tissaient quelquefois entre ces couples clandestins, elle met en évidence l'incontestable violence sexuelle qui régnait dans le Sud et menaçait constamment la femme noire.

La notion de « viol » d'une esclave n'existait pas. Les enfants qui en résultaient se retrouvaient esclaves comme leur mère. Quelquefois, le maître désirait leur accorder la liberté, mais au cours du XIXe siècle, la pression sociale et légale rendit ces procédures d'affranchissement de plus en plus difficiles. En 1860, on estime qu'il y avait 411 000 mulâtres parmi 3 900 000 esclaves[16]. Un dénombrement exact demeurait bien sûr impossible, la notion même de « mulâtre » restant extrêmement vague. Acculée à la nécessité de définir le « Nègre », la loi rangeait dans cette catégorie toute personne ayant au moins un huitième de « sang noir[17] ». Plus d'un de ces mulâtres passait aisément pour blanc, et plus d'une famille honorable gardait jalousement le secret de quelque ancêtre africain. La fréquence du mélange des races dans le Sud ne nous dit pourtant rien de la résistance souvent opposée par les femmes noires, leurs pères et leurs maris, pour préserver leur intégrité et celle de leurs familles.

Sous-hommes

Tout dans le traitement des esclaves tendait à leur inculquer un sentiment d'impuissance et d'infériorité. Un enfant blanc pouvait fouetter impunément un adulte noir ; un esclave père de famille n'avait la possibilité de protéger ni sa femme ni ses enfants. Illettrés, les esclaves ne connaissaient pas leur date de naissance et ne possédaient pas de patronyme.

Les conséquences désastreuses de ce statut sur la famille noire ont d'ailleurs suscité un vif débat entre historiens. En 1965, Daniel Moynihan publia un rapport qui provoqua une tempête parmi les spécialistes des « études noires[18] ». Se fondant sur les résultats du recensement de 1960, il soulignait l'affaiblissement des liens familiaux dans la communauté noire, l'absence des pères et le règne du matriarcat. Comme d'autres chercheurs[19], il estimait que l'esclavage était à l'origine de cet effondrement. Ce que le sociologue Andrew Billingsley résuma en ces termes : « L'absence de fondation légale, de sanction et de protection du mariage en tant qu'institution parmi les esclaves, l'exploitation des femmes noires par les propriétaires blancs et les contremaîtres, la négation systématique pour l'homme de son rôle de père et de mari, la séparation délibérée d'hommes, de femmes et d'enfants appartenant à la même famille, l'absence de soutien et de protection sociale pour la famille noire en tant qu'entité physique, psychologique, sociale ou économique (...), tout cela paralysait le développement, non seulement des individus mais aussi des familles[20]. »

De nombreux historiens se sont opposés à cette analyse qui néglige, selon eux, les capacités d'adaptation des esclaves et de leurs descendants[21]. Dans un environnement hostile, les esclaves parvinrent malgré tout à développer des traditions familiales où l'héritage africain se mêlait à leur expérience du Nouveau Monde. Quand les planteurs prétendaient choisir leurs conjoints et le prénom de leurs enfants, les esclaves réussissaient souvent à imposer leurs préférences. En baptisant leurs enfants, les esclaves choisissaient régulièrement le nom d'un proche parent, grand-père, grand-mère, oncle ou tante, prouvant ainsi la vitalité des liens familiaux[22]. De même, à l'insu de leurs maîtres, les esclaves s'attribuaient très souvent le nom de famille que la loi leur refusait. Ils choisissaient en général le nom de leur premier propriétaire, et s'identifiaient ainsi à une famille d'origine depuis leur arrivée en Amérique[23].

La foi des esclaves

Les Sudistes arguaient facilement des mœurs dissolues des Africains pour justifier les perturbations qu'ils imposaient à la famille noire. En effet, même si la morale victorienne gagna en influence au cours du XIXe siècle, les Noirs avaient conservé l'attitude africaine qui ne liait pas le sexe au péché. La naissance d'un enfant avant le mariage était chose fréquente et, tout comme le divorce, ne suscitait pas de drame. Mais le mariage, même dépourvu de sanction légale,

existait bel et bien, et les esclaves, secondés quelquefois par des maîtres soucieux du bien-être de leurs serviteurs ou de la stabilité de la plantation, s'efforçaient
d'y conférer toute la solennité possible. La tradition
qui voulait que les mariés sautent par-dessus un balai
en signe de leur union rappelait certainement une
coutume africaine. Beaucoup d'esclaves connurent des
mariages solides, où le père assurait son rôle de chef
de famille, et où seule la mort séparait les époux.

Comme leurs ancêtres africains, les esclaves conce-
vaient la famille au sens large, incluant tous les
parents auxquels ils pouvaient se rattacher. Si le père
ou la mère venait à manquer, la parenté se chargeait
du soin des enfants. Dès leur plus jeune âge, ceux-ci
apprenaient à respecter les anciens, qu'ils nommaient
avec déférence « oncle » ou « tante », sans qu'ils
appartiennent nécessairement à la même famille.
Cependant, c'est dans la religion des esclaves que
l'écho de pratiques anciennes, adaptées au Nouveau
Monde, apparaissait le plus nettement.

Au cours du XVIIIe siècle, le prosélytisme auprès des
esclaves était devenu systématique. Les baptistes, suivis des méthodistes, emportaient l'adhésion du plus
grand nombre. Souvent moins instruits, plus sponta-
nés que les presbytériens ou les catholiques, ils
s'adressaient aux ignorants, aux pauvres, aux laissés-
pour-compte. Certes, en incitant leurs esclaves à la
pratique religieuse, les maîtres s'efforçaient de leur
inculquer le sens de l'obéissance et retenaient avant
tout les passages de l'Ancien ou du Nouveau Testament qui semblaient justifier l'esclavage[24]. Mais les
Noirs, eux, s'emparèrent de la foi chrétienne pour
déverser leur détresse, clamer leur dignité d'homme,
et chanter leur espoir de délivrance. Ils s'appropriè-

rent un Dieu qui avait libéré les Hébreux de l'esclavage égyptien, et un univers biblique dont les héros se
nommaient Daniel et Moïse. Jésus se voyait d'ailleurs
fréquemment assimilé à Moïse.

Les esclaves espéraient la justice dans le monde à
venir, mais bien souvent les sermons et les chants se
chargeaient d'un double sens, où le paradis pouvait
aussi bien représenter la fin de l'esclavage, et la délivrance s'assimiler à la fuite vers le Nord. La prudence
demeurait toujours de règle, car les esclaves n'avaient
le droit de se réunir que sous la surveillance d'un ou
plusieurs Blancs. Les pasteurs blancs ne pouvaient que
se plier aux valeurs sudistes, mais des pasteurs noirs
surgissaient sans cesse de la masse des esclaves. Certains pouvaient lire la Bible (de nombreux esclaves
parvinrent en effet, en dépit de l'interdiction officielle,
à assimiler les rudiments de la lecture), beaucoup
d'autres se sentaient simplement « appelés » à exercer
leur talent d'orateur et leur ascendant naturel sur la
communauté.

Les chants de la nostalgie

Pour s'exprimer sans contrainte, les esclaves se réunissaient en secret, souvent pendant la nuit, dans les
bois et les marais. Cette violation des règles n'allait
pas sans danger, car la crainte des complots et de la
propagande abolitionniste décuplait la surveillance
des patrouilles et des contremaîtres. Mais les esclaves
ne renoncèrent jamais à ces assemblées nocturnes où,
libres pour quelques heures, ils priaient Dieu selon
leur cœur, et intégraient tout ce qui leur restait de
rites magiques et de croyance au monde des esprits à

leur foi en Jésus-Christ. Ils chantaient et dansaient, tandis que le pasteur dialoguait avec l'assistance qu'il amenait peu à peu au bord de l'extase. Les *negro spirituals* inspirés des rythmes africains exprimaient ainsi à la fois la nostalgie du paradis perdu et la créativité de la communauté noire.

Les esclaves trouvèrent dans leur amour de la musique un moyen essentiel de se forger une identité propre. Comme leurs ancêtres africains, ils mêlaient la musique à chaque instant de leur vie. Ils chantaient pour rythmer le travail, pour célébrer les fêtes traditionnelles, pour conduire l'un des leurs à sa dernière demeure[25]. Souvent, ils s'accompagnaient au violon ou au banjo, et s'ils n'en disposaient pas, ils marquaient le rythme en battant des mains, en tapant des pieds, ou en frappant deux baguettes l'une contre l'autre. Spontanément, ils se levaient et dansaient. Ces tournoiements et ces ondulations, où les mouvements souples des hanches différaient tellement des danses de salon en usage dans la Grande Maison, alarmaient les planteurs par leur caractère suggestif. Pourtant, dans l'isolement où les confinait la plantation, les maîtres avaient souvent recours à leurs esclaves pour se procurer quelque distraction.

Plusieurs grandes fêtes étaient célébrées à la fois dans le quartier des cases et à la Grande Maison. Noël, où les esclaves disposaient de six jours de repos, faisait l'objet de toutes les anticipations. Le sacrifice du cochon, et surtout l'épluchage du maïs donnaient lieu à des concours, un repas abondant, un bal. Ces réjouissances réunissaient maîtres et esclaves de plusieurs plantations, et rappelaient les fêtes de la moisson célébrées en Angleterre, mais toutes étaient imprégnées de la sensibilité et des rythmes africains.

Au cours des soirées qui se prolongeaient, les esclaves se livraient à des imitations de leurs maîtres et d'eux-mêmes, improvisaient des parodies de leur vie quotidienne. Ces petites pièces satiriques furent à l'origine des « scènes de la vie de la plantation » qui devinrent caractéristiques du music-hall américain[26].

Certains voyaient, dans ces rares moments de détente et de festivité, l'ultime moyen de contrôle des planteurs[27]. Ces derniers croyaient, souvent de bonne foi, que le goût des esclaves pour la fête, le chant, la danse, prouvait qu'ils étaient satisfaits de leur sort. Les maîtres ignoraient, ou feignaient d'ignorer, la mélancolie déchirante des chants qui ne se nommaient pas encore « blues » et la fièvre des *spirituals* qui priaient pour la « délivrance ». Frederick Douglass tenta de briser cette illusion quand il écrivit : « C'est quand ils sont le plus malheureux que les esclaves chantent le plus[28]. » La liberté demeurait leur terre promise.

L'appel de la liberté

Si l'isolement des esclaves, les relations paternalistes qui les liaient à leurs maîtres[29] et l'ignorance où ils se trouvaient du pays les environnant compromettaient toute possibilité d'insurrection générale, ceci n'impliquait pas une docilité profondément consentie. Pendant 250 ans, l'histoire de l'esclavage fut aussi celle de multiples actes de résistance, plus ou moins violents, plus ou moins apparents, qui allèrent de la fuite au meurtre en passant par le sabotage et la rébellion.

La seule possibilité légale pour un esclave d'échapper à la servitude était d'acheter sa liberté. Dans certains cas, des esclaves conclurent des contrats avec leurs maîtres, et grâce aux économies procurées par un travail supplémentaire, la location temporaire de leurs services ou la vente des produits de leurs jardins, ils parvinrent, après des années de persévérance, à recouvrer la liberté. Beaucoup de ces nouveaux affranchis se consacraient ensuite à racheter leurs proches parents[30].

Mais la grande majorité des esclaves ne pouvaient espérer trouver ainsi le soulagement de leurs maux, et fréquemment, le désir de liberté se faisait si impérieux que certains s'enfuyaient pour quelques jours dans les bois environnants, ou partaient à la recherche d'une femme ou d'un enfant vendus à un autre planteur. La sévérité du châtiment qu'ils encouraient ne suffit jamais à les dissuader. Maintes fois, la fuite s'avérait définitive. L'esclave tentait de se réfugier dans les réserves indiennes, ou de rejoindre une communauté d'esclaves marrons, qui vivaient en hors-la-loi dans les bois et les marais. Les battues menées par les patrouilles et la poursuite des fugitifs lors des guerres indiennes ne réussirent pas à anéantir ces sociétés clandestines, que les propriétaires redoutaient pour leurs déprédations et pour l'influence subversive qu'elles risquaient d'exercer sur les esclaves de la plantation[31].

Le « chemin de fer souterrain »

Le grand rêve de l'esclave en fuite, c'était le Nord, le Canada. Quelquefois le fugitif partait seul, se cachant le jour, marchant la nuit, guidé par l'étoile polaire. Souvent il confiait son sort à ce que l'on appelait l'*Under ground Railroad*, le « chemin de fer souterrain », un réseau d'itinéraires secrets, qui, du Sud, conduisait au Canada. De téméraires « conducteurs » prenaient en charge les fuyards, qu'ils nommaient entre eux « marchandises », et les menaient de relais en relais vers le Nord et la liberté. Organisé par des Noirs libres et des esclaves en rupture de ban, l'*Underground Railroad* dépendait aussi de la bonne volonté de nombreux Blancs, abolitionnistes, quakers, membres de divers groupes religieux, qui offraient leurs maisons en guise de « stations », fournissaient des provisions et même des véhicules, et collectaient des fonds pour soutenir le réseau.

Le « chemin de fer souterrain » naquit probablement en même temps que l'esclavage, et ses activités se développèrent considérablement au XIXe siècle. On estime généralement que 40 000 à 100 000 esclaves furent ainsi acheminés vers la liberté. L'une des plus célèbres « conductrices », Harriet Tubman, qui s'était elle-même évadée du Royaume du Coton, aida plus de 300 esclaves à prendre la fuite[32].

Les esclaves qui ne pouvaient ou ne voulaient s'enfuir exprimaient parfois leur désespoir d'une autre manière : certains se mutilaient pour se mettre dans l'incapacité de travailler, ou tentaient de se suicider. Si la plupart se refusaient à de telles extrémités, ils étaient nombreux à accomplir leur tâche avec mauvaise volonté et indifférence, et ils allaient quelquefois jusqu'au sabotage délibéré. Le vol et le mensonge devinrent « une science et un art[33] ». Travailler mollement, feindre la maladresse ou la stupidité, simuler la maladie, tout cela était de bonne guerre et largement pratiqué. Ainsi les esclaves maniaient si rudement leurs outils qu'il fallut en fabriquer de plus robustes spécialement à leur intention ; le bétail avait souvent à souffrir des mauvais traitements, et parfois les récoltes se trouvaient inexplicablement piétinées... Plus dangereux mais plus efficaces, les incendies volontaires détruisaient périodiquement forêts, étables et maisons d'habitation, et alimentaient les rumeurs qui terrorisaient le vieux Sud. Les maîtres se portaient toujours garants de la loyauté de leurs esclaves, mais ils vivaient dans l'angoisse d'une rébellion individuelle ou collective.

Il arrivait aussi qu'un esclave refuse de se soumettre au fouet, tente de défendre son enfant en danger ou son épouse violentée, et assassine ainsi un maître, plus souvent un contremaître, particulièrement cruel. Même les « bons maîtres » craignaient le couteau, le poison, ou le verre pilé dans la sauce. Les cas étaient rares, suffisants toutefois pour entretenir le sentiment d'insécurité. La psychose du viol, en revanche, intense dans la société blanche après la guerre de Sécession, semble avoir été un moindre souci pour les propriétaires d'esclaves. Ils se préoccupaient bien davantage des risques d'insurrection.

Premières conspirations

On a pu dénombrer quelque 250 révoltes d'esclaves du XVIIe siècle à la fin du XVIIIe siècle[34]. Au XIXe siècle, les choses prirent de l'ampleur. En 1800, Gabriel Prosser, un esclave forgeron profondément religieux, enrôla plusieurs milliers d'esclaves qui, le jour venu, devaient marcher sur Richmond, s'emparer de l'arsenal, assassiner tous les Blancs, à l'exception des Français, des quakers et des méthodistes dont ils espéraient l'appui, et conquérir peu à peu toute la Virginie. Trahi, Gabriel Prosser fut arrêté et pendu avec 34 de ses complices[35]. L'ampleur de la conspiration suscita une véritable terreur parmi les planteurs.

En 1811, en Louisiane, une troupe de 300 à 500 esclaves tenta de marcher sur la Nouvelle-Orléans[36]. En 1822, ce fut Denmark Vesey, un charpentier noir établi à Charleston, qui entreprit de soulever les esclaves de Caroline du Sud. Instruit et idéaliste, il avait acheté sa liberté, et voulait se consacrer à la libération de ses frères. Patiemment, il recruta jusqu'à 9 000 esclaves, et organisa un plan pour attaquer Charleston et massacrer tous les Blancs, hommes, femmes et enfants. Mais avant qu'il ne puisse mettre son projet à exécution, il fut lui aussi trahi, arrêté et pendu[37].

Nat Turner, esclave, pasteur, fanatique et peut-être fou, eut plus de succès. La révolte qu'il mena fut la plus sanglante et la plus célèbre de l'histoire du Sud. Turner, que beaucoup d'esclaves nommaient « le prophète Nat », pensait être l'envoyé de Dieu. Avec seulement six complices, il décida d'aller de plantation en plantation, d'assassiner tous les Blancs qu'il y trouverait, et de recruter immédiatement les esclaves présents. Dans la nuit du 21 au 22 août 1831, le petit groupe de conjurés parcourut le comté de Southampton, en Virginie, et tua près de 60 Blancs. À chacun de ses arrêts sanglants, la troupe de rebelles grossissait. Une indicible épouvante s'empara des habitants du comté. Très vite, les planteurs se ressaisirent, rassemblèrent soldats et miliciens, et sous prétexte de se lancer à la poursuite de Nat Turner, déclenchèrent un véritable massacre qui devait servir d'exemple aux révoltés potentiels. Turner fut finalement capturé et exécuté, mais jamais le Sud n'oublia sa meurtrière épopée[38]. Les codes des esclaves furent observés avec plus de rigueur, les patrouilles redoublèrent d'activité, la moindre réunion religieuse fut soumise à une surveillance sans faille. Les Blancs eux-mêmes perdirent le droit de libre parole, la censure s'abattit sur toutes les publications entachées si peu que ce soit d'abolitionnisme. Se sentant menacé, assiégé, le Sud se barricadait avant de plonger dans la tourmente de la guerre de Sécession.

CHAPITRE 3

L'éveil des affranchis

La confrontation Nord-Sud

Après la guerre de 1812 contre l'Angleterre, le Nord avait consacré toute son énergie à bâtir un système industriel et imposé son monopole sur les mines, les transports, les usines, et le réseau bancaire naissant. Les entrepreneurs, et les marchands des États du Nord et d'Europe fixaient les prix des matières premières, y compris du coton, du sucre et du tabac produits dans le Sud[1]. Ancré dans son archaïsme, le Royaume du coton n'envisageait pas de moderniser ses méthodes de production, ni de stimuler la main-d'œuvre par des récompenses appropriées, ni de former les esclaves aux métiers de l'industrie. Les planteurs sudistes s'obstinaient à affirmer que « l'Institution particulière » était motivée par une mission civilisatrice et que les esclaves bénéficiaient d'un meilleur niveau de vie que les ouvriers du Nord. Ils allaient jusqu'à rejeter le libéralisme économique pour défendre une société féodale, et ils doutaient de plus en plus que leurs intérêts puissent être justement représentés au sein du gouvernement fédéral. Pour augmenter leurs profits et résister à la dictature économique du Nord, ils ne considéraient que deux possibilités : étendre le domaine agricole, et accroître la force de travail. Ils réclamaient ouvertement la réouverture du marché africain des esclaves, et cherchaient à imposer l'esclavage dans les nouveaux territoires ouverts à la colonisation. D'actes législatifs en compromis constitutionnels, le Royaume du coton étendait son emprise.

L'exploration du continent à l'ouest et l'entrée de chaque nouvel État dans l'Union donna lieu à une lutte féroce entre partisans et adversaires de l'esclavage. Le premier compromis adopté avait été la Constitution des États-Unis : les Pères fondateurs avaient accepté de distinguer entre les hommes libres et les « autres personnes ». En 1820, le compromis du Missouri avait limité pour un temps le système esclavagiste aux États du Sud. Mais la découverte de l'or en Californie en 1848 et l'acquisition de territoires cédés par le Mexique[2] obligeaient à une nouvelle décision. En 1850, il fut arrêté que la Californie entrerait dans l'Union en tant qu'État libre, tandis que les autres territoires seraient organisés sans mention de l'esclavage, ce qui en pratique livrait les Noirs aux ambitions des planteurs. Dans ce même compromis de 1850, les Sudistes obtenaient du Congrès la « Loi sur les esclaves fugitifs », qui obligeait la police de tous les États à aider à la capture et au retour des esclaves en fuite, et faisait donc de la protection de l'esclavage une politique nationale.

En 1854, l'Acte sur le Kansas et le Nebraska annula le compromis du Missouri et ouvrit de nouveaux territoires aux planteurs. La véhémence des débats augurait mal d'une réconciliation durable entre Nord et Sud. Au Congrès, les adversaires du système esclavagiste se réunirent pour former le Parti républicain. Les

États du Sud envisageaient de plus en plus sérieusement la sécession, en dépit des décisions conservatrices de la Cour suprême.

Depuis la guerre d'Indépendance, certains esclaves
avaient en effet régulièrement tenté d'obtenir leur
liberté en engageant des procédures judiciaires devant
les tribunaux du Nord. Quand le litige allait jusqu'à la
Cour suprême, celle-ci confirmait généralement le
droit des propriétaires. Elle renforça cette position en
1842 dans la décision « Prigg contre l'État de Pennsylvanie », en accordant cependant que les États du Nord
n'étaient pas obligés de renvoyer les fuyards[3]. En
1850, avec la Loi sur les esclaves fugitifs, le Sud obtint
donc gain de cause sur ce point. En 1857, la Cour
suprême alla plus loin : elle affirma (dans le cas
« Dred Scott ») qu'aucun Noir n'était citoyen des États-
Unis et ne disposait d'aucun droit que les Blancs
soient obligés de respecter[4]. Les propriétaires du Sud
n'entendaient pas relâcher la pression. Obsédés par les
risques de rébellion et les incursions de l'*Underground
Railroad*, ils se livraient à de véritables chasses à
l'homme pour rattraper leurs esclaves en fuite. La
vitalité et l'extension géographique de « l'Institution
particulière » poussèrent, par contrecoup, les abolitionnistes du Nord à redoubler d'ardeur dans leur
lutte contre l'esclavage.

Que faire des Noirs libres ?

Certes, le Nord ne constituait pas un havre d'égalité
raciale. À l'exception de la Nouvelle-Angleterre, les
États du Nord et de l'Ouest n'accordaient pas le droit
de vote aux Noirs. À cette époque, la famine en

Irlande, l'agitation politique en Europe provoquèrent un afflux d'immigrants – on en compta environ 5 millions entre 1830 et 1860 –, disposés à accepter les plus bas salaires et avantagés au moment de l'embauche par la couleur de leur peau. Quelques Noirs réussirent à acquérir une relative prospérité parmi les marchands et les artisans, mais la plupart furent alors éliminés des métiers domestiques et manuels qu'ils exerçaient traditionnellement, et réduits à une extrême pauvreté. De plus en plus, les quartiers se divisèrent entre Blancs et Noirs, et petit à petit, les écoles et les transports se ségréguèrent. Quand la justice était saisie, elle donnait systématiquement raison aux tenants de la séparation des races[5]. Ce qui n'empêchait pas l'élite des Noirs de voir, dans l'instruction, la voie de l'avenir. De nombreuses écoles accueillaient des étudiants « de couleur », et les décennies qui précédèrent la guerre virent la fondation des premières universités noires.

Certains, pourtant, commençaient à désespérer de l'Amérique et considéraient sérieusement la possibilité offerte par l'*American Colonization Society* d'émigrer vers la colonie africaine du Libéria : celle-ci avait été fondée en 1822 dans le but avoué de résoudre une fois pour toutes le conflit racial aux États-Unis. Beaucoup de membres du Congrès, des abolitionnistes blancs, des Sudistes ne sachant que faire des Noirs libres qui perturbaient la quiétude du Royaume du coton, participaient au projet. Mais très rapidement, l'hostilité grandit parmi la communauté noire face au risque d'une déportation forcée, l'abandon de ce qui était devenu la terre de leurs pères pour une aventure incertaine dans un continent désormais inconnu. En somme, les Noirs choisissaient le rêve américain, et

concentraient leur énergie sur le mouvement abolitionniste.

Appels à la révolte

Pionniers religieux et humanistes, les abolitionnistes
s'efforçaient d'influencer le gouvernement et l'opinion
par la propagande, la presse, la littérature, les réunions publiques et les procédures judiciaires. Le premier journal noir, *Freedom's Journal*, parut à New
York en 1827, et les sociétés anti-esclavagistes se multiplièrent. La cause de la liberté trouva un ardent
porte-parole en la personne de William Lloyd Garrison, propagandiste blanc, président de l'*American
Anti-Slavery Society* et fondateur du journal *The Libe-
rator*. Celui-ci réclamait une émancipation générale et
immédiate, et espérait l'obtenir par la persuasion
morale et la non-violence.

William Lloyd Garrison joignit ses efforts à ceux de
Frederick Douglass, lui aussi partisan de méthodes
pacifistes et véritable symbole de la conscience noire
au xixe siècle. Ancien esclave échappé de la forteresse
sudiste, intelligent et ambitieux, Douglass avait fait
sensation en publiant le récit de ses tribulations et en
exposant la cruauté de ses anciens maîtres[6]. Ses tournées de conférences démontraient que les Noirs
n'étaient pas ces créatures prétendues inférieures et
satisfaites de leur servitude. Il fonda son propre journal, *The North Star*, et ouvrit la voie à beaucoup
d'hommes et de femmes remarquables, noirs et
blancs, qui se consacrèrent à la cause abolitionniste.
Souvent au péril de leur vie, ils parcouraient le pays,
prononçaient des discours, tenaient des réunions,

s'efforçaient d'introduire des pamphlets dans le Sud et empruntaient les routes secrètes de l'*Underground Railroad* pour guider les fugitifs vers la liberté. Nombre d'esclaves ainsi rescapés publièrent leurs mémoires. En 1852, la romancière Harriet Beecher Stowe toucha un public immense avec son roman *La Case de l'oncle Tom,* dont plus de 300 000 exemplaires se vendirent en quelques mois[7]. Le récit, émouvant et très documenté, justifiait l'audace de ceux qui violaient la loi fédérale pour soustraire les esclaves à leurs geôliers.

À l'intérieur du mouvement abolitionniste, le débat s'intensifiait quant au bien-fondé du pacifisme et de la non-violence. Dès 1829, David Walker, un Noir libre de Caroline du Nord, installé à Boston, avait écrit un appel ardent à la révolte des esclaves. Se fondant sur la Déclaration d'indépendance, il exhortait les Noirs à relever la tête et à conquérir leur liberté par tous les moyens : « Tuez ou soyez tués ! Si vous commencez, allez jusqu'au bout – ne plaisantez pas, car ils ne plaisanteront pas avec vous[8] ! » La parution de ce grand document abolitionniste, dont quelques exemplaires arrivèrent clandestinement dans le Sud, avait suscité un véritable tumulte parmi les planteurs. L'épopée meurtrière de Nat Turner en 1831 avait ensuite mis le comble à la terreur de l'insurrection. En 1843, Henry Highland Garnet, un autre célèbre abolitionniste noir, appela, lui, à la grève générale des esclaves.

La détermination des États du Sud, et la violence que la croisade abolitionniste rencontrait souvent dans le Nord, incita beaucoup de partisans de l'émancipation à abandonner le pacifisme pour choisir la rébellion armée et la guerre révolutionnaire. Quand en 1859, John Brown et sa petite troupe attaquèrent

l'arsenal de Harpers Ferry pour tenter de libérer les
esclaves par la force, beaucoup d'éminents abolitionnistes, dont Douglass et Garrison, les approuvaient[9].

Plus que jamais, le Sud se sentait à la merci d'un coup
de main un peu mieux organisé. Alors, lorsqu'Abraham
Lincoln, soutenu par le Parti républicain, remporta
l'élection présidentielle en novembre 1860, les États du
Sud commencèrent un à un à quitter l'Union et à faire
sécession pour se regrouper dans une Confédération. Le
12 avril 1861 éclatait la guerre civile.

La Sécession noire

Rétrospectivement, on ne peut qu'être frappé par
l'aveuglement des belligérants qui s'engagèrent dans
le conflit en croyant défendre des principes aussi abs-
traits que les droits des États ou les prérogatives de
l'Union, alors qu'il s'agissait avant tout de l'esclavage
et de ses implications économiques et politiques. Chacun sous-estimait gravement les possibilités de l'adversaire, et escomptait une guerre rapide, suivie d'une
éclatante victoire. Chacun était fermement décidé à
maintenir les Noirs à l'écart de la lutte, et rien, absolument rien, n'avait été prévu par l'Union pour régler
le sort des esclaves ou simplement anticiper leur réaction.

Personnellement opposé à l'esclavage, Abraham Lincoln avait affirmé à maintes reprises qu'il ne voulait
pourtant rien y changer. Son objectif était de sauver
l'Union, non de libérer les esclaves[10]. Il observait sur
ce sujet une prudence extrême afin de ne pas provoquer l'antagonisme des quatre États esclavagistes qui
avaient choisi de ne pas faire sécession[11]. Aussi, quand

les Noirs libres du Nord offrirent de s'engager, ils furent fermement remerciés.

Pourtant, en entrant en territoire confédéré, les troupes de l'Union furent immédiatement perçues comme des armées d'émancipation : les Noirs désertaient les plantations, et se précipitaient, par familles entières, vers les lignes yankees. Personne ne l'avait prévu[12] ! Face à cet afflux de fugitifs, chaque général nordiste était livré à sa propre initiative. Lincoln aurait préféré rendre les fuyards à leurs propriétaires, mais il était évident que cela renforçait la Confédération. Au printemps 1861, le général Butler déclara que les esclaves étaient « de la contrebande de guerre », et au mois d'août, l'Acte de Confiscation autorisa à confisquer toute « propriété » utilisée par les rebelles pour soutenir l'effort de guerre. C'est ainsi que les anciens esclaves, ces propriétés bien particulières, furent mis au travail pour l'armée du Nord.

La confusion la plus grande régnait alors dans l'administration. Quels secours apporter à ces malheureux sans abri et sans ressource aucune ? L'initiative privée, les associations humanitaires et religieuses prirent rapidement le relais pour collecter des vêtements, assurer les soins médicaux, ouvrir des écoles et alphabétiser les affranchis avides de s'instruire.

La conviction de Lincoln

Le président Lincoln demeurait cependant attaché à l'idée de la « colonisation », c'est-à-dire à un retour des Noirs en Afrique. Il ne croyait pas que la question raciale puisse se résoudre aux États-Unis[13], ce qui suscitait l'indignation des abolitionnistes et notamment de Frederick Douglass qui travaillait sans relâche pour imposer le principe de l'émancipation. Dès 1862 pourtant, la dureté du conflit contraignit finalement le Président à accepter les premiers Noirs dans l'armée du Nord, et à préparer un plan d'émancipation graduelle, avec compensation financière pour les propriétaires. Pendant l'été 1862, Lincoln abolit l'esclavage dans les territoires de l'Ouest, le district de Columbia et les domaines du Sud occupés par les Yankees, et dont les maîtres soutenaient les rebelles.

En septembre 1862, Lincoln publia une « Proclamation préliminaire d'émancipation ». Il donnait ainsi un sens nouveau aux combats et offrait un idéal aux soldats découragés par une guerre très dure, à l'issue incertaine. Cette initiative lui assura aussi une victoire diplomatique essentielle : la France et la Grande-Bretagne abandonnèrent toute velléité de reconnaître la Confédération. Le 1er janvier 1863, la Proclamation d'Émancipation libéra légalement les esclaves de tous les États rebelles… mais pas ceux des quatre États esclavagistes restés fidèles à l'Union. Les esclaves qui apprirent la nouvelle ne tinrent pas compte de ces nuances géographiques : à partir ce jour, dans tous les territoires contrôlés par les troupes de l'Union, ils se considérèrent libres. N'avaient-ils pas proclamé eux-mêmes leur liberté par leur fuite vers le Nord ? La société sudiste, le tout-puissant Royaume du coton, se décomposait, et les esclaves s'échappaient de la prison.

Libres ?

L'armée de l'Union éprouvait alors de plus en plus de difficultés à recruter un nombre suffisant de volon-

taires parmi les Blancs. Beaucoup refusaient maintenant de partir sous les drapeaux pour défendre la
liberté des Noirs, et les ouvriers craignaient l'arrivée
massive d'affranchis qui serviraient facilement de briseurs de grève. Quand, en juillet 1863, Lincoln essaya
d'imposer la conscription pour les chômeurs, New
York connut des émeutes raciales qui firent plus de
100 morts.

Les Noirs, de leur côté, s'engageaient avec enthousiasme pour servir leur pays et la liberté. Plus de
186 000 Noirs partirent ainsi vêtus de l'uniforme bleu
des Nordistes, et plus de 38 000 y laissèrent leur vie[14].
Frederick Douglass devint le premier agent recruteur
du pays, et il protestait véhémentement contre la discrimination pratiquée dans l'armée du Nord. Moins
payées, moins équipées, moins bien soignées, les
troupes « de couleur » étaient en effet souvent vouées
aux tâches les plus pénibles et aux attaques
désespérées[15]. Les soldats noirs qui tombaient aux
mains des confédérés savaient qu'ils risquaient l'esclavage ou l'exécution immédiate.

Dans le Sud, esclaves et affranchis apportaient à
l'armée nordiste une aide considérable. Ils étaient en
terrain connu, et servaient d'espions, de guides,
d'agents de liaison, et de saboteurs. Bien des planteurs
se déclarèrent consternés par « l'ingratitude » de leurs
esclaves[16]. En réalité, ceux-ci exercèrent rarement des
violences à l'encontre des maîtres, mais il y eut beaucoup de désertions, d'insolence, de refus d'obéissance.
La plupart des esclaves, cependant, étaient contraints
de contribuer à l'effort de guerre confédéré. Ils cultivaient les terres, travaillaient dans les usines, bâtis-
saient des fortifications, assuraient l'intendance. Pour
les Sudistes, il était impensable d'armer les esclaves :

ils ne pouvaient ni reconnaître leur égalité sur le champ de bataille, ni leur faire confiance, à moins de leur promettre la liberté (qui pouvait s'obtenir facilement en désertant vers les rangs yankees). Le 13 mars 1865, le président de la Confédération, Jefferson Davis, en vint finalement à cette décision paradoxale : émanciper les esclaves qui serviraient la Confédération ! Mais il était trop tard : le 9 avril, le général sudiste Lee capitulait à Appomattox. La guerre de Sécession s'achevait, et la victoire du Nord mettait fin à près de 250 ans d'esclavage. Alors, la nouvelle se répandit parmi les esclaves : libres ! Ils étaient libres !

Émerveillés, presque incrédules, ils pouvaient enfin aller à leur guise. Beaucoup partirent à la recherche de leur famille, d'un travail, ou tout simplement, de nourriture. À Washington, Lincoln signa le XIIIe amendement qui abolissait l'esclavage sur tout le territoire des États-Unis. Les affranchis attendaient de lui davantage : le droit de vote et des terres. Quand le 2 avril 1865, Lincoln avait visité Richmond évacué par les confédérés, un Noir avait exprimé ainsi sa confiance : « Je sais que je suis libre (…), car j'ai vu notre Père Abraham, et je l'ai touché[17]. » Mais le 14 avril, le Président tombait sous les balles d'un assassin. À peine l'émancipation inaugurée, la lutte reprenait. Libérer les esclaves, était en fait la dernière chose que souhaitaient la plupart des Américains[18].

La Reconstruction

Les canons s'étaient tus, mais l'unité politique et économique restait à reconstruire. Le Congrès avait hâte de récupérer les pouvoirs que le Président s'était arrogés pendant le conflit. L'expansion industrielle du Nord, stimulée par l'industrie de guerre, exigeait un marché ouvert et un système fiscal et douanier uniforme. La famine et les épidémies ravageaient le Sud plongé dans le chaos social. Les affranchis, dépourvus de terres, se retrouvaient face aux planteurs, privés d'ouvriers. L'ancienne société sudiste avait mordu la poussière, mais elle ne se préparait nullement à accueillir les affranchis en son sein.

Après une très courte période de gouvernement militaire, Lincoln avait accordé une amnistie générale qui n'excluait que les plus hauts responsables de la Confédération, et aussitôt, les anciennes élites reprirent en main les affaires du Sud. Andrew Johnson, qui accéda à la présidence en avril 1865, demanda aux gouvernements du Sud de modifier leurs constitutions en vue de leur réintégration dans l'Union. Les États du Sud répondirent en établissant des *Codes noirs* qui différaient à peine des *Codes des esclaves*. Ces lois livraient totalement les affranchis aux planteurs. La prison, mais aussi le fouet, sanctionnait l'absentéisme, les ruptures de contrat, « l'impudence ». Un système d'apprentissage permettait de contraindre les enfants au travail, « si les parents (…) n'ont pas les moyens, ou refusent de subvenir [à leurs besoins][19] ». Les anciens maîtres vivaient dans la hantise d'une révolte vengeresse des anciens esclaves, mais ils entretenaient eux-mêmes un climat de violence effrayant, où assassinats et émeutes provoquées se succédaient. À Washington, le Congrès indigné voyait s'évanouir les gains de la victoire.

Les abolitionnistes n'étaient pas seuls à réclamer une intervention dans la politique sudiste. Le Parti républicain comptait sur le vote noir pour assurer sa position nationale. Les industriels craignaient une renaissance de l'ancien système agraire, qui mettrait un frein à leur expansion. Dans ce contexte, deux vaillants défenseurs des droits des affranchis, Charles Sumner au Sénat, et Thaddeus Stevens à la Chambre des représentants, poussèrent le Congrès à entrer en lutte contre le Président, et à imposer l'Acte de 1867 sur la Reconstruction : celui-ci divisait le Sud en cinq districts militaires et demandait l'élection de conventions au suffrage universel masculin. Dans la foulée, le Congrès exigea que les États du Sud ratifient le XIVe amendement (qui garantissait la pleine citoyenneté de tous les Américains[20]) avant de pouvoir réintégrer l'Union, et que les anciens confédérés prêtent allégeance au gouvernement fédéral par le *Serment de Fer* pour avoir accès aux urnes.

« 40 acres et une mule »

Les affranchis, pour leur part, n'aspiraient pas au « pouvoir noir » qui obsédait les Sudistes. Ils voulaient une chose simple : la dignité. En foule, ils se pressaient dans les bureaux d'état civil pour légaliser leurs mariages et légitimer leurs enfants. Ils souhaitaient que leurs femmes soient traitées avec respect. Certains quittaient les plantations pour chercher fortune dans les villes, mais la majorité restait à la campagne, et attendait la redistribution des terres qui, selon la rumeur, devait se produire en janvier 1866[21]. L'idéal des affranchis se résumait à la proposition de Thaddeus Stevens : « 40 acres et une mule ». Sur la côte de Caroline de Sud et de Floride, le général Sherman avait commencé à distribuer les terres abandonnées.

1866 arriva. Rien ne se produisit. Le président Johnson amnistia les rebelles qui récupérèrent la plupart des terres déjà louées ou vendues aux affranchis. Ces derniers n'eurent d'autre ressource que de chercher un emploi auprès de leurs anciens maîtres.

Pour administrer les affaires des esclaves libérés, Lincoln avait organisé en 1865 le Bureau des Réfugiés, des Affranchis, et des Terres abandonnées. Pendant une brève existence de sept ans, cet organisme accomplit un travail considérable, en dépit d'un budget insuffisant et de l'hostilité des Blancs du Sud qui contemplaient avec horreur la coopération entre Noirs et Yankees. Le Bureau des Affranchis distribua des milliers de rations alimentaires, assura les premiers soins médicaux, mit sur pied des cours d'arbitrage, veilla à la rédaction des contrats de travail. Il établit d'innombrables écoles, où l'enthousiasme des professeurs rivalisait avec celui des élèves, enfants comme adultes.

« Maintenir le Noir à sa place »

Beaucoup d'affranchis entrèrent dans la vie publique pendant ces années d'espérance. Entre 1869 et 1901, il y eut ainsi deux sénateurs et vingt représentants noirs à Washington[22]. Dans les législatures d'États, ils ne formaient nulle part la majorité, sauf en Caroline du Sud, et ne prétendaient pas contrôler le gouvernement. S'ils firent sentir leur influence, ce ne fut pas pour tirer vengeance de leurs anciens propriétaires, mais pour favoriser une législation progressiste qui réorganisa le système judiciaire, abolit les châtiments corporels et la prison pour dettes, établit le suffrage universel masculin et surtout mit en place un réseau d'écoles publiques, jusqu'alors pratiquement inconnues dans le Sud. Les affranchis contribuèrent aussi à la ratification des XIVe et XVe amendements qui garantissaient les droits civiques et particulièrement le droit de vote. Mais les Blancs du Sud ne toléraient pas cette participation égalitaire de leurs anciens esclaves aux institutions. Ils mirent tout en œuvre pour rétablir l'ancien système.

Les tenants de la Confédération avaient toujours régné par la violence. Ils continuèrent. À partir de 1867, ils organisèrent une terreur systématique, dans le but avoué de « maintenir le Noir à sa place » et d'imposer la suprématie blanche. Les sociétés secrètes, dont le fameux Ku Klux Klan, se multiplièrent. Masqués, imprévisibles, ces mercenaires de l'épouvante incendiaient maisons et récoltes, attaquaient des affranchis isolés, fouettaient, mutilaient, torturaient, assassinaient. Leur besogne accomplie, ils ôtaient leur déguisement pour reprendre leur place dans la « bonne » société. Les troupes fédérales lancées à leur poursuite ne parvenaient presque jamais à les identifier.

Dans ce climat de guerre civile, les démocrates gagnaient du terrain à chaque élection. Ils accusaient le Bureau des Affranchis d'incapacité et de corruption et réclamaient bruyamment des « gouvernements honnêtes ». Certes, la corruption avait pris des proportions alarmantes mais probablement pas davantage dans le Sud que dans le Nord, où, à cette époque, politiciens et industriels sans scrupule s'assuraient eux aussi une clientèle à grand renfort de pots-de-vin. La coalition d'intérêts qui avait imposé la Reconstruction radicale commençait à s'effriter. La mort de Stevens en 1868 et celle de Sumner en 1874 sonnèrent le glas de la vieille génération d'abolitionnistes. Le monde des affaires, abondamment représenté au Congrès, voulait l'ordre, le calme et un marché unifié. Et s'il le fallait, les industriels étaient prêts à abandonner le Sud aux anciennes élites qui, d'ailleurs, détenaient toujours la terre, l'argent, et le crédit. Celles-ci avaient réussi à maintenir la suprématie blanche en termes économiques, et elles étaient bien résolues à l'inscrire dans la loi et les institutions.

L'affirmation de la suprématie blanche

L'élection présidentielle qui, en 1876, opposait le démocrate Samuel J. Tilden au républicain Rutherford B. Hayes s'annonça si serrée que, pour s'assurer les votes des grands électeurs de Floride, de Caroline du Sud et de Louisiane, le Parti républicain promit aux États du Sud, en cas de victoire, le retrait des troupes fédérales et de solides subventions. C'est ainsi que Hayes devint président, et que le Sud retrouva son autonomie. En 1877, les troupes fédérales quittèrent le territoire de l'ancienne Confédération et en 1878, l'usage de la force armée pour surveiller le bon déroulement des élections fut interdit. Du même coup, le Nord abandonnait les affranchis à leur sort.

Néanmoins les Blancs du Sud ne pouvaient pas ignorer ouvertement les XIVe et XVe amendements. Pour maintenir à l'écart des urnes les affranchis que les menaces et la violence n'avaient pas découragés, ils employèrent les procédures les plus variées : déplacement du lieu de vote au dernier moment, découpage artificiel des circonscriptions, fraude lors du

décompte des voix. Avec le succès, ils s'enhardirent.
Ils allongèrent la liste des conditions requises pour se
faire inscrire sur les listes électorales : ne jamais s'être
rendu coupable d'un petit larcin, avoir acquitté un
impôt particulier, savoir lire et écrire, pouvoir inter-
préter un article de la Constitution… Les disqualifica-
tions menaçaient bien sûr les Noirs, mais aussi
quantité de « pauvres Blancs », qui finissaient par se
demander si leurs intérêts s'identifiaient vraiment à
ceux des riches propriétaires.

Car depuis la reprise de la production de coton
dans les années 1870, les petits fermiers souffraient
durement de la chute des prix agricoles. Accablés par
les impôts, les taux d'intérêt, le coût des transports et
des machines agricoles, beaucoup étaient contraints
d'abandonner leurs terres. Leur ressentiment grandissait à l'égard des « pouvoirs de l'argent » et du Parti
démocrate qui représentait surtout la nouvelle classe
dominante, celle des planteurs, des industriels et des
marchands. Beaucoup d'anciens propriétaires terriens
faisaient d'ailleurs maintenant partie des trois catégories. Les « pauvres Blancs », méprisés, se réunirent
dans de nombreuses associations agraires radicales, et
ils collaborèrent de plus en plus souvent avec les organisations noires qui défendaient, elles aussi, les petits
exploitants. Les tenants de ce mouvement populiste
militaient pour le maintien du droit de vote des Noirs,
qui pouvait accroître leur influence. En 1894, les
républicains noirs alliés au nouveau Parti populiste
obtinrent ainsi la majorité à la législature de Caroline
du Nord.

Ce rapprochement entre Noirs et Blancs, le seul
véritable que le Sud ait connu, ne pouvait durer.
Comme les Noirs recommençaient à peser sur la scène

politique, toutes les composantes anciennes du racisme furent ranimées pour semer l'inquiétude et la division : les ouvriers blancs craignaient que les affranchis ne menacent leurs emplois ; la bourgeoisie blanche, inquiète pour ses prérogatives, accusait les Noirs de ramener la corruption dans la vie publique et allongeait systématiquement la liste des personnes privées de leurs droits civiques ; et les petits Blancs pauvres et ignorants, qui risquaient eux aussi d'être frappés par ces mesures, préféraient rechercher la protection des puissants plutôt que l'alliance des faibles. Ils réclamèrent donc que le droit au bulletin de vote dépende ouvertement de la couleur de peau et non du degré de richesse ou d'instruction. Échoué sur l'écueil du racisme, le mouvement populiste se décomposa rapidement.

« Séparés mais égaux »

Les États du Sud ajoutèrent peu à peu à leurs lois fondamentales toutes les restrictions qu'ils pratiquaient depuis longtemps déjà en matière électorale. Pour mettre à l'abri leur clientèle de « pauvres Blancs », ils eurent recours à une véritable trouvaille : la « clause du grand-père ». Cette mesure privait du droit de vote tous ceux dont le père ou le grand-père n'était pas électeur en 1867. Ce qui excluait tous les affranchis.

Pour les Blancs du Sud, un « bon Noir », servile et content de servir, ne s'occupait pas de politique. Le traitement réservé aux indociles, fouettés, pendus, lynchés, devait constituer un exemple pour la communauté. À l'époque de l'esclavage, quand des maîtres sûrs de leur force dominaient une masse d'esclaves sans droit aucun, Blancs et Noirs vivaient dans une relative intimité. Mais maintenant que les affranchis pouvaient prétendre à l'instruction, au bulletin de vote, au succès économique, il fallait, pour s'assurer une main-d'œuvre à bon marché et maintenir dans la soumission une race méprisée, inculquer irrévocablement aux Noirs la notion de leur infériorité, et donc interdire toute relation d'égalité entre les races. Par la violence mais aussi par la loi, le Sud imposa alors un système social fondé sur la stricte séparation raciale : la ségrégation.

Les champions de la suprématie blanche ne seraient peut-être pas allés aussi loin, s'ils n'avaient disposé en la Cour suprême d'un puissant allié. En 1873, la plus haute juridiction du pays avait déclaré qu'il existait deux citoyennetés, la fédérale et la régionale, et que le XIVe amendement ne protégeait que la première. En 1883, les juges restreignirent encore l'application de cet amendement, en affirmant qu'il interdisait la discrimination raciale aux États... mais non aux individus. Enfin en 1896, l'arrêt « Plessis contre Ferguson » ajouta la pierre de touche à cet édifice juridique : la Cour y approuvait la mise à la disposition des deux races d'installations et de services « séparés mais égaux ». Elle ajoutait froidement que, si les Noirs voyaient dans ce système un stigmate d'infériorité, c'était « uniquement parce que la race de couleur [choisissait] de le voir ainsi[23] ».

La Cour suprême reflétait l'état d'esprit du moment. L'époque de l'abolitionnisme était en effet révolue. Au contraire des autres immigrants qui se fondaient dans le « melting-pot », les Africains avaient été privés de tous les moyens nécessaires à l'assimilation. Le réseau naturel de soutiens de chaque individu, avec ce qu'il comporte de solidarité familiale et de fierté de son héritage, avait été gravement perturbé. Les Africains s'étaient vu refuser l'instruction, la terre, l'accès à la propriété et l'exercice des droits civiques. On leur avait sans relâche inculqué la notion de leur infériorité, et on s'était toujours efforcé de les maintenir à l'extérieur de la société et de l'histoire américaines. Patiemment, irrévocablement, l'Amérique construisait son « problème noir ».

À la fin du XIXᵉ siècle, une petite élite sociale et intellectuelle noire avait certes réussi à s'arracher à la pauvreté et à l'ignorance. Mais pour la grande masse des affranchis, la ferveur de l'émancipation sombrait dans une existence de misère et d'humiliation. La ségrégation détruisait leurs espoirs et bouchait l'horizon.

DEUXIÈME PARTIE

Gens de couleur

CHAPITRE 4

Le temps de la ségrégation

Les « Invisibles »

Le siècle débutant n'annonçait pas pour les « gens de couleur » une ère de gloire et d'espérance : 106 Noirs périrent lynchés pendant la seule année 1900[1]. La pratique était si courante, si populaire, si dénuée de risques que, dans le Sud, le journal local en prévenait parfois ses lecteurs en quête de distraction. Pendre, brûler ou poignarder un seul individu ne suffisait pas toujours à calmer la foule vengeresse. Il arrivait qu'elle se précipitât ensuite dans le quartier noir pour le saccager et répandre la terreur. Ces émeutes raciales ne secouaient pas que les communautés du Sud profond[2]. En 1908, à Springfield en Illinois, on compta 6 morts et 70 blessés à la suite d'un procès pour viol où l'accusé de couleur avait pourtant réussi à se disculper. Le verdict d'innocence n'avait pu apaiser l'obsession que nourrissaient les Blancs à l'encontre de l'homme noir, du « *nigger* » (« négro » ou « sale nègre », terme d'un infini mépris) qu'ils imaginaient tenaillé de désir pour la femme blanche.

Dans le Sud, les Noirs accusés de larcin, de meurtre, « d'insolence » ou plus souvent de viol, et qui échappaient au lynchage, étaient la plupart du temps emmenés, de la prison, vers un bagne qui n'avouait pas son nom. Enchaînés et menés à coups de fouet, ils étaient loués à des entreprises qui tiraient grand profit de ces travaux forcés. Si l'esclavage n'avait plus droit de cité, le Sud ne négligeait rien pour s'en rapprocher le plus possible.

Omniprésente, la ségrégation raciale régissait tous les rapports sociaux. En 1832, une chanson à succès popularisa un personnage nommé Jim Crow, soldat de couleur aux origines incertaines. Dans les spectacles ambulants, il stéréotypait le Noir du Sud, le transformant en une caricature de simplet comique. Petit à petit, son nom en vint à désigner le système social du Sud et la ségrégation. On parlait des trains et des restaurants « Jim Crow » pour qualifier ceux où Noirs et Blancs étaient séparés, et des lois « Jim Crow » qui imposaient la ségrégation dans les lieux publics. Et si le système « Jim Crow » régnait dans le Sud, ses émules n'étaient pas absents dans le Nord. Exclus, ignorés, « invisibles », les gens de couleur étaient ballotés entre conciliation et protestation.

« Whites Only » : les lois ségrégationnistes

Le système social ségrégué poursuivait deux objectifs absolus : interdire le mélange des races et persuader les gens de couleur de leur infériorité.

Les premières lois ségrégationnistes avaient prohibé les mariages interraciaux. Le mariage impliquait l'égalité, le métissage et la dilution des caractéristiques anglo-saxonnes, toutes choses alors inacceptables. Certes, les Blancs du Sud continuaient de fréquenter des femmes noires, mais, prétendaient-ils, il ne s'agissait que d'une distraction clandestine avec un être de toute façon inférieur, un amusement sans conséquence sociale. En revanche, la barrière entre hommes noirs et femmes blanches devait être infranchissable. Plus que jamais, l'homme de couleur était perçu comme un sauvage aux pulsions sexuelles incontrôlées, dont la virilité excédait et menaçait celle de l'homme blanc. Barricadés derrière leur haine, leurs préjugés et leurs complexes, les Blancs du Sud entreprirent d'empêcher toute relation sociale qui risquerait de favoriser de tels contacts.

Des pancartes indiquant « *Whites* » ou « *Colored* » furent placardées sur chaque établissement public, chaque lieu de rencontre possible. Écoles, restaurants, hôtels, parcs, terrains de sport, bibliothèques et magasins : tout fonctionnait selon le principe strict de la séparation des races. Les Blancs avaient accès aux meilleurs services disponibles, les gens de couleur devaient se contenter au mieux d'installations vétustes. Dans le train, ils ne montaient que dans les wagons « Jim Crow » (Noirs et Blancs séparés) ; dans les automobiles, ils devaient s'entasser promptement à l'arrière ; dans les cinémas, ils n'avaient droit qu'au balcon, à condition de passer inaperçus ; dans les bars, ils faisaient la queue à la porte de service ; et il leur fallait éviter soigneusement les orphelinats réservés aux Blancs, les fontaines publiques réservées aux Blancs, les sections des hôpitaux réservées aux Blancs, celles des prisons réservées aux Blancs, et même celles des cimetières réservées aux Blancs... Partout, ils devaient céder le passage et gagner humblement leur quartier réservé.

Et partout, on leur inculquait le sentiment de leur infériorité. Il était entendu qu'ils devaient soulever leur chapeau et descendre du trottoir au passage d'un Blanc. Il était de règle que jamais une personne « comme il le faut » ne leur serrait la main, et qu'on ne les appelait jamais « Monsieur », « Madame ». Dans ce climat suffocant, les travaux domestiques et les emplois subalternes constituaient l'unique entorse à la règle stricte de la ségrégation : des générations de petits sudistes blancs furent ainsi élevés par des nou-nous noires qui avaient mission de les laver, de les nourrir et de les bercer.

Le pouvoir économique demeurait inaccessible aux gens de couleur. Dans le Sud, la puissance s'incarnait dans la terre, et les propriétaires n'envisageaient qu'avec une réticence extrême la possibilité de vendre un peu de terrain aux descendants des esclaves. Un système de métayage s'était établi : le fermier prêtait les champs, les outils, le bétail, quelques vêtements, et une somme d'argent pour la nourriture. À la fin de l'année, les propriétaires et les métayers partageaient la récolte. Mais les maîtres tenaient seuls les comptes, vendaient eux-mêmes le produit des moissons, et fréquemment, ils possédaient aussi le magasin où les paysans de couleur achetaient à crédit. Quand arrivait l'heure du bilan, le métayer noir, dans l'impossibilité de rembourser sa dette, se voyait contraint d'hypothéquer la prochaine récolte. Ainsi, d'année en année, il s'enfonçait dans l'endettement, la dépendance et la misère.

Contester ces arrangements devant les tribunaux relevait de l'utopie la plus folle. La police et la justice étaient rigoureusement « *lily-white* » (blanches comme le lys), et au service de l'ordre établi. Sans pouvoir, sans argent, sans avenir, constamment en butte aux humiliations et à la violence, beaucoup de gens de couleur commencèrent à désespérer du Sud et à abandonner la terre qui les avait vus naître. Mais ils allaient découvrir que, depuis les déchirements de la guerre de Sécession, le pays s'était ressoudé aux dépens de tous les peuples de couleur.

Migration et exclusion

Les puissances occidentales s'activaient au même moment avec la volonté d'asservir les peuples de couleur. Alors que l'Europe se livrait à une course coloniale effrénée, les Américains entreprirent d'établir une domination sans conteste sur le nouveau continent. En soutenant les Cubains révoltés contre l'Espagne en 1898, les États-Unis s'engagèrent dans un conflit rapide, au terme duquel ils acquirent Porto Rico, les Philippines, et le contrôle économique et politique de Cuba. La même année, ils annexèrent Hawaï et quantité de petites îles du Pacifique, qui devinrent des bases stratégiques essentielles.

Pendant la Première Guerre mondiale, Washington continua à étendre sa zone d'influence en achetant les îles Vierges au Danemark et en instituant une sorte de protectorat sur Haïti et la République dominicaine. Les populations d'origine africaine ou asiatique étaient nombreuses sur tous ces territoires, et les États-Unis n'envisageaient pas de leur accorder des libertés risquant de perturber le *statu quo* racial sur le continent. Ironie du sort, l'armée chargée de soumettre ces peuples de couleur comptait dans ses rangs bon nombre de soldats noirs qui s'étaient engagés avec l'espoir d'un avenir meilleur, loin du Sud.

Après l'échec de la Reconstruction radicale, des milliers d'émigrants s'étaient précipités sur les routes pour fuir l'oppression sudiste. Au printemps 1879, cette vague de départs prit les dimensions d'un véritable exode[3]. Des rumeurs promettaient des terres, des outils, un passage gratuit vers le Kansas… Quand ces illusions s'évanouirent, la détermination à quitter le Sud persista. Certains se tournèrent vers le Libéria, d'autres vers l'Ouest, où les tribus indiennes avaient traditionnellement bien accueilli les gens de couleur. Quelques communautés noires virent le jour en Oklahoma, mais elles n'obtinrent jamais le succès économique et l'indépendance politique imaginés par leurs promoteurs.

En 1880, plus de 75 % des Noirs se trouvaient encore dans le Sud[4], et beaucoup abandonnaient les campagnes pour simplement tenter leur chance dans la ville voisine. Avec les débuts de l'industrialisation du Sud, de nombreuses usines s'ouvraient, mais les travailleurs de couleur n'avaient droit qu'aux travaux les plus durs et les moins rénumérés. Ils perdaient même du terrain dans les petits commerces qui faisaient autrefois leur spécialité. Bien des artisans noirs – coiffeurs, cordonniers, cuisiniers – pliaient boutique face à l'afflux des émigrants arrivés d'Europe qui prenaient leur place. Seules les femmes obtenaient toujours aisément des emplois de domestiques. Avec ce mince espoir, les gens de couleur continuaient à arriver dans les villes par familles entières.

Cette urbanisation massive transforma profondément le mode de vie. Dans certaines villes du Sud, le nombre des Noirs excédait alors celui des Blancs qui

déménageaient précipitamment pour éviter ce voisinage « indésirable ». Bientôt, la loi elle-même imposa
la ségrégation des quartiers : on cantonna les gens de
couleur dans les taudis insalubres qui bordaient des
rues non pavées. Ce processus d'exclusion sévissait
aussi dans le Nord : petit à petit, les nouveaux arrivants furent regroupés dans des ghettos aux frontières
invisibles mais bien réelles. Il devint impossible pour
un Noir d'obtenir un logement dans une rue
« blanche ». À New York, les premiers Noirs qui s'installèrent à Harlem appartenaient à la classe moyenne.
Comme leurs voisins blancs, ils avaient choisi ce quartier pour ses maisons modernes et bien équipées. La
fuite systématique des Blancs transforma Harlem en
un ghetto surpeuplé où se précipitaient les émigrants
les plus pauvres.

De nombreux ménages sous-louaient une partie de
leur appartement, souvent à des membres de leur
famille un peu éloignée. Dans ces conditions d'entassement et de pauvreté, les maladies, la mortalité
infantile et la délinquance prenaient des proportions
alarmantes. Pour certains analystes[5], la famille noire,
après avoir résisté pendant l'esclavage, ne s'est pas
davantage désintégrée à la suite de l'exode. Il semble
cependant indéniable que la misère urbaine et la difficulté rencontrée par beaucoup d'hommes pour trouver
un emploi décent aient provoqué de graves tensions et
quelquefois la désagrégation de la vie familiale.

Les ouvriers de couleur à la recherche d'un emploi
ne pouvaient guère attendre de soutien des syndicats.
Les Chevaliers du Travail (*Knights of Labor*), qui les
avaient accueillis pendant la Reconstruction, perdaient rapidement du terrain au profit de l'*American
Federation of Labor* (AFL) qui regroupait ses membres

par corps de métier et non par industrie. À ses débuts, l'AFL s'était prononcée contre la ségrégation dans le mouvement syndical, mais l'hostilité des syndicats locaux lui fit faire rapidement machine arrière. Déjà, la plupart des travailleurs de couleur, simples manœuvres, se trouvaient automatiquement exclus des syndicats de métiers. À partir de 1900, l'AFL admit des associations officiellement interdites aux Noirs.

Le patronat en tira profit : engagés uniquement s'ils acceptaient d'être sous-payés, les Noirs acquirent une réputation de briseurs de grève qui les écarta davantage encore des organisations ouvrières. Dans ces conditions, les quelques syndicats formés seulement d'ouvriers de couleur n'avaient qu'une influence très limitée.

Exclus du climat d'optimisme et de prospérité qui régnait avant la Première Guerre mondiale, les gens de couleur cherchaient donc toujours le moyen d'échapper à la misère et au mépris. En 1897, un groupe d'intellectuels fonda l'*American Negro Academy* : l'essor de la race noire était entre les mains d'une petite élite, selon son premier président Alexander Crummell, c'est-à-dire un « dixième d'hommes de talent[6] ». L'année suivante, John Hope, professeur à l'université d'Atlanta et futur président de l'université noire de Morehouse, affirma que le salut des Noirs passait par l'établissement d'une classe d'hommes d'affaires et d'entrepreneurs[7]. La société noire, démunie et ignorée, s'efforçait malgré tout de prendre le contrôle de son destin.

À la recherche d'une élite

L'espoir bouillonnait dans les églises, les associations et les écoles. C'est là qu'une amorce de bourgeoisie, un début d'intelligentsia, faisait ses classes pour tenter de s'imposer à l'Amérique blanche.

Bien que formée de multiples dénominations concurrentes, l'Église représentait le pilier de la société noire, la seule institution qui lui appartînt totalement et où elle pouvait s'exprimer librement. Dans le Nord, l'indépendance de l'Église noire datait du début du xixe siècle, et dans le Sud, la guerre de Sécession avait délivré les fidèles des contrôles qui pesaient autrefois sur les réunions des esclaves. Après une vaine tentative des baptistes blancs pour superviser les paroisses noires, le renforcement de la ségrégation aboutit à une séparation presque totale des lieux de culte. Seuls les catholiques accueillaient les convertis de couleur dans leur bâtiment principal.

Constamment à cours d'argent, les paroisses noires ne pouvaient pas toujours s'assurer les services d'un pasteur compétent, et bien des prédicateurs étaient des ignorants qui s'efforçaient de compenser leurs insuffisances par la frénésie extatique de leurs discours. En arrivant dans le Nord, les émigrants pauvres se détournaient souvent des églises établies pour se laisser entraîner par des charlatans qui recréaient pour eux la chaude ambiance des cultes du Sud. Les Noirs les mieux éduqués se révoltaient contre ces bruyants accès d'exaltation et demandaient ce que E. Franklin Frazier appela la « sécularisation » de l'Église, c'est-à-dire qu'elle cessât de promettre un monde meilleur dans l'au-delà et se préoccupât davantage de l'instaurer ici-bas[8].

Toute la vie sociale de la communauté noire se déroulait à l'église. Outre le réconfort spirituel, elle offrait l'occasion d'exprimer ses talents, d'exercer une autorité, de recevoir une marque d'appréciation. Les enfants fréquentaient assidûment les écoles du dimanche. Les chorales chantaient les *spirituals* et le blues. Grâce au denier du culte, si modeste fût-il, l'Église faisait office de société d'entraide et d'agence pour l'emploi, elle coopérait avec les associations et les « fraternités » pour promouvoir l'instruction et donner naissance à une petite bourgeoisie noire.

Beaucoup d'associations, dont la franc-maçonnerie noire, furent à l'origine de la fondation de banques, de compagnies d'assurance, d'hôtels et de restaurants, de magasins et de journaux. Tenus à l'écart de la croissance économique et de l'expansion industrielle du pays, les entrepreneurs noirs décidèrent de s'adresser à une clientèle de couleur et de la servir avec des employés de couleur. Une petite classe moyenne noire se forma, qui ouvrit ses épiceries, ses salons de coiffure et d'esthétique, ses magasins de confection. Bien souvent, ces succès demeuraient mineurs et sans lendemain. Avec un capital modeste et peu d'expérience de gestion, les petits commerçants menaient une bataille sans espoir face aux entreprises industrielles et aux grands magasins.

Quand l'Église n'investissait pas ses revenus dans les affaires et les œuvres charitables, elle fondait des écoles, des lycées, et même de nombreuses universités. Les écoles étaient en général ségréguées, mais non le corps enseignant. Beaucoup de professeurs venus du Nord s'installaient dans le Sud avec un zèle missionnaire. De la Reconstruction, le Sud avait conservé son attachement au système de l'école publique, et il lui était impossible de priver totalement les élèves de couleur des deniers de l'État. Mais sous le prétexte que les Noirs payaient moins d'impôts, ils se voyaient attribuer quelques cahutes en guise de bâtiments et devaient peu ou prou se passer de tout matériel pédagogique. Parfois, ils recevaient l'aide d'un généreux philanthrope.

La passion de l'instruction et la foi dans le progrès humain qui animaient ce début de siècle incitèrent en effet certains hommes d'affaires du Nord à investir une partie de leur fortune dans l'éducation, à titre individuel ou par l'intermédiaire de fondations. Julius Rosenwald, John D. Rockefeller et Andrew Carnegie comptèrent parmi ceux qui apportèrent une aide considérable aux écoles et aux universités noires.

De ces facultés sortirent l'élite de la société de couleur et les futurs rebelles. Des historiens noirs, tels Edward A. Johnson et George Washington Williams, se penchaient sur leur passé pour dénoncer l'injustice de la discrimination raciale ; W.E.B. Dubois étudiait la philosophie et la sociologie ; Ida B. Wells publia régulièrement, à partir de 1892, des statistiques sur les lynchages et protesta sans relâche au nom des victimes[9] ; Paul Laurence Dunbar devint célèbre grâce aux recueils de poèmes qu'il composa entre 1896 et 1906 ; le romancier Charles W. Chesnutt annonçait la littérature noire moderne en introduisant le thème des préjudices raciaux dans des œuvres de fiction[10]... Privée de son porte-parole incontesté après la mort de Frederick Douglass en 1895, la communauté noire attendait de cette nouvelle élite qu'elle tranchât le dilemme entre les deux stratégies divergentes : la conciliation ou la contestation.

Booker T. Washington ou la conciliation

Au début du xxᵉ siècle, aucun intellectuel noir n'accéda à une notoriété et à une influence comparables à celles de Booker T. Washington. L'autobiographie que celui-ci publia en 1901[11] rencontra un succès considérable. Son histoire incarnait le parfait itinéraire du *self-made man* cher aux Américains.

Né en 1856 en Virginie, Booker T. Washington avait connu l'esclavage, peiné dans les mines de charbon après l'émancipation, et fréquenté les petites écoles de village où il s'instruisait après sa journée de travail. Grâce à son intelligence et à sa détermination, il était entré à 16 ans à l'Institut normal et agricole de Hampton. Sous la houlette de Samuel C. Armstrong, il y avait reçu une formation technique et avait renoncé, après une brève tentative, à étudier le droit et la théologie. En 1881, il fondait l'Institut normal et industriel de Tuskegee en Alabama, qu'il dirigea jusqu'à sa mort en 1915.

Selon Washington, il était encore trop tôt pour que les Noirs accèdent aux études supérieures. Apprendre un métier, devenir un ouvrier qualifié, économiser et acheter quelques arpents de terre, voilà l'idéal que le directeur de Tuskegee transmettait à ses élèves. Il cherchait à leur inculquer des principes d'honnêteté et d'épargne, des notions d'hygiène et surtout le goût et la fierté du travail manuel. À Tuskegee, les filles devenaient infirmières, couturières ou cuisinières. Les garçons s'exerçaient au métier de forgeron, de menuisier ou de plombier. Booker T. Washington s'efforçait également de stimuler l'esprit d'entreprise qui concrétiserait les bénéfices de son enseignement technique. En 1900, il fonda la *National Negro Business League* qui devint par la suite la *Colored Man's Chamber of Commerce* dont il fut le président jusqu'en 1915.

En formant des jeunes gens disposés à servir la communauté par un travail utile et honnête, Washington pensait désarmer l'hostilité blanche. Cette attitude conciliante, ce refus des revendications lui attirèrent en effet une popularité sans précédent parmi les Blancs. Sa célébrité datait d'un discours qu'il prononça à Atlanta en septembre 1895 lors de l'Exposition du coton. Éloquent et sincère, Washington conseillait vivement aux Noirs de rester dans le Sud, à la campagne, et de cultiver l'amitié de leurs voisins blancs. « Dans tout ce qui est purement social, ajoutait-il, nous pouvons être aussi séparés que les doigts de la main, et pourtant unis comme la main dans tout ce qui est essentiel à notre progrès mutuel. (…) Les plus sages parmi ma race comprennent qu'agiter la question de l'égalité raciale est d'une extrême folie[12]. »

Booker T. Washington convainquit son auditoire noir en lui promettant le progrès économique, mais il suscita l'enthousiasme chez les Blancs en donnant son aval à la ségrégation et à l'inégalité raciale. Dès lors, il fut fêté, approuvé, couvert d'honneurs, et la société blanche fit en sorte que les gens de couleur voient en lui le modèle du succès et la voie de l'avenir. La notoriété de Washington grandissait chaque jour. Il écrivait des articles, tenait des conférences, entretint des relations suivies avec trois présidents républicains : William McKinley, William H. Taft et Theodore Roosevelt. Il donnait son avis sur la nomination de fonctionnaires noirs et sur la distribution de subventions aux écoles, églises et universités... Depuis Tuskegee, Booker T. Washington régnait sur l'Amérique de couleur.

Qu'il ait considéré la conciliation comme une phase de transition, qui, alliée à l'honnêteté et au travail, devait mener sans heurt vers l'obtention des droits civiques pour les Noirs et finalement vers l'égalité raciale[13], les Blancs préféraient l'ignorer. Chaque fois que le leader noir tentait d'avancer d'un pas dans cette voie[14], la véhémence des critiques lui rappelait qu'il mettait ainsi en péril sa position privilégiée. Il se cantonna donc à soutenir secrètement les premiers procès engagés contre la ségrégation, en rassemblant des fonds et en recrutant des avocats. Mais cela ne suffisait pas pour apaiser les critiques qu'il suscitait parmi l'élite de la société de couleur. Là, on traitait Washington d'« Oncle Tom[15] », on lui reprochait ses manières autoritaires et la dictature exercée par « la machine de Tuskegee » sur toutes les fonctions publiques attribuées aux Noirs. Booker T. Washington n'avait de cesse de discréditer ses opposants. En 1906, il réussit à écarter W.E.B. Dubois, candidat pressenti au poste de superintendant adjoint pour les écoles du district de Columbia[16]. Mais il en aurait fallu bien davantage pour imposer silence à l'éconduit...

W.E.B. Dubois ou la contestation

Le directeur de Tuskegee s'était élevé de l'esclavage à la prospérité, mais sa vision demeurait passéiste. Les métiers qu'il enseignait disparaissaient peu à peu au profit de la grande industrie, et les petites fermes indépendantes qui devaient attacher ses émules à la terre ne pouvaient faire face aux coûts de la machinerie moderne. Son mépris des études supérieures condamnait les gens de couleur à des positions subalternes, où même le professorat de l'enseignement technique demeurait hors de leur portée. Il n'est donc pas surprenant que Booker T. Washington ait trouvé ses critiques les plus véhéments parmi les intellectuels de Nouvelle-Angleterre. Déjà, en 1901, William Monroe Trotter, un jeune diplômé noir de Harvard, avait lancé le journal *The Guardian* pour mener sa campagne contre la méthode conciliante de Washington. En 1903, ce fut W.E.B. Dubois qui engagea une critique acérée de la méthode conciliante de « M. Booker T. Washington et de quelques autres[17] »...

Né en 1868 dans le Massachusetts, William Edward Burghardt Dubois se flattait de la diversité de ses origines, noires, indiennes, néerlandaises et françaises, mais : « Dieu merci, avait-il coutume d'ajouter, aucun Anglo-Saxon[18] ! » Esprit raffiné et brillant, conscient de sa supériorité intellectuelle, il avait étudié à l'université Fisk, obtenu un doctorat de philosophie à Harvard avant de poursuivre sa formation à Berlin. Il avait ensuite enseigné à Wilberforce, à l'université de Pennsylvanie et à Atlanta. Il allait exercer une influence déterminante sur la sociologie, l'histoire et même la littérature de son temps. Ses manières aristocratiques, son assurance sans faille et la force de sa logique et de son raisonnement faisaient de lui le prototype de l'intellectuel protestataire.

Dès 1903, Dubois avait prophétisé : « Le problème du xxe siècle est celui de la ligne de couleur, la relation entre les races plus foncées et les races plus claires en Asie et en Afrique, en Amérique et dans les Îles[19]. » Il attaqua sans détour le capitalisme militant de Booker T. Washington, son « évangile de travail et d'argent », son « attitude d'adaptation et de soumission », et son acceptation implicite de « l'infériorité supposée de la race noire[20] ». Il plaida avec force pour une élite destinée à guider la population noire hors de la pauvreté et de l'ignorance et défendit passionnément les droits des intellectuels : « ... en refusant de donner à ce dixième d'hommes de talent la clé du savoir, aucun homme dans son bon sens peut-il imaginer qu'ils renonceront d'un cœur léger à leurs aspirations et qu'ils seront contents de devenir tailleurs de bois ou puiseurs d'eau[21] ? »

Pour entamer un programme de protestation et de propagande, W.E.B. Dubois, William Monroe Trotter et 27 autres jeunes Noirs se retrouvèrent en juin 1905 à Niagara Falls, et fixèrent leurs objectifs : le droit de vote, la fin de toute discrimination raciale, l'application stricte de la Constitution et le droit à l'éducation[22]. Ce Mouvement de Niagara, radical et enthousiaste, mais dépourvu de moyens financiers et d'appuis influents, rencontra peu d'écho et cessa de se réunir dès 1908.

Cependant, les tensions raciales et la multiplication des lynchages ne préoccupaient pas que l'élite des intellectuels de couleur. Le massacre d'Atlanta en 1906 et les émeutes meurtrières de Springfield en 1908 émurent tous ceux qui sentaient encore vibrer en eux un peu de l'ancienne foi abolitionniste. Des écrivains, des responsables d'œuvres sociales, des professeurs, des juges et des personnalités religieuses répondirent à l'appel lancé par Oswald Garrison Willard (le petit-fils du célèbre abolitionniste William Lloyd Garrison) et se réunirent à New York le 30 mai 1909. À l'exception de Trotter, les membres du Mouvement de Niagara se joignirent à eux. Un an plus tard, ils fondaient la *National Association for the Advancement of Colored People* (NAACP), présidée par l'écrivain William E. Walling. Seul Noir parmi les responsables, Dubois assumait les fonctions de directeur de la publicité et de la recherche, et il anima dès lors le magazine *Crisis* dont la diffusion approcherait, en 1918, les 100 000 exemplaires[23].

La NAACP entreprit de lutter contre les lynchages, la discrimination raciale et le mépris des XIVe et XVe amendements. L'équipe d'avocats, animée par Arthur B. Spingarn, remportera par la suite, de haute lutte, trois victoires essentielles : en 1915, la Cour suprême condamnera la « clause du grand-père » en Oklahoma et dans le Maryland ; en 1917, elle déclarera inconstitutionnelle la ségrégation par quartiers imposée à Louisville ; en 1923, elle ordonnera la tenue d'un nouveau procès pour un inculpé noir dont la condamnation avait été obtenue sous la pression de la foule, sans qu'aucun homme de couleur ne puisse participer au jury[24].

Alors que la NAACP luttait pour les droits légaux des Noirs, plusieurs organisations d'œuvres sociales mirent leurs ressources en commun pour fonder, en 1911, la *National Urban League*, qui entreprit, elle, d'aider les nouveaux arrivants à s'adapter en milieu urbain. La Ligue nationale urbaine fournissait des renseignements, s'efforçait de procurer emplois et logements. Comme la NAACP, elle multiplia rapidement les antennes locales, et publia son propre magazine : *Opportunity*. La presse noire renaissait dans le militantisme.

À travers leurs écrits et leurs actions judiciaires, les leaders noirs s'efforçaient d'interpeller le gouvernement. Traditionnellement fidèles au Parti républicain, les Noirs n'avaient reçu que des encouragements symboliques de la part des trois présidents – McKinley, Roosevelt et Taft – qui s'étaient succédé à la Maison Blanche depuis le début du siècle. Même Theodore Roosevelt s'était révélé un allié décevant. Lors des émeutes de Brownsville durant lesquelles trois compagnies du 25e régiment de couleur s'étaient trouvées impliquées, il avait sans attendre destitué le régiment entier, à la grande indignation des Noirs de tout le pays qui avaient toujours tiré fierté de leur service sous les drapeaux.

Quand, en 1912, le candidat Woodrow Wilson parla de justice, d'égalité de traitement, de lutte contre les monopoles et les privilèges, pour la première fois certains Noirs choisirent le bulletin de vote démocrate. W.E.B. Dubois encouragea cette nouvelle option, mais une cruelle déception l'attendait : les réformes intérieures et surtout les dangers de la situation internationale à la veille de 1914 reléguèrent les questions raciales au dernier rang des préoccupations du président.

Dans la Première Guerre mondiale

En lançant un appel du côté des électeurs noirs[25], Wilson ne leur avait, en fait, rien promis de précis. Démocrate et sudiste, il restait convaincu des vertus de la ségrégation. Comme le rappelle l'un de ses biographes : « Wilson n'était pas un raciste militant, mais il n'était pas non plus un avocat de l'égalité raciale. Pendant tout son gouvernement, il s'est toujours comporté comme s'il existait des problèmes bien plus importants à régler que la justice raciale[26]. » En 1913, il refusa même de nommer une simple commission d'enquête sur ce sujet, comme l'en avait prié la NAACP[27]. Au contraire : le Congrès croûlait alors sous les propositions de loi visant à renforcer la ségrégation, et Wilson signa plusieurs décrets qui autorisaient la séparation des races dans l'administration fédérale. Dans ce climat de racisme avoué, certains services, tels le Trésor et la Poste, reléguèrent leurs agents noirs dans des pièces séparées, ou les entourèrent d'écrans afin que leur vue n'offense point les autres employés et les usagers.

La tension raciale montait de jour en jour. Wilson renvoya avec mépris William M. Trotter, l'activiste fondateur du *Guardian*, venu protester à la Maison Blanche contre la ségrégation pratiquée parmi les fonctionnaires. En 1915, le film de D.W. Griffith, *Naissance d'une nation*, répandit à nouveau, s'il en était besoin, le mythe du Noir corrompu et violeur de femmes blanches, et fit une fois de plus l'apologie du Ku Klux Klan[28]. En cette année 1915, le Klan renaissait de ses cendres, et le nombre des lynchages augmentait. Mais le conflit qui ravageait l'Europe allait précipiter les Américains dans une violence de plus vaste envergure...

Le 2 avril 1917, le président Wilson annonça l'entrée en guerre des États-Unis et demanda l'appui du Congrès et de la nation pour abattre « l'autocratie prussienne » et « faire du monde un abri sûr pour la démocratie[29] ». Habituée à la ségrégation, l'armée refusa tout d'abord les Noirs qui se portaient volontaires, puis elle changea radicalement d'attitude : elle se mit à les engager en nombre considérable quand fut décrétée, en mai, la mobilisation de tous les hommes valides, refusant aux Noirs les exemptions accordées à de nombreux Blancs.

Représentant 10 % de la population, les Noirs fournirent finalement 13 % du contingent[30]. 2 290 525 Noirs furent inscrits et 367 000 servirent effectivement sous les drapeaux[31]. Ils partaient en général avec enthousiasme, prêts à défendre leur pays et la démocratie, croyant encore que le prestige de l'uniforme et la preuve de leur loyauté d'Américains leur gagneraient une place au soleil. W.E.B. Dubois lui-même le rappela : « Ce que représente la puissance allemande signe l'arrêt de mort des aspirations des Noirs (…) à l'égalité, la liberté et la démocratie. » Il conseilla de « serrer les rangs avec nos concitoyens blancs[32] ».

De leur côté, les étudiants des universités, entraînés par Joël Spingarn de la NAACP, menaient campagne pour avoir accès aux écoles d'officiers. Finalement, un camp d'entraînement pour officiers de couleur fut ouvert à Fort Des Moines en octobre 1917. Exclus des corps de parachutistes – les *marines* –, de l'aviation et de la plupart des postes dans la marine, les soldats de couleur entrèrent dans l'infanterie, la cavalerie, et l'artillerie. Plus souvent qu'à leur tour, ils servirent dans l'intendance. En plein dilemme raciste, l'armée américaine entendait à la fois mobiliser ses hommes de couleur, mettre leur vie en jeu, mais sans leur accorder aucune des marques de respect que pouvaient engendrer le port de l'uniforme, le maniement des armes ou même le statut d'officier. Insultes et humiliations pleuvaient. Dans le Sud particulièrement, la vue de soldats de couleur en armes suscitait une violente hostilité. À Houston, en août 1917, une foule déchaînée tenta de désarmer des conscrits noirs installés dans un tramway réservé aux Blancs. Dans la lutte, les soldats abattirent 17 personnes. 13 autres furent pendus sur-le-champ et beaucoup condamnés à la prison à vie[33]. Heurts et incidents de toute sorte se multipliaient. Quelquefois, les autorités militaires choisissaient de hâter le départ des troupes de couleur vers l'Europe pour calmer les esprits.

Un parfum de liberté

« L'unité de couleur » initialement prévue ne vit jamais réellement le jour. Entraînées dans sept camps différents, les divisions qui auraient dû la former arrivèrent sur le lieu des opérations en ordre dispersé, et furent intégrées à l'armée française. Présentes en Champagne, en Argonne et sur tout le front de l'est de la France, ces unités venues d'outre-mer convainquirent par leur bravoure et leur fidélité. Beaucoup de soldats reçurent la Croix de Guerre à titre individuel ou collectif. Les efforts de propagande tentés par les Allemands pour convaincre les Noirs de tourner le dos à une Amérique qui leur refusait des droits élémentaires, se révélèrent sans effet aucun. La vraie liberté, c'était en France que ces soldats de la démocratie la découvraient. Populaires et bien accueillis, ils s'asseyaient à la terrasse des cafés, prenaient sans arrière-pensée les transports en commun et n'hésitaient plus à inviter quelques Françaises à partager leurs permissions. Ce comportement outrait les autorités américaines qui s'efforçaient vainement de mettre les Français en garde contre la bestialité incontrôlable des Noirs. Robert R. Moton, le successeur de Booker T. Washington à la tête de l'Institut Tuskegee, rendit visite aux troupes de couleur encore stationnées en

Europe à la fin de la guerre, et leur laissa entendre que l'égalité entrevue en France ne saurait se prolonger à leur retour au pays[34].

La ségrégation et la violence régnaient toujours aux États-Unis, mais la guerre modifia définitivement l'organisation sociale. Les femmes trouvaient des emplois dans l'industrie et allaient obtenir le droit de vote en 1920. À nouveau, les Noirs fuyaient en masse l'oppression du Sud, la misère, les récoltes de coton ravagées par l'anthonome (une larve parasite), et cédaient au mirage du Nord en pleine expansion économique. En choisissant de ne pas imposer le rationnement, le gouvernement Wilson avait obligé l'industrie à fournir les commandes de guerre, tout en continuant la production des biens de consommation. Les hostilités avaient interrompu le flot des immigrants européens, et les usines embauchaient des ouvriers de couleur dans les fabriques d'armement, l'industrie alimentaire, les chantiers navals, les ateliers automobiles, les mines de charbon. On estime qu'entre 1910 et 1920, environ 300 000 Noirs gagnèrent ainsi Chicago, Cleveland, Gary ou Detroit. Ils s'installaient de préférence là où existait déjà une petite colonie noire. Cet afflux provoquait l'agressivité et la fuite des citadins blancs. On dénombra 38 lynchages en 1917, 57 en 1918[35]. En juillet 1917, les émeutes de East Saint Louis dans l'Illinois firent officiellement 40 victimes dans le quartier noir, *Crisis* en compta 125[36]. Le 26 juillet, Wilson accepta de prononcer une déclaration condamnant les lynchages et la violence, mais ne remit pas en cause la ségrégation[37]. Deux jours plus tard, une parade silencieuse descendait la 5e Avenue à New York en souvenir des morts d'East Saint Louis. Sur les pancartes portées par les manifestants en vêtements de deuil, on lisait : « *M. le Président, pourquoi ne pas faire de l'Amérique un abri sûr pour la démocratie*[38] *?* » Mais non, l'Amérique n'entendait pas modifier le statut de ses citoyens de couleur, fussent-ils de valeureux vétérans. L'Amérique entendait « revenir à la normale ».

CHAPITRE 5

Le retour à la « normale »

Le bon vieux temps

Si un parfum d'illusion enivra les soldats de couleur accueillis triomphalement à leur retour d'Europe, il se dissipa en quelques semaines. Déjà, Dubois avertissait : « Nous revenons. Nous revenons du combat. Nous revenons au combat[1]. »

Le premier conflit mondial avait mis brutalement en lumière les contradictions de la démocratie américaine et engendra une nouvelle génération d'artistes et d'écrivains noirs qui se débarrassaient de leur retenue pour proclamer leur liberté d'esprit. Et les Noirs se mirent à envisager la possibilité, par le biais d'alliances électorales et de pressions partisanes, de jouer un vrai rôle sur la scène politique. La grande Dépression et la montée du nazisme en Europe allaient accroître leur impatience et leur militantisme. Désormais, la ségrégation ne leur paraissait plus immuable. Elle était devenue insupportable.

La réinsertion des vétérans s'annonçait pourtant difficile. L'afflux ininterrompu des Noirs du Sud vers les cités industrielles du Nord, la reprise de l'immigration européenne, l'arrivée sur le marché du travail de près de 4,5 millions de soldats démobilisés aiguisaient la compétition pour des emplois déjà raréfiés par la fin des commandes de guerre et le redémarrage du commerce international. Les fermiers européens remettaient leurs terres en exploitation et les cours agricoles s'effondraient. Grèves et affrontements entre ouvriers se multipliaient.

L'administration Wilson, paralysée par l'état de santé très précaire du Président, se révélait incapable de mettre en place une politique cohérente[2]. Pour beaucoup d'Américains, inquiets, désorientés, la victoire n'apportait pas les fruits escomptés. La méfiance vis-à-vis d'un monde extérieur incompréhensible et décevant, l'hostilité à tout élément étranger provoquèrent une réaction conservatrice et un repli sur soi que la « terreur rouge » déclenchée par le ministre de la Justice, A. Mitchell Palmer, ne fit qu'accentuer[3]. Le vocabulaire de l'Américain conservateur s'enrichit d'un mot nouveau : « *Bolchevik* ». Terroristes, radicaux, étrangers et... Noirs contestataires se trouvèrent englobés dans la même aversion ignorante et anxieuse. Dans une période de changements technologiques, économiques et sociaux accélérés, l'Amérique voulait simplement « revenir au bon vieux temps ». Elle était mûre pour la campagne électorale du républicain Warren C. Harding qui, en 1920, promettait « la normalité ».

Les croix du Ku Klux Klan

Cette nostalgie d'un passé mythique s'exprimait aussi autrement : à partir de 1919, le Ku Klux Klan connut un essor sans précédent, jusqu'à atteindre entre 2 et 4 millions de membres au milieu des années 1920[4]. Le Klan essaimait maintenant dans le Nord et l'Ouest. Il ne touchait pas seulement les campagnes déshéritées, mais aussi les grandes villes industrielles et le Middle West prospère. Il se posait en défenseur de la civilisation anglo-saxonne et protestante, prétendument menacée par l'afflux d'émigrants d'Europe de l'Est et du Sud. La haine xénophobe mêlait les Juifs, les catholiques, les Asiatiques et les Noirs dans un même rejet.

En quête d'honorabilité, le Klan s'efforçait pourtant de passer pour une association patriotique et charitable, et beaucoup de femmes participaient à sa lutte pour la tempérance et la vertu[5]. Et toujours, la « pureté de la féminité » et son corollaire immédiat, la suprématie blanche, demeuraient le symbole et l'obsession du Klan. Les dirigeants déclaraient sans ambages : « Tout instinct, tout intérêt, tout impératif de la conscience et de l'esprit public exigent que la suprématie blanche soit maintenue pour toujours », et ils ajoutaient : « Le Nègre, qui charrie dans son sang le désir forcené du mélange des races, est plus dangereux qu'une bête sauvage déchaînée et il doit être et sera contrôlé[6]. »

Si beaucoup de membres ne participaient pas directement aux équipées nocturnes des justiciers en capuche blanche, ils les encourageaient par leur haine et leur goût de la violence. Les cagoulés s'affublaient de noms grotesques et inquiétants, parlaient de leur « Empire invisible » mené par le « Sorcier impérial », se réunissaient en « Klonvokation » sous la présidence de quelque « Klaliff » ou autre « Grand Titan[7] ». Ils plantaient des croix enflammées dans les jardins pour terroriser les habitants et leur intimer l'ordre de déguerpir. Sinon, les malheureux s'exposaient à être fouettés, roulés dans le goudron et les plumes, voire pendus ou immolés par le feu. À tort ou à raison, le Klan se vit attribuer la plupart des atrocités commises dans ces années d'épouvante.

Jamais la violence raciale aux États-Unis n'avait atteint de tels extrêmes. Entre juin et décembre 1919, période que l'écrivain James Weldon Johnson baptisa *L'été rouge*[8], plus de 25 émeutes éclatèrent dans le pays. Les Blancs, plus que jamais décidés à maintenir l'ordre établi, se heurtaient désormais à des Noirs prêts à riposter et à défendre leur vie. Les sacrifices consentis en vain sur le front et la liberté de mouvement entrevue en Europe alimentaient l'amertume des Noirs et leur combativité. Dans un tel climat de tension, la moindre rumeur de viol, l'arrivée de quelques Noirs dans un quartier blanc, un excès de chaleur ou de boisson viraient immédiatement à l'affrontement racial. Longview (au Texas), Washington, Knoxville, Omaha et Elaine connurent ainsi des affrontements particulièrement meurtriers. Après la noyade d'un nageur noir, repoussé au large d'une plage « blanche » du lac Michigan, Chicago plongea dans treize jours de violence et d'anarchie. Quand la milice réussit à calmer les combats de rue, on compta 38 morts et plus de 500 blessés[9].

Le Progrès noir et le Père divin

La NAACP et d'autres organisations de défense des Noirs, telles la *National Equal Rights League* ou le *National Race Congress* se lancèrent alors dans une campagne sans répit pour obtenir la fin des lynchages et de la violence. Une conférence sur le lynchage fut réunie en mai 1919 ; la même année, la NAACP publia un rapport, *Trente ans de lynchages aux États-Unis, 1889-1918*[10], et engagea Walter White pour enquêter sur les crimes perpétrés contre des Noirs et les rapporter dans *Crisis*. Mais le Congrès ne vota aucune des propositions de loi en faveur d'une justice égale pour tous. En dépit de ses efforts incessants, la NAACP ne touchait qu'une petite minorité de couleur cultivée, celle qui lisait les journaux militants et suivait les comptes rendus d'audiences. Les masses incultes récemment urbanisées attendaient encore un leader qui parlât leur langage et mobilisât leur énergie.

Marcus Garvey sembla quelque temps pouvoir remplir ce rôle. Ce petit homme gras, à la peau très sombre, avait fondé à la Jamaïque, en 1914, l'Association universelle pour le progrès noir. En 1916, il avait transféré son organisation à New York et entrepris de galvaniser la foule de Harlem[11]. Il jouait d'un charisme indéniable, tenant à la fois du prophète, du charlatan et surtout du démagogue accompli. Vrai nationaliste noir, il clamait la fierté de sa race et la gloire de l'Afrique à reconquérir. La folie des grandeurs et le goût du spectacle faisaient le reste. S'étant proclamé, en 1921, président provisoire de « l'Empire d'Afrique », il organisa une noblesse dotée de titres ronflants, mit sur pied une légion qui paradait en uniformes chamarrés et continua à collecter avidement les contributions de ses auditoires fascinés. Il se voyait volontiers en capitaine d'industrie, mais il finit par être victime de la magnificence de ses ambitions : arrêté pour corruption et fraudes diverses en 1923,

Marcus Garvey fut condamné à la prison, puis déporté en 1927 à la Jamaïque où il sombra dans l'oubli.

Au temps de sa gloire, Marcus Garvey méprisait ouvertement Dubois et les intellectuels de la NAACP, qui le lui rendaient bien. Néanmoins, aucun autre meneur ne connut une popularité comparable dans l'entre-deux-guerres. Le désarroi qui régnait dans les grandes villes fit également la fortune de maints mouvements religieux peu orthodoxes, dont le plus célèbre fut probablement celui du « Père Divin » (*Father Divine*), qui accueillait Blancs et Noirs sur un pied d'égalité absolue, et dont les disciples pensaient qu'il incarnait Dieu lui-même et ne mourrait jamais[12]. Le Père Divin ne se contentait pas de prêcher, il tenait table ouverte et nourrissait bien des malheureux exclus de la fête incessante des années folles.

Et Harlem se mit à danser

Car, dans le même temps, Harlem, capitale de l'Amérique noire, faisait danser les noctambules de toutes couleurs au rythme du ragtime. Artistes et intellectuels noirs fuyaient la prison du Sud et convergeaient vers le nord de Manhattan. C'était l'époque de la Prohibition[13], des gangsters et des chanteurs de blues, du charleston et du whisky de contrebande, l'époque « où la réputation de Harlem pour son parfum d'exotisme et sa sensualité colorée gagna les quatre coins du monde ; où Harlem était connu comme le lieu du rire, du chant, de la danse et des passions primitives, et comme le centre de la nouvelle littérature et du nouvel art nègres[14] ».

Plusieurs ouvrages avaient annoncé cette explosion littéraire, musicale et picturale. Avant la guerre, W.E.B. Dubois écrivait déjà des romans et des essais. James Weldon Johnson, romancier, poète, compositeur, diplomate et secrétaire exécutif de la NAACP pendant dix ans (1920-1930), avait publié, en 1912, *L'Autobiographie d'un ex-homme de couleur* où il étudiait les effets psychologiques dévastateurs de la discrimination[15]. Après 1918, nombre de jeunes créateurs se retrouvèrent à Harlem, où on discutait, travaillait et faisait la fête. La parution de l'ouvrage d'Alain Locke, *The New Negro*, en 1925 annonça la naissance officielle de leur mouvement. Dans cette anthologie de nouveaux auteurs, Locke, professeur de philosophie à l'université Howard de Washington, décrivait la « nouvelle psychologie » qui faisait vibrer la jeune génération : « L'esprit du *Negro* semble soudain avoir échappé à la tyrannie de l'intimidation sociale et secoué la psychologie d'imitation et d'infériorité implicite (…) Les jours des "tantes", des "oncles" et des "nounous" sont eux aussi bien finis[16]. » L'année suivante, le romancier blanc Carl Van Vechten remporta un succès considérable avec *Nigger Heaven* et attira vers Harlem des flots de touristes en mal d'émotions fortes qui voulaient goûter la sexualité spontanée et les rythmes enivrants décrits dans le roman. Dubois eut beau dénoncer la vulgarité de ce « mélodrame de quatre sous[17] », la mode était lancée : Harlem était en vogue[18].

Ces nouveaux intellectuels ne parlaient plus d'eux-mêmes comme de gens « de couleur » : ils se disaient « *Negroes* », et refusaient tout stigmate d'infériorité. Leur mouvement ne formait pas une école, un système ou une théorie, seulement un état d'esprit.

Témoins des déceptions de l'après-guerre, de la violence grandissante, de l'érosion systématique de leurs droits et de la misère écrasante du ghetto, ils clamaient leur amertume et leur insatisfaction. Ils voulaient peindre la réalité et exprimer leurs sentiments intimes sans limiter leurs points de vue à ceux d'un « homme de couleur ». Ils disaient adieu à la docilité, au pittoresque, aux grimaces et aux parodies en dialecte noir qui amusaient les Blancs. Fini aussi les portraits de Noirs héroïques et sans reproche destinés au public de Harlem ! Langston Hughes, le poète le plus prolifique de cette génération, a défini mieux qu'aucun autre cet esprit de liberté et ce désir d'atteindre à l'universel :

« Nous, les jeunes artistes *"negroes"* qui créons aujourd'hui voulons exprimer notre individualité, avec notre peau brune, sans crainte et sans honte. Si cela plaît aux Blancs, tant mieux ! Si cela ne leur plaît pas, c'est sans importance. Nous savons que nous sommes beaux. Et laids aussi. Le tam-tam pleure, et le tam-tam rit. Si cela plaît aux gens de couleur, tant mieux ! Et si cela ne leur plaît pas, leur insatisfaction ne compte pas non plus. Nous bâtissons nos temples pour demain, aussi solidement que nous le pouvons, et nous nous tenons au sommet de la montagne, libres en nous-mêmes[19]. »

Hughes avait débarqué sur le pavé de New York à 19 ans, exercé maints « petits boulots » et publié quelques poèmes dans *Crisis*. Il accéda à la notoriété dès 1926 avec son recueil *The Weary Blues*. Esprit curieux, voyageur insatiable et rebelle impénitent, Hughes s'identifiait à la vie miséreuse du ghetto et s'efforçait de donner la parole aux humbles et aux oubliés.

L'explosion créatrice

Avant Hughes, un jeune poète venu de la Jamaïque avait crié la révolte et le désespoir des victimes de la haine raciale. *Harlem Shadows*, le livre de poèmes que Claude McKay publia à New York en 1922, comprenait un véritable appel à la rébellion :

« Si nous devons mourir – que ce ne soit pas comme des pourceaux,
Chassés et parqués dans quelque coin honteux,
Tandis qu'autour de nous aboient les chiens affamés et sauvages,
Qui se moquent de notre sort maudit...
Ô amis de ma race ! Nous devons faire face à l'ennemi commun,
Bien qu'écrasés par le nombre, montrons-nous courageux,
Et pour leurs milliers de coups rendons un coup mortel !
Et si devant nous s'ouvre notre tombeau ?
En hommes, nous ferons face à cette horde meurtrière et lâche,
Le dos au mur, mourant, mais combattant[20] *! »*

Comme Countee Cullen, qui publia *Colors* en 1925, Claude McKay composa aussi des poèmes lyriques qui exprimaient des émotions universelles.

La « Renaissance de Harlem » suscita également une abondante production romanesque. *Cane* (1923), l'ouvrage original et unique de Jean Toomer, dépeignait les tribulations des Noirs du Sud rural et du Nord urbain à travers un assemblage de poèmes, portraits et dialogues. Jessie Fauset, auteur de *There is*

Confusion (1924) et critique littéraire de *Crisis*, décrivait dans ses romans une bourgeoisie noire respectable, dont les mœurs et les traditions ne différaient guère de celles de l'Américain moyen, et que le public blanc ignorait encore davantage que celles des domestiques et des cireurs de chaussures. Rudolph Fisher, Wallace Thurman, Zora Neale Hurston, le jeune Arna Bontemps, Walter White (futur secrétaire exécutif de la NAACP)… Une génération d'auteurs impertinents et anticonformistes s'exprimait avec talent.

Quand ils n'écrivaient pas, ces intellectuels couraient les soirées, les clubs, les théâtres. De grands dramaturges blancs, comme Eugene O'Neill, avaient lancé la mode des thèmes noirs, joués par des comédiens noirs. *Emperor Jones* (1920) et *All God's Chillun'Got Wings* (1924) firent sortir le théâtre noir du ghetto et ouvrirent les portes de la célébrité à deux acteurs remarquables : Charles Gilpin et Paul Robeson. Les comédies musicales et les revues « nègres » abondaient à Broadway. *Shuffle Along* (1921) fut suivi de *Chocolate Dandies* (1923) qui marqua les débuts de Joséphine Baker, et l'année suivante Florence Mills menait tambour battant la revue *From Dixie to Broadway*. Au cinéma, seuls les personnages de domestiques ineptes et ridicules étaient encore offerts aux acteurs de couleur. Quelques rares producteurs indépendants essayaient pourtant de tourner de petits films destinés au public des ghettos et en 1929, King Vidor dirigea le premier « grand » film tourné uniquement avec des acteurs noirs : *Hallelujah*[21].

Le « Nègre » était à la mode et Harlem vivait la nuit. Dans les salons et les caves, les cabarets et les bouges obscurs, on dansait le ragtime, le charleston et le black bottom. Les riches noctambules de Park Ave-

nue éprouvaient quelques frissons inoffensifs en
s'encanaillant dans des clubs souvent rigoureusement
ségrégués. Duke Ellington débutait au *Cotton Club*,
Bessie Smith et Louis Armstrong à l'*Alhambra*. Nés
dans le Delta déshérité du Mississippi, sous les doigts
de quelques pianistes noirs analphabètes et géniaux,
le jazz et le blues répandaient dans le monde entier la
vigueur, l'énergie et la tristesse parfois déchirantes de
ces années-là.

Des sculpteurs et des peintres noirs participaient,
eux aussi, à cette explosion créatrice. Les silhouettes
d'Aaron Douglas dansaient sur des tableaux presque
aussi transparents que des théâtres d'ombres[22] et
racontaient en images l'expérience noire que des historiens, comme Carter G. Woodson, ou des sociologues comme Robert Park et Charles S. Johnson,
analysaient dans leurs traités et leurs articles. Woodson, souvent surnommé « le père de l'histoire noire »
fonda l'*Association pour l'étude de la vie et de l'histoire
noire* et le *Journal d'histoire noire*. En 1926, il créa ce
qui devint une institution nationale, la première
Semaine d'histoire noire. Park révolutionna l'étude des
relations raciales en y appliquant les méthodes de la
sociologie moderne tandis que Charles Johnson publiait
de nombreux ouvrages sur l'éducation, et sur les obstacles que la discrimination opposait à une transition
réussie entre le Sud rural et le Nord urbain.

La persistance d'îlots de pauvreté sordide au milieu
de l'opulence générale alarmait artistes et intellectuels. Le crash boursier d'octobre 1929 allait, pour
tous, avoir raison de l'euphorie artificielle des années
folles et pousser certains vers des mouvements politiques extrémistes.

La tentation marxiste

Bien avant que la dépression ne s'abatte officiellement sur tout le pays, les gens de couleur en avaient
déjà ressenti les effets. La crise agricole dans le Sud,
la réadaptation de l'industrie après les années de
guerre les avaient gravement affectés. En 1929, beaucoup avaient déjà perdu leur emploi. L'effondrement
boursier accéléra dramatiquement cette tendance.
Licenciés les premiers, chassés de leurs logements, les
ouvriers de couleur se joignaient aux hordes de malheureux qui parcouraient le pays à la recherche d'un
travail, si précaire fût-il. Dans certaines campagnes
reculées, l'esclavage réapparaissait et les paysans noirs
se voyaient contraints par la force à travailler pour
des salaires symboliques. En 1934, 17 % des Blancs et
38 % des Noirs étaient incapables de subvenir à leurs
besoins[23]. En 1935, 2 millions de Noirs vivaient de
secours divers[24]. Exclus systématiquement du mouvement syndical, ils n'avaient aucun moyen de défense.
Ils commençaient pourtant à prendre conscience de
leur poids politique potentiel. La révolution bolche-
vique avait bouleversé le monde ouvrier et, parmi les
leaders noirs, certains se tournaient vers une analyse
économique, plus que raciale, de leur situation.
   Avant de se lancer dans le mouvement syndical,
A. Philip Randolph et son ami Chandler Owen avaient
adhéré, au Parti socialiste en 1916, et publié pendant
plusieurs années *The Messenger*, qui se voulait un journal révolutionnaire. Dubois, socialiste dès 1911, ouvrit
largement les colonnes de *Crisis* aux questions qui
touchaient le socialisme et le communisme. En 1928,
il appuya même la candidature du socialiste Norman

Thomas aux élections présidentielles, sans guère de succès. La NAACP et la Ligue urbaine ne le suivaient pas et demeuraient très prudentes, ne s'associant avec aucun parti. De plus en plus marxiste mais aussi de plus en plus isolé, Dubois finit par quitter la NAACP en 1934 et regagna l'université d'Atlanta. L'échec des socialistes tant auprès des organisations militantes que des électeurs noirs était observé avec un intérêt aigu par leurs rivaux naturels : les communistes.

La classe ouvrière noire n'avait pas adopté le Parti socialiste, elle ne se sentait guère proche des intellectuels de la NAACP, et le Parti communiste formé au début des années 1920 choisit délibérément de remplir ce vide. La décision venait directement de l'Internationale communiste[25]. Le Parti se mit dès lors à pratiquer une égalité raciale systématique. Il encourageait les contacts sociaux de toutes sortes entre Blancs et Noirs, organisait des dîners, des sorties et des bals, confiait des postes de responsabilité à des Noirs peu habitués à tant d'égards et, audace suprême, prônait les mariages interraciaux. Beaucoup de communistes blancs choisissaient, à dessein, d'habiter dans des immeubles où logeaient des familles noires.

Le Parti organisait des « marches de la faim » et mit sur pied des Conseils de chômeurs qui militaient pour obtenir des allocations et conserver leurs logements à des locataires incapables d'acquitter leurs loyers. En 1925 furent fondés l'*American Negro Labor Congress*, chargé de réunir les syndicats noirs sous la houlette communiste, et l'*International Labor Defense* (ILD) qui devait défendre les membres du Parti devant les tribunaux et qui entreprit de plaider tous les cas possibles concernant des accusés de couleur, quelle que fût leur affiliation politique.

Le « 49ᵉ *État* »

De 1928 à 1934, le Parti communiste milita en faveur d'une république noire indépendante, un 49ᵉ État qui devrait prendre forme dans le Sud profond où les gens de couleur formaient une majorité. Là aussi, l'initiative venait des idéologues de Moscou, qui établissaient une analogie erronée entre le Sud et les Républiques soviétiques, peuplées de races et de nationalités diverses regroupées géographiquement[26], sans réaliser que les Noirs étaient authentiquement américains. Le Parti cherchait à s'emparer de tous les événements qui captivaient l'opinion. En 1931, l'ILD mit la main sur un cas en or : l'affaire de Scottsboro.

Le 25 mars 1931, neuf adolescents noirs qui voyageaient à bord d'un train de marchandises entre Chattanooga et Memphis avaient été arrêtés à la gare de Scottsboro, en Alabama, et accusés d'avoir violé deux passagères blanches. La « féminité sacrée » de la femme sudiste était en cause, et les journaux locaux se lancèrent dans une campagne hystérique. Il fallut à peine deux semaines aux tribunaux pour condamner huit des inculpés à la chaise électrique. La procédure expéditive, la jeunesse des accusés (le plus jeune avait 13 ans) bouleversaient une bonne partie de l'opinion. Tandis que la NAACP hésitait à encore à intervenir, les communistes de l'ILD firent immédiatement le siège des familles pour qu'elles leur confient la défense des « garçons de Scottsboro ».

En 1932, la Cour suprême ordonna un nouveau procès. Le Parti communiste entreprit alors une campagne de manifestations internationales contre la discrimination raciale. « Ils ne mourront pas ! », clamaient affiches et banderoles[27]. En 1935, cherchant à s'assurer le soutien le plus vaste possible, l'ILD s'associa à la NAACP dans un Comité de défense de Scottsboro pour arracher, deux ans plus tard, l'acquittement de quatre des condamnés et préparer la libération de ceux qui languissaient encore derrière les barreaux. L'ILD obtint la même année la libération d'Angelo Herndon, un jeune communiste noir qui avait été condamné à 18 ans de prison pour ses activités subversives.

Pour répandre la bonne parole marxiste, le Parti s'efforçait de s'assurer la collaboration de quelques artistes et écrivains en vue. Claude McKay et Langston Hughes, qui se considéraient comme des poètes prolétariens, fréquentaient des membres du Parti et partageaient bon nombre de leurs analyses. Ils visitèrent tous deux l'URSS, et en 1930, Hughes accepta même de présider la Ligue de lutte pour les droits des Noirs[28]. Cependant, ni l'un ni l'autre n'eurent jamais en poche leur carte de membre, et finalement ils condamnèrent catégoriquement le communisme[29].

En dépit de tous ses efforts, le Parti ne parvenait pas à s'assurer la fidélité ou même l'attention durable des gens de couleur. Au plus fort de son influence, le Parti ne compta jamais qu'un millier de membres à Harlem[30]. Car son langage, ses méthodes et ses symboles, qui venaient droit d'URSS, demeuraient étrangers à la mentalité noire, et sa subordination à la politique de Moscou lui imposait des volte-face étonnantes qui nuisaient à sa crédibilité. Le Parti cherchait à forcer une intégration raciale qui suscitait même l'hostilité des Noirs, attachés à l'indépendance de leurs institutions culturelles et religieuses. En condamnant toute trace de nationalisme noir au profit de l'internationalisme prolétarien, le Parti ignorait la réalité noire américaine. Harold Cruse a voulu démontrer en 1967 que le Parti communiste avait manipulé et trahi la cause des Noirs au profit de l'expansion du communisme international[31]. L'analyse des historiens contemporains est plus nuancée. Si l'allégeance des communistes américains à l'URSS demeure indéniable, le Parti remporta néanmoins des victoires importantes devant les tribunaux, contribua à populariser le mouvement syndical parmi les ouvriers de couleur et attira l'attention de la « gauche américaine » sur l'électorat potentiel qu'ils représentaient. En 1932, le candidat démocrate Roosevelt n'oublia pas la leçon et obtint une partie du vote noir traditionnellement acquis au Parti républicain.

Le New Deal noir

La fidélité historique des Noirs aux Républicains, « le parti de Lincoln », commençait sérieusement à faiblir. Leur loyauté tenait moins aux rares postes de fonctionnaires qu'ils obtenaient encore, qu'à la sainte terreur que leur inspiraient les démocrates du Sud. En 1928, le Parti républicain se lança dans une campagne active pour renforcer ses positions dans le Sud, écartant, pour ce faire, nombre de leaders noirs locaux. Herbert Hoover emporta ainsi le vote de plusieurs États du Sud. Cette trahison pesa pourtant moins que la crise économique dramatique dont beaucoup d'Américains rendaient le Président responsable.

Franklin Roosevelt proposait alors une « nouvelle donne » et apportait un souffle d'espoir. On estime qu'en 1932, environ un quart des Noirs du Nord abandonnèrent leur allégeance traditionnelle et choisirent le ticket démocrate. Ces électeurs de couleur s'intéressaient de plus en plus à l'influence de leur bulletin de vote. En 1928, ils avaient réussi à envoyer un républicain noir à la Chambre des représentants en la personne d'Oscar DePriest. En 1934, signe des temps, ce fut un démocrate noir transfuge du Parti républicain, Arthur Mitchell, qui remplaça DePriest. La NAACP et les autres organisations noires surveillaient de très près les prises de position de tous les parlementaires. En 1930, elles lancèrent une campagne couronnée de succès contre la nomination à la Cour suprême du juge John Parker, connu pour ses opinions ségrégationnistes, et tentèrent ensuite d'évincer les sénateurs qui l'avaient appuyé[32]. Pendant cette période, quelques Noirs du Nord réussirent à se faire élire à des postes judiciaires et dans les législatures d'État.

Le glissement des électeurs de couleur vers le Parti démocrate s'amplifia considérablement pendant le premier mandat de Franklin Roosevelt. En 1936, 76 % des électeurs noirs du Nord choisirent de reconfirmer le Président dans ses fonctions[33]. Ses manières directes, la simplicité de ses conversations au coin du feu donnaient l'impression aux pauvres et aux vaincus de la Dépression qu'il prenait leur sort en considération. L'épouse du Président, Eleanor, était connue pour sa sympathie à l'égard des Noirs, elle recevait fréquemment certains de leurs représentants à la Maison Blanche, visitait de nombreuses institutions de couleur, et comptait parmi ses amies intimes Mary McLeod Bethune, la présidente du *National Council of Negro Women*, à qui Franklin Roosevelt confia le poste de directrice des Affaires noires à l'Administration nationale de la Jeunesse. De nombreux Noirs furent ainsi appelés comme experts auprès des divers ministères, et l'embauche des fonctionnaires fédéraux de couleur augmenta considérablement sous la présidence démocrate. Certes, jamais Roosevelt n'attaqua directement la ségrégation, aucune des mesures du *New Deal* ne concernait directement les Noirs, mais aucune ne les excluait non plus.

Dans la pratique, et bien que les agences locales chargées d'appliquer la politique fédérale aient souvent mesuré leur aide à l'aune de la discrimination raciale, la plupart des Noirs bénéficièrent de l'intervention de « l'État-providence ». En matière d'aide sociale, ils recevaient plus fréquemment des secours en nature que des emplois dans les travaux publics, et beaucoup d'entre eux furent privés des avantages du *Social Security Act* qui ne prenait pas en compte les domestiques et les travailleurs agricoles. De nombreuses familles noires aménagèrent cependant dans les nouvelles habitations à loyers modérés dont la construction était en partie financée par l'administration, et découvrirent ainsi le confort de l'eau courante et de l'électricité. L'Administration nationale de la Jeunesse mit en place un important programme d'éducation qui accéléra les progrès de l'alphabétisation, et permit à maints jeunes Noirs de prolonger leurs études.

Les subventions distribuées par l'*Agricultural Adjustement Administration* pour la destruction de certaines récoltes excédentaires ne parvenaient pas toujours aux intéressés, bien des propriétaires profitaient de l'ignorance de leurs métayers pour encaisser les chèques à leur place. Néanmoins, les prêts à taux très bas garantis par le gouvernement et les nouveaux programmes d'éducation agricole permirent, pour la première fois, à beaucoup de petits fermiers noirs d'acheter leurs premiers lopins de terre.

Dans l'industrie, le *National Industrial Recovery Act*, qui instituait la semaine de 40 heures et un salaire minimum, se retourna souvent contre les ouvriers de couleur (certains patrons choisissaient de les licencier avant d'être obligé de les augmenter). Il était de plus en plus évident que les Noirs devaient se regrouper pour obtenir le respect de leurs droits et la Ligue urbaine participa activement à tous leurs efforts.

Pendant les années 1930, la plupart des syndicats membres de l'AFL continuèrent à tenir les Noirs à l'écart, quelquefois même par la violence. Les quatre « fraternités » de cheminots, qui représentaient l'aristocratie ouvrière, se montraient particulièrement inflexibles. En 1925, A. Philip Randolph avait pris le contrôle de la Fraternité des porteurs de wagons-lits, (cet emploi, qui exigeait discrétion, soumission et « goût » du service, était exclusivement réservé aux Noirs), et après une bataille de douze ans, il réussit à s'imposer à la puissante compagnie Pullman comme partenaire de négociation[34].

Les porteurs de wagons-lits devinrent le symbole du syndicalisme noir et suivant leur exemple, beaucoup de chômeurs noirs entreprirent de se regrouper pour améliorer leur position sur le marché du travail. Des comités locaux organisaient des boycotts et des piquets de grève. Ainsi, la campagne *Jobs For Negroes* contraignit de nombreux boutiquiers de Saint Louis, Pittsburgh, Cleveland et Chicago à embaucher des employés noirs s'ils voulaient conserver leur clientèle de même couleur. À Harlem, le mouvement « N'achetez pas là où vous ne pouvez pas travailler » obtint des centaines d'emplois dans les magasins et les entreprises de travaux publics, et vit l'émergence d'un jeune leader prometteur : le futur *Congressman* Adam Clayton Powell. En cette période de misère, l'hostilité à l'égard des commerçants et des propriétaires blancs demeurait néanmoins telle, que le moindre incident pouvait dégénérer en émeute. En 1935, une rumeur de meurtre mit ainsi Harlem à feu et à sang[35].

Pendant ce temps, l'administration Roosevelt s'efforçait de réglementer les rapports entre patronat et salariés. Le *Wagner Act* de 1935 institua le principe des négociations collectives et interdit les syndicats d'entreprise. La même année, la position privilégiée de l'AFL se trouva profondément remise en cause par la naissance du CIO (*Committee for Industrial Organization*, rebaptisé *Congress of Industrial Organizations* après sa rupture avec l'AFL en 1938) qui entreprit de regrouper ses membres par industrie et non par corps de métier, et sur la base d'une stricte égalité raciale. Pour la première fois, des dizaines de milliers de Noirs, pour la plupart ouvriers non qualifiés, reprirent confiance dans le mouvement syndical et se joignirent aux rangs du CIO. À l'approche du second conflit mondial, les syndicats allaient jouer un rôle essentiel dans la construction d'un Front populaire contre le fascisme.

Vers l'entrée en guerre

Il semble que, dès la fin de 1934, l'Internationale communiste ait abandonné temporairement son sectarisme idéologique pour essayer de réunir une vaste coalition antifasciste. L'invasion de l'Éthiopie par les troupes de Mussolini en 1935 contribua à rallier à

cette tentative de Front populaire beaucoup d'Américains de couleur, tout à coup concernés par les tensions internationales et le danger totalitaire. Le
sentiment de solidarité avec le destin africain était
toujours vivant, comme en témoignaient les progrès
de la *Nation de l'Islam,* un mouvement religieux et
politique plus connu sous le nom de « Musulmans
noirs » et dont Elijah Poole – dit Elijah Muhammad –
avait pris la direction en 1934[36].

En février 1936, plus de 500 organisations noires se
réunirent pour constituer le *National Negro Congress*
et joindre leurs efforts contre la discrimination raciale
et le fascisme. Le Parti communiste se forçait à la discrétion pour ne pas effaroucher la NAACP et la Ligue
urbaine qui, en dépit de la présence de nombre de
leurs responsables parmi les organisateurs, doutaient
de l'efficacité du Congrès et de ses objectifs véritables.
La présidence en avait été confiée à A. Philip Randolph, à qui les communistes ne faisaient pas peur. La
signature du Pacte germano-soviétique, en août 1939,
et le revirement du PC américain pour justifier la
politique de l'URSS firent voler en éclat le Front
populaire, et le *National Negro Congress* perdit immédiatement beaucoup de ses membres et de son
influence. Au printemps 1940, Randolph claqua la
porte après avoir violemment attaqué la domination
exercée par le Parti communiste et son allié syndical,
le CIO[37].

Cependant, la vision internationaliste et tolérante
du Front populaire avait quelque temps attiré certains
artistes et intellectuels influents dans l'orbite communiste. À la fin des années 1930, le « *Negro* » n'était
plus en vogue, la Dépression avait ruiné bien des

mécènes et refroidi l'enthousiasme des éditeurs, et la Renaissance de Harlem, en sortant du ghetto new-yorkais, avait perdu son élan et sa spécificité. Quelques auteurs, tel Langston Hughes, continuaient à écrire et à publier, mais beaucoup sombrèrent dans l'oubli. Une nouvelle génération d'écrivains vit le jour, et le plus doué d'entre eux était certainement Richard Wright. *Uncle Tom's Children* en 1938 et *Native Son* en 1940 établirent sa réputation à la fois de réalisme brutal et d'indépendance vis-à-vis de la ligne du Parti communiste dont il demeura pourtant membre jusqu'en 1942. Le chanteur et acteur Paul Robeson effectua, lui, plusieurs voyages en URSS. Il regagna son pays en 1939, mais refusa toujours de désavouer l'Union soviétique.

La floraison musicale ne connaissait pas d'éclipse, et ne devait rien à l'influence communiste. Bessie Smith était morte en 1936, victime de la ségrégation[38], mais Benny Carter, Fats Waller, Fletcher Henderson, Billie Holiday, Count Basie, Lena Horne et Cab Calloway attestaient la vitalité inextinguible du jazz. Chanteurs et instrumentistes de couleur conquéraient les grandes salles de concert, et la cantatrice Marian Anderson popularisait une nouvelle musique sacrée, le gospel. En 1939, quand une organisation bien-pensante, les *Filles de la Révolution américaine*, refusa d'accueillir Marian Anderson dans sa salle de concert, Eleanor Roosevelt rendit sa carte de membre et prépara pour la chanteuse noire une éclatante revanche : le 9 avril 1939, le dimanche de Pâques, l'artiste chantait l'hymne national aux pieds du mémorial Lincoln.

Les victoires des athlètes de couleur symbolisaient elles aussi la défaite de la ségrégation. En 1937, le boxeur Joe Louis devint le héros de l'Amérique noire en envoyant au tapis le champion en titre James Braddock[39]. Un an plus tôt, Jesse Owens avait triomphé aux Jeux de Berlin. La colère et le départ précipité d'Adolf Hitler avaient, s'il en était besoin, rappelé aux gens de couleur que l'Allemagne nazie et son idéologie raciste les menaçaient directement.

Roosevelt voulait transformer les États-Unis en « arsenal de la démocratie », l'industrie de guerre faisait redémarrer la machine économique, mais les ouvriers de couleur ne trouvaient toujours pas d'emplois. Quelle place leur réservaient l'armée et l'administration dans la défense de leur pays ? L'Amérique n'avait-elle donc rien appris depuis 1918 ? Le gouvernement recommandait que l'embauche et la conscription soient exemptes de discrimination, mais n'intervenait pas. À l'automne 1940, le ministère de la Guerre déclara que le pourcentage des soldats noirs correspondrait à leur proportion dans la population (autour de 10 %), mais qu'ils intégreraient des unités de couleur, et ainsi, l'armée demeurerait ségréguée. De vigoureuses protestations suivirent. En janvier 1941, A. Philip Randolph, sans organisation derrière lui mais avec une conviction inébranlable, appela 100 000 Noirs à marcher sur Washington pour réclamer du travail dans les usines d'armement et l'égalité dans l'armée. L'enthousiasme soulevé par sa proposition consterna le gouvernement. À mesure que la date fatidique de la marche – le 1er juillet – se rapprochait, les négociations s'intensifiaient, mais Randolph se montrait inflexible.

Le 25 juin 1941, le président Roosevelt décréta la déségrégation de l'industrie de guerre et de l'administration[40] et Randolph annula le projet de manifestation. Un Comité pour l'égalité des chances dans l'emploi (*Fair Employment Practice Committee*) fut chargé de surveiller l'application du décret. Il menait des enquêtes dans de nombreuses villes et sommait les patrons mis en cause de se justifier ou de modifier leurs pratiques. Bien que le comité fût dépourvu de pouvoir, la pression de ses auditions publiques suffisait souvent à obtenir gain de cause et des centaines de milliers d'ouvriers de couleur purent ainsi entrer dans les usines d'armement et furent formés aux métiers de la défense.

Dans le Sud, rien ne bougea. Pour les soldats de couleur, le combat allait se dérouler à la fois en Europe, dans le Pacifique et sur le front intérieur.

Les illusions de 1914 avaient fait long feu. Les « gens de couleur » traversaient une nouvelle fois l'Atlantique pour combattre le racisme et le totalitarisme en Europe, mais ils n'espéraient plus que la nation américaine leur offre l'égalité et la démocratie. Seule grandissait leur détermination à l'imposer eux-mêmes. Le 7 décembre 1941, le Japon attaquait la flotte américaine à Pearl Harbor, et les États-Unis plongeaient dans la tourmente.

CHAPITRE 6

Vers la déségrégation

Dans la Seconde Guerre mondiale

Entre 1940 et 1945, ils furent 3 millions de soldats de couleur à être appelés sous les drapeaux ; 1 million d'entre eux servirent dans l'armée active, et environ la moitié de ce contingent fut envoyé outre-mer. L'armée demeura presque totalement ségréguée jusqu'à la fin du conflit, mais les Noirs contribuèrent considérablement à l'effort de guerre. Dès les premiers jours de la mobilisation, ils rejoignirent les rangs de l'infanterie, de l'artillerie, des divisions blindées, toujours au sein d'unités « de couleur ». Sur ordre exprès du ministère de la Guerre, les officiers, toutes origines raciales confondues, furent formés dans des camps intégrés. Seuls les camps d'aviation demeuraient fermés aux officiers de couleur, mais même cette unité d'élite dut admettre dans ses rangs plusieurs escadrons entraînés sur la base ségréguée de Tuskegee en Alabama.

Aucun corps d'armée ne modifia sa politique raciale aussi radicalement que la marine. D'abord fermement décidé à n'admettre les appelés de couleur que dans l'intendance, le ministre de la Marine dut peu à peu renoncer à sa position sous la pression conjuguée des incidents qui se multipliaient sur les bases navales, de l'arrivée d'un contingent d'appelés noirs destinés à former, là comme ailleurs, 10 % des forces armées, et de l'influence exercée par des officiers plus libéraux. Beaucoup de ces derniers n'avaient pas oublié la conduite héroïque de Dorie Miller, simple troisième classe de couleur à bord de l'« Arizona » qui, au milieu de la panique générale, sans ordre et sans formation préalable, avait abattu au moins quatre avions ennemis lors de l'attaque de Pearl Harbor[1].

En avril 1942, le ministère de la Marine annonça que les appelés de couleur seraient acceptés pour le service général, dans des unités ségréguées, et seulement à bord de navires éloignés du feu. Mais cette dernière restriction céda elle aussi sous le poids de la nécessité. 18 navires « de la liberté » reçurent le nom de héros de l'histoire noire, tels Harriet Tubman ou Booker T. Washington, et dans la marine marchande où n'existait pratiquement aucune restriction raciale, beaucoup de matelots de couleur accédèrent à des postes de responsabilité. À partir de l'été 1942, des parachutistes noirs purent se joindre au prestigieux corps des *marines*, rigoureusement blanc depuis sa création. Le ministère chargea Lester Granger, directeur de la Ligue urbaine, de visiter les bases navales pour y apprécier l'état des relations raciales. En somme, le gouvernement prenait de plus en plus conscience que les États-Unis ne pourraient emporter la victoire s'il ne faisait pas taire le plus gros des dissensions qui menaçaient l'unité de l'armée.

Soldats de couleur

La tension qui régnait dans les camps d'entraînement minait le moral des troupes de couleur. Même
les séances de cinéma ou de théâtre destinées à entretenir leur optimisme demeurèrent ségréguées jusqu'en
1944. Des représentants de la presse noire avaient été
envoyés sur le théâtre des opérations dans l'espoir
d'encourager les soldats de couleur, mais ils rapportaient aussi les détails de la discrimination raciale
régnant dans l'armée et bien souvent, les comman-
dants de camps interdisaient la lecture de ces journaux. Accusés alternativement de lâcheté et de
rébellion, en butte aux humiliations gratuites et aux
punitions arbitraires, certains appelés noirs refusaient
de se soumettre ou en venaient aux mains avec leurs
compagnons d'armes. Les rumeurs de mutinerie couraient les villes de garnison et entretenaient l'hostilité
des habitants du lieu. Les relations entre civils, police
militaire et soldats de couleur s'envenimèrent à tel
point que des émeutes éclatèrent dans de nombreux
camps. Le général Eisenhower, commandant en chef
des armées alliées en Afrique du Nord puis en Europe,
avertit clairement : il ne tolérerait à l'encontre des
troupes de couleur ni vexation ni dénigrement qu'il
considérait contraires « au bon ordre et à la discipline
militaire[2] ».

En dépit des heurts et des frustrations, les unités de
couleur participèrent loyalement au combat. Surrepré-
sentées dans tout ce qui touchait l'intendance et les
transports, elles jouèrent un rôle essentiel dans la
réussite des opérations amphibies. Elles affrontèrent
aussi sans faiblir le feu direct de l'ennemi, en Europe,

en Afrique, et dans le Pacifique. En 1945, Eisenhower intégra des sections de soldats de couleur à des régiments blancs en difficulté sur le Rhin et cette tentative fut couronnée de succès. Dans le danger et l'adversité naquirent parfois des élans de vraie fraternité entre *GI's*, au-delà des barrières raciales. Ce fut d'ailleurs à un médecin noir, Charles Drew, que bien des soldats blessés durent la vie, puisqu'il organisa les banques du sang indispensables aux transfusions. Mais dans les congélateurs des hôpitaux, les sachets de plasma étaient eux aussi rigoureusement ségrégués...

L'effort de guerre ne concernait pas que les troupes envoyées au front. En Amérique, de nombreuses femmes servaient dans les corps auxiliaires de l'armée, et là aussi, la communauté noire apporta sa contribution. Le pays entier travaillait à la victoire. La Commission pour l'égalité des chances dans l'emploi facilita l'embauche de milliers d'ouvriers de couleur dans l'industrie de guerre. Acceptés dans les programmes d'apprentissage, ils accédaient enfin à des emplois qualifiés dans l'aéronautique, l'électronique, l'industrie automobile et sur les chantiers navals. Il serait néanmoins hâtif d'exagérer l'ampleur de ces gains. Seuls 7,3 % des travailleurs de couleur comptaient alors parmi les ouvriers qualifiés[3], et ils rencontraient toujours des difficultés pour se faire embaucher, dans une économie tournant pourtant à plein régime.

Changer la mentalité des patrons se révélait une tâche ardue, les quelques progrès accomplis suscitaient en retour l'hostilité des ouvriers blancs. Les Noirs du Sud n'en continuaient pas moins à affluer dans les cités du Nord et de l'Ouest, les nouveaux arrivants débordaient même sur les quartiers blancs, la tension montait, et pendant l'été 1943, de sanglantes émeutes avaient éclaté. À Detroit, à la suite d'une simple altercation, les combats de rue firent 34 morts, dont 25 Noirs, et il ne fallut pas moins de 6 000 soldats fédéraux pour rétablir l'ordre[4]. Les mêmes scènes se répétèrent à Los Angeles, Mobile et Beaumont. À New York, une rumeur de meurtre déchaîna la fureur destructrice de la population de Harlem, mais le maire de la ville, Fiorello La Guardia, appuyé par les leaders noirs de la NAACP, en vint à bout sans faire appel aux troupes fédérales. Ce jour-là, Lester Granger écrivit : « Il a fallu des émeutes raciales dans cinq grandes villes pour éveiller l'Amérique blanche aux dangers d'un conflit racial. Il a fallu une émeute à Harlem pour apprendre aux Noirs américains (Granger emploie le terme *Negro*) que l'intolérance raciale n'est pas d'un seul côté de la barrière et qu'une émeute noire est en tout point aussi bestiale et aveuglément destructrice qu'une foule blanche[5]. » Les militants des droits des Noirs ne redoutaient plus seulement la violence blanche, ils devaient désormais tenir compte de la combativité et de la criminalité des ghettos.

Beaucoup de municipalités, alarmées par cette situation explosive, tentèrent de prendre des mesures préventives pour détendre les relations raciales, et de nombreuses personnalités, comme Eleanor Roosevelt, jouèrent de leur influence pour promouvoir une certaine coopération entre les races. La paix de la nation et la victoire militaire étaient à ce prix.

Retour d'Europe

Pendant toute la guerre, les soldats de couleur avaient combattu sur plusieurs fronts pour faire avancer la cause de l'égalité et de la justice. L'ennemi totalitaire dûment vaincu, à nouveau, ils rentrèrent au pays pour continuer la lutte.

Les dimensions et l'intensité du conflit mondial avaient exigé la mobilisation de toutes les ressources humaines, économiques et militaires des alliés, mais le militantisme « de couleur » ne s'était pas laissé mettre entre parenthèses. Les combattants noirs avaient connu les quelques assouplissements consentis à la règle stricte de la séparation des races, destinés à maintenir la cohérence de l'armée. Forts de ces avantages arrachés de haute lutte, les vétérans qui rentrèrent à partir de 1945 n'entendaient plus se soumettre à « Jim Crow ». Quand ils ne signaient pas des appels et des pétitions, ils poursuivaient des études ou tentaient de se lancer dans les affaires ; si le Sud leur refusait tout espoir, ils s'enfuyaient vers le Nord et l'Ouest, et engageaient même des poursuites judiciaires.

De plus en plus, les Noirs abandonnaient l'étiquette *colored* que leur avait infligée l'homme blanc, pour revendiquer leur condition de « *Negro* ». Et plus que jamais, les suprémacistes blancs s'efforçaient de les rabaisser au rang de *nigger*, et s'ils se trouvaient amenés à employer le mot *Negro*, ils en faisaient, eux, un terme insultant auquel ils refusaient la majuscule requise par la grammaire anglaise[6]. Il en eût fallu davantage pour arrêter le temps et décourager les Noirs d'arracher la liberté que leur refusait l'Amérique. Leur accès à l'instruction et surtout leur temps de service outre-mer les avaient enrichis d'une nouvelle vision d'eux-mêmes. Certes, la guerre n'avait pas inventé la protestation noire mais elle avait, sans nul doute, contribué à l'étendre et à l'intensifier.

En 1944, une équipe de chercheurs, dirigée par l'économiste suédois Gunnar Myrdal, avait publié le résultat d'une grande enquête sur le problème noir aux États-Unis dans un épais volume intitulé *An American Dilemna*[7]. Au confluent de l'histoire, de l'économie et de la sociologie, l'ouvrage étudiait à la loupe le dilemme dans lequel se débattaient les Américains blancs, tiraillés entre leurs principes égalitaires et l'oppression qu'ils imposaient aux descendants des esclaves. *An American Dilemna* contribua considérablement à exposer aux yeux du monde les contradictions de la démocratie américaine et à encourager les tenants d'un changement fondamental dans les relations raciales.

Ralph Abernathy, qui deviendrait le fidèle lieutenant de Martin Luther King, se souvient de l'état d'esprit qui régnait à la fin de la guerre :

« Après la Seconde Guerre mondiale, la société américaine commença à croître et à prospérer, la société noire comme la société blanche. La guerre nous avait donné une nouvelle indépendance économique. Beaucoup de Noirs s'étaient installés dans le Nord pour travailler dans l'industrie de la défense, et avaient appris des métiers qui leur valaient des salaires plus élevés qu'ils ne l'avaient jamais cru possible. D'autres, comme moi, avaient séjourné à l'étranger, et avaient vu les sociétés d'Europe occidentale, plus libres, plus indifférentes à la couleur de la peau. Quand ils rentrèrent, ils n'étaient plus disposés à accepter Jim Crow, plus pour longtemps, car ils savaient qu'il existait quelque chose de mieux[8]. »

La lutte continue

Et pourtant aucune victoire militaire ne pouvait ébranler la résolution de la société sudiste à « maintenir le Noir à sa place ». Le retour de ces hommes de couleur, habitués au maniement des armes, animés d'une conscience nouvelle de leurs droits, et – plus grave encore – qui avaient certainement goûté au charme des Européennes, était perçu comme une menace muette mais insupportable. Attaques et lynchages frappèrent ces soldats de la démocratie, qui venaient à peine de quitter l'uniforme. Isaac Woodward, un vétéran qui rentrait chez lui à bord d'un bus traversant la Caroline du Sud, commit l'erreur de s'attarder lors d'un arrêt, et fut si sauvagement battu par la police locale qu'il en resta aveugle[9]. Le rapport annuel de la NAACP qualifia l'année 1946 « d'une des plus sombres[10] » depuis la fondation de l'organisation.

Amers et désenchantés, beaucoup de vétérans préférèrent se réengager. La progression de leur carrière militaire se heurta parfois aux suspicions de la guerre froide, quand la Commission sur les activités antiaméricaines de Joseph McCarthy et la paranoïa de la « menace rouge » régnaient sur Washington. Le Parti communiste avait jadis cherché à récupérer, à son profit, le mouvement de protestation des Noirs, et même s'il n'avait guère rencontré le succès, on faisait souvent l'amalgame : il était rare que l'on confiât à un officier noir des secrets touchant à la Défense nationale. Le soupçon et la surveillance se resserraient autour des activistes noirs, mais ceux-ci n'avaient pas l'intention de baisser les bras. Ils n'hésitèrent pas à apporter leurs doléances sur le forum des Nations unies.

Des observateurs noirs accrédités – dont Mary McLeod Bethune, W.E.B. Dubois, Walter White de la NAACP et Mordecai Johnson de l'université Howard – et de nombreux représentants de la presse noire avaient suivi attentivement le déroulement de la conférence de San Francisco au printemps 1945. Les Américains de couleur se sentaient directement concernés par les idéaux humanitaires des Nations unies et le vent de liberté qui soufflait pour les peuples colonisés. La Charte de l'organisation proclamait la volonté des « peuples des Nations unies » d'encourager « le respect des droits de l'homme et des libertés fondamentales pour tous, sans distinction de race, de sexe, de langue ou religion » et la Déclaration universelle des droits de l'homme, adoptée à la fin de 1948, affirma sans ambiguïté : « Tous les êtres humains naissent libres et égaux en dignité et en droits[11]. »

Comment les États-Unis pouvaient-ils se poser en leaders du monde libre et ne pas percevoir la contradiction existant entre cette profession de foi égalitaire, et le statut inférieur de millions d'Américains frappés par la ségrégation ? En 1946, le *National Negro Congress* déposa une pétition auprès du Conseil économique et social pour demander l'aide des Nations unies dans la lutte contre la discrimination raciale[12] et l'année suivante, la NAACP remit au Bureau des Affaires sociales un long document arguant que la position des citoyens d'origine africaine aux États-Unis était contraire aux droits de l'homme[13].

En 1951, une autre organisation, le *Civil Rights Congress*, apporta aux Nations unie une pétition intitulée « Nous accusons de génocide », qui détaillait les lynchages et autres actes de violence commis par les suprémacistes blancs[14]. Le département d'État soutenait qu'il s'agissait là d'un problème intérieur ne relevant pas des compétences des Nations unies. Mais les leaders noirs, en s'efforçant de faire éclater aux yeux du monde les failles de la démocratie américaine, espéraient amener Washington à modifier sa politique raciale. Déjà, le gouvernement tentait de sauver les apparences en confiant à des hommes de couleur de hautes responsabilités au sein de l'ONU. Charles S. Johnson entra à l'UNESCO en 1946, et Ralph Bunche prit la direction du Conseil de tutelle qui avait succédé à la Commission des mandats. En 1947, il devint secrétaire de la Commission sur la Palestine, et reçut, en 1950, le prix Nobel de la paix pour sa contribution au fragile armistice qui mettait provisoirement fin au conflit israélo-arabe. C'était la première fois qu'une telle distinction allait à un Américain de couleur. Bon an, mal an, la cause de la déségrégation avançait.

Le principe de l'égalité raciale

Dès la fin de la guerre, le Congrès avait enterré la Commission sur l'égalité des chances dans l'emploi, mais la détermination nouvelle des gens de couleur n'avait pas échappé à Harry Truman qui avait accédé à la présidence à la mort de Franklin Roosevelt. Par pragmatisme comme par conviction, il était déterminé à agir en faveur de l'égalité raciale. En 1946, il réunit une commission chargée de formuler des propositions en ce sens, et il définit sans ambiguïté la direction que ces travaux devaient prendre : « Je veux que notre

Déclaration des Droits soit appliquée dans les faits. Nous faisons des progrès, mais nous ne les faisons pas assez vite[15]. »

Le rapport de la Commission, intitulé *To Secure Those Rights* (« Pour garantir ces droits »), recommanda l'élimination de toute discrimination. Une autre commission se pencha sur le problème de l'instruction publique et tira les mêmes conclusions. Aucune mesure concrète ne suivit.

La colère commençait à gronder parmi les leaders noirs. Certains abandonnèrent les rangs du Parti démocrate pour rejoindre le nouveau Parti progressiste qui s'engageait plus nettement en faveur des droits civiques. A. Philip Randolph menaça d'entrer en résistance contre le projet de conscription préparé par le gouvernement. En cette période de guerre froide, la cohésion de l'armée et la solidité de la Défense primaient sur toute autre considération. Le président Truman désigna donc une commission sur l'égalité de chance et de traitement dans l'armée, dont le rapport *Freedom to Serve* (« La liberté de servir ») préconisait la fin de toute distinction raciale.

En 1949, Harry Truman imposa enfin la déségrégation des forces armées : les soldats noirs furent peu à peu répartis dans les régiments blancs qui partaient maintenant vers la Corée et, si préjugés et vexations ne disparurent pas automatiquement, le moral et la discipline militaires ne parurent pas perturbés par cette intégration, progressive mais irréversible.

Le Président était décidé à établir l'égalité raciale dans tous les domaines qui dépendaient directement du gouvernement. En 1948, il publia un décret sur l'égalité des chances pour l'emploi dans l'administration fédérale. Ce fut un tollé dans le Sud. Nombre de démocrates abandonnèrent alors Truman pour fonder le Parti *Dixiecrat*[16] (les partisans du Sud) et faire barrage à sa réélection. Sans succès. Dans les calculs électoraux, le vote noir n'était plus un facteur négligeable. La migration constante vers le Nord et l'Ouest avait accru considérablement le nombre des électeurs de couleur, et même dans le Sud, environ un million de Noirs avaient accès aux urnes à la fin des années 1940[17].

La Commission présidentielle sur l'égalité des chances travailla très dur pour instaurer le *Fair Deal* (« le juste traitement ») non seulement parmi les fonctionnaires, mais aussi au sein des sociétés avec lesquelles l'État passait des contrats. Néanmoins, les employés de couleur se situaient en général tout en bas de l'échelle, et s'ils obtenaient quelquefois un ou deux postes de responsabilité, c'était surtout pour apaiser les velléités investigatrices de la Commission. Le gouvernement avait conscience de l'importance du mouvement syndical dans cette croisade pour la justice raciale sur le marché du travail, et il encouragea vivement la déségrégation des associations ouvrières.

Le CIO avait tenté d'organiser les ouvriers de couleur dans le Sud, mais en vain : tenus en respect par les menaces, la violence et les pesanteurs sociales, les travailleurs noirs du Sud étaient demeurés isolés et impuissants. Dans le reste du pays cependant, les Noirs se montraient de plus en plus disposés à entrer dans le mouvement syndical pour défendre leurs droits. Quand l'AFL fusionna avec le CIO en 1955, deux leaders de couleur, A. Philip Randolph et Willard Townsend, furent élus vice-présidents.

Les débuts de la déségrégation

Alors que le gouvernement et l'administration progressaient vers l'intégration raciale, les fonctionnaires et les employés noirs devaient-ils continuer à obéir aux pancartes « *Whites only* » et « *Colored* » au sortir même de la Maison Blanche ? La ségrégation stricte qui régnait dans la capitale fédérale avait attiré les foudres de la Commission sur l'égalité des chances.

Berceau de l'Union, Washington DC demeurait pourtant très proche des villes du Sud par sa situation géographique, ses traditions et son mode de vie. Sous les pressions conjuguées du gouvernement, des associations locales et des tribunaux, quelques hôtels commencèrent en 1947 à accepter une clientèle mixte. Petit à petit, restaurants, théâtres et cinémas suivirent. En 1953, le ministère de l'Intérieur imposa la déségrégation des piscines et des parcs. Au milieu des années 1950, les lieux publics de la capitale se retrouvèrent réellement déségrégués. D'autres communautés suivirent ces initiatives. En 1949, 18 États avaient interdit la discrimination raciale dans les lieux publics, mais ces mesures ne touchaient en général qu'un nombre très limité d'institutions[18]. Les efforts de l'administration, le succès et la popularité de quelques individus privilégiés par la nature ou le talent donnaient une importance exagérée à ces premiers efforts d'intégration.

Simultanément, artistes et intellectuels de couleur continuaient à enrichir la production musicale, la peinture, la danse, l'histoire et la sociologie. En littérature, William Attaway et James Baldwin accédaient à la notoriété aux côtés d'Arna Bontemps et de Richard

Wright. Ralph Ellison débutait un célèbre roman par cette phrase brutale et amère : « Je suis un homme invisible. (...) Je suis invisible simplement parce que les gens refusent de me voir[19]. » Les aptitudes souvent exceptionnelles des athlètes de couleur attiraient l'attention des entraîneurs. Un pas décisif fut franchi en 1947, quand une des équipes nationales de baseball engagea le joueur Jackie Robinson. Avec Joe Louis, qui régna sur le monde de la boxe jusqu'en 1949, Robinson franchissait la barrière raciale pour jouir d'une popularité nationale[20]. Le tennis et le basket professionnels suivirent cet exemple et bientôt, il devint habituel de voir des joueurs des deux races sur le même terrain – pour autant que le match n'eût pas lieu dans le Dixie (le Sud).

Au niveau local et au niveau fédéral, ainsi que dans les délégations représentant les États-Unis à l'étranger, certains « hommes de couleur » obtenaient des postes très en vue, qui pouvaient révéler une mutation sociale en profondeur, ou ne représenter qu'une concession symbolique aux pionniers des droits civiques.

Bourgeoisie noire

La popularité d'une poignée de sportifs ou d'artistes, les responsabilités de quelques employés, le succès de certains fonctionnaires et politiciens, indiquaient-ils qu'une bourgeoisie noire commençait vraiment à se former ? L'ouvrage de E. Franklin Frazier, *Black Bourgeoisie* (publié d'abord en français sous le titre *Bourgeoisie noire* en 1955), qui répondait par la négative, jeta un pavé dans la mare[21]. Frazier fut accusé d'écarter sommairement les progrès des gens de couleur pour ne retenir que leurs échecs, il passa pour un traître à sa propre race dont il révélait brutalement les travers à un monde blanc malveillant. À maintes reprises, dans la littérature et l'histoire noires, apparaissent la gêne, l'humiliation des Noirs éduqués face à la misère matérielle ou au laissez-aller moral de leurs frères plus humbles. Tel était le secret honteux qu'il fallait soigneusement garder pour prétendre à un semblant de respectabilité[22]. Frazier soutenait que la fameuse bourgeoisie noire n'était qu'un mythe entretenu par la presse, un ramassis de faux-semblants cultivés par une minorité de Noirs à peine sortis du monde ouvrier, simples employés ou petits fonctionnaires.

Certes, la grande industrie demeurait hors de portée des entrepreneurs noirs, excepté le domaine des cosmétiques spécifiquement destinés à la population d'origine africaine, et produits à grande échelle par les émules de Madame C.J.Walker[23]. Mais les petites sociétés de services, notamment les pompes funèbres, se multipliaient au sein de la communauté de couleur. On y comptait aussi quelques médecins et avocats. Des banques et des compagnies d'assurance stables se développaient et gagnaient la confiance de leur clientèle. Chaque ville, chaque collectivité rurale un peu importante possédaient un ou même plusieurs journaux qui rapportaient les événements concernant spécifiquement les Noirs, en général négligés par la presse blanche. Les plus largement diffusés, comme l'*Afro-American* de Baltimore, le *Chicago Defender*, le *Pittsburgh Courier*, ou le *Norfolk Journal and Guide*, atteignaient des tirages de 80 000 à 270 000 exemplaires[24]. Des magazines en papier glacé baptisés *Ebony*, *Jet*, *Hue* et *Tan* prenaient modèle sur *Life*, et rapportaient longuement les succès des hommes d'affaires noirs et les faits et gestes des célébrités.

Frazier accusait cette presse noire de singer le monde des Blancs, d'enfler démesurément des réussites bien modestes et de faire passer de simples petits-bourgeois pour des membres de la haute société[25]. Il analysait les complexes d'infériorité qui tenaillaient la bourgeoisie noire, la haine de soi et le désir forcené de peau claire qui avaient été inculqués aux esclaves et à leurs descendants depuis le XVIIe siècle. Le pouvoir, la beauté et le prestige étaient blancs. L'ignorance, la laideur et l'impuissance étaient noires. Épouser une fille au teint plus clair, pouvoir passer pour « presque » blanc équivalait à grimper dans l'échelle sociale. Les petits-bourgeois rejetaient leurs origines populaires, et se voyaient à leur tour rejetés par la bourgeoisie blanche qu'ils cherchaient passionnément à imiter[26]. Frazier dénonçait enfin la légende des « affaires » noires, le mythe d'une économie parallèle qui prospérerait en s'adressant uniquement à une clientèle de couleur. La grande majorité de ces « entreprises » n'étaient en fait que de petites boutiques, et les services comme les pompes funèbres ne devaient leur existence qu'au refus des patrons blancs de servir la communauté noire[27]. Si l'on additionnait les avoirs de toutes les banques noires des États-Unis, on n'obtenait même pas le capital d'une seule petite banque blanche de l'État de New York[28].

L'appréciation de Frazier semble extrêmement sévère. Certes, les succès de la société noire touchaient peut-être davantage l'éducation que l'industrie, les réussites étaient plus intellectuelles que financières, mais dans son ensemble, la communauté noire travaillait dur, et de nombreux individus parvenaient à sortir des rangs du prolétariat. Il était utile néanmoins de relativiser les progrès accomplis, tant sur le plan des droits civiques que sur le plan économique. Les seules banques riches de capital – les banques blanches – consentaient facilement un crédit à une famille noire pour acheter une voiture ou un appareil ménager. Il était presque impossible à la même famille d'obtenir des fonds pour créer une entreprise. Le taux de chômage des travailleurs de couleur demeurait constamment supérieur à celui des Blancs. Derniers embauchés en période d'expansion, premiers licenciés au moindre signe de récession, les Noirs étaient maintenus à l'écart de la prospérité américaine par la discrimination régnant sur le marché du travail[29]. Ceux qui terminaient le lycée ou l'université ne parvenaient qu'exceptionnellement à obtenir un emploi correspondant à leurs qualifications[30], et bien des diplômés se retrouvaient plongeurs dans un restaurant ou manœuvres sur un chantier.

Le boom économique de l'après-guerre ne concernait donc qu'une petite frange de ceux qu'on appelait encore « gens de couleur ». La grande majorité d'entre eux croupissaient encore dans les campagnes du Sud ou les ghettos du Nord.

La fuite vers la Terre promise

Et pourtant, les métayers pauvres du Dixie, écrasés sous les dettes et le mépris, restaient attirés par le Nord comme par un aimant. Le Nord, c'était toujours la Terre promise, le Canaan des cantiques. On y trouvait, disait-on, un emploi bien payé en quelques heures, on pouvait entrer dans n'importe quel restaurant, aller au music-hall et s'asseoir à l'avant dans l'autobus. On ne descendait pas du trottoir quand on croisait un Blanc, on se faisait appeler « Monsieur », et les jours d'élections, on déposait son bulletin dans l'urne avec la désinvolture des habitués. Quand des cousins de Chicago ou de Harlem revenaient en visite dans le Sud, ils étaient au volant de voitures rutilantes et portaient de beaux costumes. Ils entretenaient la légende du Nord. Les planteurs comme les « pauvres Blancs » se méfiaient de leur « arrogance ». Parfois, ces cousins prestigieux ne revenaient pas ; s'ils avaient le teint clair, on les soupçonnait d'être « passés », c'est-à-dire d'avoir franchi la frontière raciale et de se faire passer pour des Blancs[31]. S'échapper de la cage délimitée par la pigmentation de la peau demeurait pour bien des mulâtres une obsession vivace. Pour les autres, les barreaux de la prison étaient solides.

Alors, ils prenaient la fuite, vers le Nord et aussi vers l'Ouest. De Floride, de Géorgie, et des deux Carolines, ils gagnaient Washington, Baltimore, Philadelphie, New York. De Louisiane, du Mississippi et d'Alabama, ils partaient vers Memphis, puis Chicago. Beaucoup allaient même jusqu'au Pacifique, vers Los Angeles et San Francisco, dont la population de couleur quintupla dans les années qui suivirent la guerre[32]. De 1940 à 1970, environ 5 millions de Noirs quittèrent ainsi le Sud pour les grandes villes au-delà du Dixie[33].

Les planteurs ne cherchaient plus à intimider ou à amadouer les candidats à l'immigration. En 1944, l'invention de la machine à cueillir le coton, le *mechanical cotton picker*, avait transformé à nouveau l'agriculture du Sud. Autrefois, le Roi-coton avait exigé l'importation d'esclaves africains, l'invention du *cotton gin* avait décuplé la production et donc le nombre des esclaves, et après l'émancipation, le métayage avait remplacé l'esclavage pour attacher à la terre une main-d'œuvre innombrable et bon marché. Cette fois, une seule machine accomplissait le travail de 50 personnes. Les Sudistes traditionnels voyaient avec soulagement partir ces gens de couleur, dont les Yankees encourageaient « l'impudence », et qui parvenaient parfois à se faire inscrire sur les listes électorales alors qu'ils constituaient, dans certains États du Sud, la majorité de la population.

Le Nord ne tenait certes pas toutes ses promesses. Mais dans la prospérité de l'immédiat après-guerre, les offres d'emplois non qualifiés abondaient. Même au salaire le plus bas, un Noir frais arrivé du Sud était sûr de quadrupler ses revenus[34]. La Renaissance de Harlem sombrait dans l'oubli. La capitale de l'Amérique noire, c'était désormais Chicago, la ville du *Chicago Defender* – le journal de couleur le plus diffusé –, de Joe Louis, de la chanteuse Mahalia Jackson, de William Dawson – l'unique *Congressman* noir –, des Musulmans noirs et de la plus grande église baptiste noire[35]. Et les noms du musicien Muddy Waters et de l'écrivain Richard Wright, qui avaient quitté le Mississippi pour connaître la gloire à Chicago, couraient sur toutes les lèvres.

Quartiers blancs, quartiers noirs

Dans ces métropoles mythiques, le succès et la notoriété n'attendaient pas la foule des émigrants sur les quais de la gare. Ils s'entassaient d'abord dans des immeubles surpeuplés, où cinq ou six familles parta-geaient l'unique salle de bains d'un appartement sub-divisé, et ils découvraient que beaucoup d'emplois « propres », mieux payés ou dotés de quelque prestige leur demeuraient interdits. Certains perdaient courage et s'abandonnaient aux tentations du ghetto. Le jeu et la prostitution prenaient les dimensions d'une indus-trie, et le crime ne suscitait pas l'intervention de la police pour autant que seuls des *colored people* en soient victimes. La délinquance, la promiscuité et la misère présidaient à la naissance de légions d'enfants illégitimes. Les sociologues et les historiens de l'après-guerre ont cru y voir, non la conséquence de l'urbani-sation, mais la reproduction des mœurs violentes des campagnes du Sud, elles-mêmes directement issues de l'esclavage[36]. Ils ont souligné l'absence d'autorité et de modèles masculins dans une société où les hommes devaient se soumettre aux humiliations et à la servilité de la ségrégation, accepter des salaires de misère pour leurs emplois de manœuvres. Leurs femmes se trou-vaient contraintes de travailler comme domestiques, pour subvenir aux besoins de la famille, et elles gagnaient alors davantage que leurs maris. Découra-gés et méprisés, bien des pères désertaient le foyer.

Dans cette omniprésente querelle d'historiens sur l'éclatement réel ou supposé de la famille noire, on ne peut ignorer la voix de ceux qui soulignent les consé-quences du traumatisme de l'esclavage. Ceux-ci ont cependant tendance à laisser dans l'ombre tous ceux, et ils étaient nombreux, qui se conformaient stricte-ment aux codes moraux de la bourgeoisie américaine. En fait, les deux réalités ont coexisté : la famille afri-caine a été privée à la fois de ses traditions et des élé-ments nécessaires à son adaptation au Nouveau

Monde, mais dans bien des cas, elle a sauvé suffisamment des premières et intégré assez des seconds pour construire une continuité sociale. Dans d'autres cas, c'est vrai, les éléments isolés de familles éclatées nouaient des liaisons successives, les femmes seules se retrouvaient chef de famille, et des enfants livrés à eux-mêmes grandissaient dans les rues du ghetto.

À cette époque, l'afflux d'émigrants ne faiblissait pas, les logements débordaient et se délabraient de plus en plus. La classe moyenne noire cherchait à fuir ces taudis insalubres et elle pensait à s'installer dans les quartiers blancs.

Outre les mariages interraciaux, le logement était certainement l'un des domaines où les Blancs se montraient le plus inflexibles dans leur refus d'intégration. La coutume et même la loi – celle des « contrats restrictifs » – interdisait l'achat, par une famille de couleur, d'une propriété quelconque dans une rue « blanche ». Quand les barrières invisibles des ghettos du Nord commencèrent à céder sous le poids de la surpopulation, incidents et affrontements se multiplièrent. Peu importait que les Noirs qui tentaient de s'installer hors du ghetto eussent en général un emploi et un mode de vie comparables à ceux de leurs hypothétiques voisins. Menacés par une foule hostile, ils se barricadaient dans leurs maisons sous les jets de pierres et de cocktails Molotov, et finissaient par prendre la fuite.

En 1944, la Cour suprême condamna les « contrats restrictifs », mais cette décision resta sans effet sur le terrain. Les banques refusaient d'accorder un prêt aux Noirs qui considéraient l'achat d'une maison dans un secteur blanc, et des émeutes de plus en plus violentes se succédaient. À Cicero, une cité ouvrière de la banlieu de Chicago, il fallut faire appel à la Garde nationale pour calmer une foule de plusieurs milliers de personnes déterminées à chasser une unique famille noire. Dans certains quartiers, des promoteurs peu scrupuleux déclenchaient des mouvements de panique en annonçant l'arrivée de locataires noirs relogés par la municipalité, et provoquaient ainsi la fuite des riverains blancs dont ils rachetaient les propriétés pour une bouchée de pain. Ils s'empressaient ensuite de subdiviser les appartements et d'y attirer les nouveaux émigrants avant d'augmenter substantiellement les loyers. Des quartiers entiers, comme le Westside de Chicago, passèrent de blanc à noir, de convenable à miséreux[37]. Dans sa fuite vers les banlieues, la bourgeoisie blanche emportait aussi les emplois que les émigrants de couleur étaient venus chercher dans les villes. Avec ou sans l'appui de la loi, la ségrégation s'imprimait dans la réalité quotidienne et creusait le fossé entre les races. Pour les militants de l'égalité raciale, il était évident qu'il fallait remettre en cause juridiquement non seulement la pratique, mais le principe même de la ségrégation.

La stratégie juridique

Déjà, en 1929, un avocat de couleur nommé Charles Hamilton Houston avait pris la tête de la faculté de droit de l'université noire Howard et, en deux ans, il en avait fait une institution de premier ordre, accréditée par l'Ordre des avocats américains et membre à part entière de l'Association des facultés de droit. Plus important encore, Houston avait transformé la faculté en laboratoire juridique des droits civiques et encouragé ses jeunes étudiants à devenir des « ingénieurs sociaux[38] ». Il avait donné lui-même l'exemple en quittant l'université pour devenir conseiller juridique de la NAACP, prenant la succession de Nathan Ross Margold. Dans un rapport remis à l'association en 1933, ce dernier préconisait une remise en cause directe de la ségrégation. Il pensait que l'on pouvait attaquer la constitutionnalité de l'arrêt « Plessis contre Ferguson » et de la doctrine « Séparés mais égaux », et que le meilleur terrain serait celui de l'instruction publique.

S'il approuvait l'idée, Houston jugeait prématuré de chercher la condamnation de la ségrégation devant les tribunaux. En quittant Howard, il avait amené avec lui Thurgood Marshall, l'un de ses anciens étudiants, et tous deux avaient défini la stratégie juridique à long terme de la NAACP. Il fallait commencer par contester le *statu quo*, non dans les écoles – ce qui aurait impliqué immédiatement des millions d'élèves – mais dans les universités, où les étudiants noirs représentaient une petite minorité apparemment inoffensive. Il était facile de prévoir que les tribunaux régionaux soutiendraient la ségrégation pratiquée dans leurs districts. Les avocats de la NAACP devaient donc se préparer à aller jusqu'à la Cour suprême, dont l'interprétation s'imposerait ensuite à toutes les juridictions inférieures. La NAACP n'attaquerait franchement l'arrêt « Plessis » que quand elle aurait accumulé suffisamment de précédents pour étayer sa position. Telle était leur stratégie.

Houston et Marshall entreprirent de parcourir le pays et de rassembler des preuves de l'éducation inférieure dispensée aux étudiants noirs. Ils prenaient des photos, enregistraient des interviews, rédigeaient des rapports, et recherchaient toujours le plaignant idéal, dont le cas serait à la fois représentatif et incontestable, pour obtenir gain de cause devant la Cour suprême. Ils n'avaient pas d'argent, l'un conduisait la voiture tandis que l'autre tapait à la machine, et ils se soumettaient à un rythme épuisant. En 1938, la santé chancelante de Charles Houston le contraignit à quitter le bureau new-yorkais de la NAACP et, à partir de 1940, Thurgood Marshall tint seul en main les rênes du Fonds juridique de l'organisation. Autoritaire, pittoresque et infatigable, il exigeait de ses collaborateurs une détermination sans faille et une énergie égale à la sienne. Il allait gagner ainsi 29 des 32 cas qu'il plaiderait devant la Cour suprême[39].

Au cours des années 1940, Marshall obtint des décisions qui condamnaient la pratique de la ségrégation dans des domaines limités. En 1944, la Cour suprême interdit les élections primaires exclusivement réservées aux Blancs – système qui, dans le Sud solidement tenu par le seul Parti démocrate, avait eu pour effet de priver légalement les citoyens de couleur du droit de vote. Dans plusieurs jugements successifs, la Cour suprême condamna aussi la ségrégation à bord des trains et des autobus assurant les liaisons entre États.

Pour l'égalité scolaire

Simultanément, Thurgood Marshall accumulait patiemment des décisions relatives à l'instruction publique. Il demandait encore l'application de « Plessis », l'établissement d'une égalité véritable. Et effectivement, la Cour suprême se mit en devoir d'obliger les États à respecter ce principe d'égalité. Dans l'affaire

« Murray » en 1935, la Cour d'Appel du Maryland avait déjà offert à Marshall une revanche personnelle, en imposant qu'un étudiant noir soit admis à la faculté de droit en l'absence d'institution de couleur équivalente. Cinq ans auparavant, cette même faculté avait refusé, pour des raisons raciales, l'inscription de l'étudiant Thurgood Marshall. De même, en 1938, la Cour suprême avait ordonné l'entrée à la faculté de droit du Missouri de Lloyd Lionel Gaines, un étudiant de couleur auquel on avait pourtant proposé une bourse pour qu'il poursuive sa formation dans un autre État. La Cour montrait clairement que chaque État avait la responsabilité d'assurer une éducation égale pour les deux races, et ne pouvait prétendre transférer cette charge aux autres États.

En 1948, la Cour s'avança davantage encore dans cette direction avec la décision « Sipuel ». Ada Sipuel, elle aussi étudiante en droit, refusait de se contenter des quelques cours hâtivement organisés pour elle par l'université de l'Oklahoma en lieu et place d'une véritable faculté, et la Cour suprême lui donna gain de cause. Non seulement l'existence d'institutions ouvertes aux Noirs, mais aussi la qualité de l'enseignement dispensé se trouvaient donc prises en compte par la juridiction suprême.

Un vent de panique se mit à souffler sur les États du Sud. Déjà, certaines universités commençaient à admettre des étudiants de couleur avant même d'y être obligées. La NAACP était fermement décidée à rendre prohibitif le coût de l'enseignement ségrégué. Les frais de justice et les sommes exigées pour l'égalisation des écoles devaient contraindre les tenants de la stricte séparation des races à assouplir leur position. Mais c'était gravement sous-estimer la détermination et même le fanatisme des vrais Sudistes : mesurant le danger qui pesait sur leurs traditions et leur mode de vie, ceux-ci se lancèrent dans une véritable course contre la montre pour construire de nouvelles écoles « de couleur », améliorer le matériel pédagogique et égaliser les salaires des professeurs. C'était trop peu, et trop tard. Combler en quelques années le gouffre séparant l'enseignement dispensé aux deux races se révélait une entreprise impossible. La NAACP entama alors la dernière ligne droite avant d'attaquer les fondements mêmes de la ségrégation.

Deux décisions rendues le même jour, le 5 juin 1950, allaient rapprocher la Cour suprême de ce tournant décisif. Avant de se prononcer, les juges avaient reçu une lettre du Département d'État qui souhaitait que la Cour renverse la doctrine « Plessis[40] ». Dans le cas « Sweatt », la Cour suprême exigea qu'Heman Sweatt soit admis à la faculté de droit d'Austin, bien supérieure à l'université de couleur récemment organisée. Dans le cas « McLaurin », un tribunal régional avait déjà contraint l'université de l'Oklahoma à admettre un étudiant de couleur âgé de 68 ans. On ne pouvait guère soupçonner George MacLaurin de poursuivre le projet d'un mariage interracial. La direction de l'université l'avait pourtant traité comme un pestiféré, lui faisant suivre les cours dans une salle de classe adjacente à celle des autres étudiants, lui assignant une table spécifique et marquée de l'inscription *colored* à la bibliothèque, lui imposant un horaire particulier à la cafétéria afin qu'il n'y rencontre personne. Indigné, Thurgood Marshall avait une fois de plus remonté toute la filière judiciaire pour saisir la Cour suprême. Les juges reconnurent que l'isolement imposé à MacLaurin, les vexations qu'il subissait sans cesse et l'impossibilité dans laquelle il se trouvait de dialoguer avec les autres étudiants nuisaient considérablenient à la qualité de ses études. Ils ordonnèrent la levée de toutes ces restrictions.

La Cour incluait donc dans son exigence d'égalité des facteurs intellectuels et psychologiques, qui risquaient d'ébranler les fondations de la société ségréguée. Forts de ce succès, la NAACP et Thurgood Marshall étaient maintenant en mesure de lancer la bataille pour renverser le fameux arrêt « Plessis ».

La révolution de l'arrêt Brown

Entre 1950 et 1952, les avocats de la NAACP portèrent devant la Cour suprême cinq cas concernant la ségrégation scolaire. Dans le district de Columbia, le Kansas et le Delaware, en Caroline du Sud et en Virginie, ils persuadèrent des parents d'élèves de courir le risque de porter plainte. Les uns voulaient ne plus être contraints d'envoyer leurs enfants en classe à l'autre bout de la ville alors qu'un établissement blanc existait à proximité, les autres protestaient contre la médiocrité de l'équipement et de l'enseignement offerts aux élèves de couleur. Tous mettaient en cause l'inégalité séparant les écoles des deux races.

Marshall et son équipe préparèrent leur argumentation dans les moindres détails. Ils contestaient la constitutionnalité de « Plessis » au regard du XIVe amendement de la Constitution des États-Unis d'Amérique qui garantissait à tous les citoyens « une égale protection des lois ». Il était impossible de prouver qu'en rédigeant cet amendement au lendemain de l'Émancipation, ses auteurs aient eu l'intention d'abolir la ségrégation scolaire. En effet, la plupart des écoles étaient alors ségréguées, et elles le demeurèrent après la ratification du XIVe amendement. Thurgood Marshall prit donc le risque de fonder sa démonstration juridique sur des arguments psychologiques. Le docteur Kenneth Clark avait mis au point une méthode d'investigation pour étudier les attitudes des enfants de couleur fréquentant des écoles ségréguées. Il leur montrait des poupées, certaines noires et d'autres blanches. Quand il les priait de désigner les noires et les blanches, les enfants ne se trompaient jamais. S'il demandait quelle poupée ils préféraient, la majorité des enfants choisissaient une poupée blanche, certains déclarant même que la poupée noire était « vilaine ». Quand enfin il posait la question : « Quelle poupée te ressemble le plus ? », les enfants, acculés à s'identifier à la poupée qu'ils avaient rejetée, se montraient agressifs ou bouleversés, refusaient parfois de répondre, quelques-uns allaient même jusqu'à prétendre se reconnaître dans la poupée blanche[41]. Il était évident que ces enfants, soumis aux contraintes de la ségrégation, étaient dès leur plus jeune âge pénétrés du sentiment de leur infériorité.

L'avocat des écoles mises en cause, John W. Davis, pensait ne faire qu'une bouchée de tout ce « bla-bla sociologique[42] ». Le Sud faisait monter la tension pour décourager les plaignants de poursuivre leur action. Menacés de perdre leur emploi, leur maison, ou même leur vie, les parents d'élèves tenaient pourtant bon. Les avocats de la NAACP ne dormaient pas deux nuits de suite sous le même toit, et changeaient sans cesse de voiture. Le secrétaire d'État, Dean Acheson, leur apporta son appui en écrivant à la Cour suprême que « la discrimination raciale aux États-Unis demeure une source d'embarras constant dans la conduite des Affaires étrangères[43] ».

Les juges mûrirent longuement leur décision. Ils choisirent de rassembler les cinq cas sous le titre de celui qui venait du Kansas « Oliver Brown contre le Conseil de l'Éducation de Topeka », afin de bien montrer qu'il ne s'agissait pas d'une attaque en règle contre le Sud. Le 17 mai 1954, la Cour suprême présidée par Earl Warren rendait une décision unanime : « Dans le domaine de l'instruction publique, la doctrine "séparés mais égaux" n'a pas sa place. Des établissements scolaires séparés sont intrinsèquement inégaux[44]. »

Une révolution ! Au terme d'une bataille de plus de quinze ans, les avocats de la NAACP remportaient donc une victoire éclatante ! Thurgood Marshall, jubilant, proclama sa foi dans le système légal américain et dans la démarche juridique qu'il avait adoptée : « Nous disposons maintenant des outils pour détruire toute discrimination raciale imposée par la loi[45] ! » affirma-t-il. Dans son ensemble, la communauté noire accueillit cependant l'arrêt « Brown » avec une satisfaction prudente.

Le gouvernement fédéral semblait prendre la responsabilité de la déségrégation. Les droits constitutionnels des Noirs étaient reconnus, et ils étaient incompatibles avec la discrimination. Mais comment cette transformation sociale radicale serait-elle imposée ? Les ségrégationnistes avaient déjà qualifié le 17 mai 1954 de « lundi noir ». Le gouverneur de Géorgie, Herman Talmadge, déclara que l'arrêt de la Cour n'était qu'un « chiffon de papier[46] » et menaça de fermer les écoles publiques. Plusieurs États du Sud entreprirent des démarches dans ce sens. James Eastland, sénateur du Mississippi, affirma qu'il n'existait nulle obligation d'obéir à une décision « évidemment frauduleuse[47] ». Tous prédisaient la fin d'une civilisation et l'horreur du mélange des races si l'arrêt Brown était appliqué.

Jamais le gouvernement fédéral n'avait fait l'objet de critiques aussi violentes depuis la guerre de Sécession. Le Sud n'envisageait pas un instant de se soumettre. Les Noirs n'avaient pas davantage l'intention d'abandonner des droits aussi chèrement acquis. Ils ne parlaient plus d'eux-mêmes comme de « gens de couleur », ils se voulaient *Negroes*, tout comme les Blancs se définissaient racialement comme « Caucasiens ». Ils ne poursuivaient pas une simple égalité linguistique, ils aspiraient à une part égale du rêve américain. La bataille des droits civiques pouvait s'engager.

TROISIÈME PARTIE

Negroes

CHAPITRE 7

Le mouvement des droits civiques

Le droit de s'interposer

1955. Dans toutes les cours d'école, tous les matins, les petits Américains juraient fidélité au drapeau des États-Unis, et « à la République qu'il représente, une nation indivisible, garantissant la liberté et la justice pour tous[1] ». Les élèves *negroes*, entassés dans les baraques qui leur servaient de classes, ne relevaient pas l'ironie de cette proclamation égalitaire, non plus qu'ils ne rêvaient au luxe inaccessible des écoles blanches. La Cour suprême s'était prononcée, le Sud avait violemment protesté, et la tempête s'était calmée. Apparemment, l'ordre ancien régnait. Rien n'avait changé.

Invisible et silencieux, le feu couvait pourtant sous la cendre. L'arrêt « Brown » avait affirmé aux Noirs que la nation leur reconnaissait des droits, que le gouvernement avait la responsabilité de les faire respecter, et qu'ils n'étaient plus des étrangers en Amérique.

Cette décision judiciaire allait faire naître une nouvelle élite en Amérique noire. Il ne s'agissait plus seulement d'une élite sociale ou intellectuelle, mais d'une élite du courage. Un à un, des individus se levèrent, parce qu'ils avaient trop supporté, parce que l'ordre établi n'était plus acceptable pour des citoyens libres. Ils entraînèrent à leur suite les révoltés de la ségrégation, les démunis de la prospérité. Comme un feu de forêt qui s'étend, et dont on ne sait où se déclarera le prochain foyer, une véritable révolution allait traverser l'Amérique et confronter physiquement, face à face, le racisme et la ségrégation. Dans cette lutte cruelle et violente, le Sud allait affirmer jusqu'au bout sa résolution absolue à maintenir le *Negroe* à sa place, par la loi, par la force, par l'assassinat...

Au lendemain de l'arrêt « Brown », l'exécutif américain marqua une hésitation, un flottement qui ne pouvaient échapper à aucun des intéressés. Le président Eisenhower n'était pas disposé à prendre la responsabilité d'une déségrégation radicale, que fondamentalement, il n'approuvait pas. Il regrettait déjà amèrement d'avoir nommé Earl Warren à la tête de la Cour suprême. Les juges n'avaient d'ailleurs accompagné leur décision d'aucune directive et d'aucun mode d'application.

Le 31 mai 1955, la Cour donna finalement ordre aux responsables de l'instruction publique – c'est-à-dire aux Conseils de l'Éducation régionaux –, de préparer des plans de déségrégation « avec toute la rapidité appropriée ». Certains États, comme le Maryland, le Missouri, la Virginie occidentale et le district de Columbia entreprirent dès lors de mêler les élèves des deux races. Mais la formulation de la Cour semblait si vague et si peu contraignante, que la plupart des États s'en tinrent à un prudent attentisme. Pour le Sud, une « rapidité appropriée » signifiait « jamais ». Dix ans après l'arrêt « Brown », seuls 2 % des écoliers du Sud fréquenteraient des établissements intégrés[2].

Les responsables politiques du Sud avaient exhumé une doctrine politique datant des premières années de l'indépendance américaine : « l'interposition ». Un État conservait le droit de « s'interposer » entre le gouvernement fédéral et les citoyens quand Washington adoptait une politique inconstitutionnelle. En mars 1956, plus de 90 Sudistes, sénateurs et représentants, signèrent ainsi un Manifeste dans lequel ils condamnaient « l'abus du pouvoir judiciaire » et se déclaraient prêts à employer « tous les moyens légaux pour obtenir l'annulation d'une décision contraire à la Constitution[3] ».

Jusqu'où allaient ces moyens légaux dans une région dominée depuis toujours par la violence et l'intimidation ? Les premiers Conseils de citoyens blancs étaient apparus dans le Mississippi. Ces associations rassemblaient les bourgeois respectables, qui répugnaient à se promener en cagoules et à se salir les mains. On les appelait « le Klan en col blanc ». Ils s'engageaient à faire en sorte qu'aucun Noir partisan de l'intégration scolaire ne puisse « conserver un emploi, obtenir un crédit ou renouveler une hypothèque[4] ».

Le Sud profond ne se limitait pas à ces représailles économiques. Les membres de la NAACP y étaient traqués comme des terroristes ; la Louisiane, la Caroline du Sud et l'Alabama entreprirent de mettre toute l'organisation hors-la-loi. En 1955, trois meurtres, commis dans le Mississippi, entendaient décourager tous les militants potentiels. Le révérend George W. Lee et Lamar Smith, deux agents de la NAACP qui travaillaient à inscrire les Noirs sur les listes électorales, furent les premières victimes. La troisième fut un garçon de 14 ans, Emmett Till.

Le cadavre d'Emmett Till

Jeune citadin venu de Chicago pour passer l'été chez son oncle dans la campagne du Sud, Emmett Till n'avait pas la moindre idée du piège qui l'attendait, il ne connaissait pas la règle du jeu et il se précipita sans comprendre contre le tabou suprême : l'interdit pesant sur la femme blanche. À Chicago, il fréquentait une école intégrée, il avait même une « petite amie » blanche. Du moins s'en vantait-il auprès de ses copains ébaubis de la campagne. L'un d'eux le mit au défi de seulement adresser la parole à une femme blanche. Sans faiblir, Emmett entra dans un magasin, acheta quelques bonbons, et salua la propriétaire d'un rapide : « Salut, chérie[5] ! »

Quelques jours plus tard, deux hommes, le mari et le beau-frère de la jeune femme, vinrent chercher Emmett chez son oncle Mose Wright. On ne devait plus le revoir vivant. Son cadavre défiguré et mutilé fut retrouvé dans un bras du Mississippi, enchaîné au ventilateur d'une égreneuse à coton. Seule sa bague permit de l'identifier. Il n'était ni le premier ni le dernier Noir que l'on retrouvait dans une rivière du Sud, une balle logée dans la tête. Mais Emmett Till venait de Chicago. Sa mère, Mamie Till Bradley, remua ciel et terre pour que le corps fût ramené dans le Nord. Elle exigea que le cercueil demeurât ouvert pendant quatre jours : « pour que le monde entier puisse voir ce qu'ils ont fait à mon fils[6] ». La presse s'empara de l'affaire, *Jet* publia la photo insoutenable du cadavre d'Emmett. Toute une génération de jeunes Noirs ne l'oublia jamais. La mort d'un jeune garçon destinée à

« servir d'exemple » exposa à la nation entière l'horreur tranquille du Sud profond.

Autant d'attention nationale exigeait un procès. James Hicks, représentant l'agence de presse noire *National News Association*, y assista et en fit un récit à peine croyable. La salle d'audience était ségréguée. Tous les Noirs présents, témoins, journalistes, la mère d'Emmett Till, et Charles Diggs, *Congressman* noir du Michigan, étaient maintenus à l'écart. Les jurés ne comprenaient visiblement pas pourquoi on faisait tant de bruit pour le cadavre d'un simple *Nigger* repêché dans une rivière. Quand le juge demanda à Mose Wright s'il reconnaissait dans la salle l'un des hommes venus chercher Emmett avant sa disparition, la tension était à son comble : que se passerait-il si Wright osait témoigner ? Les Blancs présents étaient tous armés jusqu'aux dents, et jamais un Noir n'avait publiquement accusé un Blanc dans toute l'histoire du Mississippi[7].

Alors Mose Wright se leva, et pointa un doigt accusateur vers J.W. Milam, le beau-frère de la propriétaire du magasin. Deux mots lui suffirent pour exprimer toute sa révolte : « Le voici[8] ! » Deux autres Noirs lui succédèrent à la barre. Ils avaient aperçu Emmett dans le camion des deux hommes et avaient entendu ses cris de détresse. Abasourdis d'être encore en vie, les témoins sortirent de la salle d'audience, et avec l'aide de sympathisants et de militants de la NAACP, quittèrent immédiatement le Mississippi. Mose Wright ne devait plus jamais y revenir. Après une petite heure de délibération, le jury rendit son verdict : non coupables ! Carolyn Bryant, qu'Emmett Till avait osé appeler « chérie », et sa belle-sœur se jetèrent avec enthousiasme dans les bras de leurs maris qui avaient si bien défendu leur honneur.

C'en était trop. Dans le Nord et dans l'Ouest, les Noirs descendirent dans la rue pour exprimer leur écœurement. C'était la première fois que la terreur sudiste était exposée aussi clairement aux yeux du pays entier. Anne Moody, qui relata sa jeunesse dans le Mississippi dans une autobiographie destinée à devenir un classique, se souvient combien, après l'assassinat d'Emmett Till, elle connut « la peur d'être tuée simplement parce que j'étais Noire. (…) Mais je ne savais pas ce qu'il fallait faire ou ne pas faire en tant que Noire pour ne pas être tuée. Probablement, le simple fait d'être noire suffisait[9]… » De cette peur naquirent aussi une révolte et une détermination nouvelles. Il fallait défendre sa vie et celle de ses enfants, affirmer sa qualité d'être humain. En Alabama, une femme noire déclara elle aussi qu'elle ne supportait plus d'être méprisée. Son acte de résistance allait entraîner toute la communauté noire de Montgomery.

La rébellion de Rosa Parks

Jusque-là, la paix raciale semblait régner à Montgomery, « berceau de la Confédération », ville du Sud fière de ses traditions et aussi parfaitement ségréguée que possible. Personne n'y songeait à appliquer la décision « Brown » et les Noirs ne prétendaient pas se faire inscrire sur les listes électorales[10]. Mais la soumission apparemment totale de la communauté noire dissimulait mal les tensions et les frustrations engendrées par le système ségrégué, dont la complexité tatillonne et quasi surréaliste n'apparaissait nulle part autant que dans les autobus. Les Noirs devaient monter à l'avant, acheter leurs tickets, descendre, remonter à l'arrière. Quelquefois le conducteur encaissait l'argent et démarrait sans leur laisser le temps de réintégrer le véhicule. Bien que les Noirs constituent les trois quarts des usagers, les dix premiers rangs de sièges étaient strictement réservés aux Blancs. Fréquemment, les Noirs voyageaient donc debout, derrière des sièges vides. Mais si un Blanc montait dans l'autobus alors que les places réservées se trouvaient déjà occupées, tout un rang de passagers noirs – vigoureusement houspillés par le chauffeur – devait se lever pour agrandir d'autant la section blanche et ne pas soumettre ce privilégié à un voisinage indigne.

Le 1er décembre 1955, Rosa Parks regagnait son domicile en autobus après avoir terminé son travail de couturière dans un grand magasin de Montgomery. Elle raconta plus tard : « Les gens disent toujours que (…) j'étais fatiguée, mais ce n'est pas vrai. Je n'étais pas fatiguée physiquement, ou pas davantage que je ne l'étais habituellement à la fin d'une journée de travail (…) Non, si j'étais lasse, c'était seulement de me soumettre[11]. » Ce soir-là, quand le conducteur du bus lui demanda de se lever pour céder sa place à un passager blanc, elle ne bougea pas. Menacée de se faire arrêter, elle attendit, résolue et fataliste. À la prison de la ville, deux hommes se présentèrent bientôt pour payer la caution, Clifford Durr et E.D. Nixon. Le premier était un avocat blanc connu pour ses sympathies interraciales et donc mis au ban de la bonne société de Montgomery, le second un leader de la communauté noire, ancien président des sections locales de la NAACP et de la Fraternité des porteurs de wagons-lits. Rosa Parks elle-même avait collaboré avec E.D.

Nixon dans toutes ses activités en faveur des droits civiques, elle avait fréquenté l'école populaire de Highlander, dans le Tennessee, qui organisait des ateliers sur la Coopération interraciale[12].

Depuis quelque temps déjà, les leaders de la communauté noire de Montgomery cherchaient le moyen de contester devant les tribunaux les pratiques de la compagnie des autobus. Rosa Parks représentait enfin le plaignant idéal, une femme au-dessus de tout soupçon, active dans sa paroisse, bien élevée et d'un commerce agréable. E.D. Nixon battit le rappel des pasteurs et des activistes locaux. Jo Ann Robinson, professeur d'anglais et présidente du *Women's Political Council* rédigea et distribua avec ses étudiants un tract appelant les Noirs à boycotter les autobus le lundi suivant, jour où Mrs Parks devait passer devant le juge.

Le lendemain, 2 décembre, une cinquantaine de responsables de la communauté noire se retrouvèrent à l'église baptiste de Dexter Avenue. Dissensions et querelles intestines cédèrent le pas à une fragile unanimité pour soutenir le boycott. La presse, alertée par E.D. Nixon, contribua involontairement à prévenir les rares Noirs qui n'avaient pas encore entendu parler du mouvement de protestation. Le 5 décembre, des autobus quasiment vides circulaient dans les rues. Quelques passagers blancs, médusés, observaient par les fenêtres les trottoirs encombrés de Noirs qui se rendaient à leur travail – à pied. Quelque chose avait changé parmi les Noirs autrefois soumis de Montgomery.

Au tribunal, le procès dura à peine cinq minutes. Rosa Parks fut reconnue coupable d'avoir violé la loi de l'État d'Alabama et condamnée à payer une amende. Son avocat, Fred Gray, entama immédiatement une procédure d'appel.

Les organisateurs du boycott devaient maintenant déterminer s'il fallait ou non prolonger leur action. Ils décidèrent de poser la question à la grande assemblée populaire conviée le soir même à l'église baptiste de Holt Street. La réaction enthousiaste du premier jour leur donnait à penser qu'il était possible de mobiliser la population noire pour obtenir de la compagnie des bus un traitement plus humain. Qui serait capable de mener un mouvement destiné à durer plusieurs jours, voire plusieurs semaines ? De mesquines rivalités de personnes empêchaient une coopération efficace des divers groupes représentant des intérêts cloisonnés à l'intérieur de la communauté noire. Les pasteurs et les leaders réunis dans l'après-midi du 5 décembre décidèrent donc de créer une nouvelle organisation, la *Montgomery Improvement Association* (Association pour le Progrès de Montgomery) qui coifferait les associations existantes et coordonnerait leurs efforts[13]. Quand il s'agit de désigner le président de la MIA, les rivaux de E.D. Nixon, préoccupés surtout de lui barrer la route, proposèrent d'élire le jeune pasteur de Dexter, arrivé à Montgomery depuis à peine quinze mois. Il se nommait Martin Luther King[14].

Un pasteur nommé King

À 26 ans, Martin Luther King ressemblait encore au jeune garçon bien élevé qui, quelque années auparavant, avait quitté la bonne société noire d'Atlanta pour accomplir de brillantes études de théologie dans le Nord. Au lieu de poursuivre la carrière universitaire à laquelle son intelligence remarquable et son goût de la méditation semblaient tout naturellement le destiner, il avait choisi de devenir pasteur, de retourner dans le Sud, dans « la longue nuit de la ségrégation[15] », parce que, disait-il, « c'est là qu'on a le plus besoin de moi[16] ».

Le moment était venu d'agir. Depuis l'arrestation de Rosa Parks, King réfléchissait à la nature morale du boycott, se demandant s'il ne s'agissait pas d'une méthode « fondamentalement antichrétienne ». Il en était venu à conclure que les marcheurs de Montgomery cherchaient uniquement la justice, qu'ils refusaient de « coopérer avec le mal » et que « celui qui accepte le mal sans protester (...) en réalité coopère avec lui ». Pour King, il s'agissait donc d'un « acte de non-coopération massive », bien plus que d'un boycott[17]. Le soir du 5 décembre 1955, il disposa d'à peine vingt minutes pour préparer un discours qui demeurerait peut-être le plus important de sa carrière. Il pensait avec angoisse à ce qu'il pourrait dire pour aider ses auditeurs à être « courageux et préparés à une action positive, et pourtant dénués de haine et de ressentiment[18] ». Il allait orienter ainsi tout le mouvement à venir : agir, et ne pas haïr.

Quand il arriva à Holt Street, l'église débordait de monde. Plusieurs milliers de personnes suivaient la réunion à l'extérieur grâce à des haut-parleurs. Parvenu au pupitre, Martin Luther King se concentra quelques secondes, puis rappela en termes sobres l'aventure de Rosa Parks. Il s'exprimait avec lenteur et dignité, et son admirable voix de baryton, riche, profonde, résonnait au-dessus de l'assemblée attentive. Il observa une pause, puis reprit avec intensité :

« Il arrive un moment où les gens sont fatigués. Nous sommes ici ce soir pour dire à ceux qui nous ont maltraités si longtemps que nous sommes fatigués – fatigués d'être ségrégués et humiliés (...) Nous n'avons pas d'autre alternative que la protestation. Pendant tant d'années, nous avons fait preuve d'une patience infinie. Nous avons quelquefois donné à nos frères blancs l'impression que nous appréciions la façon dont nous étions traités. Mais ce soir, nous sommes venus pour échapper à cette patience qui nous ferait accepter autre chose que la liberté et la justice. »

Le silence attentif et les quelques exclamations d'approbation qui avaient accompagné le début du discours faisaient maintenant place à un véritable délire d'enthousiasme. King continua :

« Nos actions doivent être guidées par les principes fondamentaux de la foi chrétienne. L'amour doit être l'idéal qui nous conduit. À nouveau, nous devons écouter les paroles de Jésus (...) : "Aimez vos ennemis, bénissez ceux qui vous maudissent et priez pour ceux qui vous persécutent"[19]. »

Demander à la salle de voter la continuation du boycott n'était qu'une formalité. Joe Azbell, journaliste au *Montgomery Adviser* se souvient que la salle « semblait avoir pris feu. Il régnait une atmosphère que personne ne pourrait jamais recréer (...). Le jour suivant (...), j'ai écrit que c'était le début d'une flamme qui traverserait l'Amérique[20] ». Martin Luther King ébauchait à peine sa doctrine de la non-violence, mais le mouvement des droits civiques naissant avait déjà trouvé son porte-parole, à la fois orateur d'exception et guide spirituel.

Le lendemain, une délégation de la MIA rencontra les représentants de la compagnie des bus et les trois commissaires responsables de l'administration de Montgomery. King exposa les revendications du Mouvement : un traitement courtois pour tous, l'embauche de chauffeurs noirs pour les trajets dans les quartiers noirs, et enfin l'occupation des sièges dans l'ordre d'arrivée, les Blancs commençant par l'avant et les Noirs par l'arrière. Jack Crenshaw, l'avocat de la compagnie des bus, accéda assez facilement à la première demande – la moins compromettante – mais opposa un refus catégorique aux deux autres.

Les rencontres se succédèrent, sans résultat. Dans un esprit de concession, King et la MIA proposèrent que tout d'abord, les Noirs qualifiés pour l'emploi de chauffeur aient simplement la permission d'envoyer leur candidature. Crenshaw et les commissaires de la ville – W.A. Gayle qui assumait les fonctions de maire, Clyde Sellers responsable de la police, et Frank Parks chargé des travaux publics –, se montrèrent inflexibles. King avait sincèrement cru que ses propositions étaient raisonnables, et trouveraient facilement leur place à l'intérieur des lois ségrégationnistes de Montgomery. Au début, « nous voulions simplement un système ségrégué qui soit plus humain[21] », racontera plus tard son épouse Coretta.

Marcher, marcher, marcher

Les leaders noirs de Montgomery comprirent alors que la lutte serait longue, beaucoup plus longue qu'ils ne l'avaient prévu au départ : il leur fallait organiser le boycott comme une guerre de tranchée. Dès les premiers jours, 210 taxis noirs avaient accepté de transporter leurs passagers pour le prix d'un ticket de bus. Clyde Sellers prévint les responsables de la MIA qu'il ferait arrêter tous les chauffeurs de taxis qui n'appliquaient pas le tarif réglementaire. King téléphona au révérend Jemison, de Baton Rouge, qui avait quelques mois auparavant organisé un boycott comparable. Après avoir mis sur pied un système très complexe de ramassage en voitures particulières, celui-ci avait réussi à tenir dix jours, et obtenu un assouplissement de la règle ségrégationniste. Il donna à King tous les conseils pratiques que son expérience pouvait lui inspirer.

Dès le lendemain, King entreprit de tracer des trajets et de choisir des points de rassemblement, et il chargea un central téléphonique de coordonner les opérations. Plus de 150 volontaires avaient mis leurs véhicules à la disposition du *car-pool*. Dans les semaines qui suivirent, les églises achetèrent des minibus qui rejoignirent les voitures particulières. L'ironie du sort voulut que de nombreuses femmes blanches, peu disposées à renoncer aux services de leurs femmes de ménage, apportent leur contribution au boycott en conduisant leurs domestiques.

En dépit de cet énorme effort, des milliers de Noirs devaient marcher, marcher, marcher. Il fallait du courage pour participer au boycott, affronter les pressions, les menaces, le risque très réel de perdre son travail ou d'être brutalement battu. Pour entretenir le moral des troupes, les pasteurs organisaient de grandes réunions deux soirs par semaine. Pendant des heures, les participants priaient et chantaient. Frappant dans leurs mains, ils se balançaient au rythme des *spirituals* qui parlaient de justice et de liberté.

Ralph Abernathy, pasteur de l'église *First Baptist* et meilleur ami de King, arrivait et commençait à « chauffer » la salle, mêlant plaisanteries et exhortations[22]. Puis il laissait la place à Martin Luther King qui éduquait la foule à la protestation non violente et exaltait la dignité de l'homme. Le lendemain, les marcheurs étaient prêts. Les jours de froid et de gel, ils persévéraient. La chaleur torride de l'été alabamien arriverait, et ils marcheraient encore. Comme le disait une vieille femme : « Mes pieds sont fatigués, mais mon âme est reposée[23]. »

La municipalité n'avait pas l'intention de céder d'un pouce. Gayle refusait de reprendre les négociations tant que durerait le boycott. En janvier 1956, il rejoignit avec Sellers et Parks les rangs des Conseils de citoyens blancs. Désormais, la police harcela sans répit les chauffeurs noirs. Contra ventions, chicaneries et agressions les guettaient à chaque carrefour. Le 26 janvier, Martin Luther King fut arrêté sous le prétexte d'un douteux excès de vitesse. Pour la première fois de sa vie, il tâta de la prison, avant de recouvrer la liberté quelques heures plus tard. Le 30 janvier, une charge de plastic explosa sous le porche de sa maison, et deux jours après, une bombe endommageait le domicile de E.D. Nixon. La haine, la tension et les menaces enserraient les responsables du boycott jusqu'à la suffocation.

La ségrégation déclarée inconstitutionnelle

King était désormais convaincu que la municipalité de Montgomery ne céderait jamais aux demandes modérées de la MIA et que seule restait la ressource d'une attaque directe contre la ségrégation. Le cas de Rosa Parks traînait indéfiniment, il faudrait des années de procédure avant de parvenir à la Cour suprême.

Le 1er février, Fred Gray porta plainte devant une Cour fédérale de district, contestant directement la constitutionnalité de la ségrégation pratiquée dans les autobus de Montgomery. Le Fonds juridique de la NAACP accepta de préparer les arguments.

Dans un premier temps, Roy Wilkins, le directeur de l'association, avait refusé de donner son aval à une action qui cherchait uniquement une amélioration du système ségrégué. Par la suite, il avait démontré une réelle hostilité aux méthodes peu orthodoxes de Martin Luther King. Comme Thurgood Marshall, il n'appréciait pas les mouvements de masse et le défi aux lois. Pour eux, la bataille se jouait devant les tribunaux, et la NAACP rassemblait ses forces pour obtenir l'application de la décision « Brown ». Ce n'était donc pas à leurs yeux le moment de se lancer dans une aventure aussi incertaine.

Wilkins et Marshall devaient cependant tenir compte de l'opinion de nombreux délégués de l'association qui, comme le reste du pays, se montraient émus par la détermination et la persévérance des marcheurs de Montgomery. Marshall offrit donc de plaider les procès qui ne pouvaient manquer de découler du boycott, et la NAACP lança une grande campagne pour rassembler des fonds au nom du Mouvement de Montgomery. King s'inquiétait de voir l'argent destiné à la MIA échapper à son contrôle. Bien qu'il s'efforce de ménager la susceptibilité de Wilkins, et que tous deux tiennent à garder leurs désaccords secrets pour ne pas nuire à l'ensemble du mouvement, l'acrimonie ne cessa jamais de couver entre les deux générations de leaders, séparés par l'âge, l'expérience, les méthodes, la patience des anciens et l'impétuosité de la jeunesse.

Pendant ce temps, la municipalité de Montgomery, exaspérée par l'obstination des protestataires, commit une grave erreur tactique en procédant à des arrestations massives qui attirèrent l'attention de la presse nationale et internationale. 89 inculpés, dont King, Rosa Parks, de nombreux pasteurs, des leaders et des sympathisants de la MIA se retrouvèrent derrière les barreaux au nom d'une loi désuète qui interdisait les boycotts en Alabama « sans raison valable ou sans justification légale[24] ». Condamné puis libéré sous caution, King tint une conférence de presse et déclara avec tranquillité : « Nous faisons face ici à un problème majeur, et les conséquences pour ma vie personnelle ne sont pas particulièrement importantes. Ce qui me préoccupe, c'est le triomphe de la cause[25]. »

King entreprit immédiatement une grande tournée de réunions dans le Nord pour rassembler des fonds et soutenir le boycott. Devant des foules enthousiastes, il expliquait sa conception de l'amour rédempteur, de la résistance non violente inspirée de Jésus et de Gandhi, et il replaçait le mouvement de Montgomery dans un contexte plus vaste, qui concernait non seulement les Américains, mais l'ensemble des peuples colonisés en lutte pour la fin de toute forme d'exploitation. Les journalistes, fascinés par la profondeur de sa pensée, l'étendue de sa culture et la force de son éloquence, commençaient à reconnaître en lui le porte-parole de l'Amérique noire. King apparaissait à la télévision et en couverture des magazines. Grâce à lui, le vent de l'Histoire soufflait contre la municipalité de Montgomery.

Le 4 juin, la Cour fédérale de district condamna les règles ségrégationnistes en vigueur dans les autobus[26]. Le maire de Montgomery fit immédiatement appel à l'arbitrage de la Cour suprême. Le 13 novembre 1956, la Cour suprême confirmait le verdict de la Cour de district : la ségrégation dans les autobus était déclarée inconstitutionnelle !

Le chemin de la non-violence

Le soir même, le Ku Klux Klan quadrillait le quartier noir de Montgomery, mais, pour la première fois dans l'histoire du Sud, ces figures d'épouvante en cagoules blanches ne réussirent pas à éteindre la jubilation, l'intense satisfaction des *Negroes* qui restaient sur le pas de leurs portes, volubiles et narquois, affichant un calme à peine feint. Jo Ann Robinson se souvient encore aujourd'hui de l'euphorie qui les habitait : « Nous avions gagné le respect de nous-mêmes (…) Nous sentions que nous étions quelqu'un (…) Si vous n'avez jamais eu le sentiment que ceci n'est pas le pays d'un autre, où vous êtes étranger, mais que c'est aussi votre pays, alors vous ne savez pas de quoi je parle[27]. »

Martin Luther King se hâta d'organiser des ateliers pour former les Noirs à la non-violence et les entraîner à faire face à toute hostilité dans un esprit « d'amour et de bonne volonté[28] ». En revanche, personne ne s'avisa de préparer les Blancs à la situation nouvelle. Violences et attaques reprirent. Des tireurs embusqués faisaient feu sur les bus. Une adolescente noire fut battue à un arrêt par cinq Blancs surgis d'une voiture. Le 9 janvier, des bombes explosèrent au domicile et à l'église de Ralph Abernathy, quatre autres églises et les maisons de deux pasteurs subirent le même sort. À la fin du mois, une autre série d'attentats secoua Montgomery et Martin Luther King trouva devant chez lui douze bâtons de dynamite qui achevaient de se consumer. À la foule rassemblée devant sa maison, King déclara calmement : « Nous ne devons en aucun cas répondre à la violence par la violence, c'est le chemin du Christ, c'est le Chemin de croix[29]. »

Les marcheurs de Montgomery s'étaient emparés de l'imagination des *Negroes* souffrant sous le joug de la ségrégation. En 1957, plus de soixante pasteurs noirs formèrent la Conférence des leaders chrétiens du Sud (*Southern Christian Leadership Conférence*, ou SCLC) et élirent King à la présidence. La lutte continuait, et les militants surgissaient de partout.

La crise scolaire de Little Rock

À partir de mai 1954 et de l'arrêt « Brown », plusieurs États du Sud à la limite nord du Dixie avaient timidement commencé à intégrer quelques établissements scolaires. Mais dans le Sud profond – Louisiane, Alabama, Mississippi, Géorgie, Caroline du Sud – les ségrégationnistes renouaient avec la vieille tradition de défi aux autorités fédérales. James Eastland, sénateur du Mississippi, déclarait froidement : « Cour suprême ou pas Cour suprême, nous maintiendrons les écoles ségréguées dans le Dixie[30] ! » Même dans le Kentucky, le Tennessee et la Virginie occidentale, les incidents se multipliaient. En 1956, des émeutes secouèrent l'Université d'Alabama quand le tribunal ordonna l'admission d'une unique étudiante noire, Autherine Lucy. Pour « assurer sa sécurité », l'administration de l'université la mit à pied pendant une période indéterminée. Autherine retourna au tribunal escortée de Thurgood Marshall et obtint sa réintégration. L'université décida alors de l'exclure définitivement, à cause des « accusations outrageantes » qu'elle avait formulées lors du procès[31]. La jeune fille renonça.

L'extrême réserve du gouvernement Eisenhower, son souci de ne pas aller « trop loin, trop vite[32] », contribuaient certainement à l'audace des Sudistes traditionnels. Le Président avait déclaré en juillet 1957 qu'il n'imaginait aucune circonstance qui pourrait l'amener à « envoyer les troupes fédérales (…) pour imposer l'exécution des ordres d'une Cour fédérale[33] ». Le chef de l'exécutif avait certes le devoir de faire appliquer les décisions de la Cour suprême, mais à l'évidence, il ne souhaitait pas prendre nettement parti en faveur de la déségrégation. Cette ambiguïté donnait l'impression qu'il existait une marge de manœuvre et de négociation, même sur des problèmes constitutionnels. C'est en Arkansas, un État pourtant supposé modéré que, contre toute vraisemblance, la bataille allait faire rage.

Little Rock, capitale de l'Arkansas, avait déjà déségrégué l'université, les bibliothèques, les parcs et les autobus.. Quelques Noirs servaient dans la police locale ou habitaient dans des quartiers blancs. 33 % des *Negroes* en âge de voter étaient inscrits sur les listes électorales. En apparence, les deux communautés entretenaient des relations cordiales. En profondeur, les rapports restaient limités au minimum, chacun connaissant la règle du jeu et la respectant.

Dès 1954, l'administration scolaire de Little Rock avait mis en place un plan très progressif de déségrégation qui, au cours des négociations, se trouva réduit au minimum. À la rentrée de 1957, un seul lycée, *Central High School*, un établissement moderne dans un quartier ouvrier blanc, devait accepter quelques élèves noirs. La NAACP porta plainte et réclama une intégration générale et immédiate. En première instance, le tribunal approuva le projet initial en considérant qu'il se conformait « en toute bonne foi » aux exigences de l'arrêt « Brown[34] ». La NAACP poursuivit la procédure, mais la Cour d'Appel confirma le premier jugement. Thurgood Marshall décida de ne pas tenter sa chance à la Cour suprême, car en cas de défaite, le plan excessivement prudent de Little Rock risquait de servir de modèle à d'autres États récalcitrants. Rien ne semblait donc devoir troubler la quiétude de l'Arkansas, jusqu'à l'entrée en scène du gouverneur.

Orval E. Faubus n'était pas plus raciste ou réactionnaire qu'un autre. Il nourrissait simplement l'ambition d'obtenir un troisième mandat de deux ans, et il lui manquait des voix. Quand il remarqua le succès remporté par de jeunes politiciens ultra-ségrégationnistes, Faubus y vit un bon argument électoral. En août 1957, il poussa la Ligue des Mères de Little Rock à entamer une procédure pour obtenir une suspension du plan d'intégration à cause des risques de violence. Le gouverneur lui-même parut à la barre des témoins et appuya la requête. Le juge du comté lui donna gain de cause. Thurgood Marshall et Wiley Branton, l'avocat local de la NAACP, firent immédiatement appel devant la Cour fédérale de district qui annula l'ordre de suspension. Le 2 septembre 1957, veille de la rentrée scolaire, le gouverneur Faubus intervint à la télévision et annonça qu'il mobilisait la Garde nationale de l'Arkansas autour de Central High. Il avertit que si les élèves noirs tentaient de pénétrer dans le lycée, « le sang coulerait dans les rues[35] ». Daisy Bates, présidente de la branche locale de la NAACP, se souvient que « ces mots électrifièrent Little Rock. Le lendemain matin, ils choquèrent les États-Unis. À midi, ils horrifiaient le monde entier[36] ». Faubus utilisait les troupes de l'État pour s'opposer à la loi fédérale.

Les Neuf de Central High

Neuf élèves noirs, bien sages, bien habillés et bien élevés, devaient intégrer Central High. L'administration les avait soigneusement choisis parce qu'ils étaient de « bons *Negroes* », peu enclins à riposter en cas de provocation, et dont aucun n'avait porté plainte dans les procès orchestrés par la NAACP. Ils allaient entrer dans l'Histoire comme « les Neuf de Little Rock ».

Le 3 septembre, Daisy Bates réussit à rassembler huit d'entre eux pour les conduire à l'école en groupe, escortés de deux voitures de police. La neuvième, Elizabeth Eckford, ne possédait pas le téléphone et n'avait pu être contactée. En toute innocence, elle prit l'autobus et descendit non loin de Central High. Elle aperçut les gardes, mais aussi des centaines de civils blancs qui entouraient l'école. Elizabeth s'approcha lentement, espérant se glisser à l'abri du cordon du police. Baïonnettes aux canons, les soldats la repoussèrent. Ils avaient mission non d'assurer la protection des élèves noirs, mais de leur interdire l'accès à l'établissement. Elizabeth était seule face à la foule hostile. On l'insultait, on lui crachait au visage, des cris de haine retentissaient : « Lynchez-la ! Lynchez-la ! » Silencieuse et glacée de terreur, elle recula peu à peu jusqu'à l'arrêt de l'autobus. Un journaliste du *New York Times* et une femme blanche eurent le courage de l'encadrer et de la raccompagner chez elle.

Aucun des neuf élèves ne réussit à pénétrer ce jour-là sur le campus de Central High. Suivant les conseils de la NAACP, ils refusaient de retourner dans un lycée noir. La Cour fédérale de district insistait pour que le plan d'intégration fût respecté, Faubus maintenait son refus, et la Garde nationale bloquait toujours les abords de l'école. Le Président se trouvait donc contraint d'intervenir.

Dwight Eisenhower rencontra le gouverneur Faubus le 14 septembre dans le Rhode Island et pensa l'avoir convaincu d'obéir sans délai aux magistrats. Le juge Ronald Davies, qui présidait la Cour fédérale de district, ordonna alors à Faubus de retirer la Garde nationale stationnée autour de Central High. Le gouverneur accepta. Mais dans son allocution télévisée, le juge demandait aussi aux neuf de Little Rock de ne pas se présenter au lycée avant que ne soit trouvée une solution pacifique. Il trahissait donc la confiance du Président, se refusant à imposer l'application des décisions judiciaires, et laissant à la police locale et à la populace le soin de maintenir la ségrégation.

Le 23 septembre, des centaines de ségrégationnistes purs et durs bloquaient les abords du lycée. Beaucoup venaient des États avoisinants. Quand ils aperçurent trois journalistes noirs arrivant sur les lieux, ils crurent que les parents d'élèves avaient décidé d'escorter leurs enfants, et à coups de poings, à coups de briques, ils forcèrent les trois hommes à battre en retraite. Des reporters blancs photographiaient la scène et la foule reporta sa rage contre eux. Les photos de Little Rock allaient faire le tour du monde.

Tandis que se déroulait cette empoignade, les neuf lycéens noirs s'étaient glissés à l'intérieur par une porte latérale. Près d'un millier de personnes, l'insulte à la bouche et le meurtre dans les yeux, menaçaient maintenant de déborder le cordon de police pour pénétrer dans l'établissement. Melba Patillo Beals, l'une des Neuf, fit un récit hallucinant de l'ambiance qui régnait à l'intérieur du bâtiment : « Quelqu'un suggéra que, s'ils permettaient à la foule de pendre un enfant, ils pourraient évacuer le reste. (…) Le chef de la police dit : "Comment allez-vous choisir ? À la courte paille ? (…) Je vais les faire sortir !" » Les enfants prirent place dans deux automobiles, le chef de la police leur recommanda de baisser la tête, et ordonna aux chauffeurs : « Une fois que vous avez démarré, ne vous arrêtez pas. » Les voitures foncèrent, et ce jour-là encore, les Neuf de Little Rock se retrouvèrent chez eux, claquant des dents mais sains et saufs[37]. Aucune des parties n'envisageait de céder. La situation devenait si explosive que le maire de la ville, Woodrow Mann, alerta le ministère de la Justice. Il demandait l'intervention des troupes fédérales.

Une armée devant le lycée

Le 24 septembre, le Président s'adressa à toute la nation depuis le Bureau ovale et rappela avec fermeté : « La responsabilité du Président est incontournable (…) J'ai signé aujourd'hui un décret ordonnant l'usage de troupes sous autorité fédérale pour aider à l'exécution de la loi fédérale à Little Rock (…) Nos opinions personnelles quant à la décision [de la Cour] n'ont pas d'influence en ce qui concerne son application. Il ne peut être permis à la loi de la foule de primer sur les décisions de nos tribunaux[38]. » Le Président fédéralisait la Garde nationale de l'Arkansas et envoyait la 101e division Airborne sur les lieux.

Dès le lendemain, l'armée et les parachutistes prenaient le contrôle de la situation. Les bandes d'actualité nous montrent une situation hésitant entre le tragique et le grotesque : une armée sur le pied de guerre, des Jeep surmontées de mitraillettes, un hélicoptère tournoyant sans discontinuer au-dessus du lycée et des environs, et 29 parachutistes, baïonnettes aux canons, entourant neuf lycéens proprets, leurs livres sous le bras, pour les accompagner en classe. À la télévision, le gouverneur Faubus déclarait : « Nous sommes en territoire occupé[39]. »

À Central High, un garde du corps personnel avait été assigné à chacun des Neuf. La plupart des autres élèves semblaient les avoir acceptés assez pacifiquement, mais quand les parachutistes se retirèrent, le 30 septembre, à 12 miles de Little Rock, les irréductibles relevèrent la tête. La Garde nationale contrôlait toujours l'entrée du lycée, mais à l'intérieur, les Neuf, répartis dans des classes différentes, ne bénéficiaient plus d'aucune protection particulière. Insultes, vexations, coups et projectiles divers les atteignaient sans prévenir. Melba Patillo Beals se souvient : « Tous les matins pendant neuf mois nous nous levions, nous cirions nos chaussures – et nous partions à la guerre[40]. »

L'endurance et l'obstination silencieuse des neuf lycéens les rendirent célèbres dans le monde entier. Une des jeunes filles finit pourtant par renverser un plat de haricots sur la tête d'un élève blanc qui la traitait de sale négresse, et fut promptement renvoyée de l'école. Les huit autres finirent l'année. Le plus âgé, Ernest Green, reçut son diplôme de fin d'études au mois de mai.

Mais à nouveau, l'administration des écoles de Little Rock demandait au tribunal de différer l'application du plan d'intégration. Et une fois de plus, Thurgood Marshall et Wiley Branton bataillèrent jusqu'à la Cour suprême, qui rejeta catégoriquement tout délai supplémentaire et affirma que « la loi et l'ordre ne doivent pas être préservés en privant des enfants noirs [*Negroe children*] de leurs droits constitutionnels[41] ».

À la rentrée de 1958, le gouverneur Orval Faubus ne s'avouait pourtant pas vaincu. Il ferma les écoles publiques de Little Rock. La fronde avec le gouvernement fédéral reprenait et faisait des émules. Non seulement Faubus remporta haut la main son troisième mandat, mais en décembre 1958, un sondage Gallup le désignait comme l'un des hommes les plus admirés du pays[42]. Suivant son exemple, la Virginie fermait une école publique après l'autre. Les plaintes et les procès reprirent, mais en attendant, beaucoup d'enfants noirs demeuraient privés d'instruction tandis que nombre d'élèves blancs entraient dans le système privé. Enfin, la Cour suprême déclara inconstitutionnelle la fermeture des écoles publiques. À partir de l'automne 1959, Little Rock procéda dans le calme à une déségrégation scolaire progressive.

La crise de l'Arkansas avait transformé l'intégration des écoles en une question nationale, dont tout le monde parlait, et sur laquelle chacun devait se prononcer. La capitulation de Little Rock ne marquait que le début de la bataille. En 1960, quand quatre petites filles noires de 6 ans furent conduites à la porte d'une école blanche pour entrer au cours préparatoire, des émeutes sanglantes secouèrent la Nouvelle-Orléans. Le Sud profond se raidissait dans ses traditions, alors que dans les universités arrivait une nouvelle génération d'étudiants, qui avait grandi avec l'arrêt « Brown », la vision révoltante des photos du cadavre d'Emmett Till, et le message envoûtant du prophète de Montgomery. Pour eux, tout paraissait possible.

CHAPITRE 8

L'essor de la contestation noire

La résistance passive

À la fin des années 1950, le mouvement noir semblait dispersé, affaibli par les rivalités personnelles et la multiplicité d'objectifs encore confus. En dépit des efforts de Martin Luther King, la SCLC avait perdu l'élan né du boycott.

Le 17 mai 1957, les grandes organisations noires parvinrent cependant à faire taire suffisamment leurs dissensions pour célébrer à Washington le troisième anniversaire de la décision « Brown » par un Pèlerinage de prière pour la liberté. Environ 20 000 personnes – nettement moins que prévu – se rassemblèrent au pied du mémorial Lincoln pour entendre les dirigeants noirs réclamer une nouvelle législation sur les droits civiques. Martin Luther King critiqua l'inaction du gouvernement dans un discours vigoureux qui contribua à asseoir sa posture de leader national.

Quelques semaines plus tard, en septembre, une loi proposée par Eisenhower en faveur du droit de vote pour tous, et qui s'était trouvé en difficulté devant le Congrès, était finalement adoptée. La nouvelle législation demandait la formation d'une Commission sur les droits civiques, et étendait les compétences du ministère de la Justice, désormais à même de porter plainte devant les tribunaux pour défendre l'accès aux urnes. Mais pouvait-on attendre qu'une administration aussi timorée en matière raciale que celle du président Einsenhower fasse usage de ces prérogatives ?

La nouvelle loi sur les droits civiques, la première depuis la Reconstruction, n'allait certes pas changer le destin américain. Martin Luther King, qui avait relaté l'histoire de Montgomery dans un livre intitulé *Stride Toward Freedom*, reprit ses tournées. Le 19 septembre 1958, il participait à une séance de signature dans un grand magasin de Harlem quand une femme noire, que l'examen des psychiatres devait révéler gravement déséquilibrée, se précipita sur lui et lui enfonça un coupe-papier acéré dans la poitrine. La lame se ficha tout contre l'aorte. Les chirurgiens parvinrent à extraire l'arme au terme d'une opération longue et délicate mais il s'en était fallu de quelques millimètres pour que la blessure ne fût mortelle[1]. L'incident convainquit King d'entreprendre aussitôt après sa convalescence le voyage en Inde qu'il prévoyait depuis longtemps. Au mois de février suivant, il s'envola vers le pays de ses racines spirituelles.

Profondément chrétien, Martin Luther King affirma toujours qu'il était arrivé à la doctrine de la non-violence édictée par Gandhi en suivant le chemin du Christ. À l'époque du boycott des autobus, il ébauchait tout juste ce qu'il appelait encore « la résistance passive ». Deux militants pacifistes, disciples confirmés du Mahatma, l'avaient alors spontanément rejoint à Montgomery pour réfléchir à la manière d'associer pacifisme chrétien et résistance ghandienne. Le premier, le pasteur blanc Glenn E. Smiley, appartenait à l'organisation FOR, ou *Fellowship of Reconciliation*. Le second, Bayard Rustin, un proche de A. Philip Randolph, était un personnage nettement plus compromettant. Esprit brillant mais éternel marginal, ancien communiste et objecteur de conscience, il attira néanmoins la sympathie de King par la profondeur de son attachement à la protestation non violente.

Certes, King n'était pas le premier à introduire ce concept dans le mouvement noir. Dès le XIXe siècle, les abolitionnistes s'étaient efforcés d'alarmer l'opinion publique pour obtenir une modification de la politique gouvernementale. En 1914, des pacifistes européens avaient donc fondé la FOR, destinée à propager des idéaux de compréhension mutuelle. La première section américaine s'était implantée en 1915. La FOR était à l'origine de nombreux groupes qui luttaient pour la défense des droits civiques, dont le Congrès pour l'égalité raciale (CORE) présidé par l'activiste James Farmer.

Le mouvement syndical noir, dès ses débuts, avait eu recours à la désobéissance civile. C'était d'ailleurs en menaçant le gouvernement d'une vaste action de ce type que A. Philip Randolph avait obtenu la déségrégation des forces armées. Depuis, il continuait de rêver d'une grande marche sur Washington, dont le Pélerinage de prière de 1957 ne représentait qu'un avant-goût. Même la NAACP, qui tentait de canaliser la révolte des jeunes dans les années 1950 en mettant sur pied des Conseils de la Jeunesse (*NAACP Youth Council*), s'était engagée dans les premiers *sit-in*, ces actions de protestation qui consistaient à occuper pacifiquement un lieu où l'on n'était pas particulièrement bienvenu. En Ohio, en Oklahoma, dans le Kansas, certains propriétaires de cafés ou de cinémas avaient déjà cédé à la pression de ces manifestants tranquilles, et acceptaient des clients des deux races[2].

Les sit-in étudiants

Mais l'avant-garde de la jeunesse noire se trouvait surtout dans le Sud, où les grandes universités noires, solidement établies depuis plusieurs générations, accueillaient maintenant des milliers d'étudiants. Beaucoup venaient du Nord, ils avaient quelquefois obtenu leur diplôme dans des lycées interraciaux, et ils découvraient avec horreur la ségrégation pure et dure, et la soumission des Noirs du Dixie. La FOR avait diffusé largement une bande dessinée intitulée « Martin Luther King et l'histoire de Montgomery », dont la plupart des exemplaires avaient atterri sur les campus.

King lui-même, Ralph Abernathy, Glenn Smiley et Bayard Rustin continuaient à faire la tournée des écoles, églises et universités, et à prêcher la protestation non violente. D'autres pacifistes, comme James Lawson, se joignaient à eux. Cet étudiant en théologie de l'université de Nashville avait été incarcéré pendant la guerre de Corée pour avoir refusé l'appel sous les drapeaux, et à sa sortie de prison, il avait passé trois ans en Inde à étudier les méthodes de Gandhi. À son retour, il avait personnellement rencontré Martin Luther King, et adhéré à la FOR. Il organisait maintenant des ateliers d'initiation à la non-violence.

Au cours de ces séances, les étudiants se répartissaient en plusieurs groupes, les uns jouant le rôle des manifestants pacifiques, certains celui de la police, d'autres enfin représentant un public blanc hostile.

Chacun s'entraînait à engager une discussion avec l'adversaire, et à argumenter pour essayer de le convaincre et de gagner sa sympathie. Quand les injures faisaient place à la violence physique, les participants apprenaient à se protéger en se roulant en boule, les mains sur la tête, et à s'entasser les uns sur les autres pour amoindrir la brutalité des coups. Plus difficile encore, Lawson expliquait sans relâche comment ne pas riposter, ne pas se laisser envahir par la haine et continuer à éprouver un amour rédempteur pour ses agresseurs.

Dans ces ateliers, on trouvait Diane Nash, une jeune étudiante venue de Chicago, à qui la ségrégation pratiquée dans le Dixie donnait l'impression d'être, disait-elle, « enfermée[3] » ; ou encore John Lewis, étudiant en théologie, certes désavantagé par un léger bégaiement et une éducation plus que sommaire dans une ferme pauvre de l'Alabama, mais animé d'une véritable mentalité de croisé. Ensemble, Diane Nash, Lewis et quelques autres fondèrent le mouvement étudiant de Nashville. Ils commencèrent à visiter les bars et les restaurants de la ville et à tester la force de leurs arguments et la résistance potentielle des commerçants. Avant qu'ils ne lancent leur premier *sit-in*, ils apprirent qu'ils étaient devancés par des étudiants de Greensboro, en Caroline du Nord, qui manifestaient dans un magasin Woolworth.

Représentée dans tout le pays, la chaîne Woolworth vendait « de tout » dans ses grands bazars à l'américaine, des articles de toilette au fil et aux aiguilles, en passant par le papier à lettre et les fournitures scolaires. À Greensboro comme partout dans le Sud, les Noirs étaient encouragés à y faire leurs achats, mais il était hors de question de les servir au bar installé dans chaque magasin. Ainsi le voulait l'absurdité de la société ségréguée : accepter les dollars des *Negroes* à la caisse centrale du magasin était indispensable à la bonne marche du commerce et semblait dépourvu d'implications sociales ou sexuelles ; mais leur servir nourriture et boissons aux côtés de consommateurs blancs était considéré comme une inacceptable reconnaissance d'égalité, un partage d'actes intimes et évoquait toujours le même vieux tabou : le mélange des races[4].

Le 1er février 1960, quatre étudiants noirs de première année, Joseph McNeil, Franklin McCain, David Richmond et Ezell Blair Jr. s'assirent donc au bar et commandèrent un café qui leur fut évidemment refusé. Patiemment, ils attendirent jusqu'à la fermeture du magasin, puis regagnèrent le campus. Que faire maintenant ? Comment diffuser leur acte de protestation et obtenir une modification de l'ordre établi qu'ils ne supportaient plus ? Perplexes, ils prirent contact avec le CORE qui envoya sur place un responsable new-yorkais et appela des représentants de la SCLC et d'autres organisations pour la défense des droits civiques. En quelques jours, le CORE mobilisa suffisamment d'étudiants pour occuper sans interruption les comptoirs de Woolworth et de S.H. Kress, un autre magasin comparable. Le 5 février, ils étaient 400 étudiants à participer au *sit-in* de Greensboro. Très vite, le mouvement s'étendit aux villes, puis aux États avoisinants. À la fin février, plus de 30 villes du Sud étaient touchées et dans le Nord, des activistes noirs et blancs soutenaient le boycott national de Woolworth et des magasins du même type. À la question d'un journaliste qui voulait savoir s'il encourageait les Noirs de New York à boycotter Woolworth, le

Congressman de Harlem, Adam Clayton Powell, répondit tranquillement : « Oh non. Je recommande à [tous les] citoyens américains soucieux de démocratie d'éviter ces magasins[5]. »

À Nashville, plus de 500 étudiants avaient répondu à l'appel de James Lawson pour soutenir les *sit-in*[6]. Diane Nash se souvient : « Nous avons compris que le temps était venu pour nos idées[7]. » Mais après le premier effet de surprise, les ségrégationnistes décidèrent de réagir et de se débarrasser de ces étudiants bien élevés – garçons aux coiffures sages, filles en jupe droite et talons hauts –, qui jour après jour occupaient les tabourets des bars ségrégués. Le 27 février, des policiers impassibles laissèrent le champ libre à une bande de voyous qui attaquèrent les étudiants assis dans un magasin de Nashville à coups de poings, de pierres, et de cigarettes allumées. Rompus aux pratiques de la non-violence, les étudiants ne répliquaient pas, ne se rendaient pas et quand l'un d'eux était jeté à terre, un autre prenait sa place au comptoir. Finalement, la police arrêta 77 Noirs et 5 sympathisants blancs, tandis qu'une foule nombreuse félicitait les assaillants. Le séjour en prison ne prenait pas au dépourvu les jeunes disciples de Gandhi. Fidèles à leur modèle, Diane Nash et John Lewis entraînèrent une soixantaine de leurs compagnons à refuser de payer la caution, et à attendre leur procès en cellule.

À la fin du mois de mars, plus de 2 000 étudiants avaient ainsi été arrêtés dans 66 villes du Sud[8]. Les commerçants s'alarmaient : par solidarité, les Noirs n'achetaient plus, et les Blancs évitaient les magasins où pouvaient éclater des troubles. Les premiers, les hommes d'affaires envisagèrent de négocier[9]. Le 19 avril, l'explosion d'une bombe au domicile de

Z. Alexander Looby, le premier conseiller municipal noir de Nashville, républicain conservateur et avocat respecté, acheva de souder la communauté noire derrière les étudiants. 2 500 manifestants silencieux envahirent les rues de Nashville et se dirigèrent vers l'Hôtel de Ville où les attendait le maire Ben West. Diane Nash entama avec ce dernier une confrontation verbale où, phrase après phrase, elle détruisait les échappatoires qu'il lui opposait. Finalement, elle réduisit la question à sa seule dimension morale : « Monsieur le Maire, pensez-vous qu'il soit condamnable d'exclure quelqu'un seulement à cause de la couleur de sa peau ? » Ben West reconnut qu'en effet, il pensait que c'était condamnable[10]. Le lendemain, les commerçants, sûrs de l'aval du maire, commençaient à déségréguer les bars de leurs magasins. Mais ce n'était qu'une victoire ponctuelle. Dans tout le Sud, la lutte continuait.

À Pâques, quelque 150 étudiants venus de 9 États s'étaient rassemblés à Raleigh en Caroline du Nord, à l'appel d'Ella Baker, membre de l'état-major de la SCLC. Beaucoup de leaders plus âgés se méfiaient de la jeune génération. Pour sa part, Martin Luther King trouvait une inspiration nouvelle dans la détermination des étudiants à rechercher une confrontation directe, visible, avec les maux de la ségrégation. Il aurait voulu inclure leurs mouvements dans la SCLC. Ella Baker, au contraire, les encourageait à garder leur liberté et leur spécificité, tout en se dotant d'une organisation suffisante pour coordonner leurs actions.

Les étudiants choisirent finalement la voie de l'indépendance, et le 16 avril, ils fondèrent leur propre organisation : le SNCC (*Student Nonviolent Coordinating Committee*), le Comité étudiant non violent de coordination que tous appelèrent familièrement « Snick ». Marion Barry en fut élu président. James Lawson rappela à un auditoire fervent les bases de la philosophie gandhienne : « L'amour est le principe directeur de la non-violence. L'amour est la force par laquelle Dieu s'unit à l'homme et unit l'homme avec l'homme. Un tel amour ne connaît pas de limite ; il demeure prêt à aimer et à pardonner même au cœur de l'hostilité[11]. » Les étudiants parlaient avec passion des nouvelles en provenance d'Afrique noire – 11 pays obtiendraient leur indépendance entre 1960 et 1961[12] – et pendant des heures, ils chantaient des *Freedom Songs*, les chants de liberté. Toute la grande croisade des droits civiques serait ainsi marquée par ces rythmes – gospel, blues, *spirituals* – qui accompagnaient chaque marche, chaque réunion, chaque moment d'espoir ou de terreur. Un cantique ancien, que chantaient autrefois les ouvriers du textile, allait devenir le véritable hymne du mouvement : *We Shall Overcome*. « Nous vaincrons, nous vaincrons un jour... », chantaient les militants[13].

Les *sit-in* continuèrent pendant l'été 1960 et au-delà, émaillés de violence et de succès ponctuels, et devinrent de plus en plus visibles dans les médias, alors que se déroulait une bataille électorale décisive.

Un candidat « avec du cœur »

Richard Nixon, le vice-président de Dwight Eisenhower, devait en effet affronter en novembre un démocrate du Massachusetts encore peu connu : John Kennedy. Dans une Amérique optimiste qui oubliait le maccarthysme et se consacrait tout entière à une croissance économique sans précédent, ne donnant pas le moindre signe d'essoufflement, les candidats ne tenaient pas à se mêler des problèmes raciaux et à risquer de s'aliéner le vote des Noirs du Nord ou celui des Blancs conservateurs du Sud. Kennedy ne s'était pas signalé par une attitude favorable aux droits civiques. Il comptait même parmi ses proches John Patterson, le gouverneur ultraconservateur de l'Alabama, et en 1957, lors du vote de la loi sur les droits civiques, il s'était rallié au principe du plus petit commun dénominateur qui privait les nouvelles normes de toute efficacité réelle.

Pour les leaders noirs, Nixon semblait donc un moindre mal. Mais beaucoup d'électeurs noirs hésitaient cependant à faire confiance à l'héritier naturel du gouvernement Eisenhower. Les sondages indiquaient que le vote noir demeurait divisé et incertain. Dans une élection qui s'annonçait extrêmement serrée, les candidats ne pouvaient continuer à négliger ce facteur. Robert Kennedy, qui dirigeait la campagne de son frère, chargea alors l'avocat Harris Wofford de prendre contact avec les leaders noirs. Wofford était un disciple déclaré de Gandhi et connaissait bien Martin Luther King depuis le boycott de Montgomery. Sur son instigation, John Kennedy accepta de rencontrer brièvement King le 23 juin. Peu de temps après, il fit une première ouverture en direction des étudiants noirs : « Ils ont montré que pour les Américains, la nouvelle façon de se lever pour défendre leurs droits, c'était de s'asseoir[14]. »

Mais cela ne semblait pas suffisant à Martin Luther King pour prendre parti. Depuis janvier 1960, il avait quitté Montgomery et regagné Atlanta, siège de la SCLC. Il partageait maintenant la responsabilité de l'église baptiste d'Ebenezer avec son père. Déchargé d'une partie de ses devoirs paroissiaux, il voulait se consacrer à la SCLC et tenter de lui donner le second souffle qui lui faisait cruellement défaut. Malheureusement, King ne cessait de se débattre au milieu d'imbroglios juridiques qui ne lui laissaient point de repos. En février 1960, il avait été arrêté pour fraude fiscale. On l'accusait ni plus ni moins que d'avoir détourné une partie des fonds de la SCLC et de la MIA à son profit. Cette tentative pour détruire sa réputation de probité l'atteignait profondément. Le 28 mai, contre toute attente, le jury du tribunal de Montgomery l'innocenta. Entre-temps, le 4 mai, il avait reçu une contravention pour avoir conservé un permis établi en Alabama alors qu'il résidait maintenant en Géorgie. Le juge le condamna à une amende de 25 dollars et le remit en liberté conditionnelle : pendant les douze mois à venir, King ne devait pas avoir maille à partir avec la justice.

Au mois d'octobre 1960, Martin Luther King se retrouva au cœur des querelles qui opposaient les étudiants du SNCC et l'élite conservatrice de la communauté noire. Les *sit-in* touchaient maintenant 112 villes dans le Sud et atteignaient Atlanta[15]. Les leaders noirs, en tête desquels le propre père de Martin Luther King dit « *Daddy King* », condamnaient catégoriquement ces manifestations, au nom de la relative paix raciale qu'ils se flattaient d'avoir préservée à Atlanta. Mais King lui-même se sentait irrésistiblement attiré par l'enthousiasme des étudiants. Lors de la grande réunion tenue par le Snick à Atlanta du 14 au 16 octobre, plus de 200 étudiants reprirent le slogan de James Lawson « *Jail, no bail !* » (« la prison, pas de caution ! ») et supplièrent Martin Luther King de les accompagner à un *sit-in* dans un magasin d'Atlanta.

King accepta. Le 19 octobre, il s'assit lui aussi dans un restaurant interdit aux Noirs. Il fut promptement arrêté avec 35 étudiants. Tous choisirent de rester en prison. Rapidement, le maire William Hartsfield obtint des commerçants la promesse d'engager des discussions avec les étudiants en échange d'une suspension des manifestations pendant 30 jours[16]. Le 24 octobre, Hartsfield ordonna la libération immédiate des prévenus, à l'exception de Martin Luther King. Le juge, au vu de sa condamnation précédente – la contravention du 4 mai –, lui infligeait quatre mois de travaux forcés sans sursis. King fut amené en pleine nuit au pénitencier de Reidsville State, où il devait purger sa peine au milieu de criminels endurcis.

Cette nouvelle déclencha un vent de panique parmi les proches du leader noir, qui avaient de solides raisons de redouter un séjour dans ces bagnes ruraux. Coretta King se souvient combien l'épreuve était redoutable : « C'était une affreuse perspective pour un homme aussi sensible et délicat (…). Nous connaissions tous deux les horreurs des prisons du Sud, et nous savions que pendant des années, beaucoup de Noirs qui avaient été incarcérés, même pour de courtes peines, avaient tout simplement disparu[17]. »

Affolée, Coretta appela Harris Wofford. L'avocat savait qu'il était urgent de tirer King de sa prison, et il entrevoyait également la possibilité pour John Kennedy de rallier les dirigeants noirs à sa candidature. Avec la complicité du beau-frère de Kennedy, Sargent Shriver, il proposa au candidat d'appeler Mrs King. Le 26 octobre au matin, le téléphone sonnait à Atlanta : le sénateur Kennedy exprima à Coretta sa compassion et sa solidarité, lui recommandant de l'appeler s'il pouvait lui être utile en quoi que ce soit[18]. Ce coup de téléphone suscita l'enthousiasme de la famille King, y compris celui de Daddy King, le vieux républicain.

Mais Robert Kennedy explosa : cette initiative pouvait faire perdre à son frère le vote des États du Sud. Néanmoins, il désapprouvait foncièrement les méthodes employées à l'encontre de King, et il s'empara lui aussi du téléphone. Apparemment peu soucieux de l'indépendance de la justice, il fit connaître sa façon de penser au juge Mitchell, responsable de l'incarcération du leader noir. Le lendemain même, Martin Luther King était libéré et exprimait sa profonde reconnaissance au sénateur Kennedy, tandis que Daddy King annonçait publiquement qu'il voterait démocrate et se faisait fort d'entraîner à sa suite toute sa paroisse.

L'état-major de Kennedy fit aussitôt distribuer des centaines de milliers de tracts à la porte des églises et des écoles noires, en évitant aussi soigneusement que possible d'informer les électeurs blancs. Le petit texte présentait Kennedy comme « un candidat avec du cœur », et rappelait que pour sa part, Nixon s'était contenté de répondre aux journalistes qui l'interrogeaient sur l'affaire King : « sans commentaire[19] ».

Le 8 novembre suivant, John Kennedy remportait la présidence des États-Unis avec une avance infime, la plus étroite de l'histoire du pays : 0,6 % des voix. On estimait qu'il avait obtenu 70 % du suffrage noir, alors qu'en 1956, le candidat démocrate Adlai Stevenson n'avait pu en rassembler que 40 %. Ce changement d'allégeance s'était révélé décisif[20].

Les activistes noirs regardèrent donc avec espoir du côté de Washington. Kennedy était jeune, il avait montré sa sympathie pour le mouvement des droits civiques, il avait même promis d'éliminer « d'un trait de plume », c'est-à-dire d'un simple décret, toute discrimination raciale dans les programmes de logements subventionnés par des fonds fédéraux[21].

Les premiers mois de l'administration Kennedy se révélèrent pourtant décevants. Le Président ne proposa pas de nouvelle législation sur les droits civiques, et le décret attendu ne se concrétisa pas. Pour lui rappeler sa promesse, les militants lui envoyèrent des milliers de stylos qui s'entassèrent à la Maison Blanche.

À Atlanta, les affrontements verbaux avaient repris entre leaders noirs conservateurs et étudiants qui organisaient de nouveaux *sit-in*. Martin Luther King, dont la sympathie personnelle allait avant tout aux jeunes militants, parvint cependant à leur faire accepter l'accord conclu entre la municipalité et l'establishment noir : la déségrégation des restaurants et des magasins d'Atlanta débuterait en même temps que celle des écoles, prévue pour l'automne 1961.

Dans le reste du Dixie aussi, les *sit-in* se poursuivaient. Thurgood Marshall avait obtenu de la Cour suprême qu'elle reconnaisse la légalité de ces manifestations pacifiques. Dans le cas « Garner contre l'État de Louisiane », Earl Warren expliquait que le fait d'être « assis paisiblement à une place que la coutume (…) interdit » n'allait pas contre la paix civile. « Une semblable action (…) ne constitue pas un crime et ne peut être considérée comme tel par la police et les tribunaux[22]. » Mais il fallait bien plus qu'un arrêt de la Cour suprême pour venir à bout de la violence raciste dans le Sud. Anne Moody a raconté l'extrême brutalité et la haine qu'elle affronta avec ses compagnons lors de *sit-in* tenus à Jackson dans le Mississippi en 1963 :

les insultes, les menaces, les coups, et le plaisir de la foule à les barbouiller de moutarde et de Ketchup, et même de sel quand une blessure saignait[23].

Tout en continuant les *sit-in*, les étudiants songeaient à étendre la lutte sur un autre front...

Les Voyageurs de la Liberté

En décembre 1960, la Cour suprême avait ordonné la déségrégation des gares où s'arrêtaient les trains et les autobus assurant les liaisons entre États[24]. Jusqu'où irait le gouvernement pour faire appliquer la décision de la plus haute juridiction des États-Unis ? En 1946 déjà, la Cour avait condamné la ségrégation raciale à bord des trains et des autobus circulant entre États. L'année suivante, 16 militants de la FOR avaient tenté de concrétiser cette décision en organisant un Voyage de Réconciliation à travers les États du nord du Dixie – ceux qui semblaient les plus modérés. Les voyageurs, des deux races, devaient s'asseoir ensemble sans tenir compte de la frontière invisible entre l'avant et l'arrière du véhicule. En arrivant en Caroline du Nord, 67 d'entre eux avaient déjà été arrêtés, et le voyage avait tourné court[25]. Aucune tentative n'avait eu lieu depuis.

En 1959, le journaliste blanc John Howard Griffin s'était livré à une expérience insolite : grâce à un traitement médical, il était parvenu à foncer temporairement la pigmentation de sa peau, et se faisant ainsi passer pour Noir, il avait entrepris de découvrir le monde de l'autre côté de la barrière raciale. Le livre qu'il en tira, *Black Like Me*, connut un grand retentissement en Amérique et à l'étranger. Le récit de son voyage en autobus à travers le Mississippi avait en effet de quoi décourager les militants les plus déterminés. Griffin y décrivait la terreur irrépressible qui s'insinuait en lui, et la haine des Blancs, palpable, suffocante. Bien sûr, disait-il, « officiellement, la ségrégation n'était plus autorisée à bord des autobus circulant entre États, [mais] aucun Noir n'aurait été assez inconscient pour essayer de s'asseoir ailleurs qu'à l'arrière d'un bus qui entrait dans le Mississippi ».

Un de ses compagnons de route, comprenant qu'il n'était pas de la région, l'avait mit en garde :

« Si tu n'es pas habitué à leur façon de faire dans le Mississippi, il faudra que tu te surveilles de très près (…). Tu ne dois même pas regarder une femme blanche. En fait, il faut regarder par terre ou dans une autre direction (…). Ici, ils sont horríblement sensibles à ce sujet. Même si tu ne te rends pas compte que tu regardes dans la direction d'une femme blanche, ils essaieront de monter ça en épingle (…). Si tu passes devant un cinéma et qu'il y a des femmes sur les affiches, ne les regarde pas non plus. »

Griffin a aussi raconté l'humiliation et l'inconfort des Noirs du Sud qui devaient prévoir longtemps à l'avance la nécessité de déjeuner ou d'aller aux toilettes, tant étaient rares les établissements qui accepteraient de les accueillir. Il se souvient même que pendant son long trajet à travers le Mississippi, le chauffeur décida d'interdire aux Noirs de descendre à l'étape, tandis que les voyageurs blancs se rafraîchissaient et se restauraient. Griffin ne pouvait croire que « dans cette année de liberté, un homme pouvait interdire à un autre quelque chose d'aussi élémentaire que d'apaiser sa soif ou d'utiliser les toilettes. Ici, il ne restait plus rien de l'Amérique[26] ! ».

En 1961, le président du CORE, James Farmer, décida de renouveler la tentative de 1947 : envoyer à travers le Sud un groupe de voyageurs des deux races qui mettraient à l'épreuve la détermination de l'administration à faire appliquer la loi. Les Noirs s'assiéraient à l'avant, les Blancs à l'arrière, et à chaque arrêt, les voyageurs noirs devraient entrer dans les salles d'attente, les toilettes et les bars réservés aux Blancs. Fidèle aux méthodes gandhiennes, Farmer écrivit au président Kennedy, au ministre de la Justice, au FBI, aux sociétés d'autobus Greyhound et Trailways et à l'*Interstate Commerce Commission* – autorité administrative responsable des transports – pour les informer de ce projet baptisé « Voyage de la Liberté[27] ». Avec l'aide de Martin Luther King, il prit aussi contact avec des responsables noirs dans le Sud qui devaient accueillir les voyageurs, et le cas échéant, les secourir. Comme le rappelle Farmer : « Il ne s'agissait pas vraiment de désobéissance civile, puisque nous ne ferions rien de plus que ce que la Cour suprême nous avait reconnu le droit de faire. (…) [Mais] nous sentions que nous pouvions compter sur les racistes du Sud pour créer une crise telle que le gouvernement fédéral se verrait contraint d'intervenir pour faire appliquer la loi fédérale[28]. »

Le 4 mai 1961, l'aventure commença. 13 passagers, 6 Blancs et 7 Noirs, dont James Farmer et John Lewis, s'embarquèrent à Washington pour rallier la Nouvelle-Orléans le 17 mai, septième anniversaire de la décision « Brown ». Ils traverseraient la Virginie, les deux Carolines, la Géorgie, l'Alabama, le Mississippi et la Louisiane.

Jusqu'en Géorgie, ne se produisirent que des incidents que l'on pouvait encore qualifier de mineurs :

John Lewis et Albert Bigelow avaient été attaqués et battus en Caroline du Sud devant une salle d'attente « blanche ». À Atlanta, les militants montèrent dans deux autobus, un Greyhound et un Trailways, pour gagner l'Alabama. Un seul arrêt était prévu avant Birmingham : Anniston. Mais le Greyhound ne devait jamais parvenir au terme du voyage. À Anniston, une foule de 200 personnes l'attendait, armée de couteaux, de barres de fer et de battes de base-ball, et se précipita pour crever les pneus du véhicule et briser les fenêtres. Un des assaillants lança une bombe incendiaire à l'intérieur, tandis que d'autres bloquaient les portes. À demi asphyxiés, les voyageurs réussirent à s'échapper par une issue de secours grâce à des membres de la Garde nationale de l'Alabama qui tirèrent en l'air pour éloigner la foule. La police transporta les blessés à l'hôpital et le lendemain, la photo de l'autobus en flammes faisait la une de tous les journaux.

La bataille de Birmingham

Pour le Trailways, le Ku Klux Klan préparait une réception à sa façon depuis plus d'une semaine. Le révérend Fred Shuttlesworth, de Birmingham, en avait lui-même prévenu Farmer. Tout le monde était au courant, à commencer par le FBI qui disposait d'informateurs à l'intérieur du Klan. À Anniston, huit hommes à la mine patibulaire montèrent à bord de l'autobus, jetèrent les passagers noirs à l'arrière et frappèrent sauvagement ceux qui tentaient de s'interposer. Et à Birmingham, la gare était aux mains du Klan. Pas un policier en vue. Eugene Connor, le chef de la police municipale, celui qu'on surnommait « *Bull* » – le taureau –, expliquerait tout bonnement que ce 14 mai, jour de la fête des Mères, la plupart de ses hommes rendaient visite à leurs familles.

Les voyageurs devaient pourtant descendre. Les deux premiers, Charles Person – militant noir –, et James Peck – un militant blanc, le seul qui ait aussi participé au voyage de 1947 –, firent ensemble quelques pas vers la salle d'attente. Ce geste de solidarité interraciale mit le feu aux poudres. À coups de barres de fer, de tuyaux et même de poubelles, la foule déchaînée se jeta sur les voyageurs, n'épargnant pas dans sa rage aveugle les journalistes et quelques témoins. Le carnage dura quinze minutes, en toute impunité, avant que des policiers n'arrivent sur les lieux et ne dispersent la foule, sans procéder à la moindre arrestation. Titubants et ensanglantés, les blessés réussirent à trouver des chauffeurs de taxis noirs qui les amenèrent chez Shuttlesworth. Ce dernier organisa des transferts vers les hôpitaux et forma une patrouille de huit voitures pour aller chercher les autres voyageurs à l'hôpital d'Anniston et les rassembler à Birmingham.

La ville était maintenant en état de siège, les reporters affluaient. Robert Kennedy, ministre de la Justice, suivait la situation heure par heure, et envoya sur place son assistant John Seigenthaler pour s'assurer que les Voyageurs de la Liberté quitteraient Birmingham vivants. La gare routière demeurait bloquée par le Ku Klux Klan, et les chauffeurs de Greyhound refusaient de tenter un départ. Épuisés, couverts de plaies – il n'avait fallu pas moins de 53 points de suture pour refermer les blessures à la tête de James Peck –, les voyageurs décidèrent de gagner la Nouvelle-Orléans en avion. Aussitôt, la foule hostile se précipita sur leurs traces pour bloquer l'aéroport. Finalement, après des heures d'angoisse, Seigenthaler, Bull Connor et le directeur de la compagnie aérienne arrangèrent un décollage d'urgence, au milieu des sirènes et des alertes à la bombe. Le voyage était fini.

Robert Kennedy attendait des militants qu'ils renoncent à ces manifestations tapageuses. Il ne voulait pas que les médias projettent une image exécrable des États-Unis au moment même où le Président, déjà affaibli par la débâcle de la Baie des Cochons, s'apprêtait à rencontrer Nikita Krouchtchev. Mais les étudiants du Snick ne l'entendaient pas ainsi. Pour eux, il était hors de question que la violence puisse arrêter les Voyages de la Liberté. Il fut convenu que dix militants se rendraient à Birmingham pour reprendre le flambeau, et traverser l'Alabama, le Mississippi et la Louisiane. John Lewis, à peine revenu de la Nouvelle-Orléans, faisait partie du nouveau contingent. À Nashville, Diane Nash coordonnait les opérations et se chargeait d'informer la presse. Plusieurs des voyageurs lui confièrent des lettres testaments, à ouvrir s'ils ne revenaient pas.

À la gare de Birmingham, le 17 mai, ce n'était plus le Klan, mais la police de Bull Connor qui attendait les étudiants. Ils passèrent directement de l'autobus au fourgon cellulaire. Dans la nuit du 18 au 19 mai, Bull Connor lui-même les ramena de l'autre côté de la frontière du Tennessee et les débarqua sans cérémonie sur le bord de la route. Quand ils réussirent à trouver un téléphone, ce fut pour appeler Diane Nash et la prévenir qu'ils reprenaient le voyage. Diane Nash trouva une voiture pour les reconduire à Birmingham tandis qu'un autre groupe de voyageurs arrivait en renfort. Tous se retrouvèrent chez Fred Shuttlesworth.

Mais ils ne pouvaient toujours pas quitter la ville. Les employés de Greyhound refusaient d'effectuer le transport. John Lewis raconte que le chauffeur désigné déclara alors : « Je n'ai qu'une vie, et je ne vais pas la donner à la NAACP ou au CORE[29]. »

À Washington, Robert Kennedy avait décidé de prendre les choses en main. Les initiatives suicidaires des Voyageurs de la Liberté l'exaspéraient, mais il était absolument décidé à faire respecter la loi. Il somma Greyhound de trouver un chauffeur, et entreprit d'obtenir du gouverneur Patterson la promesse qu'il ferait protéger les passagers. John Patterson refusait de répondre aux appels téléphoniques, et son secrétaire expliquait invariablement au ministre de la Justice que « le gouverneur était à la pêche[30] ». Un appel du Président lui-même n'eut pas plus de succès. Robert Kennedy avertit qu'il règlerait le problème en envoyant les troupes fédérales, et fort de cette menace, il réussit à joindre Patterson et à le convaincre de négocier avec John Seigenthaler.

La rencontre eut lieu au Capitole de Montgomery, où Patterson attendait Seigenthaler avec son cabinet réuni au grand complet. Après avoir subi les diatribes du gouverneur contre « ces f... nègres et ces agitateurs[31] », l'assistant de Kennedy obtint de Floyd Mann, chef de la police de l'État d'Alabama, la promesse qu'il assurerait la protection de l'expédition depuis la sortie de Birmingham jusqu'aux abords de Montgomery, où la police municipale prendrait le relais. Patterson confirmait la protection due à tout voyageur parcourant l'Alabama, non sans ajouter cette phrase inquiétante : « Nous ne tolérons pas (...) les agitateurs de l'extérieur[32]. » Il n'était pas loin de ranger les frères Kennedy dans cette catégorie.

« *Tuez les Nègres !* »

Le 20 mai, vingt et un Voyageurs de la Liberté quittaient Birmingham en autobus. Un avion survolait la route en permanence, et tous les 15 à 20 miles, les patrouilles de la police d'État se relayaient. Mais à l'entrée de Montgomery, un silence inquiétant succéda aux vrombissements des moteurs et aux sirènes. L'avion avait disparu, la police d'État n'était pas autorisée à pénétrer en ville. Même silence à la gare. Incrédules, les passagers commencèrent à descendre et tout à coup, des rues avoisinantes, surgit une foule hurlante. Quand elle aperçut Jim Zwerg, un étudiant blanc du Wisconsin, parmi les militants noirs, sa fureur ne connut plus de limite. Aux cris de « Tuez les nègres ! », la foule possédée se jeta sur les voyageurs. John Seigenthaler, qui suivait l'autobus depuis Birmingham au volant d'un véhicule de location, arriva au milieu des hurlements et des voitures en flammes. Il tentait de porter secours à une jeune fille agressée quand il reçut derrière la tête un coup de barre de fer qui l'envoya rouler sur la chaussée. Floyd Mann essaya d'arrêter le carnage en tirant des coups de feu en l'air, et somma sur les lieux la police d'État qu'il commandait. Pour en avoir le droit, il devait constater que « la loi et l'ordre s'étaient effondrés » dans la ville. Il était évident que la police municipale de Montgomery, avait, avec l'accord tacite du gouverneur, livré les Voyageurs de la Liberté aux jusqu'aux-boutistes de la ségrégation.

Le lendemain, l'Amérique horrifiée assistait à l'interview de Jim Zwerg, méconnaissable sous ses bandages. D'une voix à peine audible, il affirmait encore : « Nous continuerons notre voyage d'une manière ou d'une autre. Nous sommes prêts à mourir[33]. » Jim Zwerg ne devait jamais se remettre complètement de ses blessures. Un autre des voyageurs, William Barbee, resterait paralysé à vie. John Seigenthaler avait eu relativement plus de chance. Après quelques jours d'hôpital, il put reprendre ses fonctions auprès du ministre de la Justice. Ce dernier considérait comme une trahison personnelle le traitement infligé à son assistant et l'attitude inqualifiable du gouverneur Patterson qui, à nouveau, refusait de répondre au téléphone. Robert Kennedy envoya immédiatement 600 « *marshalls* » fédéraux sur la base militaire proche de Montgomery et 200 furent dépêchés pour monter la garde autour de l'hôpital. Leur présence ne serait pas superflue : le même jour Martin Luther King arrivait dans la capitale de l'Alabama pour tenir un rassemblement de soutien aux Voyages de la Liberté.

King se rendit aussitôt à l'église de Ralph Abernathy, qui avait connu les grands jours du boycott des autobus. Dans la soirée, près de 1 500 personnes se trouvaient dans l'église, tandis qu'à l'extérieur plusieurs milliers de Blancs hostiles faisaient cercle autour des *marshalls* chargés de protéger la réunion. Certains manifestants menaçaient de mettre le feu au bâtiment, d'autres d'enfoncer les portes. À l'intérieur, l'assistance chantait des hymnes, et un Martin Luther King d'une tranquillité impressionnante l'exhortait à ne pas céder à la panique, alors que la nuit retentissait de cris, d'explosions, et du sifflement aigu des sirènes.

Mais quand King réussit à s'isoler pour joindre Bob Kennedy au téléphone, ce fut pour lancer un véritable appel au secours : d'une minute à l'autre, les *marshalls* allaient se trouver débordés. Kennedy exigea l'intervention de Patterson, qui décréta finalement la loi martiale et envoya sur les lieux la police d'État et la Garde nationale de l'Alabama. Au petit matin, l'armée avait pris le contrôle de la situation et pouvait escorter Martin Luther King et ses compagnons hors de l'église assiégée.

Une question de conscience

Le Voyage de la Liberté était devenu une véritable opération militaire. 27 militants, répartis dans deux autobus, quittèrent Montgomery le 24 mai pour se rendre à Jackson dans le Mississippi. En dépit des supplications des étudiants, Martin Luther King, toujours en liberté surveillée depuis ses démêlés avec la justice géorgienne, ne les accompagnait pas. Hélicoptères, voitures de police aux sirènes retentissantes et gardes nationaux baïonnettes aux canons assuraient l'arsenal indispensable à un voyage interracial dans le Sud profond.

À la gare de Jackson régnait pourtant un calme inhabituel. Aucune foule hostile en vue. Seule la police locale attendait les passagers, et sans leur donner le temps de souffler, leur fit traverser au pas de charge la salle d'attente « blanche » avant de les embarquer directement vers la prison de la ville. James O. Eastland, gouverneur du Mississippi, avait promis à Robert Kennedy qu'à Jackson il n'y aurait pas de violence, de foule déchaînée et de photos de presse désastreuses. En échange, Kennedy n'enverrait pas les troupes fédérales. Les Voyageurs de la Liberté se trouvaient maintenant aux mains de la justice du Mississippi. Le procès fut rondement mené : le juge tourna le dos à l'avocat qui plaidait en faveur des accusés, avant de laisser tomber la sentence : 60 jours de pénitencier.

Mais le même jour, le ministre de la Justice apprenait que d'autres Voyageurs de la Liberté avaient pris la route. Il les prévint aussitôt « qu'aucun *marshall* fédéral ne les accompagnerait[34] ». En même temps, il s'entremit pour essayer de faire sortir les condamnés de leur prison, mais ces derniers refusaient ce traitement de faveur. Ils voulaient exposer ouvertement la réalité de la justice sudiste. Cette attitude exaspérait Kennedy. Et les arguments que Martin Luther King lui expliquait au téléphone n'étaient pas de nature à l'apaiser. Il s'agissait d'une « question de conscience et de morale », disait King. « Ils doivent se servir de leurs vies et de leurs corps pour vaincre le mal. Notre conscience nous dit que la loi a tort et que nous devons résister, mais nous avons l'obligation morale d'en accepter la sanction[35]. »

Pendant tout l'été, des Voyageurs de la Liberté continuèrent à arriver à Jackson et à remplir le pénitencier. Plus de 300 étudiants des deux races circulèrent ainsi sur les routes du Sud. Pour essayer de canaliser leur énergie militante, Bob Kennedy lança le Projet d'éducation des électeurs (« *Voter Education Project* »), qui devait inciter les Noirs à s'inscrire sur les listes électorales. Afin d'en assurer le financement, Kennedy sollicita avec succès la participation de grandes organisations philanthropiques. En même temps, il demandait à l'*Interstate Commerce Commis-*

sion d'adopter les règlements administratifs nécessaires à la déségrégation définitive des voyages entre
États. Ce règlement interviendrait à la fin du mois de
septembre 1961.

À partir de ce moment-là, Martin Luther King ne
montra plus guère d'intérêt pour les Voyages de la
Liberté, et un fossé de ressentiment et d'incompréhen-
sion commença à se creuser entre lui et les étudiants
noirs. King n'abandonnait pas pour autant sa longue
croisade. Le 16 octobre suivant, il rencontra John Kennedy à la Maison Blanche, et l'incita à annoncer une
seconde Proclamation d'Émancipation pour en finir
avec la ségrégation. Le Président l'écouta attentivement mais ne s'engagea pas. Trois jours auparavant,
le Mur de Berlin était sorti de terre en quelques
heures, et la politique étrangère absorbait toute
l'attention du chef de l'exécutif.

Cependant, le Mouvement touchait maintenant tout
le Sud, à des degrés divers. Certaines communautés
cédaient de mauvaise grâce à l'avancée de la déségrégation, d'autres se montraient inflexibles et sombraient dans la violence. Mais personne au sein du
mouvement noir n'était préparé à la réaction insolite
de la ville d'Albany.

La campagne d'Albany

Au cœur de la Géorgie traditionnelle, des grandes
plantations de coton et de cacahuètes, Albany faisait
figure de petite métropole. Elle demeurait pourtant à
l'écart de l'industrialisation et des transformations
sociales qui normalement en résultaient. Une tranquillité en apparence immuable et une ségrégation aussi

rigoureuse que possible régnaient. La communauté blanche ne doutait pas que « ses *Negroes* » ne soient satisfaits de leur sort, ni qu'il faille à tout prix les préserver de l'influence pernicieuse des « agitateurs de l'extérieur ».

Mais la peur régnait aussi à Albany. Charles Sherrod, jeune militant du Snick, se souvient encore de l'habileté consommée des autorités à instiller et manier cette terreur diffuse[36]. Au printemps 1961, il devenait pourtant évident que les jours paisibles étaient comptés, même à Albany. Les étudiants de l'université noire *Albany State* discutaient avec passion des *sit-in* et des Voyages de la Liberté. Des représentants de la petite-bourgeoisie noire naissante avaient déposé plusieurs pétitions auprès de la municipalité pour demander l'assouplissement de la ségrégation. Au mois d'octobre, Charles Sherrod et Cordell Reagon, autre militant du Snick, s'installèrent à Albany pour entraîner les Noirs des zones rurales à s'inscrire sur les listes électorales. Ils furent bientôt rejoints par Charles Jones. Tous trois entreprirent de faire la tournée des fermes, des églises et des écoles.

À la différence de la SCLC, l'organisation de Martin Luther King (qui s'appuyait toujours sur les leaders traditionnels, pasteurs, syndicalistes, représentants d'associations), les jeunes du SNCC s'efforçaient de s'adresser directement à la base. L'élite noire d'Albany n'appréciait pas cette façon de faire, et la communauté blanche y voyait l'intervention redoutée des « agitateurs de l'extérieur ».

Le 1er novembre, un petit événement administratif amena les militants étudiants à modifier momentanément leur programme. Ce jour-là entrait en vigueur le règlement de l'*Interstate Commerce Commission* imposant la déségrégation complète des transports entre États. Charles Sherrod et ses compagnons décidèrent de « tester » la gare ferrovière d'Albany. À peine avaient-ils pénétré dans la traditionnelle salle d'attente blanche que la police locale leur intima l'ordre de vider les lieux. Les étudiants se soumirent, avec l'intention d'avertir immédiatement l'administration fédérale.

L'attitude de la police d'Albany souleva l'indignation de la communauté noire, mais cette réaction spontanée ne contribua pas à calmer l'animosité régnant entre le SNCC et les autres organisations noires. La section locale de la NAACP prenait tout particulièrement ombrage de l'activité des étudiants, elle leur reprochait d'être irresponsables, de se lancer dans des actions inconsidérées qui amèneraient les manifestants en prison, et laisseraient à la NAACP la charge de financer les procès subséquents. Charles Sherrod se souvient que la NAACP d'Albany les traitait carrément de communistes[37]. Le président d'*Albany State* avait ordonné à Sherrod, Reagon et Jones de quitter la ville, et il mit à pied plusieurs étudiants associés avec les militants du Snick.

Pour empêcher que ces rivalités ne détruisent l'élan de la communauté noire, plusieurs organisations décidèrent de se regrouper, sur le modèle de l'Association pour le Progrès de Montgomery, et de fonder le Mouvement d'Albany. Le Snick et la NAACP acceptèrent de les rejoindre. Un médecin, le docteur William Anderson, fut élu président et secondé de deux autres personnalités locales, Slater King et Marion Page.

Au début du mois de novembre 1961, de grandes réunions se tinrent dans les églises pour informer et motiver les Noirs d'Albany. Pendant des heures, ils chantaient. Ici, la tradition musicale était ancienne, et essentielle à la vie de la communauté. Bernice Johnson, une jeune étudiante, évoque encore le sentiment de pouvoir collectif qu'entre tenaient ces réunions musicales : « Ils ne pouvaient arrêter notre chant. Il aurait fallu nous tuer pour nous empêcher de chanter. Quelquefois, la police nous suppliait : "S'il vous plaît, arrêtez de chanter." Et alors [nous savions] que nous étions entendus, et nous étions heureux[38]. » L'année suivante, Bernice Johnson se joindrait à un nouveau groupe fondé par le SNCC pour voyager à travers le pays et rassembler des fonds : Les Chanteurs de la Liberté.

Mais à Albany, c'était de plus en plus au fond des prisons que résonnaient les chants de liberté. Cinq étudiants tentèrent de se faire servir au restaurant de la gare et furent aussitôt arrêtés par le chef de la police municipale, Laurie Pritchett. Le 10 décembre, un groupe de Voyageurs de la Liberté venus d'Atlanta débarqua en train à Albany. Laurie Pritchett leur interdit la salle d'attente blanche, et comme ils sortaient sur le trottoir, il les arrêta tous pour entrave à la circulation.

La presse commençait à arriver. Chaque jour, plusieurs centaines de manifestants descendaient dans les rues pour protester contre les méthodes de Laurie Pritchett, et tous finissaient la journée au fond de quelque geôle de la région. La plupart refusaient de payer la caution et restaient en prison. Le mouvement prenait une ampleur qui dépassait son président, le docteur Anderson. Il n'avait aucune expérience de ces mouvements de masse. Quelle était la prochaine étape ? Que faire pour tous ces gens emprisonnés ? Il décida de faire appel à un de ses anciens camarades d'études : Martin Luther King.

Celui-ci arriva à Albany escorté de Ralph Abernathy et de Wyatt T. Walker – directeur exécutif de la SCLC –, et prononça un discours où il prêcha la foi en la liberté et les vertus rédemptrices de la non-violence. Il avait souvent évoqué ce thème, mais il avait rarement rencontré une audience aussi enthousiaste, aussi sincère qu'à Albany. Le docteur Anderson, très ému, demanda publiquement au leader noir de conduire la marche qui devait avoir lieu le lendemain. Porté lui aussi par la ferveur du moment, King accepta. Le jour suivant, il entraînait ainsi plus de 250 manifestants vers l'Hôtel de Ville. Tous furent arrêtés, dont King, Abernathy et Anderson. Cette fois-ci, Pritchett les accusa de participer à une parade « sans permis préalable ».

Toute la direction du Mouvement d'Albany se retrouvait derrière les barreaux, sans avoir défini aucune stratégie à long terme. Wyatt T. Walker, demeuré libre, décida de prendre les choses en main et d'appliquer à Albany les méthodes éprouvées de la SCLC. Sa personnalité autoritaire entra immédiatement en conflit avec les étudiants du Snick. Ces derniers n'appréciaient pas que Walker s'approprie un mouvement auquel ils travaillaient depuis des mois. Avec dérision, ils appelaient King « *De Lawd* » (« le Seigneur » en dialecte noir), à cause de ses manières distinguées et de l'assiduité dont l'entouraient les journalistes.

« *Plus non violents qu'eux* »

L'opposition classique entre militants de deux générations s'envenimait chaque jour. Wyatt T. Walker
était indigné par l'ingratitude et l'inexpérience des
étudiants : « Nous leur apportons la presse nationale,
nous leur apportons l'argent, nous leur apportons
l'attention et quelques gamins opposent leur veto à
[notre] leader (…) ? Ils n'avaient aucun plan, ils y
allaient et ils faisaient des trucs. (…) Oh, ils étaient
courageux – absurdement courageux, à mon avis.
Mais vous n'aviez qu'à regarder leur âge. Ils n'avaient
pas d'hypothèques, pas de voiture à rembourser, pas
de famille[39]… »

La municipalité profita de la confusion pour
convaincre Marion Page, le seul dirigeant du Mouvement d'Albany encore en liberté, d'accepter un accord
verbal : si les manifestations cessaient immédiatement, les prisonniers seraient libérés ; le maire et ses
conseillers s'engageaient à recevoir les représentants
de la communauté noire. Relâché, King se montra
sceptique, mais accepta de quitter Albany pour laisser
les leaders locaux entamer les discussions. Du ministère de la Justice, Robert Kennedy félicita le maire Asa
Kelley et le chef de la police Laurie Pritchett pour
avoir traité cette crise avec autant de doigté.

Très vite, il apparut que le Mouvement d'Albany
avait conclu un marché de dupes : les autorités ne
nourrissaient pas la moindre intention de négocier.
Elles avaient obtenu le retour au calme, et ne voulaient rien d'autre. Pendant des mois, une ambiance
de suspicion, d'espionnage et de délation allait ainsi
empoisonner les relations entre la municipalité et le

mouvement noir. L'administration répandait de fausses nouvelles et trahissait ses promesses. Asa Kelley, plus modéré que le reste de son conseil municipal, s'exprimait sur un ton conciliant qu'il répudiait ensuite pour se soumettre à la majorité. Les leaders noirs se méfiaient des écoutes téléphoniques, du rôle peu clair du FBI, et même des journalistes qui faisaient la navette entre les parties en présence.

Laurie Pritchett avait pour sa part fait la conquête de la presse. Il ne ressemblait pas à la brute raciste et illettrée que les reporters s'attendaient toujours à voir sortir des campagnes du Sud. Il s'exprimait calmement, et se flattait d'avoir adopté des méthodes sophistiquées. En apprenant l'arrivée imminente de Martin Luther King, il avait procédé à une enquête. Il expliqua ainsi sa stratégie :

« J'ai appris que sa méthode était la non-violence, que cette méthode consistait à remplir les prisons – comme en Inde. Et une fois qu'ils auraient rempli les prisons, nous ne pourrions plus procéder à des arrestations, et nous devrions céder à leurs exigences. Après (…) cela (…), j'ai commencé à orienter le service de police vers le mouvement non violent : pas de violence, pas de chiens, pas de démonstration de force (…). Nous allions être plus non violents qu'eux (…). J'ai regardé une carte (…) : combien de prisons y avait-il dans un rayon de 15 miles, ou même de cinquante ou 60 miles ? J'ai pris contact avec les autorités compétentes, et elles m'ont assuré que nous pouvions disposer de leurs installations. Quand les arrestations de masse ont commencé (…), il y en avait 200 ou 300 – à un moment je crois que nous en avons eu presque 2 000 – mais aucun [détenu] dans notre prison. Ils étaient dans les comtés avoisinants, sous notre supervision[40]. »

Ainsi dispersés, les prisonniers ne risquaient pas de provoquer d'attroupement. À l'intérieur des pénitenciers, le vernis non violent de la police craquait vite. Maints épisodes de brutalité furent reportés par la suite. Le docteur Anderson l'a rappelé : « Aller en prison était probablement une des choses les plus redoutées en Géorgie rurale[41]. » À l'extérieur, Pritchett maintenait toutes les apparences du calme et de la bonhomie. Aucune foule vengeresse ne se rassemblait autour des militants noirs, et si les manifestants se mettaient à genoux et priaient en public, Prichett inclinait respectueusement la tête et attendait la fin des oraisons avant d'embarquer tout le monde dans le fourgon cellulaire.

Albany ne fournit donc aucune photo sanglante à la presse nationale. Les Noirs d'Albany n'étaient-ils pas heureux et satisfaits ? En les arrêtant, Pritchett ne défiait jamais la loi fédérale. Nulle part, il n'était question de ségrégation. Les manifestants étaient pénalisés pour « désordre sur la voie publique », « obstruction à la circulation », « refus d'obéir à un officier de police ». Le délit favori de Pritchett demeurait sans conteste « participation à une parade non autorisée ». Quand ils passaient devant le juge, les militants n'avaient ainsi jamais l'occasion de faire entendre leurs revendications et de remettre en cause le système ségrégué.

En janvier 1962, cependant, le Mouvement redémarra. Quelques étudiants s'efforcèrent sans succès d'emprunter des livres à la bibliothèque « blanche ». Deux jours plus tard, une jeune fille noire refusa de s'asseoir à l'arrière d'un autobus, et répliqua vertement au chauffeur qui la houspillait. Elle fut arrêtée et condamnée pour son « langage ordurier ». Le Mouvement d'Albany entreprit aussitôt un boycott sur le modèle de celui de Montgomery. Il se révéla si efficace qu'en quelques semaines, la compagnie des autobus cédait et se déclarait prête à déségréguer. Mais la municipalité le lui interdit.

À partir de fin janvier, Albany n'eut plus de transports en commun. De même, les autorités préférèrent fermer les jardins publics plutôt que d'assouplir leurs règlements. Le Mouvement d'Albany reporta alors son énergie sur le boycott des magasins qui refusaient de servir les Noirs au comptoir ou de les embaucher. Certains commerçants, qui perdaient de l'argent, s'impatientaient de l'intransigeance de la municipalité. Les leaders noirs tentaient toujours vainement d'obtenir une audience auprès du Conseil municipal. Quels que fussent les succès remportés sur le terrain, les élus les transformaient en échec.

Marches et *sit-in* continuaient pourtant. Sherrod et Jones furent arrêtés au restaurant de la gare. En février, King et Abernathy revinrent à Albany pour le procès suivant leur arrestation du mois de décembre. La sentence ne serait pas prononcée avant juillet. Pendant ce temps, Diane Nash publiait un communiqué qui reflétait la déception de bien des étudiants devant la tournure prise par le Mouvement des droits civiques. Elle encourageait les militants à s'en tenir au principe « *Jail, no bail* » et ajoutait : « Je crois que nous réalisons tous ce que cela signifierait si nous avions des centaines et des milliers de gens à travers le Sud prêts à aller en prison et à y rester. Il ne ferait aucun doute que notre bataille serait gagnée… Nous avons faibli et hésité[42]. »

L'échec d'Albany

Martin Luther King devait se sentir directement concerné par le rappel à l'ordre de Diane Nash. Condamné le 10 juillet à 178 dollars d'amende ou 45 jours de pénitencier, il choisit sans hésiter de rester en prison.

Le lendemain même, il s'en voyait expulsé avec son fidèle compagnon Abernathy. Un mystérieux inconnu avait payé la caution. King, embarrassé et furieux, fut contraint de quitter les lieux. Il s'avéra plus tard que Pritchett avait arrangé le paiement. Le chef de la police ne tenait pas à offrir au célèbre leader une statue de martyr et à attirer plus que de raison l'attention de Washington. Néanmoins, lors d'une conférence de presse, le président Kennedy s'étonna que « la municipalité d'Albany refuse de discuter avec les citoyens d'Albany, sous prétexte qu'ils sont Noirs, et ne tente pas de leur garantir leurs droits de façon pacifique [alors que] le gouvernement américain a entamé un processus de négociation à Genève, avec l'Union soviétique[43] ». Asa Kelley qui, jusqu'à présent n'avait pas totalement exclu la possibilité d'une négociation, déclara sèchement que la remarque du Président était totalement « déplacée[44] ». Mais King, sensible à l'espoir d'une intervention fédérale, décida d'intensifier le Mouvement. Il n'en eut pas le temps. Le juge J. Robert Elliott lui barra le chemin.

Elliott avait été nommé à la Cour fédérale de district par John Kennedy lui-même (le Président veillait à s'attacher la fidélité des sénateurs du Sud en récompensant leurs protégés par ce genre de poste). Elliott était un ségrégationniste convaincu. Il publia un ordre temporaire, qui interdisait à Martin Luther King et aux autres dirigeants du Mouvement d'Albany toute manifestation jusqu'au 30 juillet. King se sentit trahi par le gouvernement. Il attribua la responsabilité de cette décision au ministère de la Justice, et téléphona à Burke Marshall, l'assistant de Robert Kennedy chargé des droits civiques. Celui-ci lui conseilla de faire appel. Mais en attendant, que faire ? Coretta King se souvient du dilemme de son mari : « Il avait toujours soutenu que nous bravions les lois locales pour obéir aux lois fédérales ; cette fois, il s'agissait de la loi fédérale[45]. »

King décida finalement de se soumettre, non sans souligner que l'ordre reçu était « injuste et inconstitutionnel[46] ». Le gouvernement fédéral demeurait néanmoins son unique recours dans le combat engagé et il ne pouvait se permettre de le défier. Plus tard, raconte Mrs King, « il pensa que cela avait brisé l'échine du Mouvement d'Albany. Quand ils ne purent plus manifester, le Mouvement perdit son élan. [Il] regretterait cette décision[47] ». Dans l'immédiat, les étudiants du Snick critiquèrent vivement la soumission de King.

Le 24 juillet, la Cour d'Appel retournait la décision du juge Elliott. Dès le lendemain, une quarantaine de marcheurs pacifiques partaient vers l'Hôtel de Ville. On venait d'apprendre que Mrs Slater King, l'épouse du vice-président du Mouvement d'Albany, avait été sauvagement battue par un garde alors qu'elle rendait visite à son mari emprisonné (elle devait quelque temps plus tard mettre au monde un enfant mort-né). La colère grondait parmi les badauds qui observaient la manifestation, et quand Pritchett commença à arrêter les marcheurs, de jeunes Noirs attaquèrent la police à coups de pierres et de bouteilles. Horrifié par cette explosion de violence qui risquait de discréditer tout le Mouvement, Martin Luther King décréta que le lendemain serait jour de pénitence. Cette dernière initiative ulcéra les étudiants. Beaucoup montraient des signes de lassitude, et commençaient à soutenir que la non-violence constituait seulement un moyen, et non une fin en soi.

Pour rappeler le pacifisme du Mouvement, King et Abernathy organisèrent le 27 juillet une réunion de prières sur les marches de la mairie. Arrêtés et emprisonnés, ils restèrent cette fois incarcérés jusqu'au 10 août. Comme la municipalité promettait à nouveau d'engager des négociations après le départ des « agitateurs de l'extérieur », King accepta de quitter la ville. Mais dès qu'il fut parti, la municipalité s'entêta dans son refus de discussion. Le Mouve ment menaçait de s'enliser indéfiniment. Le 28 août, 75 prêtres de toute dénomination se réunirent pour une veillée de prières à la mairie et échouèrent à leur tour dans les pénitenciers des environs. La population noire d'Albany se décourageait, tous les sacrifices consentis semblaient n'avoir obtenu aucun résultat, ceux qui tentaient encore d'organiser des marches et des *sit-in* avaient de plus en plus de mal à recruter des volontaires. À la fin du mois, King quitta définitivement Albany, et le SNCC retourna à son projet initial, les inscriptions sur les listes électorales. Le Mouvement d'Albany, sporadique et incertain, continua néanmoins pendant six ans, et réussit à obtenir certaines concessions.

Quel en était le bilan ? Au milieu de toutes ces difficultés, le Snick avait fait ses classes, et il soulignait volontiers que cette vague de protestation avait solidarisé toute une communauté, jusqu'alors soumise et dispersée. Mais Martin Luther King, lui, quittait Albany avec un profond sentiment d'échec. Sa position de leader était très affaiblie. Pourrait-il encore entraîner derrière lui les militants des droits civiques et leur apporter une direction suffisamment claire et respectée pour les conduire au succès ? Avec son état-major de la SCLC, King passa de longues heures à analyser les causes de sa déconfiture. Il s'était lancé sans préparation ni stratégie dans une campagne aux objectifs confus. Il ignorait tout des rivalités intestines qui déchiraient les leaders noirs d'Albany, comme des tendances contradictoires qui existaient au sein de la municipalité. Tenter obstinément de négocier avec les autorités s'était révélé une grave erreur, alors que les Noirs ne jouaient aucun rôle dans les élections. Ils ne pouvaient faire pression que sur les commerçants et les hommes d'affaires en boycottant systématiquement les établissements ségrégués.

King méditait aussi avec amertume sur les incertitudes de l'administration Kennedy, visiblement plus attachée à la paix qu'à la justice. Le gouvernement s'était porté au secours des Voyageurs de la Liberté parce que les images de violence déshonoraient les États-Unis, mais il avait approuvé les méthodes plus « élégantes » de Pritchett, qui maintenaient pourtant les citoyens noirs d'Albany dans une situation d'injustice aussi cruelle que celle qui régnait à bord des trains et des autobus. King n'hésita pas à critiquer vivement le FBI : dans le Sud, déclara-t-il, les agents du Bureau « devaient, pour maintenir leur position, se montrer amicaux avec les gens du pays et avec ceux qui soutiennent la ségrégation. Chaque fois que j'ai rencontré des hommes du FBI à Albany, ils étaient

avec la police locale[48] ! ». Cette remarque ulcéra
J. Edgar Hoover, le tout-puissant directeur du FBI, qui
avait déjà tendance à assimiler le Mouvement des
droits civiques à un ramassis de communistes. Dans
les années suivantes, Martin Luther King allait payer
très cher cette animosité. Pour le moment, il concentrait ses efforts sur la préparation de la convention de
la SCLC, qui devait avoir lieu à Birmingham en septembre 1962. Son attention était aussi sollicitée par la
crise qui secouait l'université du Mississippi et à nouveau, il ne voyait pas d'autre issue qu'une intervention
vigoureuse du gouvernement fédéral.

La violence du Mississippi

Au début des années 1960, le Mississippi demeurait
l'État le plus pauvre et le plus farouchement ségrégationniste des États-Unis. Les Noirs y formaient près de
la moitié de la population, mais ils étaient tenus en
respect par la puissance des Conseils de Citoyens
blancs et par les nombreux lynchages et disparitions
mystérieuses, ainsi que par leur propre isolement et
leur ignorance au cœur de campagnes déshéritées. Les
associations noires travaillaient depuis longtemps à
obtenir quelques concessions insignifiantes. Medgar
Evers, le représentant de la NAACP à Jackson, la capitale de l'État, ne se contentait pas de préparer des
procès pour faire progresser l'intégration par voie
légale. Il enquêtait aussi sur les meurtres non résolus
que la justice locale s'empressait d'oublier. En 1955, il
avait ainsi retrouvé les témoins de l'assassinat
d'Emmett Till. Il n'ignorait pas qu'un tel défi à l'ordre
établi faisait de lui la cible privilégiée des supréma-

cistes blancs. Entre les menaces dont il faisait constamment l'objet et la frayeur des Noirs qui le fuyaient pour ne pas mettre leur vie en danger, il semblait attelé à une tâche impossible.

Pendant l'été 1960, Evers reçut un renfort imprévu en la personne de Bob Moses, du Snick, qui venait développer avec le révérend C.C. Bryant un projet d'éducation des électeurs noirs dans la ville de McComb. À New York, la NAACP voyait d'un mauvais œil cette intrusion dans un État qu'elle considérait son domaine réservé en matière de droits civiques. Mais sur le terrain, Medgar Evers n'était pas mécontent de sortir de son isolement. Le projet de Moses suscita l'intérêt de quelques Noirs, et aussitôt, l'hostilité blanche s'intensifia. Arrestations et passages à tabac se multiplièrent.

Jackson comptait alors plusieurs universités noires, dont les étudiants venaient souvent de l'extérieur et s'intéressaient de près au Mouvement des droits civiques. Le 25 septembre 1961, un militant étudiant, Herbert Lee, fut abattu d'une balle dans la tête. Devant l'indifférence des autorités à ce nouveau meurtre, Bob Moses organisa une marche de protestation dans les rues de McComb, et la plupart des participants se retrouvèrent derrière les barreaux. La NAACP et Medgar Evers lui-même pensaient que le SNCC se lançait inconsidérément dans des actions bien au-delà de ses moyens. Dans un État essentiellement rural et arriéré, aucune protestation ne pourrait prendre une ampleur suffisante pour avoir raison de la terreur et des traditions sudistes. En attendant, qui pourrait payer les cautions nécessaires à la libération de tous ces prisonniers ? Pour le moment, la NAACP préférait travailler à un début d'intégration scolaire et réclamer quelques emplois dans les magasins où s'approvisionnaient les Noirs des petites villes.

Au printemps 1962, Bob Moses, à nouveau sorti de prison, poursuivait cependant son projet d'éducation électorale dans la région déshéritée du Delta. Quand les diverses organisations pour la défense des droits civiques se réunirent sous le patronage du *Voter Education Project* cher à Robert Kennedy, la NAACP exprima sans ambages son hostilité aux méthodes hasardeuses des étudiants. Mais pour Wiley Branton, qui dirigeait l'ensemble du projet, il était évident qu'en dehors des étudiants, il ne trouverait personne pour tenter d'inscrire les Noirs sur les listes électorales dans les régions les plus reculées du Mississippi, et il fit en sorte qu'ils obtiennent une part équitable des fonds privés affectés à cette campagne.

Cette bienveillance déclarée n'impressionna nullement les Blancs du Mississippi. Les maisons où s'abritaient les volontaires du Snick à Ruleville essuyèrent des rafales de coups de feu, et plusieurs églises soupçonnées de servir de lieu de réunion furent incendiées. Le président Kennedy exprima son indignation devant la presse : « Je ne connais pas d'action plus scandaleuse parmi celles que j'ai vues se dérouler dans ce pays depuis nombre de mois et d'années que l'incendie volontaire d'une église – de deux églises – à cause de l'effort, fait par des Noirs, pour s'inscrire sur les listes électorales (…). J'approuve ceux qui tentent d'inscrire chaque citoyen. Ils méritent la protection du gouvernement des États-Unis, la protection des États (…), et si cela exige plus de législation, plus de force armée, nous en passerons par là[49]. » Dans les dix jours qui suivirent, une autre église brûlait dans le Mississippi, et quatre en Géorgie…

La « *Vieille Demoiselle* »

Malgré cela, le SNCC, pas plus que la NAACP, ne relâchèrent leurs efforts. Le Fonds juridique dirigé par Thurgood Marshall s'intéressait particulièrement au cas de James Meredith, un étudiant de l'université noire Jackson State, qui cherchait à s'inscrire à l'université « blanche » du Mississippi, à Oxford. Natif du Mississippi, Meredith ne sous-estimait pas les immenses obstacles qui se dressaient sur sa route. Il avait servi neuf ans dans l'armée de l'air avant d'entreprendre ses études. Pour lui, lutter contre la discrimination raciale ne signifiait pas moins qu'une nouvelle guerre à combattre, une mission divine. Mais l'université du Mississippi, familièrement surnommée *Ole Miss* – la Vieille Demoiselle –, semblait une forteresse imprenable. Plus célèbre pour son équipe de football et ses concours de beauté que pour ses succès académiques, plus réputée pour la fierté de ses traditions sudistes que pour son ouverture au monde moderne, elle représentait le saint des saints de l'élite mississippienne, un bastion à jamais inaccessible aux Noirs

James Meredith avait envoyé sa candidature à *Ole Miss* en janvier 1961. Dès que la direction de l'université comprit qu'il était noir, elle refusa d'examiner ses qualifications académiques. Meredith renouvela plusieurs tentatives infructueuses, et finalement, le Fonds juridique de la NAACP confia l'affaire à une brillante avocate, Constance Baker Motley, qui porta plainte en mai 1961 devant la Cour de district compétente. Après neuf mois de procédure, le juge Sidney C. Mize rendit ce verdict : « Il est absolument évident que l'admission n'a pas été refusée au plaignant en raison de sa race (…). Je considère avoir la preuve irréfutable que l'Université du Mississippi n'est pas une institution racialement ségréguée[50]. »

Constance Baker Motley porta l'affaire devant la Cour d'appel, qui renversa le jugement du juge Mize au mois de juin 1962. La Cour de district se lança alors dans une complexe manœuvre juridique pour obtenir une révision du dernier jugement. Mais le 10 septembre 1962, la Cour suprême confirma le droit de James Meredith d'entrer à *Ole Miss*. Les inscriptions devaient avoir lieu dix jours plus tard. Qui donc allait imposer la décision de la Cour suprême ?

Certainement pas Ross Barnett, gouverneur du Mississippi. Pour remporter la bataille électorale, celui-ci avait consciencieusement flatté les ségrégationnistes irréductibles. Un de ses slogans favoris proclamait simplement : « *Never, never !* » (« Jamais, jamais » l'intégration). Le 13 septembre 1962, il prononça devant les caméras de la télévision une allocution propre à enflammer l'ardeur suprémaciste du Mississippi, qualifiant le moment d'« heure solennelle », « notre plus grande crise depuis la guerre de Sécession » : « Il n'y a pas d'exemple dans l'histoire où la race blanche ait survécu à l'intégration. [Nous] ne boirons pas à la coupe du génocide[51]. »

Le 20 septembre, Barnett s'installa au bureau des inscriptions de *Ole Miss*, et barra lui-même l'accès de l'université à James Meredith. Dans la même semaine, l'étudiant noir, accompagné de John Doar qui représentait le ministère de la Justice et de plusieurs *marshalls* fédéraux, tenta de s'inscrire à quatre reprises. En vain. Le gouverneur brandissait la vieille doctrine de « l'interposition » – à laquelle aucun juriste digne de ce nom ne pouvait accorder une once de validité – et il défendait « la souveraineté du Mississippi ». Sa fermeté, abondamment rapportée par la presse et la télévision locales, ravissait ses supporters. Le 29 septembre, alors que l'équipe de football de *Ole Miss*, bien nommée « Les Rebelles », rencontrait l'équipe du Kentucky, Ross Barnett s'adressa à la foule à la mi-temps : « J'aime le Mississippi ! déclara-t-il avec ferveur. J'aime son peuple, ses coutumes ! Et j'aime et respecte son héritage[52] ! »

L'enthousiasme fit place à une véritable hystérie collective, la terreur des Noirs répondait à la frénésie des Blancs, la radio diffusait nuit et jour les chants traditionnels du Dixie, et répétait les messages du gouverneur appelant à la résistance. Les suprémacistes se sentaient prêts à en découdre avec le gouvernement fédéral, comme au bon vieux temps.

Et pourtant, bien à l'abri dans le silence de son bureau, le gouverneur Ross Barnett négociait pas à pas l'entrée de James Meredith à *Ole Miss* avec le président des États-Unis et son frère, l'*Attorney General*. Le conseiller Burke Marshall s'en souvient sans aménité : « Le gouverneur Barnett était intransigeant, et il était aussi stupide (...). Bien sûr, le Président allait finir par l'emporter. Il disposait de toutes les forces armées des États-Unis. Il pouvait faire appel à l'aviation, envoyer des navires de guerre sur le Mississippi, faire appel à l'armée (...), envoyer des parachutistes. Je suppose qu'il pourrait lancer des missiles sur Oxford, Mississippi (...)[53]. » Même retors et stupide, Barnett n'ignorait pas ce rapport de force. Il savait aussi que Kennedy était déterminé à voir Meredith entrer à *Ole Miss* et qu'il avait le devoir constitutionnel de faire appliquer les décisions de la Cour suprême.

Mais il savait aussi que Kennedy devait ménager ses appuis politiques dans le Sud.

Le Président voulait éviter les affrontements, Barnett cherchait un moyen de sauver la face. Il devait plier devant la force armée mais sans en apparaître compromis. Il demanda à Robert Kennedy que Meredith arrive sur le campus avec une escorte armée et agressive.

— Je ne veux pas qu'ils sortent leurs revolvers, objecta Kennedy.

— Il faut qu'ils sortent tous leurs revolvers, répondit Barnett.

Ainsi, il pourrait montrer qu'il s'inclinait de mauvaise grâce[54]. Kennedy, cependant, ne faisait aucune confiance au gouverneur, et le menaçait sans cesse de révéler au public les négociations secrètes.

Finalement, les deux hommes parvinrent à un accord. Dans la soirée du 30 septembre, Meredith arriva à l'université en hélicoptère pour se cacher dans un dortoir. Plusieurs centaines de *marshalls* fédéraux prirent position pour assurer sa protection. Au même instant, le président Kennedy s'adressait à la nation et affirmait devant les caméras que la loi et l'ordre régnaient dans le Mississippi :

« Les Américains ont le droit de désapprouver la loi (…) mais pas de lui désobéir. Aucun homme, (…) aucune foule (…) n'ont le droit de défier une décision de justice[55]… »

Kennedy ignorait qu'au même moment, *Ole Miss* était en train de se transformer en champ de bataille. Une foule menaçante et surexcitée se rassemblait autour des bâtiments. La nouvelle de l'arrivée de Meredith avait filtré, et des voitures venues de tout le Mississippi et des États voisins encombraient les routes. Des armes à feu circulaient de main en main. Les assaillants s'en prirent d'abord aux journalistes, les rouant de coups et piétinant les appareils photos[56]. Puis ils reportèrent leur hargne sur les *marshalls*, qui se trouvaient seuls face à l'émeute – la police locale avait mystérieusement disparu – et avaient ordre de ne pas tirer.

Charles Moore, le photographe de *Life* barricadé à l'intérieur du bâtiment de l'administration avec quelques *mars-halls* qui tentaient de reprendre des forces ou de soigner leurs blessures, se souvient : « Dès que la nuit tomba, la scène tourna au cauchemar. Le gaz lacrymogène flottait dans l'air. On entendait des coups de feu. On voyait voler des cocktails Molotov. Des voitures incendiées flambaient au milieu de la foule[57]. » John Doar et Nicholas Katzenbach, l'adjoint direct du ministre de la Justice, eux aussi présents, supplièrent Robert Kennedy par téléphone d'envoyer des troupes fédérales.

Les soldats arrivèrent au petit matin, accompagnés des parachutistes et de l'armée de l'air. Il leur fallut peu de temps pour contrôler la situation et établir un triste bilan : deux morts et des centaines de blessés, la plupart parmi les *marshalls*[58]. Quelques heures plus tard, James Meredith était inscrit à *Ole Miss* et escorté à son premier cours par des hommes en armes. Jusqu'à l'été suivant, ses gardes du corps ne purent relâcher leur surveillance. Quand Meredith quittait le campus, il ne s'arrêtait pas avant d'avoir franchi la frontière du Kentucky. À la fin de l'année scolaire, il reçut son diplôme avec les autres étudiants, sans qu'aucun incident vienne troubler la cérémonie.

Le Mouvement de protestation avait pris un élan irrépressible. De proche en proche, il s'était étendu à tous les États du Sud, il faisait trembler le Dixie traditionnel sur ses fondations. Les étudiants blancs du Nord, les intellectuels de la gauche américaine – ceux que l'on appelle aux États-Unis les « libéraux » – accouraient pour prêter main forte. Et dans les grandes villes industrielles du Nord, les Noirs contemplaient avec consternation ce qu'il restait du vieux rêve de la Terre promise : des ghettos insalubres, le chômage et la misère. À leur tour, ils rejoignaient les militants dans les rues. Washington était à présent doté d'une administration qui, par force ou par conviction, accepterait d'écouter la voix des protestataires. Le Mouvement des droits civiques atteignait son apogée.

CHAPITRE 9

« I have a dream »

La force des sermons

Alors que la vague contestataire commençait à déferler sur les États-Unis, l'autorité morale et le charisme de Martin Luther King dominaient encore le tumulte. Il ne s'adressait pas seulement aux *Negroes* (ce terme aux accents d'égalité raciale était à présent entré dans les mœurs), mais à la conscience de tous les citoyens. Qu'est-ce qui donnait au pasteur venu d'Atlanta une telle dimension nationale ? Sa foi, sa pratique de la non-violence, son sacrifice à la cause étaient certes des qualités exceptionnelles. Mais ce qui fit surtout de Martin Luther King le grand leader noir des années 1960 tient à un facteur essentiel : le langage. « Les paroles inégalées de King ont galvanisé les Noirs et changé l'opinion des Blancs modérés », a conclu le professeur Keith D. Miller qui a décortiqué à la loupe les discours de King[1].

Puisant abondamment dans les sermons et les hymnes de la religion populaire des esclaves, mais s'exprimant avec l'aisance et la clarté d'un universitaire distingué, Martin Luther King a accompli ce que nul n'avait réussi avant lui : « faire de la traditionnelle revendication des Noirs pour l'égalité (…) une idée ordinaire de l'Américain moyen[2] ». Son dévouement à la lutte contre l'oppression raciale impressionnait toujours ses auditeurs. Il répétait souvent : « Je me suis voué entièrement[3]. » Au cours d'une nuit de doute et d'angoisse à Montgomery, alors qu'il ne se sentait plus capable de faire face aux menaces de mort qui pesaient sans répit sur lui et ses proches, King avait cru percevoir une voix intérieure lui assurant que dans son combat pour la justice « Dieu serait à [ses] côtés pour toujours[4]. » Dès lors, il avait accepté, non sans peine mais irrémédiablement, la perspective d'une fin brutale et prématurée.

Tant que l'influence de King domina le Mouvement des droits civiques, celui-ci fut marqué du sceau de la non-violence. Chercher à convaincre et non à humilier son adversaire, lutter contre le mal et l'injustice et non contre des individus, endurer la violence sans riposter en vertu du pouvoir rédempteur d'une souffrance imméritée, tels étaient les principes cardinaux prêchés aux militants. Mais tandis que l'agitation gagnait tout le pays et que par milliers les *Negroes* descendaient dans les rues, il devint de plus en plus difficile à King de contrôler ses troupes. De Birmingham à Washington, du Mississippi à la Floride, de Harlem à Selma, qui l'emporterait : le pacifisme ou la résistance armée ?

Le projet « C »

La SCLC avait quitté Albany affaiblie et hésitante. Il était urgent de relancer la croisade non violente par une campagne minutieusement préparée et une victoire décisive sur la ségrégation. De Birmingham, le révérend Fred Shuttlesworth (celui qui, pendant l'été 1961, avait recueilli les Voyageurs de la Liberté mis à mal par le Ku Klux Klan) lançait des appels pressants. Pour lui Birmingham constituait un cas exemplaire de la résistance sudiste à la déségrégation. Fondée après la guerre de Sécession, la ville était devenue le plus grand producteur de fer et d'acier de la région, mais elle s'accrochait farouchement aux traditions du Sud. Le Klan y régnait en maître. Bull Connor, le chef de la police, avait littéralement l'écume à la bouche dès qu'il parlait des « nègres », et la ville avait mérité le surnom de « Bombingham » tant il était fréquent que plastic et dynamite détruisent la demeure de quiconque osait remettre en cause l'ordre établi.

La NAACP avait été bannie d'Alabama en 1956, et Fred Shuttlesworth avait fondé le Mouvement chrétien d'Alabama pour les droits de l'homme, affilié à la SCLC. Le pasteur ignorait la peur comme la modération. Sa maison avait sauté à deux reprises, il avait été fouetté publiquement devant l'école « blanche » où il tentait d'inscrire ses enfants, mais il continuait inlassablement protestations et actions judiciaires pour entamer la forteresse ségrégationniste de Birmingham.

En 1962, un tribunal fédéral ordonna la déségrégation des lieux publics. En réponse, la ville ferma parcs, piscines et terrains de sports. Au printemps, Shuttlesworth et ses militants rejoignirent les étudiants qui boycottaient les magasins du centre : « Voilà comment nous allons gagner dans cette affaire, déclarait-il aux commerçants. J'ai décidé que Dr King, Ralph Abernathy et moi-même, nous allions nous faire arrêter dans votre magasin. Et quand la police nous arrêtera, nous ne marcherons pas vers la sortie. Il faudra nous traîner. Devant les caméras. Quand nous irons en prison, nous ne mangerons pas. Nous ferons la grève de la faim. Nous ne nous raserons pas non non plus. Les gens verront comment vous nous traitez, et je suis persuadé que personne ne viendra acheter chez vous[5]. » Grâce à cette méthode, Shuttlesworth et son groupe finirent, en septembre, par obtenir des commerçants la promesse qu'ils ôteraient les pancartes *White* et *Colored* devant les toilettes, les cabines d'essayage et les fontaines publiques. Mais Bull Connor et le Klan intimidèrent suffisamment les propriétaires pour que les signes soient de nouveau apposés. Shuttlesworth réitéra alors son appel à Martin Luther King.

Pour sa part, King décrivait Birmingham en des termes éloquents : pour lui, c'était une ville qui n'avait apparemment jamais entendu parler « d'Abraham Lincoln, de Thomas Jefferson, de la Déclaration des Droits, du Préambule à la Constitution, des XIIIe, XIVe et XVe amendements, ou de la décision de la Cour suprême des États-Unis condamnant la ségrégation dans les écoles publiques en 1954 » ; une ville dans un « État policier, présidé par un gouverneur, George Wallace, qui avait juré le jour de son inauguration "Ségrégation maintenant, ségrégation demain, ségrégation pour toujours !" (…), la ville la plus parfaitement ségréguée des États-Unis[6]. » S'attaquer à Birmingham serait assurément la bataille la plus dure jamais livrée par la SCLC. Mais si elle était victorieuse, elle porterait un coup fatal à la ségrégation dans tout le Sud car, proclamait King, « cette ville est devenue le premier symbole d'intolérance raciste du pays[7] ».

Au début du mois de janvier 1963, la direction de la SCLC se réunit à Dorchester, en Géorgie, et prépara dans les moindres détails le Projet C (« C » pour Confrontation). La pensée non violente de King s'était nettement modifiée. Il savait désormais que ni le Sud ni le gouvernement fédéral ne se laisseraient convaincre par la logique ou les bons sentiments. Seule la pression des événements et de l'opinion publique les obligeraient à changer. Le Projet C devait pousser l'oppresseur à commettre ses actes de violence au grand jour, devant la presse et les caméras, et amener ainsi le gouvernement à légiférer pour bannir la ségrégation de façon irrémédiable. Comme le remarque Stephen Oates, biographe de King : « La provocation devenait désormais un aspect crucial de [sa] stratégie non violente[8]. »

King entreprit un véritable marathon oratoire dans le Nord pour rassembler des dons en faveur des militants de Birmingham. Il bénéficiait en cela de l'aide de Harry Belafonte, grand pourvoyeur de fonds du Mouvement des droits civiques. À Birmingham même, l'état-major de la SCLC s'était installée au motel Gaston[9] et préparait son plan de campagne. Pas d'ambitions vastes et confuses comme à Albany : la protestation viserait seulement la déségrégation des bars des grands magasins. Le pouvoir d'achat des Noirs de Birmingham devait être suffisant pour qu'un boycott bien suivi fasse céder les commerçants. Wyatt T. Walker se plongea dans les lois et les règlements municipaux, étudia minutieusement les magasins choisis et le plan de la ville, et minuta les parcours que suivraient les manifestants. Pendant ce temps, James Bevel, Dorothy Cotton, Diane Nash, James Lawson, Bernard Lee, James Orange et Andrew Young organisaient des ateliers non violents et recrutaient des volontaires. Tout était prêt, quand la perspective d'élections municipales inattendues amena la SCLC à retarder le lancement des opérations.

Lettre de la prison de Birmingham

Jusqu'à présent, un triumvirat composé d'un maire, d'un responsable des travaux publics, et d'un commissaire de police, Bull Connor, avait constitué le gouvernement de Birmingham. Mais le président de la Chambre de commerce, Sidney Smyer, et de nombreux entrepreneurs savaient que la sinistre réputation de la ville et la brutalité de Connor nuisaient considérablement au commerce et à l'industrie. Ils rassemblèrent suffisamment de signatures pour qu'une pétition aboutisse à un référendum et à une modification du système. Désormais, un maire et son Conseil municipal présideraient aux destinées de Birmingham.

Sans coup férir, Connor se présenta aux élections. Si la SCLC entamait sa campagne au même moment, celle-ci risquait de pousser jusqu'aux ségrégationnistes les plus tièdes dans les bras du commissaire de police. L'équipe de King opta pour la discrétion et le silence. Connor perdit la partie au profit d'Albert Boutwell qui avait la réputation d'être un modéré. « L'*establishment* » noir de Birmingham, tout comme le ministère de la Justice, priaient King de laisser un peu de temps au nouvel élu. Mais selon Shuttlesworth, « Boutwell n'était qu'un Bull Connor distingué[10] ». D'ailleurs, Connor ne déposait pas les armes. Il avait entamé une action en justice pour obtenir le droit d'exercer son mandat jusqu'au terme initialement prévu : 1965. En attendant la décision du juge, deux conseils rivaux régnaient sur Birmingham, et la police restait aux mains de Bull Connor. Le 3 avril 1963, la SCLC démarrait prudemment sa campagne.

Par petits groupes, les manifestants s'asseyaient aux comptoirs des magasins désignés, et prenaient rapidement le chemin de la prison. Le 6 avril, Shuttlesworth et son groupe furent arrêtés. Le lendemain, ce fut le tour du jeune frère de King, dit « A. D. ». Ce jour-là, la police sortit les chiens et les matraques. Mais pour King, il devenait de plus en plus évident que la communauté noire suivait mal, les volontaires se faisaient rares, et la campagne de Birmingham risquait de tourner court. Le 10 avril, le tribunal local décida d'interdire à King et à 132 autres leaders toute forme de manifestation.

Martin Luther King n'avait pas oublié la cuisante leçon d'Albany. Cette fois, il donnerait l'exemple de la désobéissance civile. Le 12 avril, vendredi saint, il décida de prendre, tel Jésus-Christ, le chemin de la prison[11]. Totalement isolé dans un quartier de haute sécurité, il rassembla des bouts de journaux et de papier hygiénique pour répondre à un groupe de pasteurs et de rabbins qui avaient condamné les manifestations orchestrées par des « agitateurs de l'extérieur ». Cette *Lettre de la prison de Birmingham* devint l'un des grands manifestes du Mouvement des droits civiques, une vibrante défense de la philosophie et de l'action non violentes.

« Mes chers frères dans le ministère (…), écrivait King, vous avez parfaitement raison d'appeler à la négociation. En vérité, tel est l'objectif de l'action directe [qui] cherche à créer une crise, et à susciter une tension créatrice telle qu'une communauté qui avait constamment refusé de négocier soit contrainte de faire face au problème (…). L'Histoire [nous apprend] que les groupes privilégiés renoncent rarement à leurs privilèges de leur plein gré (…). Depuis des années, on me dit "Attends !" Cet "Attends" presque toujours signifiait "Jamais".

Vous vous inquiétez beaucoup de notre disposition à enfreindre les lois (…). Je dirais comme saint Augustin qu'une loi injuste n'est pas une loi du tout (…). Une loi juste est une règle humaine qui s'accorde avec la loi morale ou la loi de Dieu. Une loi injuste rompt avec la loi morale.

J'ai été profondément déçu par les Blancs modérés plus dévoués à l'ordre qu'à la justice (…). J'ai été gravement déçu par l'Église blanche (…). J'ai vainement espéré entendre des prêtres blancs dire : "Obéissez à ce décret parce que l'intégration est moralement juste et parce que le *Negroe* est votre frère."

Je ne crains pas l'issue de notre lutte à Birmingham. Nous obtiendrons la liberté à Birmingham et dans tout le pays, parce que le but de l'Amérique, c'est la liberté. Si maltraités et méprisés que nous soyons, notre destin est lié à celui de l'Amérique[12]… »

Sur l'intervention expresse du Président et de Robert Kennedy, le régime de détention de King connut un net assouplissement, et quelques jours plus tard, il était libéré sous caution. Il trouva son état-major en pleine effervescence. Les manifestants étaient de moins en moins nombreux, les journalistes commençaient à quitter la ville, et James Bevel proposait une stratégie tout à fait inédite : enrôler les lycéens et les écoliers dans le mouvement. Les enfants, argumentait Bevel, seraient moins prudents que leurs aînés, ils n'ont pas de factures à payer, de familles à nourrir, d'emplois à préserver[13].

King hésitait. Il finit par se laisser convaincre par Bevel et Wyatt Walker, dont les préoccupations stratégiques l'emportaient sur les scrupules moraux. Aussitôt, des tracts furent distribués à la sortie des écoles, et des ateliers non violents se chargèrent d'instruire et de motiver les volontaires. Les résultats dépassèrent toutes les espérances des organisateurs. Par centaines et par milliers, des enfants enthousiastes se pressaient dans les églises où se tenaient les réunions. Le 2 mai 1963, une cinquantaine de jeunes quittèrent l'église de la 16e Rue, et deux par deux, se dirigèrent vers l'Hôtel de Ville. Quand ils arrivèrent à Kelly Ingram Park, qui marquait la limite entre la ville blanche et le quartier noir, la police les embarqua tous dans des fourgons cellulaires. Mais une autre vague de marcheurs arrivait, puis une autre, et une autre encore. Wyatt Walker et son équipe coordonnait tous les mouvements grâce à leurs talkies-walkies. Les policiers se trouvaient débordés par une marée d'enfants noirs – le plus âgé avait 18 ans, le plus jeune 6 ans –, joyeux et sans crainte, qui manifestaient comme on part en excursion, en chantant *Freedom, Freedom !* et *We Shall Overcome* sur un rythme endiablé. Les bus scolaires furent mobilisés pour transporter tout ce petit monde vers la prison. Le soir, près d'un millier d'enfants avaient été arrêtés.

Les enfants de Birmingham

Le lendemain, 3 mai, plus du double descendait dans les rues. Mais ce jour-là, l'effet de surprise ne jouait plus. Le commissaire Connor était déterminé à leur faire rebrousser chemin. Aux abords du parc, il attendait avec les pompiers, les lances à incendie et les chiens. Les badauds massés sur les trottoirs commencèrent à envoyer des projectiles divers en direction de la police, et Connor donna le signal de l'attaque. Le jet des lances à incendie, dont la pression était telle que l'eau arrachait l'écorce des arbres, jetaient les manifestants à terre, les plaquaient contre les murs et les voitures, tandis que les chiens, crocs en avant, se précipitaient sur des lycéens terrifiés, au milieu des cris et du hurlement des sirènes. Affolés et trempés, les marcheurs battirent en retraite vers l'église.

Le lendemain, les photos de Birmingham faisaient la une de tous les journaux et la télévision retransmettait des images qui choquèrent l'Amérique entière. Il ne fallait pas toucher aux enfants... En un instant, toute la communauté noire de Birmingham fit corps derrière Martin Luther King, et avec elle, une bonne partie du pays. À la Maison Blanche, le Président n'avait certes pas approuvé la campagne de King, mais il se sentait écœuré par le racisme du Sud. Robert Kennedy dépêcha le jour même son assistant, Burke Marshall, pour servir de médiateur.

Les jours suivants, les manifestations prirent de plus en plus d'ampleur. Les prisons débordaient. Connor n'avait plus que la force à sa disposition pour disperser les marcheurs. Activistes de toutes tendances, photographes et reporters affluaient à Birmingham. King et Walker jubilaient devant cet incroyable succès publicitaire, mais James Forman, du SNCC, jugeait durement leur attitude : il lui semblait « très froid, cruel et machiavélique de se réjouir de voir la brutalité policière s'abattre sur des innocents[14]… ». Pour sa part, King défendait ainsi sa décision :

« Introduire les enfants de Birmingham dans la campagne fut l'une de nos initiatives les plus sages (…). Beaucoup déploraient que nous nous "servions" de nos enfants de cette façon. Où étaient ces censeurs, nous demandions-nous, pendant les siècles où le système ségrégué avait maltraité les enfants noirs[15] ? »

Mais de plus en plus, les étudiants du Snick contestaient les méthodes de King et pensaient que le progrès viendrait d'une éducation en profondeur de la communauté noire, d'un patient travail sur le terrain, moins spectaculaire mais plus solide.

Pendant ce temps, Burke Marshall faisait la navette entre divers groupes qui refusaient de s'adresser la parole. Les deux municipalités prétendant au gouvernement de Montgomery ne pouvaient négocier avant que la légitimité de l'une d'entre elles ne soit confirmée. La parole était donc aux hommes d'affaires et aux commerçants qui pensaient avant tout à éviter l'effondrement économique de Birmingham. Mais personne ne voulait reconnaître la SCLC comme partenaire de discussion. Sidney Smyer et le *Senior Citizens Committee*, qui regroupait les patrons les plus influents, désignèrent une commission restreinte chargée d'engager des négociations secrètes avec la SCLC.

À l'extérieur, les manifestations continuaient. Le 7 mai, plusieurs milliers de jeunes Noirs envahirent le sacro-saint quartier des affaires, à la grande stupéfaction des négociateurs blancs[16]. Ces derniers regagnèrent prudemment leur tour d'ivoire, persuadés qu'il fallait conclure. Le soir même, les discussions étaient suffisamment avancées pour que Martin Luther King propose une journée de trêve. Il craignait de plus en plus de perdre le contrôle de la situation. L'après-midi même, une manifestation avait dégénéré en émeute. Bien des éléments qui n'avaient jamais fréquenté les ateliers non violents provoquaient la police à coups de pierres et de bouteilles, et le gouverneur Wallace avait envoyé sur place 500 gardes nationaux menés par Al Lingo, un proche de Bull Connor. Pendant ce temps, le président Kennedy consacrait sa conférence de presse aux événements de Birmingham, encourageant les négociateurs et soulignant la détestable publicité faite à l'Alabama et aux États-Unis dans leur ensemble. George Wallace ne partageait pas ces préoccupations. « Il me semble, déclarait-il, que le reste du monde devrait se préoccuper de ce que nous pensons de lui, et non l'inverse. Après tout, nous en nourrissons la majeure partie[17]… »

« La race n'a pas sa place dans la vie américaine »

Le 10 mai, la SCLC triomphante annonça un accord : les commerçants s'engageaient à déségréguer les cabines d'essayage, les toilettes, les fontaines, et les comptoirs ; à engager des employés noirs et à leur confier certains postes de responsabilité ; enfin à mettre sur pied un comité biracial chargé de continuer les discussions entre les deux communautés. Mais la nuit même, le Ku Klux Klan de Birmingham en grande réunion proclamait que l'accord en question n'était qu'un chiffon de papier. Pour confirmer ces propos vengeurs, deux bombes explosèrent bientôt, l'une au domicile d'A. D. King, l'autre au motel *Gaston*. Une foule de Noirs en colère se regroupa dans les rues, et se heurta aux troupes d'Al Lingo. Au petit matin, des dizaines de blessés encombraient l'hôpital, plusieurs magasins et de nombreuses voitures avaient brûlé. « Le gouvernement fédéral ne permettra pas que [l'accord] soit saboté par des extrémistes des deux bords[18] », déclara Kennedy. En même temps, convaincu par le ministre de la Justice, le Président prit des mesures pour envoyer des troupes sur place et fédéraliser la Garde nationale de l'Alabama.

Cette décision calma immédiatement le climat explosif de Birmingham. Le 23 mai, Bull Connor perdait son procès et devait quitter la scène politique, la mairie revenait sans conteste à Albert Boutwell. Petit à petit la déségrégation s'inscrivit dans les faits. La résistance locale ressemblait surtout à un baroud d'honneur, la présence des troupes fédérales ne laissait pas de doute sur le détenteur de l'autorité suprême. Le 11 juin, le gouverneur Wallace tenta bien de bloquer l'entrée de l'université de l'Alabama à deux étudiants noirs qui venaient s'inscrire accompagnés de Nicholas Katzenbach, représentant le ministre de la Justice. Mais quelques heures plus tard, les deux étudiants revenaient escortés de *marshalls* fédéraux et le gouverneur dut quitter le campus.

John Kennedy n'entendait pas s'en tenir là. La longue campagne des droits civiques avait porté ses fruits, et obtenu l'attention de l'administration. Le soir du 11 juin, un John Kennedy inhabituellement grave s'adressait à tout le pays par l'intermédiaire des caméras de la télévision :

« C'est avant tout à un problème moral que nous sommes confrontés. Il est aussi ancien que les Écritures et aussi clair que la Constitution américaine. Il s'agit de savoir si tous les Américains ont des chances égales et des droits égaux ; si nous sommes prêts à traiter nos compatriotes comme nous voulons être traités nous-mêmes. »

Le Président reprenait à son compte les arguments mille fois répétés par Martin Luther King :

« Cent ans ont passé depuis que le président Lincoln a libéré les esclaves, et pourtant leurs héritiers [...] ne sont pas totalement libres. Ils ne sont pas encore libérés de la prison de l'injustice ; ils ne sont pas encore libérés de l'oppression économique et sociale. Et notre pays [...] ne sera pas libre tant que tous ses citoyens ne seront pas libres [...]. Le moment est maintenant venu pour la nation de tenir ses promesses. Les événements de Birmingham et d'ailleurs ont à tel point amplifié les revendications d'égalité qu'aucune ville, aucun État ou aucun corps législatif ne peut sciemment choisir de les ignorer. Je vais donc demander au Congrès des États-Unis d'agir et de prendre l'engagement [...] que la race n'a pas de place dans la vie ou dans la loi américaine[19]. »

Devant son poste de télévision, Martin Luther King parvenait difficilement à contenir son émotion. Pendant deux ans, Kennedy avait hésité, paralysé par le souci de préserver sa fragile majorité électorale. Mais le Président avait compris que l'opinion publique n'était pas figée une fois pour toutes. « Il avait [...] un sens profond des nécessités et de la dynamique du changement social, écrira King. [Son discours] représentait l'appel le plus sérieux, le plus profond et le plus humain à la compréhension et à la justice qu'aucun Président ait lancé depuis les premiers jours de la République[20]. »

Une fois encore, les ségrégationnistes réagirent. Dans la nuit, le secrétaire de la NAACP, Medgar Evers, était abattu devant son domicile, à Jackson dans le Mississippi. Le 19 juin, tandis qu'on enterrait Evers au cimetière d'Arlington avec tous les honneurs militaires, le président Kennedy présentait son projet de loi au Congrès. Il proposait de proscrire la ségrégation dans tous les lieux publics, d'habiliter le ministre de la Justice à engager des poursuites en vue de l'intégration scolaire, et d'interrompre le financement fédéral des programmes sociaux pratiquant toute espèce de discrimination raciale.

La bataille s'annonçait difficile au Congrès, et l'été 1963 promettait d'être chaud dans tout le pays. Des centaines de villes voyaient les Noirs envahir les rues au cri de « Liberté ! ». Les uns après les autres, hôtels, restaurants, écoles, parcs et terrains de sports étaient déségrégués. « L'été 63 fut une révolution, rappelle King, parce qu'il changea la face de l'Amérique (...). [Ce fut] dans l'Histoire, la première offensive lancée par les Noirs sur un aussi vaste front[21]. » Pour sa part, King était passé du rang de pionnier infatigable à celui de superstar. Ses discours à Cleveland, Los Angeles, Louisville ou Chicago attiraient des foules immenses, et il était reçu partout avec les honneurs dus aux héros. Cette popularité et cette influence grandissantes lui valaient l'attention constante de la presse, des gouvernants... et des services secrets.

King, Kennedy et Hoover

Pour canaliser le nouveau militantisme noir et faire pression sur le Congrès en faveur du projet de loi, Martin Luther King songeait à organiser, à Washington, une marche nationale qui rassemblerait toutes les organisations des droits civiques. Tous les militants noirs se souviennent d'avoir rêvé à une grande marche sur Washington. A. Philip Randolph poursuivait cette idée depuis 1941 : c'est en menaçant Franklin Roosevelt d'une telle marche qu'il l'avait amené à déségréguer l'industrie de guerre. En 1957, il avait rassemblé 37 000 manifestants dans la capitale pour un Pèlerinage de prière. Maintenant, il voulait voir plus de 100 000 personnes monter vers le Capitole, occuper les lieux symboliques de la démocratie américaine, afin d'attirer l'attention sur le statut économique inférieur du *Negroe* et sur la nécessité de créer des emplois. Martin Luther King décida d'unir ses efforts à ceux de Randolph, et d'entraîner à sa suite toutes les organisations qui voudraient bien les rejoindre.

Informés, les frères Kennedy désapprouvèrent totalement le projet. Le Président jouait sa crédibilité et son avenir politique sur le projet de loi antiségrégationniste. Le moindre dérapage serait fatal à sa réélection. Il tenta vainement d'en persuader les leaders noirs qu'il reçut à la Maison Blanche le 22 juin. Le projet de manifestation au Capitole l'inquiétait particulièrement. « Une manifestation au mauvais moment, expliqua-t-il, donnerait à certains la possibilité de dire qu'ils doivent prouver leur courage en votant contre nous. » Roy Wilkins, de la NAACP, partageait les inquiétudes du Président, mais Randolph affirma qu'on ne pouvait plus revenir en arrière : « Les Noirs sont déjà dans la rue. » King lui prêta main forte, expliquant que la Marche ne s'opposait pas au jeu politique traditionnel, mais au contraire le complétait. « Franchement, dit-il, je ne me suis jamais engagé dans un mouvement d'action directe qui ne semble inopportun. Certains pensaient même que Birmingham était inopportun. » King réaffirma la nécessité d'orienter le mécontement des Noirs vers un Mouvement discipliné et non violent. Réalisant que la manifestation ne pouvait plus être empêchée, Kennedy chercha au moins à s'assurer qu'elle se déroulerait dans le calme et la discipline : « Nous sommes jusqu'au cou dans cette affaire, insista-t-il. Le plus grave serait que nous perdions la bataille au Congrès (...). Une bonne partie des programmes que j'aimerais réaliser tomberaient alors à l'eau. Nous tomberions tous à l'eau. L'enjeu est très lourd. L'important est que nous soyons persuadés, les uns et les autres, de notre bonne foi à tous[22]. »

Les préparatifs de la marche se poursuivirent donc avec l'aval officiel de l'administration[23]. Mais pour Martin Luther King, l'entretien avec le Président ne se termina pas là. Après avoir pris congé de ses autres invités, Kennedy l'entraîna dans les jardins de la Maison Blanche. Il l'avertit que certains membres du Congrès, et plus encore J. Edgar Hoover, le redoutable directeur du FBI, le soupçonnaient d'être sous influence communiste. Le Président insista pour que King rompe toute relation avec deux hommes que le FBI avait identifié comme communistes : Jack O'Dell et Stanley Levison. Il ne fallait en aucun cas prêter le flan à la critique. « S'ils vous démolissent, ajouta Ken-

nedy, ils nous démoliront aussi. Nous vous deman-
dons donc d'être prudent[24]. »

King ne se sentit guère ébranlé par les révélations
présidentielles. Depuis 1962, il avait reçu plusieurs
mises en garde de l'administration. O'Dell remplissait
des tâches administratives au bureau de la SCLC à
New York, et King appréciait son travail. Quant à
Stanley Levison, avocat blanc new-yorkais, il représentait bien plus qu'un collaborateur ou un conseiller, il
était l'un de ses plus proches amis. King n'ignorait pas
les liens passés des deux hommes avec le communisme, mais comme il l'avait déclaré : « Qu'importe ce
qu'un homme a été, s'il peut se lever maintenant et
dire qu'il n'a pas de relation [avec le Parti commu-
niste], en ce qui me concerne, il est bon pour le
service[25]. » Cette attitude était inacceptable pour Hoover, autrefois proche de Joseph McCarthy, mais aussi
pour les Kennedy, eux-mêmes purs produits de la
guerre froide. Pourtant, bien plus que ces allégations
sans preuve, l'attitude du Président préoccupait King.
Pourquoi n'avait-il pas parlé dans son bureau ?
Craignait-il d'être, lui aussi, espionné par Hoover ?
Ajoutait-il foi à ces accusations ou se trouvait-il obligé
de s'y soumettre[26] ?

Martin Luther King ignorait qu'il se trouvait pris
dans une lutte d'influence impliquant le gouvernement, le FBI et la CIA. J. Edgar Hoover dirigeait le FBI
d'une main de fer depuis 1924, et il se maintiendrait
à son poste jusqu'à sa mort en 1972. Il se savait plus
durable, plus puissant même que les gouvernants, et il
supportait fort mal d'être placé sous l'autorité hiérar-
chique du jeune ministre de la Justice, dont le style
décontracté l'horripilait. De plus, la guerre contre la
mafia entamée par Bob Kennedy allait à l'encontre des

objectifs du « Directeur ». Celui-ci ne voulait en rien se mêler du syndicat du crime et entendait se consacrer à son domaine de prédilection : la subversion intérieure[27]. Il s'efforçait à cet égard de regagner le terrain perdu contre la CIA qui avait accaparé le renseignement pendant la Seconde Guerre mondiale.

Hoover ne se préoccupait pas seulement des opinions politiques de ceux qu'il soupçonnait : avec un soin maniaque, il constituait des centaines de dossiers secrets sur la vie privée des vedettes du spectacle, des champions sportifs, des écrivains et des hommes politiques. Ainsi, il surveillait John Kennedy depuis 1941, il était au courant de ses nombreuses aventures féminines, comme de l'appui que lui avait apporté le parrain de la mafia de Chicago, Sam Giancana, lors des élections présidentielles[28]. En 1962, il fit savoir à Robert Kennedy qu'il avait découvert que le Président partageait une maîtresse avec Giancana, et que ce dernier complotait avec la CIA pour assassiner Fidel Castro[29].

Au moment de la Marche sur Washington, les Kennedy savaient donc que Hoover disposait d'un matériel assez explosif pour détruire la présidence. C'est pourquoi, lorsque Hoover déposa rapport après rapport sur le bureau du ministre de la Justice au sujet des liens qu'il soupçonnait entre King et les communistes américains, il devint impératif pour le Président et son frère d'obtenir de King une rupture nette avec Levison et O'Dell. La position de l'administration était d'autant plus vulnérable qu'au même moment, le Congrès débattait de la loi sur les droits civiques, et que l'*Attorney General* devait se porter garant du leader noir devant les élus, affirmant qu'il n'était « ni communiste, ni contrôlé par les communistes[30] ».

King n'était cependant pas décidé à obtempérer[31]. Il avait fini par accepter de sacrifier O'Dell aux circonstances mais se priver de Levison lui coûtait bien davantage. King tenta d'échapper à l'ultimatum du Président en offrant, par l'intermédiaire de l'avocat Clarence Jones et de Burke Marshall, de cesser tout contact téléphonique direct avec Levison, afin de se dérober aux écoutes. Cette suggestion mit le comble à l'exaspération de Robert Kennedy : non seulement King ne prenait pas suffisamment au sérieux le danger communiste et la menace qu'il représentait pour le projet de loi, mais il avait été, semblait-il, prévenu par le Président que des écoutes avaient été placées chez Levison. Si Hoover l'apprenait, se dit Bob Kennedy, il pouvait accuser le chef de l'exécutif de déloyauté, et miner définitivement l'autorité du gouvernement.

Décidé à tout prix à protéger son frère et probablement convaincu de la culpabilité de Levison, Bob Kennedy demanda au FBI de mettre immédiatement le téléphone de Jones sur écoute. Cette initiative devait avoir des conséquences fatales. Au début du mois d'août, Martin Luther King s'installait au domicile new-yorkais de Clarence Jones pour travailler à son livre sur Birmingham. Les conversations enregistrées allaient mettre en évidence les infidélités conjugales de King, complétant l'image que Hoover se faisait de lui comme d'un personnage hypocrite, subversif et corrompu. Dès lors, le « Directeur » ne lâcherait plus sa proie.

Ignorant le danger qui le menaçait, King rejoignit les représentants des principales associations noires qui se réunirent à New York, le 2 juillet, pour préparer la Marche sur Washington.

La Marche sur Washington

Pour réaliser ce projet grandiose, tous les leaders firent taire momentanément leurs rivalités : John Lewis pour le SNCC, James Farmer pour le Core, Whitney Young pour la Ligue urbaine, et même Roy Wilkins de la NAACP donnèrent leur aval. Après maintes discussions, Bayard Rustin fut chargé de l'organisation minutieuse de la marche. Il fallut tout l'ascendant de Randolph pour imposer à Wilkins le choix d'un personnage aussi peu conformiste. Un Comité de coordination entreprit d'orchestrer les efforts de tous les groupes participants. Dès le début, le Congrès juif américain, les organisations juives religieuses et laïques, les églises protestantes de diverses dénominations, baptistes, méthodistes, presbytériennes et luthériennes, apportèrent leur soutien. De nombreux prêtres catholiques prononcèrent des sermons en faveur de la justice raciale, et certains cardinaux envoyèrent des représentants à la manifestation. Seule demeura absente l'AFL-CIO, la puissante centrale syndicale américaine, qui adopta une position de « neutralité ». King le déplora vivement, car pour lui, la défense des travailleurs allait de pair avec la lutte pour les droits civiques. Néanmoins de nombreux syndicats offrirent leur appui à titre individuel[32].

Bayard Rustin établit son quartier général à Harlem et entreprit de motiver, transporter et encadrer 100 000 personnes qui devaient arriver le matin du 28 août à Washington et repartir le soir même sans qu'aucun détail d'intendance, d'hygiène ou de maintien de l'ordre ait été négligé. En attendant le jour J, John Kennedy s'était envolé pour l'Europe et prononçait le plus célèbre de ses discours : « *Ich bin ein Berliner* », tandis que Martin Luther King poursuivait à travers les États-Unis une tournée triomphale, drainant les plus grandes foules de sa carrière. Il ne suscitait pas partout une ferveur unanime. À Harlem, des Musulmans noirs, disciples du célèbre leader séparatiste Malcolm X, le conspuèrent et le traitèrent « d'Oncle Tom ». Malcolm X lui-même ne se privait d'ironiser sur « la farce sur Washington[33] ».

Ce mépris et cette hostilité blessaient profondément King, mais il était trop absorbé par le bouillonnement intense du mouvement pour s'y attarder. La fièvre se communiquait aux États du Nord. Plus d'un million de personnes manifestèrent pendant l'été 1963 à New York, Los Angeles, San Francisco, Cleveland, Chicago, Detroit, pour ne citer que les plus grandes villes. Les Noirs lançaient des campagnes pour l'emploi et le boycott des loyers. Ils ne voulaient plus de « petits changements ponctuels » : ils insistaient pour « l'égalité générale en matière d'emploi, de logement, d'éducation et de mobilité sociale[34] ». Dans ce climat d'ébullition et d'instabilité, la prévision d'une invasion de la capitale par des milliers de marcheurs noirs suscitait les plus vives inquiétudes. « Le Noir s'est libéré de sa peur, disait King. Mon vrai souci est d'empêcher cette intrépidité de se changer en violence[35]. »

Le 27 août, Washington semblait en état de siège. La police locale avait mobilisé 2 000 de ses membres, et 15 000 soldats étaient en alerte en Caroline du Nord. La vente d'alcool avait été interdite pour la première fois depuis la prohibition, les hôpitaux ajournaient toutes les opérations non urgentes. Beaucoup de commerçants, par crainte des pillages, transportaient leurs marchandises dans des entrepôts en banlieue, et les fédérations sportives avaient reporté leurs matches au jeudi suivant sans que nul songe à protester.

Toutes ces craintes étaient injustifiées. La foule tranquille qui débarqua dans la capitale le 28 août fut, de toutes celles qui avaient participé à une manifestation, « la plus joyeuse et la moins susceptible de provoquer des troubles[36] ». Vingt et un trains spéciaux et des centaines d'autobus avaient été prévus. Les passagers, à peine descendus sur les quais, déployaient leurs banderoles et entonnaient *We Shall Overcome*, ou encore *Woke up This Morning With My Mind Set on Freedom* (« Je me suis éveillé ce matin avec la liberté en tête »). Un avion affrété par Harry Belafonte arriva chargé de vedettes du show business. Charlton Heston, Marlon Brando, Paul Newman, Diahann Carroll, Sidney Poitier se joignirent aux marcheurs. Dans une ambiance de vacances, la foule s'installait sur les pelouses autour de l'obélisque dédiée à George Washington, et entamait ses provisions de pique-nique, tandis que des chanteurs de *negro-spirituals* et de *folk music* se succédaient sur le podium réservé au spectacle. Joan Baez entonna *O Freedom !* (« Oh liberté ! »), suivie du trio Peter, Paul & Mary, et de Bob Dylan, qui dédia une ballade à Medgar Evers.

Le temps passait, il faisait de plus en plus chaud, et certains commencèrent à se diriger vers la longue pièce d'eau qui occupe le centre de la perspective reliant le monument George Washington au mémorial Abraham Lincoln. La marche démarra ainsi bien avant l'heure prévue, et il fallut une opération quasi militaire pour placer les leaders en tête de la procession. Derrière eux se pressait une marée humaine, 250 000 personnes, dont un quart de Blancs, portant

des pancartes soigneusement préparées par Bayard
Rustin et son état-major : « Nous aspirons en 1963 à
la liberté promise en 1863 », « Droits civiques et plein
emploi », « Catholiques, Juifs, Protestants, nous mar-
chons ensemble ». Le slogan « maintenant » se répétait
à l'infini : « Nous voulons la fin de la discrimination,
MAINTENANT », « Des emplois pour tous et un salaire
décent,   MAINTENANT ! »   « Les   écoles   intégrées,
MAINTENANT[37] ! ».

D'un pas tranquille, les marcheurs parvinrent ainsi
au pied du mémorial où une immense statue du président Lincoln assis sur un fauteuil de pierre contemple
l'esplanade. Le vaste escalier était transformé en tribune, et déjà s'y pressaient amis, épouses et vedettes.
Joséphine Baker était venue de France, portant l'uniforme des FFL. La chanteuse Camilla Williams débuta
la réunion avec « La bannière étoilée », et l'archevêque
de Washington, Patrick O'Boyle, prononça la prière
d'ouverture. A. Philip Randolph, qui faisait office de
maître de cérémonie, annonça au micro le décès, sur-
venu la veille, de William E.B. Dubois. Le vieux leader, qui avait désespéré de l'Amérique et s'était
converti au communisme, venait d'achever sa longue
vie au Ghana. Fred Shuttlesworth se lança ensuite
dans un discours impromptu.

Personne parmi les manifestants n'avait réalisé que
le restant des leaders s'était engouffré dans le poste
de police dissimulé sous le siège géant de la statue, et
qu'il s'y déroulait une crise majeure, menaçant de
remettre en question toute l'opération. John Lewis,
assisté de ses collègues du Snick, avait rédigé un discours incendiaire qui prenait violemment à parti le
gouvernement Kennedy et qualifiait le projet de loi de
« trop peu, trop tard ». « La révolution est à portée de

la main ! proclamait Lewis. Nous prendrons le contrôle de nos affaires et nous créerons une source de pouvoir hors de toute structure nationale qui nous assurera la victoire (…), nous marcherons à travers le Sud, jusqu'au cœur du Dixie, comme le fit le général Sherman[38]… » Des copies du discours étaient parvenues à la Maison Blanche, et les frères Kennedy craignaient le pire. Après un tel brûlot, les adversaires du projet de loi n'auraient aucune peine à prouver que le Mouvement des droits civiques était aux mains de dangereux extrémistes. Il fallut tout l'ascendant de A. Philip Randolph, désespéré à l'idée de voir s'effondrer le rêve de toute une vie militante, pour que Lewis accepte d'amender son langage. Les pressions exercées sur le Président du SNCC accrûrent l'amertume des étudiants à l'égard de leurs aînés dans le Mouvement. Quand il parvint à la tribune, Lewis n'évoqua pas le souvenir de Sherman, mais il employa pour la première fois les mots « *Blacks* » et « masses noires », qui remplaceraient bientôt, dans le vocabulaire militant, le terme de « *Negro* ».

« *Je fais un rêve…* »

Les discours se succédaient, les leaders des droits civiques suivaient les rabbins et les pasteurs, une chaleur intense écrasait l'esplanade privée de tout ombrage et certains se préparaient déjà à s'en aller, quand Martin Luther King gagna le micro. Peut-être ressentit-il l'attente de la foule fatiguée, venue de si loin, et comprit-il qu'il fallait offrir autre chose que les critiques et les revendications répétées à l'envi par les orateurs précédents ?

« Il y a cinq fois vingt ans, commença-t-il gravement, un grand Américain, dans l'ombre symbolique
duquel nous nous tenons aujourd'hui, signait la Proclamation d'Émancipation. Mais cent ans plus tard, le
Negro n'est toujours pas libre. Cent ans plus tard, le
Negro vit dans un îlot de pauvreté au milieu d'un
océan de prospérité matérielle. Cent ans plus tard, le
Negro se trouve en exil dans son propre pays (...). Le
temps est venu de réaliser les promesses de la démocratie (...). Le temps est venu de faire de la justice
une réalité pour tous les enfants de Dieu. »

Alors, Martin Luther King abandonna son texte
écrit, et se mit à improviser, à prêcher comme dans
une église. Il dira plus tard avoir eu un « trou », et
s'être raccroché à la première phrase de sermon qui
lui avait traversé l'esprit. En tout cas, il livra sans
détour sa vision d'espoir et de fraternité, un rêve peut-
être inaccessible :

« Je fais un rêve, déclara-t-il d'une voix puissante,
c'est un rêve profondément enraciné dans le rêve
américain (...) : "Nous tenons pour évidentes par
elles-mêmes les vérités suivantes : tous les hommes
sont créés égaux." (...)

Je fais un rêve, qu'un jour sur les collines rouges de
Géorgie, les fils des anciens esclaves et les fils des
anciens propriétaires d'esclaves pourront s'asseoir
ensemble à la table de la fraternité.

Je fais un rêve qu'un jour, même l'État du Mississippi (...) sera transformé en une oasis de liberté et de
justice.

Je fais un rêve, qu'un jour en Alabama (...) les
petits garçons noirs et les petites filles noires pourront
joindre leurs mains avec les petits garçons blancs et

les petites filles blanches comme des frères et des sœurs.

Je fais un rêve aujourd'hui ! Je fais un rêve, qu'un jour, mes quatre jeunes enfants vivront dans un pays où ils seront jugés selon leur personnalité et non selon la couleur de leur peau. »

Dans l'auditoire, beaucoup se donnaient la main, se balançant au rythme de ses paroles, et les applaudissements crépitaient, accompagnant la fin du discours. « Telle est la foi avec laquelle je retourne dans le Sud. Avec cette foi (…), nous pourrons travailler ensemble, prier ensemble, lutter ensemble, aller en prison ensemble, défendre la liberté ensemble, sachant que nous serons libres un jour (…). Et ainsi nous hâterons la venue de ce jour où tous les enfants de Dieu – Noirs et Blancs, Juifs et Gentils, Catholiques et Protestants – pourront se donner la main et chanter les paroles de l'ancien *negro spiritual* : "Enfin libres, enfin libres, merci Dieu tout-puissant, nous sommes enfin libres[39] !" » (*Cf.* texte intégral p. 509.)

Beaucoup avaient l'impression de vivre une apothéose. Les trois grandes chaînes nationales de télévision retransmettaient en direct le discours de King et le satellite Telstar servait de relais pour des millions de téléspectateurs à travers le monde. Rivé à son poste, le président Kennedy s'exclama : « Il est rudement bon[40] ! »

« Ce jour-là, écrivit James Baldwin, pendant un moment, nous eûmes l'impression de nous tenir sur un sommet, et nous pouvions voir notre héritage. Peut-être pouvions-nous faire du royaume une réalité ? Peut-être la communauté d'amour ne demeurerait-elle pas toujours ce rêve que l'on rêve dans la souffrance[41] ? »

Mais cela demeurait encore un rêve... Le 15 septembre, une charge de dynamite ravageait l'église baptiste de la 16ᵉ Rue à Birmingham, tuant quatre fillettes noires qui assistaient à l'école du dimanche, et blessant une vingtaine de personnes.

La militante Anne Moody, qui déjà s'était impatientée en entendant le discours de King (« nous avions des "rêveurs" et non des leaders ! », écrivit-elle), se souvient qu'en apprenant la nouvelle, elle renonça définitivement à la non-violence : « Aussi longtemps que je vivrai, plus jamais je ne serai battue par un homme blanc. (...) Plus jamais ! C'est fini ! (...) La non-violence, c'est fini[42] ! »

Comme elle, beaucoup de Noirs sombrèrent dans la révolte et le désespoir. Les émeutes qui secouèrent Birmingham à la suite de l'explosion firent deux morts – deux jeunes Noirs tués par balles – et plusieurs blessés. Diane Nash et James Bevel, appuyés par les étudiants du SNCC beaucoup plus que par la SCLC à laquelle ils appartenaient, préparèrent un projet de désobéissance civile dans tout l'Alabama dont le but ultime était ni plus ni moins que la révolution. Alarmé, le président Kennedy rappela à l'*establishment* de Birmingham qu'il ferait mieux de respecter l'accord intervenu en mai, et de remercier le ciel que ce soit King et non le SNCC qui dirige le Mouvement noir.

John F. Kennedy n'eut pas le temps d'affermir son soutien aux Noirs modérés. Le 22 novembre, le Président était assassiné à Dallas. Martin Luther King, las, déprimé, prophétisa : « Voilà ce qui va m'arriver à moi aussi. Cette société est malade[43]... »

L'Été de la Liberté

L'assassinat du président Kennedy avait sérieusement ébranlé le pays et la scène politique, mais sans vraiment modifier les données du problème racial. Les leaders noirs pensaient tenir en la personne de son successeur, Lyndon Johnson, un allié difficile mais fidèle. Très autoritaire, retors, méfiant à l'extrême, l'ancien sénateur du Texas avait cependant soutenu la cause des droits civiques avec constance depuis 1957. N'avait-il pas encore déclaré en accédant à la Maison Blanche que le plus bel hommage qu'il puisse rendre à John Kennedy serait le vote rapide de la loi sur les droits civiques ?

Tout en soutenant ce projet, les organisations noires ne perdaient néanmoins pas de vue que la nouvelle législation ne ferait qu'effleurer le problème des droits électoraux. Dans bien des comtés des États du Sud, les Noirs étaient quatre fois plus nombreux que les Blancs, et aucun Noir ne parvenait à placer un bulletin dans l'urne. Allard Lowenstein, un activiste blanc qui avait participé à un projet d'éducation électorale dans le Mississippi en 1963, en avait rapidement tiré la conclusion suivante : « Ceux qui gouvernent le Mississippi aujourd'hui ne peuvent le faire que par la force. Ils ne peuvent pas permettre des élections libres dans le Mississippi, car s'ils le faisaient, ils ne gouverneraient pas le Mississippi[44]. »

Pour tout le Mouvement des droits civiques, le Mississipi, « l'État du Magnolia[45] », était à la fois un symbole et un défi. À la mort de Medgar Evers, Roy Wilkins n'avait pas hésité à qualifier cette région d'« État le plus sauvage, le moins civilisé des cinquante États[46] ». Dès 1962, le SNCC, le CORE, la SCLC et la NAACP s'étaient regroupés dans une organisation nommée COFO (Conseil des organisations fédérées) et avaient lancé l'année suivante le « Vote de la Liberté », un simulacre d'élection du gouverneur, destiné à la fois à motiver les Noirs exclus des procédures démocratiques et à attirer l'attention des grands partis politiques nationaux. 93 000 pseudo-électeurs avaient participé[47]. L'Été de la Liberté était un projet bien plus ambitieux encore : il s'agissait d'inscrire effectivement des milliers de Noirs sur les listes électorales et de défier le Parti démocrate du Mississippi.

Le SNCC voyait, avec des sentiments mitigés, l'arrivée massive dans le Sud d'étudiants blancs de Yale ou de Stanford. Ne risquaient-ils pas d'intimider les Noirs pauvres du Mississippi au point de détruire l'organisation populaire que le Snick essayait si péniblement de mettre sur pied ? Mais les risques encourus par les militants qui iraient de ferme en ferme dans des campagnes reculées, loin de toute caméra et de toute publicité, étaient si réels et si graves que la décision s'imposait. Il fallait amener dans le Mississippi les enfants de la bourgeoisie du Nord, et s'assurer ainsi l'attention de la presse et du Congrès.

En juin 1964, les volontaires furent réunis à Oxford, dans l'Ohio, pour une préparation intensive. Ils ne devaient pas seulement inciter et aider les Noirs à s'inscrire dans les bureaux de vote avant l'élection présidentielle de novembre 1964. On leur demandait aussi d'animer des « écoles de la liberté », d'enseigner la lecture, le calcul et pour la première fois l'histoire noire, dans un État où n'existait pas de scolarité obligatoire et où les fils de métayers pénétraient rarement dans une salle de classe. Ils devaient aussi offrir une assistance médicale et légale gratuite aux indigents, monter des spectacles, bref créer une véritable société parallèle pour les Noirs tenus à l'écart de l'Amérique ordinaire.

Le Mississippi, berceau des Conseils de citoyens blancs, considérait avec horreur les projets de ces « hippies[48] » qui allaient vivre au milieu des Noirs en les traitant comme des égaux et en violant tous les tabous du mode de vie sudiste. Les journaux parlaient « d'invasion », et le maire de Jackson, Allen Thompson, multipliait les forces de police, investissant dans des centaines de fusils et même dans un char d'assaut. Le Mississippi se préparait à la guerre. Le FBI avertit, par la voix de son patron J. Edgar Hoover, que les étudiants ne devaient pas compter sur lui pour les protéger.

Les premiers volontaires arrivèrent le 20 juin. Le lendemain, trois d'entre eux avaient disparu : deux New-Yorkais, Andrew Goodman et Michael Schwerner, et un Noir natif du Mississippi, James Chaney. Aussitôt, la presse nationale braqua ses projecteurs sur le Mississippi et sur l'Été de la Liberté. Le FBI tenta d'éluder ses responsabilités, mais Lyndon Johnson, alors en pleine campagne électorale, ne l'entendait pas ainsi. Il rencontra les familles des disparus et exigea l'envoi sur place de plusieurs centaines de *marines* et d'agents du FBI pour passer au peigne fin le comté de Neshoba et les régions avoisinantes. Au cours de leur macabre recherche, les agents fédéraux découvrirent les corps de plusieurs Noirs dont la disparition n'avait pas causé d'émotion dans l'opinion. John Lewis remarqua : « C'est une honte que l'intérêt national ne s'éveille qu'après que deux Blancs aient disparu[49]. »

Parmi les volontaires, l'inquiétude régnait. Les tentatives d'intimidation et les passages à tabac étaient courants : au cours de l'Été de la Liberté, on compta au moins 6 meurtres, plus de 1 000 arrestations, et nombre d'incendies criminels[50]. Le travail de fourmi des volontaires continuait pourtant, patient et infatigable. Les étudiants passaient de maison en maison, et pendant de longues heures, s'efforçaient de vaincre l'appréhension et l'ignorance des paysans noirs. Ils les aidaient à remplir des formulaires d'inscription incroyablement complexes. Les lois locales excluaient tous ceux qui s'étaient rendus coupables du moindre délit, et exigeaient l'interprétation d'un article choisi au hasard dans la Constitution du Mississippi. Tous les Blancs, même analphabètes, franchissaient aisément ce dernier obstacle, mais presque aucun Noir, fût-il professeur ou directeur d'école, ne parvenait à satisfaire l'officier municipal chargé des inscriptions. Pendant l'été 1964, près de 17 000 Noirs accomplirent les démarches nécessaires, mais 1 600 à peine furent effectivement inscrits[51]. La COFO, qui coordonnait tous ces efforts, envoyait au ministère de la Justice tous les formulaires refusés.

Les étudiants remportèrent un succès beaucoup plus visible et plus original : l'organisation d'un nouveau parti politique ouvert à toutes les races, le *Mississippi Freedom Democratic Party* (Parti démocrate mississippien de la Liberté) ou MFDP, chargé de contester la légitimité du Parti démocrate local, exclusivement réservés aux Blancs. Depuis plus d'un an, Bob Moses et le Snick s'efforçaient d'obtenir le soutien de leaders démocrates dans d'autres États. Ils avaient convaincu l'avocat Joseph Rauh, secrétaire du Parti démocrate du district de Columbia, de défendre leurs intérêts. En avril 1964, le MFDP avait déjà ouvert un bureau à Washington et tenu une grande réunion inaugurale à Jackson, capitale du Mississippi. En août, il comptait plus de 80 000 membres qui désignèrent 64 délégués pour les représenter à Atlantic City, où la Convention démocrate élirait sans nul doute Lyndon Johnson comme candidat aux élections présidentielles.

Mais le nouveau parti devrait encore convaincre la Commission d'accréditation du Parti démocrate d'exclure la délégation mississippienne « blanche ». Le débat serait public. Le MFDP sous-estimait la détermination de celui qui allait se révéler son principal adversaire : le Président. Ce dernier était convaincu que sa réélection passait par le soutien des démocrates traditionnels du Sud, et il avait déjà promis au gouverneur du Mississippi que le MFDP serait exclu de la Convention.

« *Est-ce cela, l'Amérique ?* »

Le 4 août, deux semaines avant la réunion d'Atlantic City, les agents du FBI découvraient les corps de Goodman, Schwerner et Chaney, sommairement enterrés sous un barrage récemment construit. Ils avaient été abattus alors qu'ils enquêtaient sur l'incendie d'une église[52]. Les médias s'emparèrent de l'affaire, projetant une sinistre image du Sud aux mains des démocrates traditionnels. Lyndon Johnson craignait que la contestation menaçant la Convention d'Atlantic City ne finisse par tourner au profit de son concurrent, le républicain ultraconservateur Barry Goldwater. Il chargea Hubert Humphrey, son colistier sur le « ticket » démocrate, d'élaborer un compromis avec le Parti démocrate mississippien de la liberté.

Le 22 août, les quatre chefs de file du MFPD commencèrent à témoigner devant la commission d'accréditation du Parti démocate, et devant les caméras de la télévision. La première à prendre la parole fut Fannie Lou Hamer, une simple paysanne noire, dont la sincérité et la force de conviction effrayèrent pourtant Lyndon Johnson lui-même. Face à un auditoire de politiciens consommés, elle décrivit avec vigueur et simplicité les épreuves des Noirs du Sud, racontant comment elle avait été sauvagement battue pour avoir seulement assisté à une réunion en faveur des droits civiques. D'une voix puissante, elle reprit quelques paroles de l'hymne national pour remettre en question l'Amérique entière :

« Est-ce cela, l'Amérique ? clama-t-elle. Est-ce cela, "le pays des hommes libres et la patrie des braves" ? Où nous devons dormir avec le téléphone décroché parce que nos vies sont quotidiennement menacées ? Simplement parce que nous voulons vivre comme des êtres humains en Amérique[53] » ?

C'était plus que n'en pouvait supporter le Président. Il fit immédiatement interrompre la retransmission télévisée et se lança dans une conférence de presse impromptue, tandis que les appels de téléspectateurs bouleversés par le témoignage de Fannie Lou Hamer saturaient déjà le central téléphonique d'Atlantic City. Johnson ordonna à son équipe d'appeler un par un les membres de la commission d'accréditation et de les convaincre par la logique ou par la menace d'accepter le compromis élaboré par Humphrey : le MFDP obtiendrait deux sièges à la Convention à titre individuel mais il ne représenterait pas le Mississippi ; la délégation ségréguée du Parti démocrate mississippien, elle, serait admise en échange de son soutien officiel au programme électoral de Johnson ; et à l'avenir, aucune délégation coupable de discrimination raciale ne participerait plus aux conventions démocrates.

Les leaders de la NAACP, de la Ligue urbaine et de la SCLC, présents à Atlantic City, firent pression sur le MFDP pour qu'il accepte le compromis. Martin Luther King lui-même pensait qu'il était impossible d'obtenir davantage. Pourtant, les délégués du MFDP refusèrent les deux sièges accordés avec indignation :

« Nous n'avons pas fait tout ce chemin pour deux sièges alors que nous sommes tous fatigués », déclara Mrs Hammer[54].

Ils avaient en effet travaillé sans relâche, pris tant de risques, appliqué toutes les règles du système démocratique pour voir finalement leurs efforts anéantis par des manœuvres politiciennes... Les leaders noirs se sentaient trahis de toutes parts, abandonnés par leurs alliés naturels, l'aile gauche du Parti démocrate. Le Snick, réticent à l'égard de Martin Luther King depuis que ce dernier avait refusé de participer aux Voyages de la Liberté, se méfiait de plus en plus de la direction officielle du Mouvement noir qui quittait Atlantic City, divisé et affaibli. Mais Martin Luther King n'avait ni le cœur ni le temps de répondre à ces critiques. Inlassablement, il poursuivait, lui, sa longue marche, d'un bout à l'autre des États-Unis, et trouvait même des appuis à l'étranger.

Le piège de St-Augustine

Martin Luther King avait été contacté en mars 1964 par un membre de la NAACP de St-Augustine, le dentiste Robert Hayling. La ville de St-Augustine était la plus ancienne communauté fondée par des émigrants européens sur la côte atlantique, en Floride, et la municipalité s'efforçait d'obtenir une subvention fédérale pour fêter dignement le 400ᵉ anniversaire de la ville qui aurait lieu l'année suivante. Hayling avait saisi l'occasion pour tenter d'attirer l'attention du gouvernement sur la terreur raciale régnant à St-Augustine. Il avait écrit au Président et débuté une campagne de déségrégation. Ses initiatives avaient déchaîné l'indignation de la population blanche et la violence du Klan. Battu, arrosé de kérosène avec trois de ses compagnons, Hayling n'avait dû la vie qu'à l'intervention du shérif qui l'avait néanmoins jeté en prison. Régulièrement, des explosions détruisaient les maisons abritant des militants, et des inconnus déchargeaient la nuit leurs fusils de chasse à la hauteur des fenêtres. La NAACP ne soutenait pas Hayling, elle l'avait même démis de ses fonctions au sein de l'organisation. Martin Luther King était donc son dernier recours.

Celui-ci considérait sérieusement la possibilité d'utiliser St-Augustine pour dévoiler la puissance et la brutalité du Ku Klux Klan. Le leader du Klan local, Hoss Manucy, reconnut lui-même quelques années plus tard qu'à St-Augustine, il avait les mains libres : « Nous travaillions avec la police municipale et avec le (…) shérif. Tout le monde travaillait ensemble – le maire, la police municipale, le département du shérif et le club de chasse de la Vieille Ville » – c'est-à-dire le Klan[55].

King envoya sur place une partie de son état-major qui établit aussitôt des ateliers non violents et coordonna des manifestations. À Pâques, la propre mère du gouverneur du Massachusetts fut arrêtée avec un groupe de femmes des deux races qui essayaient d'obtenir un repas dans un restaurant de la ville. La presse commença à arriver.

En quelques jours, la police arrêta ainsi plus de 200 manifestants. Martin Luther King se rendit pour la première fois à St-Augustine le 18 mai, interrompant une épuisante tournée de discours. Le FBI le suivait pas à pas, et plaçait des micros dans toutes ses chambres d'hôtel. Craignant de disperser son énergie comme elle l'avait fait à Albany, la SCLC décida de concentrer son action sur les *sit-in* dans les restaurants et les hôtels. Hosea Williams, l'un des assistants de King, organisa également des marches de nuit. Il mettait ainsi les manifestants à l'abri du soleil torride de Floride, et rendait plus dramatiques encore les rassemblements tenus autour d'un lieu symbolique : l'ancien marché aux esclaves.

Les premiers affrontements éclatèrent le 28 mai quand la police laissa les hommes du Klan attaquer manifestants et journalistes à coups de barres de fer. Le shérif Davis saisit ce prétexte pour interdire les marches de nuit. Mais le 9 juin, la SCLC obtint du tribunal de district de Jacksonville l'annulation de cette décision. Le juge Bryan Simpson, après avoir examiné le rôle du Klan et en particulier celui de Manucy, non seulement autorisa les marches, mais exigea de la police qu'elle protège les manifestants. Les attaques continuèrent néanmoins, tandis que la communauté blanche de St-Augustine refusait obstinément d'entamer des négociations.

Martin Luther King s'efforça alors d'intensifier la campagne en se faisant arrêter dans un restaurant. De sa prison, il télégraphia à Lyndon Johnson pour lui demander d'envoyer les troupes fédérales. Il ne reçut pas de réponse. Le Président ne jugeait probablement pas la situation assez grave. Libéré sous caution, King assista aux tentatives de certains militants pour « intégrer » les piscines ou se lancer dans des « *swim-in* » à l'assaut des belles plages touristiques qui font la réputation de la Floride. Repoussés, matraqués par des membres du Klan, les manifestants n'obtenaient aucun résultat.

Comme à Albany autrefois, les actions à St-Augustine tournaient mal. Les troupes non violentes étaient peu nombreuses, alors que le Klan comptait, lui, sur des centaines et des centaines de volontaires. Beaucoup de leaders noirs locaux, effrayés par l'intensité des attaques, rassemblaient des armes, et Martin Luther King craignait de voir d'un jour à l'autre St-Augustine plongé dans un bain de sang. Il savait qu'il n'obtiendrait plus l'aide du président Johnson, alors en campagne contre Barry Goldwater qui se faisait justement le champion des droits des États. King ne cherchait plus que le moyen de se retirer de St-Augustine sans perdre la face ni compromettre les résultats si péniblement acquis à Birmingham.

Cette occasion lui fut fournie quand le gouverneur de Floride, Farris Bryant, annonça la création d'un comité biracial qui conduirait les négociations entre les deux communautés. King découvrit rapidement qu'il n'en était rien : Bryant avait menti publiquement, il l'avait même confié au shérif Davis : « J'ai dit à tout le monde, y compris aux Nègres, que j'avais nommé un comité mais ce n'est pas vrai[56]. » La SCLC, déjà chargée, comme l'a souligné Andrew Young, d'« une énorme facture d'hôpital[57] », quitta la ville avant que la poursuite du combat ne coûte encore des vies humaines. King espérait que l'adoption de la loi sur les droits civiques viendrait à bout des ségrégationnistes de St-Augustine. Il savait qu'il avait un allié en la personne du juge Simpson qui continuait à œuvrer pour obtenir la mise en place du comité biracial et contrôler les manœuvres d'intimidation du Klan.

De Washington à Oslo

Le 2 juillet 1964, Martin Luther King s'envola vers Washington pour assister à la signature par le président Johnson de la loi sur les droits civiques. Cette législation, la plus importante en matière raciale depuis la Reconstruction, bannissait la ségrégation dans tous les lieux publics, élargissait à nouveau les compétences du ministère de la Justice pour imposer des écoles intégrées, créait une Commission d'égalité des chances dans l'emploi et un Service de relations communautaires chargé de régler les différents engendrés par la déségrégation.

Beaucoup de communes du Sud acceptèrent peu à peu les nouvelles normes. Les commerçants se montraient finalement soulagés que le problème ait été réglé au niveau fédéral, et que les affaires reprennent. Dix ans de *sit-in*, de marches et de boycotts avaient eu raison du système légal qui imposait la ségrégation. Mais ce qui avait constitué le but du Mouvement des droits civiques ne représentait plus qu'une étape. La pleine citoyenneté n'existait pas sans le droit de vote et le pouvoir politique, et elle ne signifiait rien si une pauvreté endémique continuait d'accabler des générations de Noirs tenus à l'écart de la prospérité nationale. Le militantisme des *Negroes* du Sud avait aussi éveillé la vigilance de leurs parents du Nord. Ces derniers avaient-ils vraiment trouvé la Terre promise en quittant le Dixie, s'ils demeuraient cantonnés à des quartiers miséreux, des emplois de manœuvre et des écoles de second ordre ?

L'insatisfaction des Noirs des grandes villes menaçait de plus en plus la paix sociale. Pendant l'été 1964, des émeutes éclatèrent à New York, dans le New Jersey, la Pennsylvanie, l'Illinois. À Harlem, un jeune Noir fut abattu par un policier blanc, et aussitôt le ghetto s'enflamma. Le niveau de tension, de frustration et de colère était tel que la moindre provocation suffisait. Les émeutiers attaquèrent et pillèrent des magasins blancs, lancèrent des pierres et des cocktails Molotov en direction de la police. Le maire Robert Wagner, débordé par une crise qu'il ne pouvait ni comprendre ni maîtriser, appela à son aide le leader reconnu de l'Amérique noire : Martin Luther King.

La communauté noire new-yorkaise observait ce parachutage d'un très mauvais œil. Elle craignait que la présence de King ne cautionne la politique du maire et ne maintienne les leaders locaux à l'écart d'un éventuel dialogue. King ne disposait que de très peu de contacts sur place, mais il percevait de plus en plus clairement que les questions économiques se trouvaient à la racine des conflits et de la violence. Il chercha à en convaincre le maire de New York et déclara publiquement que « la paix sociale [devait] naître de la justice économique » et qu'il fallait des « change-

ments profonds et fondamentaux [en matière]
d'emploi, de logement et d'écoles intégrées de
qualité[58] ».

Wagner ignora toutes les recommandations de
King. L'agitation persista quelque temps, vaincue peu
à peu par la répression policière et la lassitude des
combattants. Martin Luther King quitta Harlem très
inquiet, sachant que « la situation demeurait explosive
et à la merci de la prochaine étincelle ». Et il reprit
son épuisant marathon.

King entama en septembre une tournée européenne,
et rencontra le pape Paul VI qui apporta un appui sans
ambiguïté au Mouvement des droits civiques. De retour
aux États-Unis, King se lança immédiatement dans la
campagne électorale en faveur de Lyndon Johnson,
pour barrer la route de la Maison Blanche à la réaction
incarnée par Barry Goldwater. Surmené par les exigences de Mouvement, déprimé par les menaces de
mort et les pressions constantes du FBI, King consentit
en octobre à prendre quelques jours de repos dans une
clinique. C'est là qu'il apprit, le 14 octobre 1964, qu'il
avait reçu le prix Nobel de la paix.

Martin Luther King était le plus jeune lauréat jamais
désigné et seulement le second Noir américain, après
Ralph Bunche. Habituellement, il ne se souciait guère
des médailles et des titres honorifiques, mais le prix
Nobel avait une portée bien différente : il représentait
la reconnaissance du Mouvement des droits civiques
par la communauté internationale. Au mois de
décembre suivant, reçu en héros à Oslo, Martin Luther
King accepta avec simplicité le prix Nobel au nom de
tous les militants :

« J'accepte le prix Nobel de la paix au moment
même où 22 millions de Noirs américains sont enga-

gés dans une bataille créatrice pour mettre fin à la longue nuit de la ségrégation. (...) Cette récompense que je reçois au nom du Mouvement signifie profondément que la non-violence apporte la réponse à la question politique et morale cruciale de notre temps – la nécessité pour l'homme de vaincre l'oppression et la violence sans avoir recours à la violence et à l'oppression. (...) J'accepte ce prix aujourd'hui avec une foi inébranlable dans l'Amérique et dans l'avenir de l'humanité[59]... »

QUATRIÈME PARTIE

Noirs

CHAPITRE 10

Malcolm X et les Musulmans noirs

« Sois réaliste, tu n'es qu'un nègre »

En Amérique, les honneurs reçus par Martin Luther King ne faisaient pas l'unanimité. Au lendemain de la Marche sur Washington, un rapport du FBI annonçait déjà : « Nous devons le marquer pas à pas (…) comme le Noir le plus dangereux pour l'avenir de ce pays du point de vue du communisme, des Noirs et de la sécurité nationale[1]. » En janvier 1964 déjà, quand le magazine *Time* avait désigné King comme « l'homme de l'année », J. Edgar Hoover s'était écrié avec hargne : « Ils ont vraiment raclé les fonds de poubelle[2]. »

La remise du prix Nobel plongea donc le directeur du FBI dans une rage indescriptible. Dès lors, sa campagne de dénigrement envers King prit toutes les apparences d'une guerre à mort. Hoover employa tous les moyens : lettres anonymes, rumeurs dans la presse, envois d'enregistrements à madame King pour l'informer des infidélités de son mari, tout était fait pour tenter de déshonorer le leader noir et de l'acculer au suicide. Mais beaucoup de Blancs conservateurs ne partageaient pas les vues de Hoover. Bien souvent, King leur semblait un moindre mal. Faire de lui un interlocuteur privilégié, le reconnaître comme le porte-parole des Noirs américains, apparaissait le dernier rempart contre l'influence grandissante de leaders plus radicaux qui ne prêchaient pas la non-violence et l'amour des ennemis. L'acteur noir Ossie Davis se souvient que les militants noirs usaient presqu'inconsciemment de cette angoissante comparaison : « Nous sommes non violents, semblaient-ils dire, mais si vous ne voulez pas traiter avec nous (…), il y a notre autre frère, et il n'est pas comme nous[3]. »

Le plus célèbre « des autres frères » – et le plus inquiétant – se nommait Malcolm X.

Passionné, intense, « électrique », dit de lui son biographe Alex Haley[4] : Malcolm X semblait avoir toujours été ce jeune homme au teint clair, très grand, très mince, impeccablement vêtu d'un costume strict, et dont la rhétorique implacable faisait frémir l'Amérique blanche.

Malcolm Little avait vu le jour en 1925 à Omaha dans le Nebraska[5], et dès son enfance, il avait été confronté violemment à la question raciale. Son père, le pasteur Earl Little, travaillait à populariser les idées de Marcus Garvey, et il en payait chèrement le prix. En 1928, le Ku Klux Klan avait incendié la maison familiale, et trois ans plus tard, Earl Little mourut écrasé par un tramway. Ses proches ne crurent jamais à la thèse de l'accident. Quand la famille de Malcolm se trouva sans ressource, Madame Little sombra dans la dépression. « Nous avions si faim que cela nous donnait le vertige, et nous n'avions nulle part où aller[6] », raconta Malcolm.

Sa mère fut internée, et les enfants dispersés dans différentes familles d'accueil. Malcolm fut recueilli par un couple de Blancs, qui, disait-il, « m'aimaient comme ils aimaient leurs animaux domestiques[7] ». Inscrit dans une école « blanche », il se révéla un élève brillant et confia à un professeur son désir de devenir avocat. À quoi il lui fut répondu : « Sois réaliste, tu n'es qu'un Nègre[8] ! »

Malcolm quitta son école, gagna Boston, puis Harlem, exerça quelques menus emplois, et plongea dans la délinquance. Il échappa à la conscription en 1943 en inquiétant à dessein le médecin militaire par sa conduite suspecte[9]. Surnommé *Red* (Rouge) à cause du reflet de ses cheveux, il devint chef de bande, tâta du jeu, de la contrebande, du vol, des drogues et de la prostitution. Arrêté en 1946, il passa presque sept ans en prison. C'est là qu'il découvrit la Nation de l'Islam, une secte fondée en 1930 à Chicago par un certain W.D. Fard, et présidée depuis 1934 par Elijah Poole, alias Elijah Muhammad, le messager d'Allah. Sous sa direction, les Musulmans noirs étaient devenus un groupe d'importance, comptant plus de 100 000 membres, intensément dévoués à leur foi[10].

En se convertissant à l'islam, Malcolm changea radicalement sa façon de vivre. Il entreprit de combler les lacunes de son éducation en se plongeant dans tous les livres qu'il pût trouver. Quand il sortit de prison en 1952, il était devenu un musulman strict, et se faisait appeler « Malcolm X ». Interrogé sur cette mystérieuse initiale, il répondait avec hargne que le X symbolisait le nom africain perdu : « J'ai abandonné mon nom d'esclave. (…) Je m'appelle X parce que je ne sais pas quel est mon vrai nom[11]. »

La fierté de la race

Intelligent, dynamique et dévoué corps et âme aux enseignements d'Elijah Muhammad, Malcolm devint rapidement le second indispensable, le porte-parole officiel des Musulmans noirs. La doctrine d'Elijah Muhammad affirmait la supériorité de la race noire, et assimilait l'homme blanc à un « démon aux yeux bleus », maléfique par nature et voué à l'extermination prochaine lors d'un combat final entre Dieu et Satan. Dieu était noir, Jésus-Christ était noir, les populations « rouges, brunes ou jaunes » faisaient partie de la famille noire. Par la bouche de Malcolm X, Elijah Muhammad ordonnait aux Noirs américains de renoncer aux vices de la société occidentale, et prêchait un séparatisme radical.

Les Musulmans noirs possédaient déjà nombre de magasins et de petites entreprises, embryon d'une économie séparée, le but final demeurant officiellement l'attribution aux Noirs de plusieurs États de l'Union. Grâce à son style énergique et agressif, Malcolm faisait de nombreux convertis. Le poing levé ou secouant un index vengeur, il disait tout haut ce que bien des Noirs n'osaient même pas penser tout bas. Il leur prêchait la fierté de leur race, se moquait de « ces peaux blanches étalées au soleil pour essayer de vous ressembler[12] », brocardait la non-violence et Martin Luther King, « la meilleure arme » de l'homme blanc[13], et affirmait le droit à l'autodéfense. « Quelqu'un vous frappe sur une joue, rugissait-il, et vous allez lui tendre l'autre joue ? Qu'est-ce que c'est que cette sottise[14] ? » En juillet 1959, un programme télévisé intitulé « *The Hate That Hate Produced* » (« La haine

créée par la haine ») apporta aux Musulmans noirs et
à Malcolm X une notoriété nationale[15].

Parler, en 1959, devant un auditoire blanc, de la
beauté et du pouvoir noirs, menacer l'homme blanc de
la vengeance d'Allah, refuser l'intégration, se proclamer
Noir et non Américain, c'était plus que provocateur :
c'était révolutionnaire. Malcolm X faisait sensation. Les
universités l'invitaient à s'adresser aux étudiants, la
presse ne se lassait pas de son ironie tranchante et de
son exceptionnel talent pour le débat public. Le militant noir James Farmer rapporte par exemple qu'un
jour, engagé dans une discussion avec un Noir qui lui
affirmait qu'il était américain avant d'être noir, parce
qu'il était né sur le sol américain, Malcolm X demanda
avec aménité : « Si la chatte met ses petits au monde
dans le four, cela en fait-il des biscuits[16] ? »

Mais le charisme de Malcolm provoquait aussi de
plus en plus d'irritation parmi les Musulmans noirs, et
agaçait le leader officiel de la Nation de l'Islam, Elijah
Muhammad, homme « petit et mince, très menu, avec
un visage fin, de grands yeux chaleureux et un sourire
engageant » selon l'écrivain James Baldwin[17]. Engageant, certes, mais dépourvu de la personnalité incan-
descente de son porte-parole. Au lendemain de
l'assassinat de John Kennedy, Malcolm X déclara à la
presse : « Les poulets reviennent sur leurs perchoirs[18] ! »
Il entendait par là que la violence semée par l'Amérique blanche s'était retournée comme un boomerang
contre le Président lui-même. La patience d'Elijah
Muhammad atteignit alors ses limites. Malcolm X semblait se réjouir de la mort du Président, alors que « le
pays aimait cet homme. Tout le pays est en deuil. Une
telle déclaration est très nuisible aux Musulmans[19] ».

Muhammad interdit à Malcolm toute déclaration publique pendant 90 jours.

En fait, la rupture était déjà consommée. Malcolm perdait non seulement son père spirituel, mais aussi l'un de ses amis proches, le boxeur Cassius Clay. Ce dernier avait rejoint les Musulmans noirs dès 1961, mais ne l'avait annoncé qu'en février 1964, au lendemain de sa victoire contre le champion du monde Sonny Liston. Celui qui se faisait désormais appeler « Muhammad Ali » n'adresserait plus jamais la parole à Malcolm X. En mars 1964, Malcolm annonça qu'il quittait la Nation de l'Islam et fondait son propre mouvement intitulé d'abord *Muslim Mosque, Incorporated*, puis *Organization of Afro-American Unity*.

« Une autre stratégie arrive... »

Le conflit entre les deux tendances des Musulmans noirs ne se limitait pas aux seules personnalités de leurs leaders. Elijah Muhammad prêchait l'autodéfense mais il refusait de passer aux actes. Il avait déjà dû à maintes reprises tempérer les ardeurs guerrières de Malcolm X. En avril 1962, quand un membre de la Nation de l'Islam avait été abattu et six autres blessés dans une échauffourée avec des policiers de Los Angeles, Malcolm X était venu enquêter sur place. Très vite, la police avait téléphoné à Elijah Muhammad pour lui demander de rappeler son porte-parole qui incitait les « frères » à des représailles armées. Muhammad avait obtempéré, et Malcolm s'était soumis.

D'autre part, Muhammad plaidait la cause d'un État noir séparé, mais il n'espérait pas réellement le voir se concrétiser : les musulmans ne votaient pas, ne participaient à aucune action en faveur des droits civiques. Bien que haïssant toute la race blanche et toute forme d'intégration, Malcolm X, lui, voulait agir politiquement, il croyait au bulletin de vote et à la protestation. En annonçant la création de son mouvement, il le déclara ouvert à tous les Noirs, qu'ils fussent ou non musulmans ; et il définit clairement sa philosophie : le nationalisme noir.

Pour Malcolm X, cela signifiait : « contrôler la politique et les politiciens de notre communauté, (...) contrôler l'économie de notre communauté[20] ». Il désignait ainsi les villes et les États peuplés majoritairement de Noirs. En mars 1964, Malcolm X plaidait encore pour un État séparé ou un retour en Afrique, mais à partir du mois de mai, il admit que les Noirs devaient rester aux États-Unis et obtenir le respect de leurs droits et de leurs libertés, « par tous les moyens nécessaires ». Cette phrase inquiétante devint inséparable de l'image de marque de Malcolm X. Les « moyens nécessaires » incluaient bien sûr l'autodéfense mais aussi la collaboration occasionnelle avec des groupes luttant pour les droits civiques, quand leurs objectifs concordaient. Malcolm X rejetait toujours catégoriquement la non-violence. « Une autre stratégie arrive, annonçait-il. Ce seront des cocktails Molotov ce mois-ci, des grenades le mois prochain, et autre chose encore le mois suivant. Ce seront les bulletins de vote, ou les balles de fusil. Ce sera la liberté, ou ce sera la mort. La seule différence avec cette sorte de mort – elle sera réciproque[21]. »

Malcolm X demeurait cependant profondément musulman. Aux mois d'avril et mai 1964, il s'était rendu en pèlerinage à La Mecque, il avait visité le

Proche-Orient et plusieurs pays d'Afrique. En juillet, il retourna au Caire pour assister au Sommet africain, où il représentait son mouvement. Devant les délégués de 34 nations, il plaida la cause des 22 millions de Noirs américains, qu'il appelait maintenant « Afro-Américains ». Malcolm X avait compris qu'en ne limitant pas la protestation aux droits civiques, mais en l'étendant aux Droits de l'homme, il avait quelque chance, avec l'appui d'États africains, de remettre en cause le gouvernement américain devant les Nations unies[22].

Ces voyages amorcèrent une profonde évolution dans la pensée de Malcolm X. Elijah Muhammad l'avait autrefois convaincu que l'Islam était une religion exclusivement réservée aux Noirs, et à La Mecque, Malcolm s'était retrouvé épaule contre épaule avec des pèlerins « aux yeux du bleu le plus bleu, aux cheveux du blond le plus blond, et à la peau du blanc le plus blanc[23] ». Il était trop lucide et trop intelligent pour ne pas remettre en cause ses conceptions. « J'ai trop vu les dégâts causés par l'étroitesse d'esprit, écrivait-il, et quand je retournerai en Amérique, je consacrerai toute mon énergie à réparer ces dégâts[24]. » À son retour, il déclara publiquement : « Je n'approuve plus la condamnation d'une race entière. Je ne suis pas raciste et je n'approuve aucune croyance raciste[25]. »

Malcolm X n'avait croisé qu'une fois le chemin de Martin Luther King, en mars 1964. La rencontre avait été souriante, et brève. King avait dénoncé, à maintes reprises, le danger que représentait la violence potentielle des Musulmans noirs. Les déclarations antisémites de Malcolm X, qui s'en prenait violemment à « la presse juive » et aux « propriétaires juifs », révoltaient King. Mais l'évolution ultime de Malcolm n'avait pas échappé à son œil vigilant. Il n'excluait pas la possibilité d'un rapprochement. Les deux leaders croyaient par exemple à l'urgence d'inscrire le plus de Noirs possible sur les listes électorales. Au début de 1965, Malcolm X vint même appuyer la difficile campagne que King venait de lancer à Selma, dans l'Alabama.

Selma : le dernier triomphe de Martin Luther King

Lors des élections présidentielles de novembre 1964, Lyndon Johnson avait littéralement écrasé le républicain Barry Goldwater. Dans son premier message sur l'état de l'Union après la victoire, il avait proposé d'éliminer « les derniers obstacles au droit de vote[26] ». Johnson était fermement décidé, mais son administration se faisait prier. Martin Luther King comprit qu'une pression supplémentaire serait nécessaire pour que se concrétisent les intentions du Président, et avec soin, l'état-major de la SCLC sélectionna une petite ville d'Alabama dans le Dallas County, à quelque 50 miles de Montgomery, pour démarrer sa prochaine campagne.

« Ils choisirent Selma comme un metteur en scène choisit un décor de cinéma. Tous les ingrédients étaient réunis[27] », se souvient Joseph Smitherman, alors maire de Selma. La ville se trouvait au cœur de la « ceinture noire » de l'Alabama, une région à forte majorité noire, contrôlée par les Conseils de citoyens blancs et par un shérif brutal et sanguin de la même veine que Bull Connor. Dans le comté de Dallas, où se trouvait Selma, 57 % des habitants étaient noirs, et moins de 1 % d'entre eux étaient inscrits sur les listes électorales. Les comtés avoisinants de Wilcox et de Lowndes comptaient près de 80 % de Noirs, dont aucun ne votait[28].

Même dans une petite communauté apparemment soumise et arriérée comme Selma, quelques citoyens noirs, membres de la NAACP ou de la *Dallas County Voters League* (Ligue des électeurs du comté de Dallas), tels Sam et Amelia Boynton, discutaient de l'importance du droit de vote pour les Noirs. Comme l'écrivit J.L. Chestnut, l'unique avocat noir de Selma : « Si quelqu'un m'avait dit que ce petit groupe (...) serait en quelque sorte la genèse d'un Mouvement qui allait conquérir le droit de vote pour les Noirs de toute l'Amérique, je [lui] aurais répondu : "Vous êtes fou"[29]. »

La Ligue cherchait des volontaires afin de parrainer les Noirs assez résolus pour tenter de s'inscrire sur les listes électorales (la loi de Selma exigeait en effet que les électeurs potentiels soient présentés par d'autres déjà inscrits), et elle donnait des cours du soir pour aider les candidats à franchir l'obstacle des tests d'instruction, l'arme décisive des suprémacistes blancs pour maintenir les Noirs à l'écart du jeu politique. Au début de 1963, la Ligue des électeurs avait reçu un renfort inattendu en la personne de Bernard Lafayette, militant du Snick. Mais après plus d'un an d'efforts, seule une poignée de Noirs avait rejoint les rangs des électeurs, et Bernard Lafayette n'était pas parvenu à mobiliser la petite bourgeoisie noire de Selma. Il avait recruté néanmoins de nombreux lycéens et étudiants, et manifestations et arrestations avaient commencé à perturber le calme paysage de Selma.

Après la signature de la loi sur les droits civiques en juillet 1964, les militants du Snick avaient entrepris de « tester » les fontaines publiques et les cafés. Le juge de District, James Hare, avait publié un arrêt interdisant toute réunion publique. Le juge se considérait d'ailleurs comme un spécialiste de l'Afrique et expliquait volontiers que les Noirs du comté de Dallas, descendants des tribus ibos et congolaises, étaient fatalement arriérés[30]. Le Snick semblait maintenant à bout de souffle et à cours d'argent, et la Ligue des électeurs décida de prendre contact avec la SCLC.

Les militants de Selma avaient trouvé à Atlanta une oreille attentive. Sans adopter les vues révolutionnaires de Diane Nash et de James Bevel, Martin Luther King nourrissait depuis longtemps le projet de lancer une campagne d'envergure en Alabama. Les Blancs influents de Selma tentèrent vainement de le décourager. Le maire Joseph Smitherman nomma un nouveau directeur de la Sûreté, Wilson Baker, qui aurait essentiellement pour tâche de contrôler le shérif Jim Clark, d'éviter toute violence et donc toute publicité.

King arriva à Selma au début de 1965. Le 18 janvier, il prit avec John Lewis la tête d'une colonne de 400 personnes qui se dirigea vers le tribunal du comté où les officiers chargés des listes électorales siégeaient quelques jours par mois. Aucun des marcheurs ne parvint à pénétrer dans les locaux, mais il n'y eut ce jour-là ni violence ni arrestation. Jim Clark ne tenait pas le rôle de croquemitaine que la SCLC lui avait assigné mais cela ne pouvait durer. Dès le lendemain, quand les marcheurs se représentèrent au tribunal, le shérif empoigna violemment Amelia Boynton par le col de son manteau et lui fit parcourir ainsi une bonne vingtaine de mètres avant de la précipiter dans le fourgon cellulaire. Plus de 60 manifestants furent arrêtés ce jour-là. Des centaines d'arrestations suivirent dans la même semaine, Selma fit les gros titres de la presse nationale. La tactique de la SCLC triomphait. Le nombre croissant des manifestants n'était pas seulement dû à l'enthousiasme : certains éléments incontrolés de la SCLC menaçaient les commerçants noirs de boycotter leurs magasins et de les acculer à la faillite s'ils ne s'alignaient pas sur le Mouvement[31].

Le 22 janvier, un pas décisif fut franchi quand les professeurs et les maîtres d'école descendirent dans la rue, au risque évidemment de perdre leur emploi. Les professeurs représentaient la classe moyenne et une autorité certaine dans le communauté noire de Selma. Et, comme l'a souligné Frederick Reese, président de la Ligue des électeurs, toutes les professions de Selma les ont suivis : « Tout le monde marchait parce que les professeurs avaient plus d'influence qu'ils ne l'avaient jamais rêvé[32]. »

Les épisodes de brutalités se succédaient. Les hommes du shérif n'hésitaient pas à utiliser contre les militants des aiguillons électriques d'ordinaire réservés au bétail, et les photos de Jim Clark brandissant sa matraque au-dessus des manifestants paraissaient presque chaque jour dans les journaux et à la télévision. Tout le pays vit ainsi le pasteur C.T. Vivian, le visage ensanglanté, continuer à tenir tête à Jim Clark en proclamant : « Nous sommes prêts à être battus pour la démocratie[33] ! » Le 1er février, Martin Luther King fit encore monter la tension en se faisant délibérément arrêter. Quelques jours plus tard, une lettre signée de son nom paraissait dans le *New York Times* :

« Ici Selma, en Alabama. Il y a plus de Noirs avec moi en prison que sur les listes électorales[34]... »

Pendant le séjour de King en prison, Malcolm X effectua une brève visite à Selma. Il prononça un discours à Brown Chapel, quartier général du Mouvement, et déclara à la presse d'un air lourd de sous-entendus : « On ferait mieux de (...) donner [à King] ce qu'il demande, et de le lui donner vite, avant que d'autres groupes ne se présentent et n'essayent d'y parvenir d'une autre façon. Ce qu'il demande est juste, c'est le bulletin de vote, (...) et ce sera obtenu, d'une manière ou d'une autre[35]. »

À Coretta King, Malcolm confia qu'il n'était pas venu à Selma pour compliquer la tâche de son mari, et il ajouta : « Si les Blancs réalisent quelle est l'alternative, peut-être seront-ils plus disposés à écouter le Dr King[36] ? » Mrs King fut impressionnée par l'évidente sincérité de Malcolm X. Mais elle n'eut guère le temps de l'apprécier : le 21 février suivant, Malcolm X était abattu à Harlem de seize balles tirées à bout portant.

La police conclut à une vengeance des Musulmans noirs, mais le bouillant leader comptait tant d'ennemis que par la suite, des enquêtes privées remirent en cause le rôle possible du FBI, de la CIA et même de la Mafia[37].

Le dimanche sanglant

Quand King sortit de prison, la SCLC organisait des marches dans d'autres petites villes d'Alabama. Le 18 février 1965 à Marion, la police fondit sur les manifestants lors d'une marche de nuit. Des dizaines de personnes, dont plusieurs journalistes, durent être hospitalisées et un jeune Noir nommé Jimmie Lee Jackson reçut une balle dans l'abdomen. Il mourut quelques jours plus tard.

La révolte grondait parmi les militants du Mouvement, au point que certains parlaient d'aller jusqu'à Montgomery et de déposer le cercueil de Jimmie Lee sur les marches du Capitole, aux pieds du gouverneur George Wallace. Pour tenter d'endiguer cette colère, James Bevel, qui sortait lui-même de l'hôpital après avoir été sévèrement battu, proposa d'organiser une marche de Selma à Montgomery, qui durerait cinq jours et attirerait l'attention de toute la nation par l'intermédiaire des journaux, de la radio et de la télévision. Le SNCC désapprouvait ce projet complexe et coûteux, mais décida de laisser participer ses membres à titre individuel. La tension était extrême. Wallace avait interdit toute espèce de marche. King était averti de plusieurs complots pour attenter à sa vie.

Le dimanche 7 mars, la décision de maintenir la marche fut prise presque au dernier moment. King se trouvant encore à Atlanta, Hosea Williams de la SCLC et John Lewis du Snick se placèrent à la tête d'un cortège de 600 personnes qui devaient sortir de Selma, traverser le pont Edmund Pettus et gagner l'Autoroute 80 qui conduit à Montgomery. En arrivant sur le pont, les manifestants se trouvèrent face à un solide barrage de gardes nationaux et de membres de la police montée, portant tous le masque à gaz à la ceinture. Journalistes et caméramen étaient aussi présents, ainsi qu'une foule hostile agitant des drapeaux confédérés.

Le major John Cloud, qui commandait le détachement, ordonna aux manifestants de rebrousser chemin, et ajouta sèchement : « Vous avez deux minutes[38]. » Quelques secondes à peine s'écoulèrent et les policiers avancèrent, tenant leurs matraques devant eux, à l'horizontale. Comme un jeu de dominos, les premiers rangs de marcheurs s'effondrèrent les uns sur les autres, piétinés par les hommes en armes et par tous ceux qui parvenaient à s'enfuir. On entendit des hurlements, l'explosion des grenades de gaz lacrymogène, et au milieu d'une fumée si dense que beaucoup de manifestants perdaient connaissance sur le bord de la route, la police montée chargea, frappant sans retenue hommes, femmes et enfants. John Lewis roula à terre, la tête ensanglantée. Des dizaines de blessés gisaient autour de lui. C'était un véritable champ de bataille[39]. La chaîne nationale ABC, qui projetait un film sur les atrocités nazies, interrompit ses programmes pour transmettre les images en direct de Selma. Le 7 mars 1965 entra dans la mémoire collective de l'Amérique horrifiée sous le nom de « dimanche sanglant ».

Johnson militant

Le lendemain, King lançait un appel à tous les hommes de bonne volonté pour qu'ils viennent le rejoindre et protester à Selma. Des centaines de prêtres et de militants commencèrent à arriver : soudain, Selma était devenue la capitale des droits civiques.

Cette fois, le Snick insistait pour que la marche prévue ait lieu à tout prix. Mais par ailleurs, le président

Johnson et le ministre de la Justice Nicholas Katzenbach, qui avait succédé à Robert Kennedy, tentaient de persuader King d'y renoncer et promettaient une action fédérale rapide en faveur du droit de vote. Le matin du 9 mars, King apprit que le juge de district, Frank Johnson, avait provisoirement interdit toute marche. En conséquence, si la police matraquait les manifestants, ce serait en accord avec une décision de justice fédérale.

Quelques heures plus tard, Martin Luther King entraîna pourtant près de 2 000 marcheurs vers le pont Edmund Pettus. Arrivés devant le barrage de police, tous se mirent à genoux et prononcèrent une prière. Puis King et Abernathy se relevèrent et rebroussèrent chemin, ramenant avec eux toute la colonne. Beaucoup de militants ne comprenaient pas, le Snick criait carrément à la trahison et accusait King d'avoir conclu un accord secret avec le gouvernement. Les dissensions entre la SCLC et le SNCC éclataient maintenant au grand jour.

Le soir même, un pasteur blanc fut attaqué dans une rue de Selma par des suprémacistes blancs, et frappé en pleine tête ; il mourut trois jours plus tard.

L'irréductible violence du Sud scandalisa une nouvelle fois l'opinion publique. Des manifestations de solidarité eurent lieu dans maintes villes du Nord. L'indignation générale alimentait pourtant la rancœur des étudiants du Snick, puisqu'il fallait la mort d'un homme blanc pour la provoquer. Même dans la mort, la vie du Noir Jimmie Lee Jackson n'avait pas eu la même valeur que celle du Blanc James Reeb. « Il me semblait que le Mouvement lui-même faisait le jeu du racisme[40] », raconta Stokely Carmichael, un leader du Snick qui brandissait de plus en plus souvent l'étendard de la révolte. Découragé et amer, le SNCC se retira de la campagne de Selma.

La victoire était pourtant en vue. Le 13 mars, Lyndon Johnson déclarait dans une conférence de presse : « Ce qui est arrivé à Selma est une tragédie pour l'Amérique. Il est injuste de frapper des citoyens pacifiques dans les rues de leur ville. Il est injuste de refuser le droit de vote à des Américains. Il est injuste de priver quelqu'un d'une complète égalité à cause de la couleur de sa peau[41]. »

Deux jours plus tard, le Président présentait au Congrès et à la nation un projet de loi destiné à éliminer toute restriction légale au droit de vote, et il annonça solennellement, détachant chaque syllabe : « Nous tous devons vaincre le paralysant héritage du fanatisme et de l'injustice. Et nous vaincrons[42] ! »

« Nous vaincrons »... « *We Shall Overcome* »... Sans la moindre ambiguïté, le président des États-Unis reprenait à son compte l'hymne du Mouvement des droits civiques ! Ce soir-là, la plus haute autorité du pays s'inscrivait au rang des militants. Pour Martin Luther King, ému jusqu'aux larmes, et pour tous ses compagnons, c'était une apothéose sans précédent.

Le 17 mars, le juge Frank Johnson approuvait le projet de marche de Selma à Montgomery, et exigeait pour les manifestants la protection de la police. Le gouverneur Wallace refusa de la garantir. Lyndon Johnson l'imposa en fédéralisant la garde nationale de l'Alabama. Le dimanche 21 mars, les marcheurs reprirent donc à nouveau la route. Prêtres, religieuses, acteurs et vedettes se mêlaient aux anonymes. La presse les suivait pas à pas, les gardes nationaux et les hélicoptères tenaient en respect un public incrédule et souvent hostile.

Après cinq jours de marche et de camping le long des routes, le cortège qui réunissait maintenant plus de 25 000 personnes entra dans Mongomery. Dix ans après le boycott des autobus, Martin Luther King revenait en triomphateur dans la ville de ses débuts. Coretta King se souvient de son émotion : il semblait qu'un « torrent de fraternité engloutissait le "Berceau de la Confédération" (...) Nous avions accompli un long chemin depuis (...) le boycott des autobus, quand nous n'étions qu'une poignée [de militants]. (...) Toute cette expérience constituait un moment unique dans l'histoire américaine, un grand moment de vérité[43] ».

Sur les marches du Capitole, au sommet duquel flottait toujours le drapeau confédéré, Martin Luther King prononça un vibrant plaidoyer pour la liberté et la non-violence. Devant les caméras de la télévision nationale qui retransmettaient le discours en direct, il déclara : « La ségrégation gît sur son lit de mort en Alabama. » Et avec ferveur, il avertit l'Amérique et le monde entier : « Nous ne rebrousserons pas chemin. Nous sommes en marche vers le pays de la liberté[44]. » La nuit même, le Ku Klux Klan abattit une jeune femme venue de Detroit pour participer à la protestion de Selma.

Mais le président Johnson persévéra : le 6 août 1965, triomphant, il signait la loi sur le droit de vote.

Alors, des officiers fédéraux arrivèrent dans nombre de villes du Sud pour contrôler et faciliter les inscriptions. Très vite, les politiciens locaux entreprirent de courtiser le nouvel électorat noir.

Mais au même moment, l'unité du Mouvement des droits civiques était de plus en plus mise à mal. Les étudiants du SNCC rejetaient les valeurs bourgeoises que King leur semblait incarner. Ils désapprouvaient foncièrement les méthodes de la SCLC qui arrivait dans une communauté, parachutait le « leader charismatique[45] », suivi de près par la presse et les forces gouvernementales, puis repartait, comme un « cirque qui aurait plié bagage[46] », laissant aux habitants du lieu le soin de ramasser les morceaux. Beaucoup parmi les étudiants avaient enduré trop de coups et trop de séjours en prison, ils avaient vu trop de victimes. Ils ne croyaient plus à la non-violence et plus guère à l'intégration. Ils se voulaient « Noirs » et ne se souciaient plus de gagner l'approbation du monde blanc.

Martin Luther King ne sous-estimait pas un instant les débordements potentiels du Mouvement. De plus en plus, son attention se tournait vers les problèmes économiques et sociaux qui accablaient la communauté noire. À Selma, il avait déjà promis de marcher contre les ghettos et la pauvreté, et il avait annoncé ensuite que la SCLC ne limiterait plus son action aux États du Sud. Au milieu de la grande vague de contestation des années 1960, le Mouvement des droits civiques entrait dans la tourmente.

CHAPITRE 11

Black Power !

Les germes de l'action affirmative

Le Mouvement des droits civiques avait changé la loi. Pouvait-il changer les mentalités ? Le système légal bâti par le Sud pour maintenir la ségrégation n'existait plus, mais les Noirs du Mississippi craignaient toujours de se diriger vers le bureau de vote et de rencontrer en chemin un suprémaciste blanc dont le fusil parlerait plus vite que l'autorité de Washington.

Dans les grandes villes du Nord, les images que la télévision avait retransmises de Birmingham et de Selma avaient incité les Noirs à remettre en cause leur propre situation. Certes, aucune loi ne leur imposait la ségrégation raciale, mais ils vivaient reclus dans des ghettos infestés de rats et d'insectes, leurs enfants fréquentaient des écoles souvent plus ségréguées que celles du Sud, et beaucoup de travailleurs noirs ne parvenaient pas à trouver un emploi en période de pleine prospérité. Dès 1963, Martin Luther King l'avait reconnu : « La lutte pour l'égalité des droits est, au fond, une lutte pour l'égalité des chances. (...) Avec l'égalité des chances, doit venir une aide pratique et réaliste pour permettre [au Noir] de saisir cette chance. » King proposait déjà une Déclaration des droits des déshérités[1].

Appliquer les méthodes du Mouvement aux problèmes économiques et sociaux du Nord ne serait pas chose facile. L'ennemi demeurait vague, le danger diffus. La presse et les élus locaux protestaient avec véhémence contre les brutalités d'un Bull Connor ou d'un Jim Clark, et affirmaient régulièrement leur soutien aux *Negroes*. Les militants noirs avaient trouvé dans le Nord l'appui indispensable pour imposer la loi fédérale aux irréductibles du Dixie. Mais vers quel soutien pourraient-ils se tourner, s'ils remettaient en cause le mode de vie et la bonne conscience du Nord ? Parviendraient-ils à y réunir une année non violente ? Dans les grandes métropoles, le crime sévissait quotidiennement et les pasteurs protestants ne jouissaient pas de la même influence morale que dans le Dixie. La figure de Malcolm X, dont la popularité ne cessait de grandir depuis son assassinat, incarnait beaucoup plus que Martin Luther King les frustrations et le désespoir des ghettos.

Le président Johnson, si ambitieux et égocentrique qu'il fût, s'était attaché avec sincérité à la cause des pauvres et des exclus. Au printemps 1964, il avait parlé pour la première fois de construire en Amérique une « Grande Société » qui offrirait à tous les Américains leur juste part de la prospérité nationale. Cet immense programme social, qui mettrait à la disposition des plus démunis nourriture, soins médicaux, logement, éducation, apprentissage, retraite, serait son monument, son legs à la postérité. Après son triomphe aux élections de novembre 1964, Johnson disposait du « Congrès le plus démocrate et le plus à gauche depuis (…) le New Deal[2] ».

La constance de la croissance économique, l'affaiblissement des tensions de la guerre froide, la notoriété du Mouvement des droits civiques et la mort tragique de John Kennedy semblaient créer un climat favorable aux réformes sociales. Le Président s'était lancé dans une activité frénétique, soumettant aux élus des dizaines et des dizaines de projets de lois. En 1965, les événements de Selma l'avaient obligé à accélérer son programme en matière de droits civiques, mais il ne renonçait pas à promouvoir simultanément la « Guerre contre la pauvreté » : « Je veux être considéré comme le Président qui a éduqué les enfants, (…) aidé à nourrir les affamés, (…), aidé les pauvres à sortir de leur misère et qui a protégé les droits de chaque citoyen de voter à chaque élection », avait-il déclaré au Congrès en mars 1965[3].

À l'égard de la minorité noire, le Président entendait aller au-delà de l'égalité devant la loi et dans l'isoloir. Le 4 juin 1965, devant les étudiants de l'université Howard, il reprit les principes de « l'action affirmative », terme inauguré par John Kennedy en 1961 :

« Vous n'effacez pas les cicatrices infligées pendant des siècles en disant : vous êtes maintenant libres d'aller où vous voulez. (…) Vous ne prenez pas un individu qui, pendant des années, a été entravé par des chaînes, pour le libérer, le conduire sur la ligne de départ de la course et lui dire "vous êtes libre de concourir avec tous les autres" en croyant ainsi être tout à fait juste. (…) Nous ne cherchons pas seulement la liberté mais l'égalité des chances (…), pas seulement l'égalité en tant que droit et théorie, mais l'égalité en tant que réalité (...) et résultat[4]. »

Quelques mois plus tard, Johnson signa le décret n° 11246 qui définissait les grandes lignes de l'action affirmative. Il s'agissait pour l'administration et les entreprises privées de « réparer » les dommages engendrés par des siècles de discrimination en faisant un effort délibéré pour embaucher et promouvoir des employés noirs à tous les niveaux de responsabilité.

Ce système de préférence raciale devait offrir aux Noirs un avantage au départ de la compétition économique pour tenter de compenser des siècles de discrimination. Kennedy avait ainsi exigé des entreprises sous contrat fédéral qu'elles recrutent un certain nombre d'employés noirs, et Johnson définit les normes qu'il souhaitait voir respecter dans ce domaine par les sociétés privées.

Mais le 11 août 1965, alors que le Congrès approuvait une mesure sociale après l'autre, des émeutes raciales d'une violence inouïe éclataient à Los Angeles, et le Président demandait avec consternation : « Comment est-ce possible, après tout ce que nous avons accompli ? Le monde a-t-il perdu la tête[5] ? »

Car tandis que le Président rêvait d'une Grande Société, la rage et l'amertume enflammaient les ghettos, et les revendications de « pouvoir noir » faisaient exploser le Mouvement des droits civiques, sonnant le glas de la lutte non violente. Martin Luther King affirmait pourtant qu'il demeurerait non violent, dût-il être le dernier[6]. À la recherche d'une initiative contre la misère endémique des ghettos du Nord, il installait ses quartiers à Chicago, avant de se lancer dans une ultime campagne pour la justice sociale et la paix au

Vietnam, accusant l'administration d'abandonner la lutte contre la pauvreté au profit de l'escalade militaire.

La fièvre des ghettos

En ce mois d'août 1965, la canicule accablait les quelque 250 000 Noirs entassés à Watts, le quartier noir de Los Angeles, dans des taudis insalubres dépourvus de ventilateurs et même souvent d'eau courante. Dans la soirée du 11 août, l'arrestation d'un conducteur en état d'ivresse attira un groupe de badauds, les policiers blancs demandèrent des renforts, une foule de plus en plus hostile se rassembla. Et le ghetto s'enflamma.

Pendant six jours, on incendia, pilla, et bombarda les forces de police à coups de briques et de cocktails Molotov. Beaucoup d'émeutiers étaient armés. Les jeunes Noirs dansaient autour des voitures et des magasins en flammes en scandant « *Burn, baby, burn !* », un slogan qui, en quelques jours, retentirait d'un bout à l'autre du pays. 14 000 hommes de la Garde nationale arrivèrent pour quadriller les rues de Watts. Quand le calme revint, on dénombra 34 morts, 900 blessés, 4 000 arrestations et quelque 30 millions de dollars de dommages matériels[7]. Dans la même semaine, des scènes semblables se répétaient à Chicago et à Springfield dans le Massachusetts.

Ce n'était pourtant que le premier de ces « étés longs et chauds » qui secoueraient le pays sur ses fondations. En 1966, Chicago, Cleveland, Dayton, Milwaukee et San Francisco furent le théâtre d'émeutes raciales semblables qui firent sept morts et plus de 400 blessés[8].

Pendant l'été 1967, plus d'une centaine de grandes villes, du nord au sud et de l'est à l'ouest, brûlèrent de la fièvre des ghettos. À Newark, dans le New Jersey, dont le quartier noir était devenu la capitale nationale du chômage et du crime, il y eut plus de vingt morts. Et à Detroit, des dizaines de milliers de Noirs envahirent les rues dans une ambiance de terreur et de révolution. La ville s'était pourtant cru à l'abri d'un tel danger, la prospérité de l'industrie automobile assurant une situation proche du plein emploi. Le maire, Jerome Cavanagh, avait mis en œuvre nombre de programmes sociaux. Il commençait à embaucher des policiers noirs. En 1963, il avait même participé à une marche organisée à Detroit par Martin Luther King pour soutenir la campagne de Birmingham. Le gouverneur du Michigan, George Romney, avait déclaré au moment des émeutes de Watts : « Cela ne peut pas arriver ici[9]. » Mais même à Detroit, capitale de l'automobile, les emplois qualifiés comme les quartiers résidentiels demeuraient généralement inaccessibles aux Noirs.

Dans la soirée du 22 juillet 1967, l'arrestation d'un groupe de consommateurs noirs dans une boîte de nuit déclencha l'engrenage. Pendant six jours et six nuits, la violence fit rage. Romney, survolant en hélicoptère le théâtre des incendies et des combats de rues, constata que Detroit ressemblait à une ville « qui a été bombardée[10] » et fit appel aux troupes fédérales. 43 personnes périrent avant que l'ordre ne soit rétabli.

Entre 1965 et 1968, les émeutes raciales firent ainsi 250 victimes noires, et plus de 8 000 blessés. Chacun de ces tragiques événements, aussi anarchiques, imprévisibles et incontrôlables qu'ils paraissent, suivait un schéma presque identique : une période d'extrême chaleur, à laquelle les habitants du ghetto, privés de piscine publique ou de voiture pour se rendre à la plage ou au bord d'un lac, ne trouvaient aucun soulagement ; un incident avec des policiers blancs, dont les habitants du quartier noir ressentaient la présence musclée comme une occupation étrangère ; très vite, une foule se rassemblait, lançait cocktails Molotov et autres projectiles, et en quelques heures, le ghetto était à feu et à sang. Des éléments purement criminels se mêlaient aux premiers émeutiers, incendies et pillages n'épargnaient pas toujours les magasins tenus par des Noirs.

Parmi ceux qui se livraient ainsi au vandalisme, il n'y avait pas que des voyous, des chômeurs ou des miséreux sans logis. La claustrophobie du ghetto semblait susciter la rage d'une population noire de tous âges et de toutes conditions. En dépit des espérances des leaders les plus radicaux ou des craintes du FBI, il ne s'agissait pourtant pas d'une insurrection concertée « annonçant une révolution anticapitaliste ».

Après le désastre de Detroit, le président Johnson désigna une Commission présidée par le gouverneur de l'Illinois, Otto Kerner, qu'il chargea d'étudier les origines des désordres. Le rapport rendu en février 1968 mettait en accusation la pauvreté, les taudis, le chômage et les écoles ségréguées et avertissait : « Notre nation évolue vers deux sociétés, une noire et une blanche – séparées et inégales[11]. » Pour parvenir à une intégration réelle, le rapport Kerner proposait de mettre en place un vaste et coûteux programme d'action fédérale en faveur des Noirs. Mais à ce moment-là, Johnson, enlisé dans le conflit vietnamien, ne parvenait même plus à faire face aux dépenses prévues pour la Grande Société.

La coalition interraciale qui avait apporté un soutien politique et financier au Mouvement des droits civiques commençait d'ailleurs à se désintégrer sous la pression de la violence dans les rues et des revendications radicales du « pouvoir noir ».

La tentation de la violence

L'autoroute 80, qui, en Alabama, relie Selma à Mont go mery, traverse le comté de Lowndes, une région agraire traditionnelle. En 1965, 86 familles blanches y possédaient 90 % des terres, et régnaient sur des milliers de métayers noirs miséreux. « Une véritable société totalitaire », asséna Stokely Carmichael, le leader du Snick, peuplée de 81 % de Noirs, dont aucun n'était inscrit sur les listes électorales, un comté dominé par la peur[12].

Dès le lendemain de la marche de Selma, quelques militants du SNCC étaient revenus sur leurs pas, décidés à former dans le comté de Lowndes un parti politique noir indépendant. Ils avaient tiré les leçons de l'échec du Parti démocrate de la Liberté dans le Mississippi. En Alabama, le Parti démocrate avait pour chef le gouverneur George Wallace, et pour symbole un coq blanc, fièrement campé sous la devise « Suprématie blanche ». Pour le Snick, il devenait facile de dire : « Regardez, ce parti n'est pas pour nous. Il nous faut notre propre parti[13]. »

Au mois d'août 1965, les premiers agents fédéraux chargés de surveiller les inscriptions sur les listes électorales arrivèrent dans la région, et des centaines de Noirs accomplirent les formalités nécessaires, souvent influencés par le travail éducatif du Snick, ou même amenés par des planteurs décidés à contrôler d'aussi près que possible le vote devenu inévitable de « leurs Nègres[14] ». Au cours de ces opérations, un militant blanc du Snick fut abattu, et un autre grièvement blessé.

Carmichael et ses collègues ne renonçaient pas à parcourir la région : puisque « nous formons 80 % de la population de ce comté, nous avons le droit de le gouverner, (…) et nous le gouvernerons[15] ! ». En mars 1966, le SNCC constitua la *Lowndes County Freedom Organization* (Organisation libre du comté de Lowndes) ou LCFO et choisit son symbole : une panthère noire, prête à bondir. John Hullet, l'un des membres fondateurs, décrivait la panthère noire comme « un animal sauvage qui, si on l'attaque, ne reculera pas. Cela voulait dire que nous riposterions si nous le devions. (…) Beaucoup (…) commencèrent à dire que nous étions un groupe violent (…). Mais ce n'était pas cela, c'était un symbole politique qui signifiait que nous ferions tout ce qui était nécessaire pour survivre[16] ».

En dépit d'une large participation noire aux élections de novembre 1967, la LCFO n'obtint aucun mandat local. Beaucoup de paysans avaient cédé aux pressions des propriétaires qui débauchaient les plus militants ou les chassaient de leurs logements. La Panthère noire allait pourtant faire des émules et influer considérablement l'avenir du Snick et de Stokely Carmichael.

En janvier 1966, un étudiant noir du nom de Sammy Younge avait été abattu à Tuskegee, en Alabama, pour avoir tenté d'utiliser des toilettes « blanches ». Quelques jours après, le SNCC publia une déclaration qui réunissait dans une même condamnation le racisme en Amérique et la guerre du Vietnam. Cette prise de position provoqua une rupture définitive entre le Snick et le président Johnson, mais cela ne freina pas la radicalisation des étudiants noirs. Au mois de mai suivant, Stokely Carmichael prenait la tête du SNCC, remplaçant John Lewis jugé trop modéré et trop proche de Martin Luther King. Dans le même esprit, le CORE (*Congress of Racial Equality*) élisait Floyd McKissick pour succéder à James Farmer. Carmichael et McKissick allaient gagner une notoriété considérable grâce à un allié aussi involontaire qu'inattendu : James Meredith, l'étudiant dont l'inscription à l'université du Mississippi avait provoqué en 1962 une crise nationale.

Maintenant étudiant de droit à Columbia, Meredith demeurait un solitaire et un original. En juin 1966, il annonça qu'il allait parcourir seul, et à pied, les 220 miles séparant Memphis de Jackson dans le Mississippi. Il voulait inciter les Noirs du Mississippi à vaincre leur peur, à s'inscrire sur les listes électorales et à voter. Il partit le 5 juin le long de l'autoroute 51, coiffé d'un casque colonial et muni d'une canne africaine. Il franchit ainsi la frontière du Tennessee et pénétra dans le Mississippi. Le lendemain, un Blanc l'attendait au bord du chemin et le cribla de balles.

Par miracle, ses blessures furent superficielles, mais en quelques heures, l'initiative isolée de Meredith devint une affaire nationale. Les leaders de toutes les organisations noires se précipitèrent pour reprendre à leur compte la « Marche contre la peur ». Roy Wilkins de la NAACP et Whitney Young de la Ligue urbaine souhaitaient conduire une marche interraciale en faveur d'une nouvelle législation sur les droits civiques.

Stokely Carmichael et Floyd McKissick voulaient une manifestation exclusivement noire qui mettrait en accusation le président Johnson et encouragerait les Noirs à s'organiser en dehors du Parti démocrate. Pour protéger les marcheurs, ils comptaient faire appel aux *Deacons for Defence* (Diacres pour l'autodéfense), un groupe noir armé originaire de Louisiane. Martin Luther King plaidait le juste milieu : une marche interraciale, non violente, où le SNCC aurait la liberté de remettre en cause la lenteur et les insuffisances de l'administration fédérale. King accepta à contrecœur la présence des *Deacons for Defence*, mais Wilkins et Young abandonnèrent le projet.

Dès le 7 juin, la marche reprit, sur un parcours semé d'embûches. À chaque étape, les militants se rendaient dans les plantations pour inciter les Noirs à faire usage de leur droit de vote. À plusieurs reprises les marcheurs se trouvèrent face à une foule hostile, et incertains de l'attitude que prendrait la police locale chargée de les protéger. Le 16 juin, Carmichael et deux de ses collègues furent arrêtés à Greenwood pour avoir voulu planter leurs tentes sur le terrain de l'école publique. Relâché quelques heures plus tard, Carmichael prit la parole : « Dès demain, il sera bon de mettre le feu à tous les tribunaux du Mississippi. » Il fallait maintenant réclamer « le pouvoir noir » :

Que voulez-vous ? criait-il à la foule.

Et celle-ci répondait :

Black Power ! Black Power[17] !

Le slogan « Pouvoir noir ! *Black Power !* », fit l'effet d'une étincelle jetée dans l'amadou, à la grande contrariété des dirigeants de la SCLC qui s'efforçaient d'imposer le mot d'ordre traditionnel : « Liberté maintenant ! »

Pendant les jours suivants, Martin Luther King plaida en vain auprès des dirigeants du SNCC pour leur faire abandonner la formule incendiaire :

« Immédiatement, écrivit-il, je me sentis réticent (...) J'avais le sentiment profond que le choix des mots (...) était malheureux. »

Si King reconnaissait le droit des Noirs à un « pouvoir légitime, (...) [une] force nécessaire pour amener des changements sociaux, politiques et économiques[18] », il avertissait qu'en s'isolant, les Noirs ne pourraient pas parvenir au pouvoir politique, ni créer un nombre d'emplois ou de logements suffisants pour sortir de la misère, et que la violence était une tentation « suicidaire », totalement irréaliste[19].

Mais Stokely Carmichael et ses proches avaient la ferme intention d'utiliser la marche pour lancer le *Black Power*. Immédiatement, la presse avide de sensationnel s'en empara, et concentra toute son attention sur la violence potentielle et sur les différences opposant le Dr King et le SNCC. Un étudiant blanc qui participait à la manifestation s'en souvient : « [Le nouveau slogan] était glaçant, effrayant. Soudain, je me sentais menacé[20]. »

Un Ku Klux Klan à l'envers

En arrivant à Canton le 23 juin, les marcheurs furent à nouveau chassés d'un terrain scolaire par les gaz lacrymogènes et les matraques des policiers. Tous les manifestants demeurèrent non violents, mais la tension devenait insupportable. Le 26 juin, la Marche contre la peur rallia enfin Jackson, capitale du Mississippi. Un Martin Luther King visiblement las monta à la tribune et défendit la cause de la non-violence.

Mais pour Stokely Carmichael, ce temps-là était passé. Son discours véhément écartait définitivement la souffrance rédemptrice :

« Nous devons (…) construire dans ce pays une base de pouvoir si solide que nous mettrons [les Blancs] à genoux chaque fois qu'ils nous provoqueront ! », proclama-t-il[21].

Floyd McKissick annonça, lui aussi, une nouvelle époque :

« Nous devons développer notre propre culture. (…) Que 1966 soit l'année où nous n'accepterons plus l'usage du mot *Negroe*, mais où nous définirons comme *Noirs*[22] ! »

Black Power avait définitivement brisé l'unité du Mouvement des droits civiques.

La réprobation de la presse, des libéraux blancs et des militants noirs modérés fut immédiate et sans appel. Le vice-président Hubert Humphrey déclara : « Nous devons rejeter tous les appels au racisme » et Roy Wilkins renchérit : « [*Black Power*] est le père de la haine et la mère de la violence. C'est un Mississippi à l'envers, un Hitler à l'envers, un Ku Klux Klan à l'envers[23] ! »

Certes, ce n'était pas la première fois que surgissait une revendication au « pouvoir noir ». W.E.B. Dubois, déjà, avait employé cette expression, comme plus tard l'acteur Paul Robeson ou l'écrivain Richard Wright. Mais Carmichael et McKissick ne se réclamaient pas de ces figures anciennes. Ils étaient les héritiers de Malcolm X, de l'autodéfense et du nationalisme noir. Ils citaient le psychiatre martiniquais Frantz Fanon, compagnon de route du FLN algérien, qui justifiait l'emploi de la violence dans toute lutte anticoloniale[24]. Carmichael n'affirmait-il pas « les Noirs de ce pays forment une colonie[25] » ? Pour l'Amérique blanche, ces déclarations suffisaient à ranger les militants du pouvoir noir parmi les émeutiers qui embrasaient les ghettos en criant : « Longue vie à Malcolm X ! » Cela signifiait destruction, volonté de domination et haine raciale.

Cependant, comme Martin Luther King le comprit très vite, l'appel au pouvoir noir ne recouvrait pas un programme ni une stratégie, mais davantage un « concept affectif », un état d'esprit, presque une mystique, qui signifiait « des choses différentes (…) selon les situations[26] », et pouvait aller de l'organisation de secours sociaux à l'encouragement à la guérilla urbaine. Les militants les plus radicaux du *Black Power* faisaient sensation dans les médias, ils avaient adopté un geste de ralliement – le poing levé – et un langage outrancier, destinés selon Stokely Carmichael à « réveiller les masses noires » :

« Tirez ! Brûlez ! Tuez ! Détruisez[27] ! », criaient-ils.

Ces militants renversaient toutes les icônes, englobaient dans le même mépris l'*establishment* blanc, les libéraux du Parti démocrate et les leaders noirs modérés. Ils traitaient Martin Luther King de couard et Roy Wilkins « d'homme blanc qui s'est trompé de couleur[28] ». Ils applaudissaient aux extravagances de Cassius Clay alias Muhammad Ali, quand celui-ci hurlait devant les caméras de la télévision : « Je suis le plus grand ! Je suis le plus beau ! Je suis le roi du monde[29]. »

Muhammad Ali incarnait d'ailleurs à merveille toutes les revendications du *Black Power* : l'affirmation

de la beauté et de la virilité noires, la fierté des origines africaines, le rejet libérateur de la haine de soi
inculquée par des siècles de servitude et par les critères esthétiques et culturels de l'Amérique blanche.
« *Black is beautiful !* » devint un nouveau mot d'ordre.
« Et le noir est devenu une belle couleur, a conclu
James Baldwin, non parce qu'il est aimé, mais parce
qu'il est craint[30]. »

Pourtant, tous les sondages effectués à la fin des
années 1960 indiquent que seule une petite minorité
de Noirs se sentaient prêts à suivre des leaders comme
Carmichael, McKissick, ou plus tard Huey Newton ou
Bobby Seale[31]. Plus que politique, l'impact du *Black
Power* demeura essentiellement culturel, psychologique, artistique. Les jeunes Noirs abandonnaient les
produits pour défriser les cheveux et blanchir la peau,
ils préféraient maintenant accentuer leurs traits ethniques. Ils portaient des vêtements et des coiffures
« afro », ils adoptaient des noms africains ou arabes.
Ils apprenaient les dialectes, les danses, la musique et
la cuisine de leur continent d'origine. Réclamant une
esthétique et des institutions noires, les étudiants se
révoltaient contre les valeurs et le savoir que trans-
mettaient les programmes universitaires traditionnels.

La contre-culture

Pendant ce temps, la contestation de la jeunesse,
née à Berkeley en 1964, secouait les vénérables universités américaines. Le différend initial sur la liberté
d'expression était devenu une révolte générale contre
l'autorité, un gigantesque conflit de générations entre
un *establishment* sûr de sa force qui traitait les étu-

diants en gamins indisciplinés, et une jeunesse qui ne comprenait pas comment une surabondance sans précédent coexistait avec des îlots d'extrême pauvreté, et pourquoi il lui fallait partir au Vietnam défendre une cause lointaine et confuse qu'elle n'approuvait pas. Les étudiants multipliaient les *sit-in*, les boycotts et les occupations de locaux, et se répandaient en diatribes contre la société de consommation, les essais nucléaires et le complexe militaro-industriel.

Les étudiants noirs participaient activement à ces diverses manifestations, mais ils se méfiaient de leurs compagnons blancs au sein de la « contre-culture ». Le fossé entre les libéraux blancs et les militants du *Black Power* se creusait de plus en plus depuis l'éclatement du Mouvement des droits civiques. « En fait, déclarait l'historien noir Sterling Stuckey, les (…) universités ont depuis longtemps préparé le chemin à la confusion et à l'ignorance, à l'arrogance et à la présomption, à la violence et aux effusions de sang dans les relations entre Noirs et Blancs[32]. »

Les syndicats d'étudiants noirs demandaient des conditions d'admission privilégiées, une représentation accrue dans l'administration et le corps enseignant, l'assouplissement des règlements intérieurs et surtout, le développement de programmes « d'études noires » qui auraient pour ambition de comprendre et de populariser les valeurs culturelles « afro-américaines » et d'éliminer le racisme implicite qui fondait l'Amérique traditionnelle. Dans ces départements d'études noires, les étudiants exigeaient d'être complètement séparés des Blancs, et leur but ultime demeurait l'organisation d'universités exclusivement noires, dont la philosophie académique se fixerait pour objectif « l'indépendance psychologique vis-à-vis de l'oppresseur (...) et le service de la communauté [noire][33] ».

Ces tentatives pour redécouvrir l'histoire noire et réécrire par là même celle de tout le pays ne satisfaisaient personne. Les étudiants exigeaient des professeurs qu'ils fassent déclaration d'allégeance au *Black Power*, et refusaient la participation d'enseignants blancs. Les autorités de l'université frémissaient devant l'agressivité et les provocations des étudiants noirs, qui allaient jusqu'à réclamer l'inclusion des sports de combat et du maniement des armes dans le programme obligatoire. Nathan Hare, éditeur du magazine *Black Scholar*, n'écrivait-il pas : « Un programme d'études noires qui ne serait pas révolutionnaire et nationaliste serait par voie de conséquence totalement dénué d'intérêt[34] » ? Dans les universités déjà traditionnellement noires, les étudiants ne se montraient pas plus satisfaits. Ils rejetaient les « valeurs bourgeoises » qui y régnaient et les programmes académiques qui représentaient simplement « un processus d'acclimatation et d'adaptation au monde blanc[35] ».

À Howard, la prestigieuse université de Washington d'où sortaient la majeure partie de l'élite noire et nombre de militants des droits civiques, les étudiants accusaient maintenant les professeurs et l'administration d'approfondir le complexe d'infériorité des Noirs, et de « tenter désespérément de demeurer une école blanche d'imitation, produisant des diplômés blancs d'imitation[36] ».

L'agitation estudiantine avait déjà gagné Howard en 1966, après la mort de Sammy Younge. L'élection, à l'automne 1966, d'une « reine du campus » portant coiffure afro et adepte déclarée du *Black Power*, galvanisa les énergies. Dans l'amphithéâtre où l'élue, Robin Gregory, savourait sa victoire, les étudiants chantaient avec enthousiasme « *Umgawa, Black Power*[37] ! ». Le mouvement de Howard était lancé. Au mois de mars suivant, quand le général Lewis Hershey, président du Conseil de recrutement militaire, vint prononcer un discours à Howard, il dut quitter la salle sous les huées. À cette époque, la jeunesse prenait douloureusement conscience de l'escalade du conflit vietnamien.

L'occupation de l'université Howard

Le président Kennedy avait, le premier, envoyé des conseillers militaires à Saigon. En 1964, les premiers soldats les avaient rejoints, et en 1965, le président Johnson avait autorisé les bombardements stratégiques au Nord-Vietnam. Les États-Unis contrôlaient l'espace aérien, mais le Vietcong continuait à progresser sur le terrain. Johnson envoya des troupes pour protéger les bases aériennes, puis des renforts pour protéger les troupes, tout cela sans déclaration de guerre, sans débat parlementaire, maintenant le Congrès et l'opinion publique dans l'ignorance de la situation réelle.

En 1967, près de 500 000 *GI's* combattaient au Vietnam, 80 000 seraient tués ou blessés pendant cette seule année[38]. Cela ne rendait pas l'administration de Howard plus clémente envers ceux qui avaient provoqué l'incident contre le général Hershey et qui furent menacés d'expulsion. Le conflit larvé entre étudiants et administration se prolongea jusqu'à l'été suivant. À la rentrée, une vingtaine d'étudiants et six professeurs se virent interdire le chemin de l'université. Cela ne fit que renforcer la détermination des militants du *Black Power*.

Muhammad Ali avait déjà donné le signal de la révolte au mois d'avril 1967 en refusant la conscription et en déclarant : « Je n'ai rien contre le Vietcong ! » Privé de son titre de champion du monde, condamné à cinq ans de prison puis libéré sous caution en attendant l'épuisement des procédures d'appel (sa condamnation serait finalement annulée pour vice de forme), il était devenu un orateur pacifiste extrêmement populaire. Pourquoi, demandait-il à des foules de jeunes Noirs enthousiastes, aurait-il dû aller « en Asie, en Afrique ou ailleurs combattre un peuple qui n'a jamais lancé une pierre contre moi ou contre l'Amérique ? Qui était ce descendant de propriétaire d'esclaves [l'officier chargé du recrutement] pour ordonner à un descendant d'esclaves d'aller combattre un autre peuple dans son propre pays ? »[39]. Quand Ali s'était rendu à Howard, plus de 4 500 étudiants étaient venus l'écouter sur les pelouses du campus, puisque l'administration lui avait refusé l'accès aux amphithéâtres.

L'agitation s'intensifia considérablement en février 1968, après que la police eut ouvert le feu sur une manifestation étudiante – essentiellement noire – à Orangeburg en Caroline du Sud. Il y avait eu trois morts et 28 blessés[40]. Les leaders du mouvement de Howard franchirent alors une étape décisive en envoyant une lettre ouverte au président de l'université James M. Nabrit (celui qui, en 1954, avait aidé à préparer le cas « Brown » contre la ségrégation scolaire) : les étudiants exigeaient sa démission, demandaient l'établissement d'un centre d'études noires et la réinsertion des activistes radiés l'été précédent.

N'obtenant pas de réponse, les signataires de la lettre décidèrent d'occuper l'université. Eux-mêmes n'espéraient pas tout le soutien que leur apportèrent alors la majorité des étudiants. Ils allaient servir d'exemples à des milliers de jeunes en Amérique et dans le monde.

L'occupation de Howard se déroula dans le calme et une relative discipline, et les négociations commencèrent rapidement entre manifestants et autorités universitaires. Les étudiants obtinrent satisfaction sur presque tous les points, si ce n'était la démission du président Nabrit qui devait partir à la retraite un an plus tard. Le 23 mars, ils évacuèrent les locaux sans incident.

Tandis que la contestation étudiante continuait à secouer une Amérique déchirée par le conflit vietnamien, une partie importante du Mouvement noir interprétait de manière légale et pacifique les aspirations du *Black Power*, en se tournant activement vers la lutte politique. En novembre 1967, le démocrate Carl Stokes fut élu à la mairie de Cleveland, une ville peuplée de 35 % de Noirs. Il était parvenu à réunir 96,2 % du vote noir, et 15,2 % des suffrages blancs[41]. C'était la première fois dans toute l'histoire des États-Unis qu'une grande métropole confiait son administration à un maire d'origine africaine et, pour la communauté noire, cela représentait une victoire sans précédent. Atlanta, Detroit et Los Angeles allaient bientôt suivre cet exemple.

À l'opposé de cette intégration dans le débat politique national, les leaders initiaux du *Black Power* durcissaient leurs positions. En condamnant Israël pendant la guerre des Six Jours (qu'ils appelaient « la guerre impérialiste sioniste[42] »), le Snick et le CORE s'aliénèrent définitivement les juifs libéraux qui avaient œuvré dans leurs rangs depuis le début du Mouvement, et se trouvèrent bientôt réduits à une poignée de militants prêts à sombrer dans le fanatisme. Carmichael encourageait les jeunes Noirs à devenir « les bourreaux de nos bourreaux » et à « détruire tout ce que la civilisation occidentale[43] » avait créé. Après que ses discours incendiaires eurent déclenché des émeutes dans plusieurs universités du Sud au printemps 1967, il quitta provisoirement le pays pour une tournée à Cuba et au Nord-Vietnam. Il déclara partager la cause des Vietnamiens contre l'envahisseur : « Nous souhaitons n'avoir rien en commun avec le gouvernement des États-Unis ou le régime américain. Nous sommes des révolutionnaires[44] ! »

H. Rap Brown lui succéda à la tête du Snick et accéléra encore l'escalade verbale. Avec sa mince silhouette vêtue de sombre, ses lunettes noires et le fanatisme implacable de son discours, il incarnait parfaitement le révolutionnaire incorruptible. Ses appels à la violence, au port d'armes pour « tuer les singes », et à l'insurrection, lui valurent maints emprisonnements, sans que son agressivité perdît de son tranchant[45].

Entre-temps, la presse avait trouvé une autre incarnation de la violence noire : les Panthères noires.

Les Panthères noires

Bobby Seale et Huey Newton, deux étudiants de Oakland en Californie, avaient, en octobre 1966, fondé le Parti des Panthères noires pour l'autodéfense qui reprenait le symbole choisi par le Snick en Alabama. S'inspirant des écrits de Frantz Fanon (« La

Bible noire[46] », disait Huey Newton), mais aussi de Malcolm X et de Mao Zedong, les *Black Panthers* se voulaient résolument nationalistes et révolutionnaires. « Nous ne combattons pas le capitalisme exploiteur par le capitalisme noir, déclarait Bobby Seale. Nous combattons le capitalisme par le socialisme révolutionnaire[47]. »

Les *Panthers* publièrent un programme en dix points, qui définissait leurs objectifs. Ils demandaient la liberté, le plein emploi, des logements décents, l'exemption de tous les Noirs du service militaire, la libération des détenus noirs et la fin immédiate des brutalités policières. Ils réclamaient également qu'un plébiscite soit tenu dans « toute la colonie noire (...) pour déterminer la volonté du peuple noir quant à son destin national[48] ».

Purs reflets de l'expérience du ghetto, les *Panthers* en avaient le langage et l'agressivité. Ils étaient fermement décidés à mettre un terme au règne arrogant de la police dans les quartiers noirs. S'appuyant sur la loi de Californie qui autorisait le port d'armes pour autant que celles-ci soient visibles, les *Panthers* formèrent des patrouilles qui parcouraient le ghetto de jour et de nuit dans des voitures bourrées de fusils, de livres de droit et de tracts du Parti. Chaque fois que la police arrêtait ou interrogeait un Noir, la patrouille armée jusqu'aux dents prenait position, observait chaque mouvement des policiers, et lisait à l'interpellé la liste de ses droits constitutionnels. Si le suspect était arrêté, les *Panthers* lui donnaient une copie des lois le concernant, et l'escortaient au commissariat.

Outre ces actions d'éclat, les *Black Panthers* lancèrent de multiples programmes d'aide communautaire. Ils proposaient des petits déjeuners gratuits aux enfants de familles pauvres, collectaient des vête-

ments, offraient une assistance médicale et légale,
s'efforçaient de faire réintégrer les locataires expul-
sés... Une militante nommée Angela Davis mit sur pied
un réseau qui distribuait des milliers de sacs de provisions. Les *Panthers* organisèrent aussi des écoles de
« libération » et d'histoire noire. Ces efforts sociaux,
que le Parti utilisait largement pour « politiser les
masses », n'intéressaient guère la presse, et ne faisaient donc rien pour améliorer l'image des *Black Panthers* dans l'opinion. Les médias préféraient mettre
l'accent sur leur caractère sensationnel et inquiétant.

Les membres du BPP (*Black Panther Party*) étaient
jeunes, fiers et téméraires. Ils arboraient un uniforme
spectaculaire : veste de cuir noir, pantalons noirs et
bérets noirs – la coiffure internationale des révolutionnaires – et leur simple présence, l'arme au poing,
suffisait à créer l'événement. On savait qu'ils s'entraî-
naient au maniement d'armes et à la guérilla urbaine
et qu'ils apprenaient à fabriquer des cocktails Molotov
et des grenades. Même s'ils maintenaient que cet arsenal était purement défensif, il semblait évident qu'ils
ne reculeraient devant rien pour mettre au pas ceux
qu'ils appelaient les « porcs » : les policiers. Huey
Newton proclamait :

« Nous ne définissons pas le tout-puissant adminis-
trateur comme "Homme". Nous le nommons "porc" !
Je crois que cela est révolutionnaire en soi. Quand les
Noirs commencent à définir les choses et à les faire
agir de la manière qu'ils désirent, voilà ce que nous
appelons le "*Black Power*"[49] ! »

Newton racontera plus tard qu'il croyait « au pouvoir des mots » : « Nous sentions que les policiers
avaient besoin d'une étiquette, autre que l'image de

peur qu'ils portaient dans la communauté [noire]. Et cela a marché[50]. »

Le « pouvoir des mots » acquit une dimension nouvelle quand Eldrige Cleaver, fraîchement sorti de prison pour viol et tentative de meurtre, devint le porte-parole des Panthères noires en 1967. Le Parti commença à publier un hebdomadaire, *The Black Panther*, où Cleaver signait de nombreux articles tout en continuant à écrire pour divers journaux d'extrême gauche. Arrogant, autoritaire, le regard toujours abrité derrière des lunettes noires, Cleaver faisait sensation quand il promettait la « liberté totale pour le peuple noir ou la destruction totale de l'Amérique[51] » ou quand il amenait des auditoires entiers à conspuer le gouverneur de Californie Ronald Reagan[52]. Rassemblés sous le titre *Soul on Ice*, les essais de Cleaver devinrent un best-seller[53].

Les Panthères noires, que J. Edgar Hoover qualifiait de « menace la plus grave pour la sécurité intérieure du pays[54] », fascinaient l'Amérique, et les journalistes les suivaient pas à pas. Ils photographièrent les *Panthers* quand ceux-ci dépêchèrent une escorte armée à l'aéroport de Los Angeles pour protéger Betty Shabazz, la veuve de Malcolm X, venue donner une interview au magazine *Ramparts* où travaillait Eldrige Cleaver. La presse était également présente en mai 1967 quand une délégation des *Panthers*, fusils et revolvers au poing, investit le sénat de Californie à Sacramento pour protester contre un projet de loi qui tendait à limiter le port d'armes.

En octobre, un policier trouva la mort et un autre fut grièvement blessé au cours d'un échange de coups de feu avec un groupe de *Panthers*. Huey Newton, atteint de quatre balles dans l'abdomen, fut inculpé d'homicide volontaire. Dans les années qui suivirent, l'organisation de grands rassemblements au cri de « Libérez Huey ! » constitua l'essentiel des activités du Parti. Le SNCC vint en renfort en annonçant, en février 1968, sa fusion avec les *Panthers* et l'inclusion de Stokely Carmichael (nommé « Premier ministre ») dans le groupe directeur.

Martin Luther King ne cachait pas sa désapprobation face à cette dérive vers la violence. Il rappelait que la frontière séparant « la violence défensive de la violence offensive est extrêmement mince ». Quand on lui demandait s'il ne craignait pas que sa philosophie non violente ne fût dépassée et inacceptable pour la jeunesse noire, il répondait qu'un leader véritable avait pour tâche non de suivre le consensus, mais de le former[55]. King demeurait persuadé que la racine du problème se trouvait dans les conditions de vie misérables des ghettos et, depuis 1965, il cherchait à lancer un grand mouvement à Chicago pour attirer l'attention de la nation sur la détérioration du statut économique et social des Noirs des grandes villes.

CHAPITRE 12

La tourmente

La conquête du Nord

Les émeutes de Watts avaient décidé King à déplacer le Mouvement vers le nord, à passer de la lutte pour la justice légale à la lutte pour la justice économique. En juillet 1965, il avait visité plusieurs villes du Nord pour déterminer le lieu de sa nouvelle campagne. De New York et de Philadelphie, les leaders noirs locaux lui firent savoir qu'ils ne souhaitaient pas sa présence sur leurs territoires. King se tourna logiquement vers Chicago, *Black Metropolis*[1], capitale officieuse de l'Amérique noire. Si la SCLC réussissait à appliquer la lutte non violente au racisme larvé du Nord, pensait-il, elle ferait de Chicago un symbole de transformation sociale au même titre que Birmingham ou Selma.

Les années 1960 avaient été témoins d'une insatisfaction croissante parmi les Noirs de Chicago, qui constituaient un quart de la population de la ville. Certes, l'électorat noir était fermement tenu en main par le *Congressman* noir William L. Dawson et surtout par le maire Richard J. Daley. Élu pour la première fois en 1955, Daley régnait sur le destin de la ville depuis dix ans. Il avait patiemment bâti un énorme empire administratif, une véritable « machine démocrate » fondée sur un système de promotions et de récompenses, qui étendait sa puissance sur toute la ville.

Issu d'une famille catholique irlandaise, Daley avait à cœur d'intégrer tous les groupes ethniques présents à Chicago dans la coalition qui le soutenait et bénéficiait de ses lar gesses. Pour lui, les Noirs n'étaient qu'un groupe d'immigrants parmi d'autres, qui ne requéraient pas un traitement différent de celui qu'il offrait à tous les défavorisés de Chicago pour les aider à grimper l'échelle sociale. Il employait des Noirs à la mairie – il connaissait d'ailleurs par leurs noms une bonne partie des 40 000 fonctionnaires municipaux[2] –, il avait apporté son soutien verbal aux initiatives de Martin Luther King pendant les campagnes de Birmingham et de Selma, et il faisait briller aux yeux de sa clientèle noire toutes les faveurs qu'il lui obtenait : petits emplois, aide sociale, faveurs politiques. Le maire attirait de surcroît sur sa commune une abondance de subventions fédérales, et il avait ouvert dans les quartiers noirs plusieurs bureaux qui géraient les programmes contre la pauvreté. Daley ne concevait pas que Chicago fût au bord d'une crise grave, et encore moins qu'une campagne non violente pût apporter une solution.

Pourtant, la discrimination pratiquée en matière de logement, d'emploi et de scolarité maintenait près de 700 000 Noirs dans les taudis délabrés de deux ghettos établis à l'ouest et au sud de la ville (*West Side* et *South Side*). Quand tous les Blancs avaient déserté un pâté de maisons, les propriétaires cessaient les travaux d'entretien et les éboueurs oubliaient de passer.

Enfermés dans le ghetto, les Noirs suivaient néanmoins de près les événements qui se déroulaient dans
le Dixie, et les sections locales de la NAACP, du CORE
ou de la Ligue urbaine protestaient contre la « politique d'exclusion » régnant *de facto* dans le Nord.

Les problèmes scolaires devinrent bientôt la source
principale de conflit. Le nombre d'élèves avait crû à
tel point que beaucoup d'écoles noires devaient pratiquer une scolarité double, accueillant une partie des
enfants le matin, une autre partie l'après-midi, alors
que bien des écoles blanches demeuraient sous-
occupées. Le superintendant Benjamin Willis, responsable des écoles publiques, s'opposait obstinément à
toute intégration. Différentes organisations pour les
droits civiques présentes à Chicago avaient décidé
d'unir leurs efforts en fondant le CCCO ou *Coordinating Council of Community Organizations*. Al Raby, un
ancien professeur qui se consacrait maintenant aux
droits civiques, en avait pris la direction en 1964. À
partir du mois de juin 1965, Raby avait conduit des
marches presque quotidiennes vers la mairie, et la
police avait arrêté des centaines de manifestants.
N'obtenant aucun résultat, les militants se décourageaient et commençaient à abandonner. En dernier
ressort, Al Raby demanda l'aide de Martin Luther King
qui dépêcha James Bevel et une partie de son état-
major.

La SCLC voulait se consacrer tout d'abord au problème de l'intégration scolaire. La campagne ne serait
pas dirigée contre la municipalité de Richard Daley,
King espérait même obtenir un certain degré de coopération de la part du puissant maire. Pour ce dernier,
gouverner signifiait mener des tractations et conclure
des affaires. Il entendait se concilier les militants

noirs. Quand un étudiant en théologie nommé Jesse
Jackson, qui avait participé aux *sit-in* de Greensboro
l'année précédente, était arrivé à Chicago en 1964,
Daley avait tenté de lui offrir un emploi. Face à King,
la position de Daley était simple : « [Il] le voulait hors
de la ville[3]. » Mais le maire était bien trop habile pour
ignorer ou condamner publiquement le leader noir.
Quand King arriva à Chicago, Daley envoya l'un de ses
assistants l'accueillir à l'aéroport. Il comptait préserver
les apparences de l'aménité et priver l'action de la
SCLC de toute efficacité.

L'hostilité déguisée de la « machine démocrate »
augurait mal de la coalition dont King avait besoin. Il
savait que pour réussir dans le Nord, l'appui de la
communauté noire ne suffisait pas. Il fallait aussi « le
soutien des 90 % restants, qui sont Blancs »[4]. Ces
alliés se révélaient difficiles à trouver. La plus puissante centrale syndicale de la région, la CFL-IUC
(*Chigago Federation of Labor and Industrial Union
Council*) faisait quasiment partie de l'appareil de
Richard Daley. Elle approuvait la lutte des Noirs du
Sud, mais ne souhaitait pas la voir transférée sur son
territoire. Cependant d'autres syndicats, tels que la
UPWA (*United Packinghouse Workers Association*),
l'IUD (*Industrial Union Department*), et FUAW (*United
Automobile Workers*) regroupèrent leurs forces der-
rière le mouvement de Chicago.

Les églises protestantes blanches formèrent un
comité commun, la CCRR (*Chicago Conference on Religion and Race*), qui apporta à Martin Luther King un
soutien sincère mais conditionnel. Le Conseil catholique interracial (CIC), fondé en 1945 pour améliorer
les relations raciales, lui, rejoignit officiellement le
CCCO. L'Église catholique gagnait en importance dans

la communauté noire de Chicago, car elle n'avait pas abandonné le centre-ville au moment de la fuite des Blancs vers les banlieues, et elle continuait à animer paroisses et écoles dans le ghetto. L'archevêque John Cody, qui dirigeait le plus grand évêché catholique des États-Unis, était à ce titre un leader religieux extrêmement influent. Il était arrivé à Chicago en 1965 avec la réputation d'un vaillant avocat de la cause des droits civiques.

La guerre aux taudis

L'extrême complexité de la société noire de Chicago ne permettait pas non plus de compter sur son soutien unanime. L'hostilité déclarée des Musulmans noirs ne constituait naturellement pas une surprise. Parmi les militants noirs, certains trouvaient King trop modéré, mais la plupart craignaient qu'il ne fût trop révolutionnaire. L'*establishment* noir ne voulait pas remettre en cause des gains chèrement acquis. Hommes d'affaires, professeurs, politiciens, membres de la police ou de la magistrature, les bourgeois noirs de Chicago pensaient que la ville faisait son possible pour secourir les plus démunis. « Nous avons à Chicago une direction compétente et tout ce qui est nécessaire pour améliorer le sort de notre ville », déclarait le conseiller municipal noir Ralph Metcalfe[5]. La NAACP, la plus ancienne et la plus importante organisation noire de la région, refusa à ce titre de se joindre au mouvement de Chicago. Même les pasteurs noirs se révélaient des alliés incertains. Le célèbre révérend Joseph H. Jackson, qui présidait une des plus grandes paroisses baptistes, condamna catégoriquement les projets de Martin Luther King.

Pour convaincre les pasteurs noirs qui répugnaient à rejoindre un mouvement encore imprécis et sur lequel ils n'auraient guère de contrôle, King leur proposa de démarrer à Chicago l'opération *Breadbasket* (littéralement « Corbeille de pain »), qui fonctionnait avec assez de succès à Atlanta depuis 1962. Les participants devaient rassembler des statistiques sur les emplois offerts aux Noirs dans les entreprises et les magasins qui servaient une clientèle noire. Ils proposaient ensuite des améliorations, en nombre d'emplois, mais aussi en niveaux de responsabilité. Si ces demandes n'étaient pas satisfaites, ils encourageaient les consommateurs à boycotter les commerces fautifs. Jesse Jackson, le jeune homme ambitieux qui avait rejoint la SCLC depuis la campagne de Selma, fut chargé de coordonner l'opération à Chicago et il obtint rapidement des résultats. Il projetait même d'étendre *Breadbasket* à tout le pays.

Tout au long de l'hiver 1965-1966, James Bevel et son équipe tinrent des réunions, organisèrent des ateliers et recrutèrent des volontaires. Ils s'efforçaient de rallier les étudiants, les lycéens, les chômeurs, les locataires, mais Bevel croyait de moins en moins à la possibilité de mobiliser toute une communauté sur les problèmes scolaires. Il réalisait que l'obstacle essentiel qui se dressait sur sa route n'était pas la puissance de Richard Daley ou l'hostilité de la *middle class* noire, mais la passivité de la grande masse des Noirs du ghetto. « Il y avait ici, disait-il, un désespoir plus profond, moins d'esprit de communauté, plus de crime, de violence et de drogue que dans le Sud. (…) Il y avait plus d'apathie[6]. » Bevel avait rencontré les bandes de jeunes voyous, les gangs qui sévissaient dans les quartiers noirs, et il se sentait capable de les convertir en militants non violents, mais certainement pas en leur fixant comme but essentiel la démission du superintendant Ben Willis. En janvier 1966, King se rallia à ses vues, et renonçant à l'approche spécifique qui l'avait guidé depuis la déconfiture d'Albany, il annonça que le Mouvement de Chicago, formé de la SCLC et du CCCO, s'attaquerait au problème global de la ville, qui était « une question d'exploitation économique ». Le mouvement déclarait « la guerre aux taudis »[7].

King commença par louer un appartement dans le quartier de Lawndale, au cœur du ghetto. Il l'habiterait trois jours par semaine, entre tous les voyages qu'il continuait d'effectuer pour soutenir les droits civiques à travers le pays. Mais dès février, Richard Daley annonça un plan municipal pour nettoyer les taudis. Le programme de King, qui manquait toujours de clarté et d'objectifs précis, paraissait désormais inutile puisque le maire prenait les choses en main.

King annonça son intention d'organiser des syndicats de quartiers et des grèves de loyers, et il en fit la démonstration quelques jours plus tard. Avec quelques membres de son équipe vêtus de bleus de travail, il entreprit de remettre en état un immeuble privé de chauffage mais infesté de rats, et collecta l'argent des loyers pour financer les réparations. Il expliqua tranquillement aux journalistes que « la question morale [était] bien plus importante que la question légale[8] ». La presse locale critiqua sévèrement cette approche. Un éminent juge noir déclara qu'il s'agissait d'« un vol », d'« une tactique révolutionnaire[9] ».

Beaucoup considéraient que la désobéissance civile ne pouvait s'appliquer dans le Nord, où la loi était la même pour tous, Blancs et Noirs.

« *Nous voulons King !* »

Au mois de juin 1966, l'attention de King et de la presse se concentra sur la marche de Meredith et l'émergence du *Black Power*, et oublia quelque peu la campagne incertaine qui languissait à Chicago. Quand il revint dans l'Illinois, King modifia encore une fois le thème central du Mouvement. « La guerre contre les taudis » devint le projet « ville ouverte » qui devait permettre à tous les habitants de Chicago de se loger là où ils l'entendaient, selon leurs moyens financiers. Il s'agissait donc de dénoncer les pratiques des agences immobilières et de mettre en évidence l'hostilité des résidents des quartiers blancs. King annonça le début de la phase « active » du Mouvement, et tout à coup, la campagne chancelante prit son élan et captiva l'attention de la ville.

Le 10 juillet, à l'issue d'une grande réunion, une foule nombreuse escorta King jusqu'à la mairie, où tel son homonyme Martin Luther, le leader fixa la liste des demandes du Mouvement à la porte du bâtiment. Dans ce long document, il était exigé des agents immobiliers qu'ils offrent leurs services sans discrimination, quels que fussent la race de leur client ou le quartier concerné. Les banques devraient accorder prêts et hypothèques dans des conditions égales pour Blancs et Noirs, et la ville de Chicago aurait la charge de construire de nouvelles habitations à loyers modérés. D'autres demandes concernaient la déségrégation scolaire, la protection des locataires et la garantie d'un revenu minimum. Le lendemain, Daley rencontra longuement les leaders du Mouvement, mais refusa de s'engager sur aucune de leurs revendications. King avertit que le Mouvement serait obligé d'accentuer la pression.

Il faisait alors une chaleur torride à Chicago. Tous les jours, le thermomètre grimpait au-dessus de 35 degrés. Le 12 juillet, un groupe de policiers voulut disperser quelques jeunes Noirs qui jouaient dans l'eau s'écoulant d'une bouche d'incendie. Certains résistèrent, la police ferma l'eau, et des badauds peu amènes firent cercle autour de la scène. Des briques et des bouteilles volèrent en direction des forces de l'ordre qui appelèrent des renforts. Le ghetto plongea dans la violence. En quatre jours, l'émeute fit deux morts et plus de 80 blessés. Il y eut au moins 400 arrestations et deux millions de dollars de dégâts matériels.

Au plus fort de la bataille, King et son équipe avaient inlassablement parcouru les rues pour prêcher la non-violence et le retour au calme. Le maire l'accusa d'avoir semé l'agitation et la révolte dans la communauté noire et particulièrement parmi les gangs. King s'indigna, déclarant que s'il n'avait pas été là, « cela aurait été pire qu'à Watts[10] ». Daley autorisa l'usage contrôlé des bouches à incendie et la construction de nombreuses piscines.

Dans les semaines qui suivirent, des militants du Mouvement, Blancs et Noirs, « testèrent » diverses agences immobilières dans des quartiers blancs assez modestes, normalement à la portée du budget d'une famille ouvrière noire. Ils notaient toutes leurs expériences. Les Blancs étaient rapidement servis, et les agents trouvaient toujours plusieurs habitations à leur proposer. Les Noirs se voyaient fréquemment refuser toute espèce de service et, dans le meilleur des cas, les logements offerts se trouvaient tous dans le ghetto, dans des immeubles délabrés, à un prix souvent supérieur à ceux d'appartements décents dans d'autres quartiers. Le 29 juillet, une cinquantaine de manifestants entreprirent de monter la garde toute la nuit devant une des agences mises en cause. L'hostilité de la foule qui se rassembla bientôt les força à battre en retraite.

Le lendemain, un groupe de 500 marcheurs retourna sur les lieux et fut reçu à coups de briques et de bouteilles. Les voitures qu'ils avaient garées non loin de là brûlèrent. La passivité de la police indignait les manifestants, mais la presse ne pouvait plus ignorer la campagne de Chicago. Le 5 août, Martin Luther King prit lui-même la tête d'une colonne de marcheurs dans le quartier blanc de Gage Park. Quand il descendit de sa voiture, une foule haineuse massée sur les trottoirs scandait « Nous voulons King ! Nous voulons King[11] ! » Presque aussitôt, une pierre l'atteignit à la tempe. Il chancela et tomba à genoux, puis rassembla ses forces pour reprendre la marche.

Il y eut ce jour-là une trentaine de blessés, bien que la police s'efforçât enfin de former un barrage aussi efficace que possible. King déclara qu'il n'avait encore « jamais vu autant de haine et d'hostilité[12] ». Dans le Sud, la violence raciale paraissait souvent le fait de fanatiques incultes. Mais à Chicago, des pères de famille tranquilles, des mères tenant leurs enfants par la main sortaient de leurs maisons pour se joindre à la foule. John McDermott, qui présidait le Conseil catholique interracial, se souvient de ces quartiers « si hostiles et si effrayés, (…) les expressions de colère et de haine, les croix gammées[13]… ».

Les manifestants pouvaient parcourir des banlieues prospères sans guère d'incident, mais dans les quartiers ouvriers en général étroitement identifiés à un groupe ethnique, l'hostilité frisait l'hystérie. Là, les habitants, souvent émigrants de la première ou de la deuxième génération, avaient économisé sou à sou pour s'offrir un pavillon modeste qui attestait leur entrée dans la petite classe moyenne, les distinguait des nouveaux arrivants et les mettait définitivement au-dessus des Noirs. Ils étaient avertis par les promoteurs que l'arrivée des Noirs dans un quartier faisaient s'effondrer les prix des habitations. Les marcheurs semblaient donc menacer directement le fruit de leur labeur et leur juste part du « rêve américain ».

Le 8 août, Jesse Jackson annonça pourtant de son propre chef qu'il marcherait « à travers Cicero[14] ». Cette nouvelle fit sensation. Cicero, cité ouvrière proche de Chicago, symbolisait le racisme pur et dur depuis que l'arrivée d'une seule famille noire en 1951 avait déclenché une véritable émeute. 15 000 Noirs y travaillaient, mais aucun n'y habitait. James Bevel et Martin Luther King, qui n'avaient pas été consultés, reprirent néanmoins à leur compte l'initiative de Jesse Jackson.

La rencontre de Chicago

Pour l'administration de Richard Daley, la campagne « ville ouverte » tournait au cauchemar. Les marches mobilisaient des forces de police de plus en plus nombreuses, et le Parti nazi américain et le Ku

Klux Klan accouraient à Chicago pour attiser les flammes de l'incendie. L'archevêque John Cody s'inquiétait des débordements possibles et appelait à la négociation. Walter Reuther, président national du syndicat des ouvriers de l'industrie automobile (UAW) et militant des droits civiques de la première heure, lui faisait écho. L'association religieuse CCRR (*Chicago Conference on Race and Religion*) entreprit de réunir autour d'une même table toutes les parties concernées.

Le « sommet » s'ouvrit le 17 août. Daley et King étaient présents, entourés de membres de la municipalité et du Mouvement de Chicago, et de représentants du Conseil des agents immobiliers, des banques, des sociétés d'hypothèques et des compagnies d'assurances. Ross Beatty déclara au nom du Conseil de l'immobilier qu'il ne pouvait rien promettre, car les agents ne faisaient qu'exécuter les ordres des propriétaires. Mais King avertit que les marches ne cesseraient pas tant qu'il n'y aurait pas de concessions substantielles. Lors d'une grande réunion du Mouvement, le leader noir ne craignit d'ailleurs pas d'exposer publiquement son état d'esprit. Le visage marqué, s'épongeant fréquemment le front de son mouchoir, il déclara avec force :

« Je suis las de marcher ! Las de marcher pour quelque chose que j'aurais dû avoir depuis ma naissance ! (…) Je suis las de vivre chaque jour sous la menace de la mort ! Je n'ai pas le complexe du martyr. Je veux vivre aussi longtemps que n'importe qui (…) et quelquefois je commence à douter d'y parvenir. J'avoue que je suis fatigué ! (…) Je ne marche pas parce que cela me plaît, je marche parce que je le dois[15] ! »

Daley entendait bien l'en empêcher. Le 19 août, le maire obtint un arrêt du tribunal du comté qui limitait considérablement le nombre des marcheurs, les horaires et les lieux des manifestations. King dénonça cette manœuvre avec indignation mais ne rompit pas les négociations. Il devait absolument obtenir des résultats à Chicago s'il voulait poursuivre son action à travers le pays. Le 26 août, un accord fut finalement signé. La municipalité ferait appliquer la loi locale qui interdisait la discrimination raciale en matière de logement, et les agents immobiliers et les banques s'engageaient à s'y soumettre. Les autorités responsables des immeubles construits par la ville devaient bâtir et distribuer ces appartements sans préjugé racial, hors des ghettos. Toutes ces promesses dépendaient de la bonne foi des signataires, mais King considérait cet accord comme une première étape, le maximum qu'il était alors possible d'obtenir. Il décida d'annuler le projet de marche à Cicero.

Cette annonce divisa gravement le Mouvement. Beaucoup de militants locaux ne voyaient pas que le « sommet » ait atteint aucun résultat concret, et ils se sentaient trahis. Les représentants du CORE et de la *West Side Organization* – un syndicat de quartier – déclarèrent qu'ils iraient à Cicero sans Martin Luther King et sans Jesse Jackson. Et effectivement, le dimanche 3 septembre, quelque 250 marcheurs entourés de plus de 3 000 policiers avancèrent dans les rues du quartier. Une foule nombreuse les attendait, l'injure à la bouche. On échangea des invectives et des coups de poing mais la présence efficace des forces de l'ordre empêcha la manifestation de dégénérer en émeute. La marche de Cicero, que King aurait voulu garder en réserve pour la transformer en grand symbole au moment favorable, passa relativement inaperçue.

La réaction blanche

Alors que l'application de l'accord se révélait déjà extrêmement difficile, King apprit que le Congrès venait d'enterrer un nouveau projet de loi sur les droits civiques. Le président Johnson avait en effet soumis, en avril 1966, une législation ambitieuse qui concernait tout le pays et non plus seulement le Sud. Il proposait de garantir la protection de tous ceux qui œuvraient en faveur des droits civiques, d'éliminer la discrimination raciale dans la sélection des jurys, et de bannir toute ségrégation dans le logement.

L'association nationale des agents immobiliers avait aussitôt entrepris une campagne de pression dans les couloirs du Congrès, d'autant plus efficace que beaucoup de parlementaires se préparaient à retourner devant leurs électeurs à l'automne 1966. L'air du temps avait changé. Les mots « réaction blanche » étaient sur toutes les lèvres et dans tous les journaux[16].

Au mois de novembre, nombre de démocrates élus en 1964 dans la foulée de la victoire présidentielle de Lyndon Johnson, perdirent leurs sièges au profit des républicains. En Géorgie, le poste de gouverneur alla à Lester Maddox, un raciste déclaré qui n'avait pas hésité à publier dans les journaux des annonces demandant : « Pourquoi aller en Afrique (…) alors qu'Atlanta pourrait faire un magnifique terrain de chasse[17] ? » King ressentit cette élection comme un échec personnel, et il déclara qu'il avait « honte d'être géorgien[18] ».

Martin Luther King se sentait découragé. La campagne menée à Chicago n'avait pas réussi à capter durablement l'attention nationale. Elle avait manqué d'images dramatiques et de scènes spectaculaires, et n'avait obtenu ni l'appui du gouvernement fédéral ni une nouvelle législation. En dépit de résultats ponctuels, les taudis persistaient et Chicago n'était pas une « ville ouverte ». En demandant pour les Noirs non seulement l'égalité devant la loi mais l'égalité des chances, King avait démasqué le racisme le plus profond et le moins avoué. Comme l'écrivit le commentateur Charles Silberman : « Les États-Unis en entier, Nord et Sud, Ouest et Est, sont une société raciste (…) à un degré que nous avons jusqu'à présent refusé d'admettre[19]. »

Une bonne partie du public américain, menacé dans ses privilèges, alarmé par les images des ghettos en flammes et la vindicte des jeunes leaders radicaux, renonçait à soutenir le Mouvement des droits civiques. La division et la confusion qui régnaient au sein de ce dernier accentuaient de surcroît la méfiance qu'il inspirait. Bayard Rustin lui-même n'affirmait-il pas que la phase « classique », c'est-à-dire la destruction des « fondements légaux du racisme » était achevée[20] ? Et quelle forme pouvait prendre le Mouvement noir alors que la guerre du Vietnam occupait désormais la première place dans les préoccupations de tous ?

Martin Luther King quittait Chicago affaibli et incertain de ce que serait sa prochaine démarche. Fatigué, déprimé par le rythme effréné de sa vie, les menaces de mort, l'animosité du FBI, les divisions du Mouvement et les problèmes financiers qui accablaient la SCLC, il ne renonçait pourtant pas à remplir sa mission. Il se confia à sa congrégation d'Atlanta :

« J'ai choisi [une fois pour toutes] de m'identifier aux défavorisés. J'ai choisi de m'identifier aux pauvres. J'ai choisi de donner ma vie pour ceux qui ont faim. (…) Si cela signifie mourir pour eux, je le ferai, parce que j'ai entendu une voix qui disait "Fais quelque chose pour les autres"[21]. »

Leader ou visionnaire, Martin Luther King gravissait pas à pas le sommet de la montagne.

Pour la paix au Vietnam

Martin Luther King continua à parcourir le pays, à participer à des débats, à prononcer des discours. L'automne et l'hiver 66-67 furent témoins d'une nette évolution dans son état d'esprit et dans le message qu'il adressait à ses auditoires. À 38 ans, King avait déjà lutté, espéré et il avait été trahi bien davantage que la plupart des hommes ne le seraient jamais au cours d'une longue vie. Il jugeait la société américaine avec beaucoup plus de pessimisme qu'autrefois et réalisait douloureusement que le Mouvement des droits civiques n'avait encore touché que la partie émergée de l'iceberg.

Il fallait, disait-il, « renoncer à l'idée que l'idéologie dominante aujourd'hui dans notre pays serait la liberté et l'égalité, et que le racisme représenterait simplement un dérapage occasionnel par rapport à la norme ». Il reconnaissait la naïveté qui avait baigné les premières années du Mouve ment : « Nous pensions que nous faisions de grands progrès, (…) avant d'avoir réalisé la profondeur et les dimensions réelles du problème. (…) Nous avons un long, très long chemin à parcourir[22]. »

King abandonnait la prudence qui avait marqué beaucoup de ses prises de positions publiques quand il s'efforçait encore de ne pas s'aliéner l'*establishment* viscéralement anticommuniste. Dès l'automne 1966, il déclarait : « Il y a quelque chose qui ne va pas dans le système économique de notre pays, (…) il y a quelque chose qui ne va pas dans le capitalisme. (…) Le plus grand problème (…) de l'Amérique est qu'elle abrite 35 millions de pauvres alors que ses ressources sont si vastes que l'existence même de la pauvreté est un anachronisme[23]. » King défendait l'idée d'un revenu minimum garanti et d'une redistribution fondamentale des richesses. Beaucoup de commentateurs politiques, à l'affût des déclarations spectaculaires des leaders du *Black Power*, ne perçurent pas immédiatement la radicalisation des positions de Martin Luther King. Tout en confirmant son refus du séparatisme hostile de *Black Power* et sa fidélité inébranlable à la philosophie non violente, King analysait désormais l'avenir du Mouvement noir beaucoup plus en termes de rapports de force qu'en appels à la bonne volonté de ses adversaires. « L'intégration véritable signifie le partage du pouvoir[24] », affirmait-il.

Le FBI s'inquiéta bien avant la presse de la démarche révolutionnaire de Martin Luther King. Que King condamne le matérialisme marxiste et s'oriente vers une défense du socialisme à la suédoise ne constituait pas, pour J. Edgar Hoover, une circonstance atténuante. Le directeur du FBI était convaincu depuis des années que le leader noir agissait sous l'influence des communistes, représentés par Stanley Levison. Quand King décida, en avril 1967, de prendre fermement position contre la guerre du Vietnam, il confirma les pires soupçons de son ennemi juré.

Depuis 1965, Martin Luther King avait maintes fois appelé à un règlement négocié du conflit vietnamien, sans jamais s'engager dans une action pacifiste. Il ne se reconnaissait pas le droit de disperser ses efforts, ni de s'aliéner le soutien politique et financier du gouvernement. Mais il avait de plus en plus l'impression de se soustraire à ses responsabilités morales et de compromettre sa conscience[25]. L'accroissement des dépenses de guerre avait déclenché une spirale inflationniste que Lyndon Johnson refusait d'enrayer par un contrôle des prix et des salaires ou par un renforcement de la pression fiscale. Le Président préférait sacrifier la « Grande société » sur l'autel de la stabilité budgétaire. En janvier 1967, King avait déclaré à Los Angeles : « Les promesses de la Grande société sont tombées sur les champs de bataille du Vietnam[26]. » Les images des enfants brûlés au napalm, qui commençaient à paraître dans la presse, décidèrent finalement King à prendre position devant la nation entière.

Le 4 avril 1967, il prononça le premier de ses discours entièrement consacrés au Vietnam. C'est en tant que pasteur qu'il s'adressa à la foule : « Ma conscience ne me laisse pas d'autre choix, affirma-t-il. La guerre est l'ennemi des pauvres. » Les dépenses engagées au Vietnam réduisaient à une peau de chagrin les programmes contre la pauvreté, et le pourcentage des Noirs parmi les soldats envoyés au Vietnam excédait largement leur proportion dans la population.

Comment, continua King, pouvait-il prêcher la non-violence aux révoltés des ghettos, s'il ne condamnait pas « le plus grand responsable de la violence dans le monde d'aujourd'hui : mon propre gouvernement » ?

L'Amérique avait soutenu Ngo Dinh Diem, « l'un des dictateurs les plus cruels de notre époque ». Elle écrasait une population sous les bombes, empoisonnait l'eau, détruisait les récoltes, et faisait passer pour des « hameaux fortifiés » de véritables camps de concentration. « Cette folie doit cesser », pour suivait King. « Je parle au nom des pauvres du Vietnam (…), au nom des pauvres d'Amérique. » Il demandait l'arrêt immédiat des bombardements, un cessez-le-feu unilatéral, et l'inclusion du Vietcong dans les négociations. Il avertissait l'Amérique qu'une « révolution radicale de [ses] valeurs » était nécessaire si elle ne voulait pas rendre inévitables d'autres révolutions violentes dans maintes parties du monde, où elle ne se préoccupait que de préserver la stabilité de ses investissements : « Une révolution des valeurs est notre meilleure défense contre le communisme. La guerre ne constitue pas une réponse. (…) Le communisme est une condamnation de notre échec à établir une démocratie véritable. » King se déclarait prêt à protester par tous les moyens pacifiques, et appelait les jeunes gens à l'objection de conscience[27].

L'émotion de Bob Kennedy

Andrew Young et James Bevel avaient encouragé King à prendre position contre la guerre du Vietnam, mais beaucoup parmi son état-major le désapprouvaient, et considéraient que la SCLC courait au désastre en se liant au mouvement pacifiste. King savait donc que son discours susciterait des remous, même parmi ses partisans, mais il ne s'attendait pas à la levée de boucliers qui accueillit son message du

4 avril : Whitney Young, Roy Wilkins, A. Philip Randolph et Bayard Rustin le désavouèrent publiquement. Ralph Bunche, des Nations unies, et l'ancien champion de base-ball Jackie Robinson exprimèrent eux aussi leur désaccord.

À de rares exceptions près, la presse le déchiqueta. Le *Washington Post* qualifia les déclarations de King de « pures inventions », le *New York Times* condamna toute association entre la lutte pour les droits civiques et le mouvement pacifiste, et *Life* décrivit le discours comme un ramassis de « diffamations démagogiques [dignes de] Radio Hanoï[28] ». Le FBI y vit la preuve de l'influence de Stanley Levison. Un rapport daté du 10 avril le dit sans ambiguïté : « Les sévères critiques de King et sa condamnation de la politique de l'administration au Vietnam (…) montrent à quel point il a été influencé par des conseillers communistes. Son discours reflétait parfaitement la position communiste sur le Vietnam[29]. »

Lyndon Johnson, obsédé par une victoire impossible sur le Vietcong, et isolé dans une Maison Blanche où il n'admettait plus aucune voix discordante, accueillit avec satisfaction la mise au pilori de Martin Luther King. Le Président n'avait-il pas soutenu les Noirs dans leur marche vers la liberté ? En juin 1967, il avait même nommé Thurgood Marshall à la Cour suprême, pour en faire un symbole national. « Comment, se demandait-il, tous ces gens peuvent-ils se montrer aussi ingrats avec moi[30] ? » Il n'adresserait plus jamais la parole à Martin Luther King.

Si l'évidente radicalisation de King lui valait de puissants ennemis, elle suscitait en revanche le respect des jeunes Noirs des grandes villes qui hésitaient davantage à le traiter d'« Oncle Tom ». King avait éga-

lement attiré l'attention des militants pacifistes. Le
célèbre Dr Spock, dont les principes régirent l'éducation de générations de petits Américains, souhaitait
que King s'associât avec lui pour une campagne présidentielle. De nombreux étudiants insistaient auprès
du leader noir pour qu'il entre en lice en 1968. Mais
King affirma à maintes reprises qu'il n'avait aucune
ambition politique et qu'il ne s'était jamais considéré
comme un politicien. Il se déclarait cependant prêt à
mettre en œuvre tout ce qui dépendrait de lui pour
empêcher la réélection de Lyndon Johnson qu'il
jugeait incapable de mettre fin à la guerre, et il voyait
favorablement les candidatures de Nelson Rockefeller
chez les républicains, et du sénateur pacifiste Eugene
McCarthy chez les démocrates.

En militant pour la paix au Vietnam, Martin Luther
King n'abandonnait pas la lutte pour la justice économique et sociale. Il trouva une inspiration nouvelle et
inattendue auprès du sénateur Robert Kennedy. Celui-
ci, quatre ans après la mort de son frère, n'était plus
le jeune homme à l'ambition brutale et à l'autorité
cassante qui menait, tambour battant, le ministère de
la Justice. Il analysait maintenant la société américaine en termes de changements et de réformes. Il
s'intéressait au sort des Indiens, des Noirs et des
pauvres de toutes couleurs. À l'un de ces amis, Bob
Kennedy déclarait que si les institutions ne pouvaient
répondre aux besoins des défavorisés, « il fallait changer les institutions[31] ».

Au printemps 1967, une jeune avocate de la NAACP
nommée Marian Wright avait exposé devant une
Commission du Sénat la condition des Noirs pauvres
du Mississippi. « Ils meurent de faim », avait-elle
déclaré sans détour[32]. Le lendemain, Bob Kennedy

l'avait accompagnée dans la région du Delta, où beaucoup de petits métayers devaient quitter les plantations, chassés par la mécanisation accrue de la culture du coton et l'arrivée des désherbants chimiques. Kennedy, bouleversé, ne parvenait pas à croire qu'en 1967, en Amérique, il trouvait des enfants au ventre gonflé qui ne pouvaient lui dire quand ils avaient pris leur dernier repas[33]. Au mois d'août, alors que les émeutes secouaient à nouveau les grandes cités, Bob Kennedy recommanda à Marian Wright : « Dites [à Martin Luther King] d'amener les pauvres du pays à Washington[34]. » King n'hésita pas. « Il n'y eut jamais la moindre discussion pour décider si c'était la bonne chose à faire[35] », se rappelle Marian Wright. Ainsi naquit la « Campagne des Pauvres ».

Quand King présenta son projet à la presse, il avoua franchement qu'il cherchait une « alternative aux émeutes[36] ». Il voulait amener dans la capitale des milliers de déshérités de toutes races et de toutes origines, qui camperaient sur place, bloqueraient le fonctionnement de la ville et ne bougeraient pas tant que le Congrès n'aurait pas pris des mesures pour leur assurer des emplois ou un revenu garanti, et pour construire rapidement de nouvelles habitations à loyers modérés. Lors d'une réunion de la SCLC, King précisa qu'il fallait que la campagne fût « aussi dramatique, aussi perturbante, aussi dérangeante, aussi propre à attirer l'attention que les émeutes, sans détruire ni vies ni biens matériels[37] ».

King se tournait maintenant vers la désobéissance civile massive, et son projet inquiétait considérablement les autorités. Au sein même de la SCLC, il suscitait de violentes discussions. James Bevel et Jesse Jackson, parmi d'autres, désapprouvaient totalement la Campagne des Pauvres. Les problèmes logistiques semblaient insurmontables, et les risques encourus n'étaient pas moindres : comment contrôler des milliers de volontaires aussi longtemps ? Qu'adviendrait-il du Mouvement des droits civiques en cas d'échec ? Mais King croyait fermement au bien-fondé de sa démarche et s'impatientait des réticences de ses troupes.

Le Sommet de la montagne

Au mois de mars 1968, King reçut un appel de James Lawson, qui avait autrefois aidé à organiser les *sit-in* étudiants. Toujours pasteur à Memphis, Lawson demandait à King de visiter la ville pour soutenir les éboueurs en grève depuis le 12 février. Ces employés municipaux réclamaient une augmentation de salaire, l'amélioration de leurs conditions de travail, et la reconnaissance de leur syndicat dont presque tous les membres étaient Noirs. Le maire refusait d'entamer la moindre discussion avant la reprise du travail.

Martin Luther King y vit l'occasion d'exposer, devant les médias, la nature des problèmes sociaux et raciaux qui accablaient le pays. Il accepta donc de prononcer un discours à Memphis, et le 28 mars, il prit la tête d'une marche organisée par James Lawson. La rumeur courait qu'un étudiant noir venait d'être blessé ou abattu par la police et la colère grondait parmi les participants. La procession s'ébranla pourtant, mais bientôt, King et ses compagnons perçurent à quelque distance des bruits de verre brisé. Les jeunes massés à l'arrière de la colonne s'étaient emparés de manches de pioches et fracassaient les vitrines

des magasins sur leur passage. Des badauds les rejoignirent pour participer au pillage et accueillirent la
police à coups de pierres. King quitta précipitamment
la marche et regagna son hôtel en voiture. Il ne voulait en aucun cas participer à une manifestation violente. Quand le carnage cessa, on compta 60 blessés,
un mort, 280 arrestations et des dizaines de magasins
saccagés. 3 500 gardes nationaux arrivèrent pour quadriller la ville[38].

King était bouleversé par la tournure des événements. Personne ne l'avait averti de l'âpreté du conflit
qui opposait à Memphis les jeunes du *Black Power* et
les leaders des droits civiques. La presse allait le tenir
pour responsable, remettre en cause son autorité et sa
capacité à contrôler ses troupes. Elle se servirait des
événements de Memphis pour annoncer les désordres
qui menaçaient la capitale si la Campagne des Pauvres
voyait le jour. Martin Luther King décida qu'il devait
revenir à Memphis et prouver qu'il pouvait encore
mener une marche pacifique.

Il y revint le 3 avril. Ce soir-là, Ralph Abernathy
allait s'adresser aux militants réunis dans un temple,
quand il remarqua la déception de son auditoire et
appela King pour le convaincre de le rejoindre. Ce fut
un Martin Luther King grave et las qui monta au
pupitre, et prononça un discours poignant, auquel les
événements du lendemain conféreraient une étrange
résonance prémonitoire. Transpirant abondamment,
visiblement ému, il évoqua le poids d'inquiétude et de
danger qu'il devait porter chaque jour :

« Et me voici maintenant à Memphis. Et certains
commencent à dire qu'il y a des menaces. (…) Je ne
sais pas ce qui va arriver maintenant. Nous avons
devant nous des jours difficiles. Mais cela m'est égal.

Car que je suis allé au sommet de la montagne. (…) J'aimerais vivre une longue vie (…) Mais cela ne me préoccupe plus. Je veux seulement accomplir la volonté de Dieu. Et Il m'a permis d'aller au sommet de la montagne. (…) Et j'ai vu la Terre promise. Je n'y parviendrai peut-être pas avec vous. Mais je veux que vous sachiez ce soir que notre peuple rejoindra la Terre promise. »

Beaucoup pleuraient dans l'assistance. King conclut d'une voix vibrante :

« Et je suis heureux ce soir. Je ne m'inquiète de rien. Je n'ai peur de personne. Mes yeux ont contemplé la gloire de Dieu[39]. »

Le jour suivant, 4 avril, Martin Luther King se tenait sur le balcon de sa chambre au motel *Lorraine* quand un coup de feu retentit. La balle lui fracassa la mâchoire avant de lui briser la colonne vertébrale. Il expira peu de temps après son transport à l'hôpital.

L'Amérique en deuil

En quelques heures, la nouvelle de la mort de Martin Luther King se propagea dans tout le pays et provoqua l'une des pires explosions de violence qu'il ait jamais connue. Dans plus d'une centaine de grandes villes, des émeutiers ivres de colère descendirent dans les rues pour casser, brûler, piller. Des quartiers entiers de Chicago flambèrent, plus de 700 incendies éclatèrent à Washington, et quand l'armée parvint à rétablir le calme, on compta 46 morts, 3 000 blessés, 27 000 arrestations[40]. Le rêve du prophète non violent était devenu cauchemar.

Le président Johnson décréta le 7 avril jour de deuil national, mais n'assista pas à l'enterrement qui eut lieu deux jours plus tard à Atlanta. Des milliers de personnes suivirent pourtant le cortège funèbre. La famille, les amis, tous les compagnons de lutte, les leaders des droits civiques, les vedettes du show business, les hommes politiques, les candidats à l'élection présidentielle, et la grande foule des anonymes marchèrent jusqu'au cimetière où repose désormais la dépouille de Martin Luther King, sous une dalle, où fut gravé le verset final d'un de ses cantiques favoris : « Enfin libre, enfin libre, merci Dieu tout-puissant, je suis enfin libre ! »

Il avait rappelé à l'Amérique ses idéaux de liberté, de justice et d'égalité, et il lui avait demandé de s'en montrer digne. Il avait offert son rêve de paix et de fraternité, et il en avait payé le prix. Adulé ou haï, il entrait désormais au panthéon des héros de l'histoire moderne.

L'enquête policière fut rapidement menée, et conclut à la culpabilité d'un homme seul, un petit malfaiteur blanc nommé James Earl Ray qui ne cessa ensuite de clamer son innocence du fond de sa prison. Comme pour John Kennedy, comme pour Malcolm X, des zones d'ombre continuèrent à flotter autour de la mort de Martin Luther King et à alimenter les spéculations[41].

Suivant la volonté de son ami, Ralph Abernathy reprit la direction de la SCLC, mais ne parvint jamais à acquérir la stature et l'autorité de son modèle. La lutte pour l'égalité continuait, semée d'embûches, de succès et de reculades, mais plus jamais elle n'atteindrait la grandeur morale et la dimension épique que lui avait données King. Plus jamais elle ne rallierait derrière elle l'ensemble des forces progressistes qui animaient la gauche américaine. La SCLC tâchait vainement de retrouver un second souffle, la NAACP et la Ligue urbaine s'efforçaient de poursuivre leur action, les adeptes du *Black Power* et les disciples des Panthères noires brandissaient l'étendard de la révolte, mais le Mouvement des Droits civiques mourrait en même temps que Martin Luther King.

La vie politique américaine avait marqué une pause. À leur retour d'Atlanta, les candidats à l'élection présidentielle reprirent pourtant le chemin du combat. Jusqu'au mois de mars 1968, chacun avait tenu pour certain que Johnson se représenterait. Le succès inattendu d'Eugene McCarthy aux primaires du New Hampshire en décembre 1967 avait déjà singulièrement ébranlé l'unité du Parti démocrate, et le 16 mars 1968, Robert Kennedy était, lui aussi, entré en lice. Il parlait au nom de la paix, de la justice économique et de l'égalité raciale, et automatiquement les espoirs d'une partie du Mouvement des droits civiques se reportèrent sur lui.

La progression de Bob Kennedy dans les primaires, en même temps que la grande offensive du Têt lancée par le Vietcong, convainquirent le président Johnson de changer dramatiquement sa ligne de conduite. Le 31 mars, il annonça devant les caméras de la télévision son prochain retrait de la vie politique. Loin de la lutte électorale, il retrouverait pour quelques mois sa liberté d'action et amorcerait un processus de paix au Vietnam. Il ordonnait dès à présent une réduction considérable des bombardements : « J'accomplis le premier pas pour diminuer l'intensité du conflit, affirma-t-il à ses compatriotes. Je ne crois pas devoir consacrer une heure ou un jour de mon temps à des considérations personnelles ou partisanes. (…) En conséquence, je ne rechercherai pas, et je n'accepterai pas la nomination de mon parti pour un autre mandat présidentiel[42]. »

Mais le 6 juin, un nouveau drame interrompit la course pour l'investiture démocrate : Robert Kennedy était abattu à Los Angeles, à l'hôtel *Ambassador* où il venait de célébrer sa victoire dans les primaires de Californie.

« Vous pouvez tuer le leader, pas le rêve »

Andrew Young se souvient du désarroi dans lequel ce nouvel assassinat plongea les militants des droits civiques :

« Je crois que nous avons commencé à pleurer [vraiment] Martin au moment de l'assassinat de Bobby Kennedy parce que Bobby Kennedy avait été présent à Atlanta, avec nous, à l'enterrement de Martin. Et beaucoup d'entre nous commencèrent à voir en lui un espoir pour le futur. Nous avions en fait transféré sur lui un peu de notre loyauté, un peu de notre confiance, et un peu de notre espoir, et maintenant, lui aussi disparaissait[43]. »

Le train qui ramenait le cercueil de Bob Kennedy depuis la côte ouest jusqu'au cimetière d'Arlington marqua un arrêt délibéré auprès du site de *Resurrection City*, le campement de la Campagne des Pauvres installé à Washington depuis le 13 mai, sur la grande esplanade proche du mémorial Lincoln.

Privée de Martin Luther King, la SCLC essayait en effet de poursuivre le projet. Les caravanes de volontaires s'étaient mises en route à la fin du mois d'avril, venant du sud, de l'ouest et du nord, à pied, en autobus, en voitures et en carrioles tirées par des mulets. « Pour prouver à l'Amérique blanche, disait Ralph Abernathy, que vous pouvez tuer le leader, mais que vous ne pouvez pas tuer le rêve[44]. »

Les organisateurs avaient loué les terrains de l'esplanade, et en quelques jours, ils mirent sur pied une petite cité de tentes et d'abris préfabriqués. Ils comptaient sur 1 500 volontaires, il en arriva près du double, noirs pour la plupart, mais aussi indiens, hispaniques, « pauvres Blancs ». Ceux-là n'avaient rien à perdre. Sans emploi, sans ressources, ils venaient commencer une vie nouvelle à Resurrection City. Jesse Jackson assuma les fonctions de maire de la communauté, et avec les autres responsables de la SCLC, il entreprit d'escorter des groupes de manifestants dans les ministères et les agences fédérales pour demander des allocations, des programmes d'apprentissage et des logements.

La presse commençait à s'intéresser à Jackson, dont la haute taille, l'éloquence et l'aptitude à trouver des slogans percutants retenaient facilement l'attention de la foule. À la fin du mois de mai, il conduisit ainsi quelque 300 volontaires à la cantine du ministère de l'Agriculture. Jamais ces malheureux n'avaient encore contemplé une telle abondance de nourriture. Quand ils eurent rempli leurs plateaux, Jesse Jackson annonça avec superbe : « Ce gouvernement nous doit beaucoup. Et ils ont tout juste commencé à nous en rendre un peu avec ce déjeuner[45]. » Néanmoins, la SCLC régla par la suite la facture.

Gouverner *Resurrection City* absorbait toutes les ressources financières et toute l'énergie des organisateurs. Il fallait assurer l'approvisionnement, l'hygiène et la discipline. Les incidents se multipliaient. Des jeunes venus de Chicago et de Detroit entendaient faire régner la loi des gangs. Des conflits constants opposaient les différents groupes ethniques. La communauté de solidarité rêvée par Martin Luther King devenait « un camp de ghettos[46] ». Et la pluie se mit à tomber.

Il plut pendant des jours et des jours... *Resurrection City* se décomposait, ses habitants pataugeaient dans la boue jusqu'aux genoux. Ils n'avaient pas réussi à susciter une réaction positive de la part du gouvernement ou du public, et les responsables comprirent que cela ne se produirait plus. La dernière grande réunion tenue le 19 juin sur les lieux mêmes qui avaient connu l'apothéose de la Marche sur Washington, sonnait en fait le glas de la Campagne des Pauvres. Les volontaires commencèrent à partir. Ils avaient tout perdu. Les dirigeants de la SCLC se firent arrêter sur les marches du Capitole où ils s'étaient installés avec un petit groupe de manifestants et, le 24 juin 1968, la police démantela les abris et chassa les derniers irréductibles à coups de grenades lacrymogènes. Il régnait, se souvient Jesse Jackson, un grand sentiment « de trahison et d'abandon[47] ». Le Mouvement n'avait plus de guide.

La fin du mouvement

La mort de Martin Luther King provoqua aussi la détérioration d'une autre tentative de la communauté noire pour prendre son destin en main. Depuis un an, trois districts scolaires de New York participaient à une expérience de décentralisation qui tentait d'adapter l'enseignement aux problèmes particuliers de la ville. Le quartier d'Ocean Hill-Brownsville à Brooklyn était peuplé en majorité de Noirs et de Portoricains, dont beaucoup vivaient en dessous du seuil national de pauvreté. Les parents trouvaient que bien souvent, les besoins de leurs enfants étaient négligés dans les écoles, et que le corps enseignant renonçait à lutter contre un échec scolaire dramatique. La grande majorité des professeurs étaient blancs et juifs. On ne comptait aucun directeur d'école noir. Comme l'a remarqué le journaliste Jonathan Kaufman : « Les Noirs pensaient que dans le Sud, les écoles avaient imposé le système de la ségrégation aux enfants vers l'âge de cinq ou six ans ; dans le Nord, les écoles enfermaient les enfants dans le désespoir et la pauvreté du ghetto[48]. »

Tous les plans d'intégration proposés à New York depuis 1954 avaient échoué, avec pour seul effet de rassembler les Noirs et les Hispaniques dans les écoles des bas-quartiers. À la rentrée de 1967, le maire John Lindsay, le gouverneur Nelson Rockefeller et le responsable de la Fondation Ford, McGeorge Bundy, avaient tenté une autre approche : fragmenter la grande académie de New York en petits districts scolaires que dirigeraient des conseils élus par les parents du quartier concerné. À défaut de l'intégration, peut-être la décentralisation ferait-elle progresser les résultats scolaires des enfants défavorisés ? À Ocean Hill-Brownsville, les parents avaient élu un conseil scolaire composé de dix Noirs et d'un Blanc, et choisi comme président Rhody McCoy, un professeur noir militant et déterminé.

À l'automne 1967, le syndicat des enseignants *United Federation of Teachers* (UFT) avait déclenché une grève dans toute la ville de New York pour demander l'amélioration des conditions de travail. Le conseil d'Ocean Hill-Brownsville avait refusé de commencer son règne en fermant les écoles et recruté des remplaçants. Le président de l'UFT, Albert Shanker, avait vainement essayé d'obtenir le soutien de Rhody McCoy. Fils d'émigrants juifs, Shanker militait depuis sa jeunesse pour les droits civiques, mais il se montrait profondément hostile à la radicalisation du *Black Power*. Même après la fin de la grève, les relations avaient continué à s'envenimer entre le syndicat et les parents d'Ocean Hill-Brownsville. Les professeurs avaient le sentiment que toutes leurs propositions étaient ignorées ou méprisées. McCoy doutait que ces maîtres, en grande majorité juifs, veuillent sincèrement enseigner l'histoire et la civilisation noires. Il avait recruté certains éléments radicaux, comme Les Campbell ou Herman Ferguson, qui suscitaient de vives controverses. Campbell appartenait à l'Association des Enseignants afro-américains qui avait publié des déclarations antisémites, et Ferguson était soupçonné d'avoir participé à une tentative de meurtre contre Roy Wilkins et Whitney Young[49]. Dans la lutte maintenant déclarée, les parties en présence poursuivaient en fait des objectifs bien différents. L'UFT approuvait la décentralisation et espérait qu'une plus grande autonomie des écoles facilite la tâche des professeurs. McCoy et les parents de son district voulaient le « contrôle de la communauté » sur les programmes et les enseignants, ils renonçaient à l'intégration et souhaitaient façonner l'instruction des enfants noirs de manière aussi indépendante que possible.

Le 5 avril 1968, au lendemain de l'assassinat de Martin Luther King, plusieurs incidents éclatèrent au lycée « 271 » de Brooklyn. Les professeurs blancs se sentirent menacés par les cris de vengeance qui fusaient de toutes parts. Trois d'entre eux furent attaqués. Le 8 mai, McCoy envoya une lettre de renvoi à 13 professeurs qui lui semblaient particulièrement peu coopératifs, et à 6 membres de l'administration. Shanker ne l'entendait pas ainsi. Le rôle du syndicat était en cause, et de plus, tous les professeurs renvoyés étaient juifs. Il déclencha une grève dans tout le district. McCoy recruta à nouveau des remplaçants.

Pendant l'été 1968, le Conseil de l'éducation de la ville de New York désigna un médiateur noir, le juge Francis Rivers, qui demanda la réintégration des professeurs renvoyés. McCoy refusait de céder. Cette fois Shanker organisa une grève à l'échelle de la ville. Pendant près de huit semaines, 57 000 enseignants et un million d'élèves se tinrent loin des salles de classe[50]. Shanker fit diffuser à 500 000 exemplaires un tract antisémite que certains professeurs disaient avoir reçu à Ocean Hill-Brownsville :

« Si l'histoire et la culture afro-américaines doivent être enseignées à nos enfants noirs, cela doit être par des professeurs afro-américains (…) [Cela] est impossible aux meurtriers sémites des peuples de couleur. (…) Les seuls qui puissent remplir cette tâche sont les frères et sœurs afro-américains, et non le prétendu ami juif libéral. Nous connaissons ses manœuvres, (…) nous savons qu'il est en réalité notre ennemi et le responsable du grave retard dans l'éducation de nos enfants noirs[51]. »

Ce morceau de littérature, qui contenait quelques citations d'origines incertaines, permit à Shanker de faire de la grève un succès, mais ne représentait pourtant pas la position officielle du district d'Ocean Hill-Brownsville. Pour McCoy, il s'agissait d'une lutte entre Noirs et Blancs, non entre Noirs et Juifs. 70 % des remplaçants qu'il avait recrutés étaient blancs, et parmi ceux-ci, 50 % étaient juifs[52].

En octobre, la ville de New York suspendit le conseil d'Ocean Hill-Brownsville et exigea le retour des professeurs renvoyés par McCoy. Au printemps suivant, le gouverneur Rockefeller abolissait les trois districts expérimentaux et signait une nouvelle formule de décentralisation, dans laquelle les conseils locaux jouissaient d'une autonomie bien moindre que celle qu'il avait prévue deux ans plus tôt. Le « contrôle de la communauté » imaginé à Ocean Hill-Brownsville avait fait long feu.

Mais le dommage infligé aux relations entre Juifs et Noirs se révélerait profond et durable. La coalition libérale éclatait, les Noirs ne pouvaient plus compter sur le militantisme, les ressources financières, les conseils juridiques et les articles de presse favorables de ceux qui depuis le début du Mouvement des droits civiques s'étaient montrés leurs alliés naturels.

L'année 1968, celle de la mort de Martin Luther King et de Robert Kennedy, s'achevait dans le désordre et le tumulte. La convention démocrate, qui désigna Hubert Humphrey pour faire face au républicain Richard Nixon, fut le théâtre d'affrontements d'une violence inouïe entre forces de l'ordre et militants pacifistes.

Aux Jeux olympiques de Mexico, le boycott initialement prévu par les militants du *Black Power* se traduisit finalement par des manifestations individuelles. Le 16 octobre, les deux coureurs noirs Tommie Smith et

John Carlos montèrent sur le podium pour recevoir leurs médailles. Quand retentit l'hymne des États-Unis, ils baissèrent la tête, et tendirent le poing en l'air, symbole du *Black Power*. Le monde entier assistait au déchirement d'une nation ravagée par les tensions raciales et le conflit vietnamien.

CINQUIÈME PARTIE

Afro-Américains

CHAPITRE 13

La fin des révolutionnaires

La loi et l'ordre de Nixon

Depuis *Black Power*, la jeunesse noire rejetait le terme de *Negro* que Martin Luther King avait si souvent employé pour bannir l'expression méprisante *Colored*. Mais pour les héritiers de Malcolm X, *Negro* était aussi une invention des Blancs, un reliquat de l'esclavage. Qualifiaient-ils, eux, les Blancs de « Caucasiens » pour souligner leurs origines raciales ? Si les Blancs se nommaient eux-mêmes « Blancs », les descendants des esclaves détenaient tout autant le droit de se désigner « Noirs ». Malcolm X utilisait aussi le terme d'« Afro-Américain ». Cette expression reconnaissait les caractéristiques ethniques et le passé de la communauté noire tout en affirmant sa place légitime dans la société américaine. Historiens et sociologues l'employèrent de plus en plus fréquemment pour décrire la réalité noire, et, bien des années plus tard, elle deviendrait la norme.

Après la mort de Martin Luther King, le Congrès avait, à titre d'hommage et d'apaisement, approuvé une nouvelle loi sur les droits civiques, qui interdisait la discrimination raciale dans l'immobilier, qu'il s'agisse d'achat, de vente ou de location. La loi faisait néanmoins reposer la responsabilité de son application sur les victimes de préjudices, qui devaient porter plainte et prouver l'existence d'une injustice. Beaucoup plus efficace apparaissait le deuxième volet de la loi, qui renforçait considérablement les châtiments encourus par tous ceux qui, de près ou de loin, en actes ou en paroles, participeraient ou encourageraient une émeute.

L'Amérique, à la fin des années 1960, se sentait lasse et découragée. Elle n'espérait plus résoudre ses problèmes sociaux par de vastes et généreux programmes, elle finissait même par douter que ces programmes aient réellement d'autre effet que d'entretenir l'irresponsabilité et la paresse d'une génération trop gâtée grâce au dur travail de ses aînés. La majorité silencieuse voulait le calme, la loi et l'ordre. Beaucoup d'électeurs démocrates commençaient à déserter un parti qui semblait les entraîner sur un chemin aventureux. Même Hubert Hymphrey, le chantre de la « Grande société », se sentit obligé de promettre une moindre intervention du gouvernement en matière sociale, et d'approuver la réponse musclée de la police aux incidents qui perturbèrent la Convention démocrate de Chicago en août 1968.

Ceci ne suffit cependant pas à lui assurer la victoire. George Wallace s'était lancé dans une campagne indépendante ouvertement raciste qui connaissait un succès considérable, et Richard Nixon déclarait à ses supporters enthousiastes : « Nous avons investi des milliards et des milliards de dollars dans des programmes fédéraux pour l'emploi, le logement et l'aide sociale, et je vais vous dire ce que nous avons récolté : nous avons récolté une moisson d'émeutes, de frustrations et d'échecs. Et maintenant ils veulent investir des milliards de plus et je dis : Non ! (…) Quand on est sur la mauvaise route, (…) on change de route[1]. »

En novembre 1968, Nixon battit Humphrey d'une courte tête (43,4 % des voix contre 42,7 %). George Wallace avait remporté 13,5 % des suffrages, le score le plus élevé atteint par un candidat indépendant depuis 44 ans[2]. Il faisait ainsi de Richard Nixon un président minoritaire, pleinement conscient que la « réaction blanche » et son propre slogan « la loi et l'ordre » lui avaient ouvert le chemin de la Maison Blanche.

La stratégie sudiste

Richard Nixon, éternel second, l'ancien vaincu du glamour à la John Kennedy, n'était pas profondément raciste ou viscéralement hostile aux programmes de secours sociaux. Il souhaitait autant que possible se concilier les défavorisés. Il reçut, peu de temps après son élection, les leaders noirs les plus « respectables », tels Ralph Abernathy et Roy Wilkins. Mais le Président n'était pas un homme de conviction ou de projet à long terme. Il s'agissait enfin pour lui de gouverner, et de se maintenir au pouvoir au-delà de 1972. Il avait de l'énergie, du discernement et le sens de la manœuvre, et une simple analyse de la mathématique électorale lui fit rapidement oublier ses considérations initiales sur un revenu garanti à chaque famille américaine ou sur l'admission accélérée des minorités au sein des syndicats industriels. Il se reconnaissait peu de chance de séduire les démocrates convaincus du Nord, et voyait donc son avenir dans l'électorat de

George Wallace. Il adopta ainsi une « stratégie sudiste », destinée à assurer sa réélection en 1972.

Le président Nixon commença par approuver le rapport que lui soumit Daniel Patrick Moynihan, son conseiller sur les problèmes urbains, qui déclara que les relations raciales bénéficieraient maintenant d'une « période de négligence bénigne[3] ». Partisan d'une moindre intervention gouvernementale, Richard Nixon relâcha la pression autrefois exercée sur l'administration pour admettre dans ses rangs des employés issus des minorités raciales. Il réduisit considérablement le rôle des départements chargés des droits civiques au ministère de la Justice et au ministère de la Santé, de l'Éducation et de l'Aide sociale. Les Présidents de la Commission sur l'égalité des chances dans l'emploi et de la Commission américaine des droits civiques en vinrent à démissionner en signe de protestation. Les lois existantes en faveur des droits civiques, notamment la nouvelle loi contre la discrimination dans le logement, furent appliquées avec tant de laxisme qu'elles perdirent presque toute efficacité. Dans le même esprit, le Président et l'*Attorney General* John Mitchell s'opposèrent au passage d'une nouvelle loi sur le droit de vote, considérant que le problème avait été définitivement réglé.

Nixon dirigea ensuite ses efforts vers la Cour suprême, proposant, pour chaque poste vacant, des sudistes purs et durs. Le premier de ses candidats, Clement Haynsworth, fut écarté par le Sénat pour des questions d'irrégularités financières. Nixon avança alors le nom de G. Harold Carswell, dont l'incompétence juridique et le racisme déclaré embarrassèrent jusqu'aux républicains quand il se présenta devant le Sénat. En apprenant le nouveau rejet prononcé par les sénateurs, Nixon ne négligea pas d'exprimer sa compréhension et sa sympathie à l'égard des électeurs du Sud. Commentant l'échec de ses deux protégés, il déclara :

« Ils avaient la malchance d'être nés dans le Sud. (…) Je comprends l'amertume de millions d'Américains qui vivent dans le Sud devant l'acte de discrimination régionale commis (…) par le Sénat. Je leur assure que le jour viendra où des hommes comme les juges Carswell et Haynsworth (…) siégeront à la Cour suprême[4]. »

George Wallace avait promis à ses électeurs que le moindre manifestant qui se coucherait devant sa voiture pour l'empêcher d'avancer ne se relèverait jamais. Richard Nixon entendait lui aussi faire régner l'ordre dans les rues. Il ne voulait pas d'émeutes ni de grandes campagnes de protestation avec des militants pacifistes qui viendraient le narguer sous ses fenêtres comme ils le faisaient au temps du président Johnson en chantant : « Hey, hey, LBJ, combien en as-tu tué aujourd'hui ? » La surveillance des dissidents et des opposants de toutes tendances, leaders étudiants, hippies, pacifistes, Noirs radicaux, prit souvent l'aspect d'une guerre inavouée, en marge de la légalité.

Rivalités intestines

Le mouvement noir, pendant ce temps, était dispersé et désorienté. La NAACP se limitait de nouveau au combat judiciaire. Ralph Abernathy avait lancé à Charleston une campagne couronnée de succès pour obtenir la reconnaissance du syndicat noir des employés hospitaliers, mais il ne parvenait pas à affermir son autorité parmi les militants ni à retenir l'attention des médias. Les querelles des héritiers de Martin Luther King paralysaient de plus en plus la SCLC. Quant au CORE, il se trouvait réduit à une poignée de nationalistes, et son nouveau directeur Roy Innis promettait pourtant une « guerre totale » contre la NAACP[5].

Le Snick, lui, avait disparu. L'un de ses anciens animateurs, James Forman, ne manqua pas de faire un certain effet quand, en juillet 1969, il réclama trois milliards de dollars à titre de réparations pour les dommages subis par la communauté noire au cours de siècles de racisme. Sa promesse d'utiliser les fonds pour conduire une révolution socialiste noire ne l'empêcha pas de rassembler quelque 500 000 dollars auprès de riches libéraux du Nord[6]. De son côté, Louis Farrakhan, qui avait repris la direction des Musulmans noirs à la mort d'Elijah Muhammad, prônait un séparatisme absolu. Dans cette confusion générale, la presse retenait surtout les déclarations sensationnelles de militants révolutionnaires comme Angela Davis ou Eldridge Cleaver.

Plusieurs groupes, tel le Front noir de libération, le Mouvement d'action révolutionnaire ou l'Armée noire de libération se livraient à la guérilla urbaine et entretenaient une extrême tension entre les groupes raciaux. Beaucoup de Blancs imaginaient les ghettos peuplés de fanatiques décidés au massacre, et ils n'ignoraient pas que les *Black Panthers* servaient de modèles à tous ceux qui appelaient alors à la formation d'une « armée urbaine noire[7] ». Les *Black Panthers* ne se contentaient plus désormais de surveiller la police et d'établir des programmes de secours mutuel, ils cherchaient aussi à étendre leur influence en trouvant des soutiens en dehors de la communauté noire. En novembre 1968, plusieurs *Panthers* rejoignirent la coalition du *Peace Freedom Party* (Parti pour la paix et la liberté) et participèrent aux élections. Huey Newton se présenta au Congrès, Bobby Seale et Kathleen Cleaver à la législature de Californie, et Eldridge Cleaver à la présidence.

Les rivalités intestines déchiraient pourtant les *Panthers*. Stokely Carmichael avait claqué la porte avec fracas après une alliance de seulement quelques mois[8]. Le 6 avril 1968, Bobby Hutton, le plus jeune membre du Parti, celui que tous appelaient « Petit Bobby », avait trouvé la mort à 17 ans au cours d'une fusillade entre *Panthers* et policiers de Oakland. Les *Panthers* proclamèrent alors qu'ils étaient tombés dans un piège. Mais vingt ans plus tard, Eldridge Cleaver et David Hilliard, tous les deux sur les lieux, reconnurent qu'ils avaient eux-mêmes tendu l'embuscade[9]. Huey Newton, encore en prison, désapprouvait totalement cette action. Pour lui, Cleaver confondait violence et révolution, et seuls l'intéressaient « la force, le pouvoir des armes, et le moment d'intensité où les combattants frôlent la mort. (...) Il ne soutenait pas les programmes d'aide communautaire[10]... ».

L'hostilité et la suspicion grandissaient entre les deux leaders, et le FBI se précipita dans la brèche pour détruire les *Panthers*. En septembre 1968, J. Edgar Hoover affirma : « entraînés à l'école du marxisme-léninisme et aux enseignements du leader communiste chinois Mao Zedong, (...) ils ont perpétré de nombreuses attaques contre des policiers (...) à travers tout le pays. [Ils] voyagent dans tous les États-Unis pour prêcher leur évangile de haine et de violence, non seulement aux habitants des ghettos, mais aussi aux étudiants des universités et aux lycéens[11] ». En novembre, Hoover donnait à ses officiers l'ordre « d'exploiter tous les moyens pour aggraver les dissensions dans les rangs du *Black Panther Party* (...) [et de proposer] toutes les mesures destinées à [le] paralyser[12] ».

Parmi ces mesures, le FBI privilégiait les lettres et les coups de téléphone anonymes, les accusations de détournements de fonds, d'infidélités sexuelles et de trahisons politiques. L'une des méthodes les plus efficaces consistait à arrêter les membres du Parti sous tous les prétextes jusqu'à ce qu'ils ne puissent plus payer les cautions. Huey Newton écrivit que toute leur vie était rythmée par les procédures judiciaires, incarcérations et levées d'écrou, auditions et procès[13]. Le FBI semait également la méfiance et la haine auprès de tous les groupes susceptibles de s'allier aux *Panthers*. En janvier 1969, une confrontation entre *Panthers* et *United Slaves*, un groupe nationaliste noir, fit plusieurs morts et de nombreux blessés dans les rangs des belligérants[14]. Pour contrecarrer le rapprochement qui se dessinait entre les *Panthers* et les *Black Stone Rangers*, un gang ultra-violent de Chicago, le FBI se fixa délibérément pour tâche « d'intensifier le degré d'animosité entre les deux groupes » et de provoquer ainsi des « actions de représailles » contre les dirigeants des *Panthers*[15].

Quand les Noirs radicaux ne s'entretuaient pas, les rencontres avec la police tournaient souvent au règlement de comptes. Les enterrements de *Panthers* se multipliaient, offrant chaque fois aux médias l'image menaçante des compagnons du défunt escortant le cercueil, le regard farouche, l'arme à la ceinture et le béret des révolutionnaires sur la tête.

Le 31 juillet 1969, la police perquisitionna au bureau du parti à Chicago. Cinq policiers et trois *Panthers* furent blessés. Le 13 novembre, deux policiers et un membre du parti périrent au cours d'une fusillade au sud de la ville. L'ouverture du procès des militants pacifistes qui avaient désorganisé la Convention démocrate de Chicago en 1968 créait une situation particulièrement tendue. Le *Panther* Bobby Seale faisait partie des accusés, et comme il prétendait assurer sa propre défense, la Cour ordonna qu'il soit ligoté et bâillonné. Le FBI surveillait donc de très près tous les activistes de la région et s'inquiétait particulièrement de l'essor de la nouvelle branche des *Black Panthers*, ouverte à Chicago à l'automne 1968 par deux jeunes activistes, Fred Hampton et Bobby Rush.

Le déclin des Black Panthers

Fred Hampton, âgé de seulement 21 ans, avait déjà milité dans les rangs de la NAACP et avait été arrêté à deux reprises. Il possédait une énergie, un sens de l'organisation et un charisme qui, pour le FBI, auguraient du pire. Elaine Brown, alors membre des *Panthers* de Los Angeles, se souvient de l'impact de Fred Hampton sur la foule quand il scandait : « Le pouvoir au peuple ! (...) Je suis prêt à mourir pour le peuple ! » :

« Il avait 21 ans, disait Elaine Brown, il était incroyable. Vous ne pouviez pas ne pas être touché par Fred Hampton. C'était comme Martin Luther King[16]. »

Le FBI partageait probablement son jugement. Le 4 décembre 1969, quatorze policiers investirent l'appar-

tement occupé par Hampton et ses compagnons. Fred
Hampton et Mark Clark, un autre *Panther*, furent abattus à bout portant. Les sept survivants, accusés de tentative de meurtre sur les forces de l'ordre, prirent le
chemin de la prison. Le FBI commit l'erreur de ne pas
poser immédiatement les scellés sur les lieux de la
fusillade, et en examinant les macabres indices laissés
dans l'appartement, de nombreux membres de la communauté noire et certains journalistes mirent en cause
la version officielle. En 1970, une nouvelle enquête établit que, des quelque 80 balles tirées le 4 décembre,
une seule provenait des armes des *Black Panthers*[17].

Quand Huey Newton sortit de prison en août 1970,
il jugea le parti « en plein désordre[18] ». Il s'efforça de
lui donner une nouvelle direction idéologique en prô-
nant « l'intercommunalisme révolutionnaire[19] », une
alliance entre toutes les communautés opprimées du
monde qui, sous la direction de l'avant-garde révolutionnaire constituée par le parti, était censée secouer
le joug de « l'Empire des États-Unis » et construire un
communisme véritable. Les *Panthers* cherchaient
maintenant à regrouper tous les insatisfaits du système. Une de leurs affiches n'oubliait personne et
s'adressait aux hippies, aux partis politiques, aux
ouvriers, aux étudiants, aux paysans, au sous-
prolétariat, aux pauvres, aux Noirs, aux Mexicains,
aux Porto-Ricains et aux Chinois[20]… Mais Huey Newton n'était pas un orateur. Il ennuyait son auditoire, et
son autorité sur le parti s'effritait.

De son côté, Eldridge Cleaver s'était réfugié en
Algérie après un passage au Canada et à Cuba, il avait
créé une section internationale et pris contact avec le
Vietcong. Les communistes vietnamiens devinrent des

modèles des *Black Panthers* au même titre que Frantz Fanon et Mao Zedong. Cependant la distance géographique, l'action souterraine du FBI, les ambitions rivales et les tensions créées par le constant voisinage du danger avaient exacerbé l'hostilité entre Newton et Cleaver. Chacun était persuadé que l'autre complotait contre sa vie.

La rupture publique intervint en février 1971. Des sections entières du parti abandonnèrent les *Panthers* pour soutenir Eldridge Cleaver. Avec les fidèles qui lui restaient, Newton s'efforça de reprendre le combat. Il voulait maintenant impliquer le parti dans la politique locale de Oakland, développer son implantation dans la communauté et en faire une base de pouvoir suffisante pour que les démocrates doivent solliciter son appui. Mais la conduite du jeune leader, rongé par la drogue et l'alcool, devenait de plus en plus inquiétante et imprévisible. Il finira par s'enfuir, en 1974, à Cuba pour échapper à une inculpation de meurtre, après avoir confié les rênes du parti des *Black Panthers* sur le déclin à Elaine Brown.

Angela Davis et les frères de Soledad

Angela Davis, elle aussi, symbolisa cette fin d'époque, et le changement de stratégie du mouvement noir. Née en 1944 à Birmingham, la ville du Ku Klux Klan, elle avait étudié la littérature française à *Brandeis University* et à la Sorbonne, puis la philosophie en Allemagne et en Californie. Elle avait été fortement influencée par Herbert Marcuse, le maître à penser de la Nouvelle Gauche américaine. Devenue à son tour professeur de philosophie, membre déclaré du Parti communiste américain, et compagnon de route des Panthères noires, Angela Davis avait obtenu en 1969 un poste à l'université de Californie. Le Conseil directeur de l'université – dont faisait partie le gouverneur Ronald Reagan – la congédia avant qu'elle pût y donner son premier cours.

Fermement décidée à faire valoir ses droits en tant que « femme noire, communiste, révolutionnaire[21] », Angela Davis entama une action en justice tout en parcourant la Californie pour protester contre la politique de Reagan, offrir des séminaires de formation politique et prêcher la révolution. Le monde entier connaissait son visage et sa large coiffure « afro », et la considérait comme l'un des symboles du militantisme noir. Le tribunal la rétablit dans ses fonctions, mais en juin 1970, l'université allait à nouveau l'expulser, non plus pour son appartenance au parti communiste, mais pour son activisme politique.

Angela Davis avait déjà participé à de nombreux comités en faveur de la libération de militants emprisonnés, tels Huey Newton ou Bobby Seale. Au mois de février 1970, son intérêt s'était porté sur un prisonnier de droit commun, George Jackson, qui lui avait écrit et dont elle avait vu la photo dans les journaux. Cette photo le montrait en compagnie de deux autres détenus, John Clutchette et Fleeta Drumgo. Tous trois portaient autour de la taille des chaînes reliées aux anneaux qui entravaient leurs poignets et leurs chevilles. George Jackson croupissait depuis dix ans à la prison de Soledad pour le vol de 70 dollars. Maintenant, avec Clutchette et Drumgo, il était accusé du meurtre d'un gardien.

Angela Davis étudia le cas et considéra qu'il n'existait pas de preuve contre les trois hommes. Les autorités de la prison les désignaient comme boucs émissaires parce qu'il s'agissait de Noirs militants qui prêchaient la révolution aux autres prisonniers. Angela Davis se lança dans une campagne active pour « libérer les frères de Soledad[22] ».

Elle entretenait avec George Jackson une correspondance suivie et, quelques mois plus tard, un recueil des lettres de Jackson parut sous le titre *Soledad Brother*[23]. Cinq d'entre elles étaient adressées à Angela Davis. Jackson y analysait en profondeur le système pénal américain, le racisme des autorités carcérales et l'encouragement délibéré à la haine raciale entre les prisonniers pour prévenir toute révolte concertée. En 1970, plus de la moitié des détenus dans les prisons américaines étaient noirs. George Jackson considérait que les conditions socio-économiques de la communauté noire portaient la responsabilité directe d'un grand nombre de ces délits. Angela Davis se souvient que déjà, dans presque chaque famille noire qu'elle connaissait, quelqu'un avait tâté de la prison. Mais jusqu'alors, elle n'avait pas réalisé à quel point le système pénitentiaire participait à l'oppression des Noirs qui, dans le ghetto, s'étaient vu refuser tout accès à une instruction valable, des loisirs honnêtes et un emploi décent. Et elle notait la propension des gardes à abattre un prisonnier noir au moindre signe de rébellion, et la facilité avec laquelle les tribunaux concluaient alors à un « homicide justifié[24] ».

Le 7 août 1970, Jonathan Jackson, jeune frère de George, décida d'agir lui-même. Lors d'une audience au tribunal de Marin County, il fit irruption l'arme au poing, prit le juge en otage et exigea la libération de son frère. La police ouvrit le feu, tuant Jonathan, le juge et deux autres prisonniers. Angela Davis fut accusée d'avoir fourni les armes du jeune kamikaze et poursuivie par toute la police du pays. Bientôt arrêtée à New York, elle demeura seize mois en prison avant d'être innocentée. George Jackson, transféré à la prison de San Quentin, fut tué par un garde le 21 août 1971.

Les révoltés d'Attica

La mort de George Jackson provoqua colère et agitation dans nombre de pénitenciers. Deux semaines plus tard, le mouvement pour la défense des droits des prisonniers connut une nouvelle crise dramatique. Le 9 septembre 1971, les détenus de la prison d'Attica dans l'État de New York se mutinèrent et prirent 39 personnes en otages. Sur les quelque 2 200 condamnés présents sur les lieux, 54 % étaient noirs, 9 % portoricains et 37 % blancs. Aucun gardien noir ne travaillait à Attica[25]. Les révoltés firent parvenir leurs revendications aux autorités : il s'agissait essentiellement d'exigences de caractère humanitaire. Les prisonniers demandaient l'amélioration de leurs conditions matérielles, le respect de leur dignité d'homme et une amnistie générale pour tous les mutins. Ils proposaient une liste de médiateurs susceptibles de conduire les négociations, dont des journalistes, des avocats, des membres des *Black Panthers*, de la Nation de l'Islam et du parti des *Young Lords*, un groupe nationaliste noir.

Le gouverneur Nelson Rockefeller désigna le *Congressman* Herman Badillo pour se joindre à ce comité d'observateurs, et finalement, plus de 35 personnes, dont beaucoup étaient venues de leur propre initiative, entreprirent de faire la navette entre Russell Oswald, responsable des prisons de l'État de New York, et la cour « D », où les mutins tenaient leur assemblée générale. Le 11 septembre, la situation s'aggrava brusquement quand on apprit la mort d'un gardien blessé au cours de la révolte. La question de l'amnistie générale devenait plus cruciale que jamais pour les prisonniers. Russell Oswald durcit nettement sa position, le comité d'observateurs tenta vainement de convaincre Nelson Rockefeller et le président Nixon de se rendre sur les lieux. Le 13 septembre, les forces de police attaquaient la prison en hélicoptère, d'abord avec des grenades lacrymogènes puis à coups de fusils. 40 personnes, dont 10 otages, périrent pendant l'assaut. Plus d'une centaine de personnes furent blessées. Le bruit courut d'abord que les mutins avaient égorgé leurs otages, mais une commission d'enquête établit par la suite que tous les morts avaient été tués par balles, et on ne trouva aucune arme à feu aux mains des détenus ou cachées dans la prison[26].

Tous ces événements sonnaient le glas du mouvement noir radical. Les Panthères noires connurent encore un bref sursaut de vitalité sous la ferme direction d'Elaine Brown, et ils réussiront un moment, à Oakland, à retrouver un peu d'influence : Elaine Brown siégerait au OCED (Conseil d'Oakland pour le développement économique) où les chefs d'entreprise se rencontraient pour coordonner les projets de travaux et d'investissements de la ville, elle soutiendrait le démocrate Jerry Brown dans ses campagnes électorales successives, et se présenterait elle-même aux élections municipales de Oakland en 1972 et en 1975, mais sans succès (elle obtiendrait néanmoins 44 % des suffrages dans sa circonscription à sa seconde tentative)... Mais alors qu'Oakland venait d'élire son premier maire noir en la personne de Lionel Wilson, un candidat ostensiblement appuyé par les *Panthers*[27], le retour de Huey Newton en 1978 allait semer à nouveau la discorde dans les rangs des *Panthers*. Menacée, Elaine Brown prit la fuite, les factions rivales s'entredéchirèrent et le Parti acheva de se décomposer. L'ère des révolutionnaires était bel et bien révolue.

CHAPITRE 14

La longue marche de l'intégration

L'entrée en politique

Tandis que le Mouvement des droits civiques se décomposait à la fin des années 1960 et que la voie radicale se révélait une impasse, nombre d'organisations avaient tenté d'explorer la piste politique et d'orienter la protestation noire vers une action à l'intérieur du système démocratique. Entre 1966 et 1969, quatre grandes conférences nationales avaient réuni les différentes tendances du *Black Power* pour dégager une orientation commune. En 1970, les élus noirs de la Chambre des représentants avaient formé le *Congressional Black Caucus*, le « Comité noir du Congrès ». La même année, 2 000 délégués issus de nombreuses organisations noires s'étaient rendus au premier « Congrès des peuples d'Afrique » à Atlanta. À l'instar des deux partis politiques nationaux qui se réunissaient dans de grandes conventions pour adopter leur « plate-forme », ou programme, les participants du Congrès des peuples d'Afrique proposèrent de mettre sur pied une Convention noire qui publierait un programme noir. Ce projet se concrétisa deux ans plus tard à Gary en Indiana.

Des conventions locales furent tenues à travers tout le pays, et élirent 3 500 délégués pour représenter 44 États. Un système proportionnel déterminait le nombre de délégués de chaque État selon l'importance de la population noire. En mars 1972, en pleine époque de « la loi et l'ordre » selon Richard Nixon, les quelque 8 000 participants de la Convention noire furent accueillis à Gary par des banderoles de bienvenue. En effet, la ville était dotée depuis 1967 d'un maire noir, Richard Hatcher, qui se maintiendrait à son poste pendant vingt ans. Le poète Amiri Baraka (anciennement LeRoi Jones) se souvient : « Nous avions totalement accès à la municipalité, à la police, aux institutions. (…) Je crois que cela nous emplissait d'un sens profond du respect de nous-mêmes[1]… »

Élus locaux, militants des droits civiques, syndicalistes et activistes de toutes catégories se pressaient sur les lieux de la Convention. Les costumes trois-pièces voisinaient avec les blue-jeans et les boubous africains. Mais certaines organisations brillaient par leur absence. Les responsables avaient interdit la présence de tous les Blancs, fussent-ils politiciens ou journalistes, dans l'enceinte des débats. Dans ces conditions, la NAACP avait refusé de se rendre à Gary. Roy Wilkins désapprouvait le principe même de la Convention, incompatible avec l'idéal d'intégration poursuivi par la NAACP. Il affirmait également que les délégués présents à Gary ne représentaient pas les véritables leaders de la communauté noire. Il jugeait le projet de programme « ouvertement séparatiste et nationaliste » : « Nous ne croyons pas, d'un point de vue purement pragmatique, qu'une population noire isolée représentant 11 % de la population, puisse survivre et progresser dans une nation où la majorité blanche atteint 89 %[2]. »

Même en l'absence de la NAACP, de profondes divergences séparaient les responsables politiques noirs – élus locaux, parlementaires, leaders des droits civiques –, des tenants du mouvement nationaliste représenté par Malauna Karenga ou Amiri Baraka. Pour Karenga, champion du retour à la tradition africaine, un éventuel succès politique noir passait par une révolution culturelle. Karenga émaillait son discours de termes swahili, langue « non tribale d'autodétermination[3] » et prêchait la pratique de la « Kawaida », une idéologie de changement culturel et social, qui briserait la domination de la société blanche sur les esprits africains.

En présence d'opinions aussi contrastées, les débats qui se poursuivirent pratiquement sans interruption pendant trois jours et trois nuits furent souvent houleux. Les délégués discutèrent des problèmes spécifiques de la communauté noire – éducation, discrimination dans l'emploi et le logement, système pénitentiaire – mais aussi des questions concernant l'ensemble de la population, comme le nombre insuffisant de crèches, la protection des personnes âgées ou la pollution de l'environnement. La Convention débattit aussi avec passion de l'opportunité de créer un troisième parti politique, indépendant des démocrates et des républicains. Les élus locaux comme les *Congressmen* ne croyaient guère à une telle initiative, mais les séparatistes voulaient aller jusqu'au bout.

Jesse Jackson, qui représentait alors l'opération PUSH (*People United to Save Humanity*) reprit à son compte la tendance nationaliste mais sans opter pour un troisième parti, et réussit à soulever l'enthousiasme général avec un slogan : « *Nation time !* » (« l'heure de la nation ! »). Amiri Baraka avait composé quelque temps auparavant un poème sur ce thème :

« Tous les "*niggers*" "*negroes*" doivent changer
Arriver ensemble dans l'unité, s'unir
Pour l'heure de la nation
C'est l'heure de la nation[4]... »

Debout sur le podium, Jesse Jackson – large coiffure afro, chemise vert laitue et gilet orange – scandait jusqu'à l'enrouement : « *Nation time ! Nation time !* » « Quelle heure est-il ? », demandait-il à l'assemblée. « *Nation time !* », « L'heure de la Nation ! », répondaient les délégués avec exaltation[5].

Au soir du 12 mars 1972, la Convention réussit à voter le « Programme noir » qui devait déterminer l'action des leaders de la communauté pendant les prochaines années. Le texte soulignait l'amertume des délégués à l'égard du système politique : « Les deux partis nous ont trahis, chaque fois que leurs intérêts entraient en conflit avec les nôtres (ce qui fut le cas la plupart du temps), et chaque fois que nos forces ont été désorganisées et dépendantes (...) Une nouvelle politique noire doit voir le jour[6]. » Le programme demandait un nombre de *Congressmen* noirs proportionnel à celui de la population noire, une déclaration des droits des prisonniers, le contrôle communautaire des écoles dans les quartiers noirs, un système général d'assurance médicale, un revenu minimum garanti, et l'abolition de la peine de mort.

Deux recommandations additionnelles allaient susciter de vives controverses : la Convention s'opposait au *busing* pour obtenir l'intégration (les élèves des quartiers noirs étaient conduits en bus pour être répartis dans les écoles de la région), et dans le domaine de la politique étrangère, elle réclamait la création d'un État palestinien. Le maire Richard Hatcher réussit néanmoins à résumer l'esprit général de la réunion dans ses remarques finales :

« Nous soutenons toutes les voies possibles pour [notre] libération. Nous savons parfaitement que l'action politique ne représente pas toute la solution. Mais l'action politique est une part essentielle de notre libération finale. (…) Notre participation au pouvoir doit se faire à tous les niveaux politiques, du quartier à la circonscription, au comté, à l'État, au Capitole, au cabinet présidentiel. (…) Nous disons aux deux partis politiques américains : c'est [votre] dernière chance[7]… »

Après la convention de Gary, les activistes et les leaders noirs se lancèrent dans le combat politique comme ils ne l'avaient jamais fait auparavant.

L'action affirmative sous Nixon

Même la présidence de Richard Nixon ne freina pas l'avancée de l'action affirmative, principe posé par John Kennedy puis par Lyndon Johnson en 1965 qui, dans la politique gouvernementale comme dans le militantisme social, avait pris le relais du Mouvement des droits civiques.

En 1968, le ministère du Travail avait précisé les délais accordés aux entreprises pour se conformer aux directives nationales. Selon l'idéal à atteindre, les Noirs devaient arriver à constituer dans toutes les sociétés et toutes les catégories d'emploi un pourcentage égal à celui qu'ils représentaient dans la population. Néanmoins, le ministère ne fixait pas de quotas raciaux, qui auraient défié à la fois le dogme de la libre-concurrence et le principe constitutionnel de l'égale protection des lois.

Selon le « Plan de Philadelphie » mis en vigueur par l'administration républicaine, les sociétés qui souhaitaient conclure des marchés avec l'État devaient fixer de façon précise le nombre d'employés issus des minorités ethniques qu'elles s'engageaient à embaucher. Le Congrès donna aux tribunaux la faculté d'exiger des sociétés dont les pratiques discriminatoires auraient été prouvées qu'elles prennent des initiatives d'action affirmative à titre de dommages[8]. Les unes après les autres, les entreprises cédaient aux pressions administratives et judiciaires et faisaient un effort conscient pour engager davantage de femmes et de membres des minorités raciales. En 1973, la grande compagnie de communication AT & T signa un accord qui devait faire date dans l'histoire de l'action affirmative en acceptant de rembourser 15 millions de dollars comme « arriérés de paye » à ses employés auparavant désavantagés à cause de leur sexe ou de leurs origines ethniques[9].

Les autorités locales prenaient, elles aussi, le relais des initiatives fédérales. En 1973, Atlanta avait élu son premier maire noir, Maynard Jackson. Atlanta devint ainsi une « ville-pilote » de l'action affirmative, surveillée de très près par les médias, la communauté noire prise d'un nouvel espoir et le monde des affaires tenaillé par l'inquiétude. Maynard Jackson se souvint que, d'une certaine manière, il n'était pas seulement devenu maire d'Atlanta, « mais maire des Noirs de Géorgie et même de quelques États avoisinants » : « C'était une très lourde responsabilité. (…) La plupart des Américains seraient en tout cas incapables de l'assumer. » Tout comme beaucoup de Noirs craignaient d'être humiliés par l'échec public de l'un d'entre eux[10].

Maynard Jackson avait défini ses buts lors de son discours inaugural : « Des emplois décents, un traitement égal et des salaires justes » pour tous[11]. La population d'Atlanta était noire à plus de 50 % et le maire entendait que cette proportion soit reflétée au niveau des employés municipaux et de toutes les entreprises avec lesquelles la ville passait des contrats. Désormais, la moitié des conseillers municipaux étaient noirs. Cinq Afro-Américains et quatre Blancs siégeaient au Conseil de l'Éducation, et en quelques années, le pourcentage des Noirs travaillant dans l'administration municipale passa de 40 à 55,6 %[12].

Mais l'initiative de Jackson qui suscita le plus de controverse et d'opposition dans la presse comme chez les patrons fut le principe de « conformité » qu'il imposa pour tous les contrats passés par la ville. Selon cette *contract compliance*, un pourcentage déterminé de ces marchés devait revenir à des entrepreneurs noirs et impliquer l'embauche suffisante de membres des minorités. La communauté des affaires s'insurgea contre l'injustice du principe et soutint que cela aboutirait à un travail de qualité inférieure, à des prix plus élevés que ceux que certains entrepreneurs blancs auraient offert si la libre concurrence avait régné.

La construction du nouvel aéroport d'Atlanta allait servir de test aux méthodes de Maynard Jackson. Sous la pression de la municipalité, les entreprises appartenant à des membres des minorités obtinrent 25 % des contrats, et un pourcentage égal de travailleurs noirs ou membres d'autres groupes minoritaires participèrent aux travaux. Il est certain que les offres présentées par des sociétés blanches bien établies à Atlanta étaient quelquefois plus avantageuses que celles retenues par la municipalité pour satisfaire sa politique ethnique. Mais comme le remarque Tom Cordy, un patron noir dont l'entreprise prit son essor à cette époque : « Nous n'aurions jamais pu participer sans le programme d'action affirmative mis en place par le maire. (…) Il est impossible d'entrer en compétition avec des sociétés qui sont sur les chantiers depuis cent cinquante ans et qui ont tout le talent, toutes les ressources financières, toute l'expérience[13]. » Grâce à l'action affirmative, les entrepreneurs noirs pouvaient acquérir l'expérience qui leur avait été de tout temps refusée.

Le nouvel aéroport serait achevé à la date prévue, dans les limites du budget fixé, et inauguré en septembre 1980. Maynard Jackson, l'artisan de cette réussite, demeurerait sans interruption à la mairie d'Atlanta de 1973 à 1982, jusqu'à ce qu'un autre maire noir, Andrew Young, vienne prendre le relais.

Le « busing »

Sous la ferme direction de Richard Nixon, « la loi et l'ordre » avaient pris le pas sur les considérations humanitaires. Mais le Président n'ignorait pas qu'en matière raciale, le sujet le plus sensible demeurait l'intégration scolaire. En 1968, la Cour suprême s'était écartée de l'arrêt Brown, qui laissait aux Conseils de l'Éducation le soin de juger de la « vitesse appropriée » pour réunir les enfants des deux races dans une même salle de classe, et avait exigé que soient préparés des plans d'intégration susceptibles de fonctionner immédiatement. Le *busing*, système proposé par la Cour, qui consistait à transporter les élèves en autobus pour les amener dans des écoles situées en dehors de leur quartier de résidence, était devenu une source d'âpres conflits sociaux.

En 1954, la plupart des Américains avaient supposé que l'arrêt Brown ne concernait que les États du Sud, où la loi locale imposait la ségrégation. Mais il était devenu peu à peu évident que la séparation entre élèves des deux races existant *de facto* dans le Nord serait elle aussi affectée. En 1970, les écoles intégrées demeuraient l'exception dans le Sud, et elles étaient encore plus rares dans le Nord. Le système de *busing* allait révéler toute la profondeur de la résistance à l'intégration.

Pour sa part, le président Nixon ne dissimulait pas son hostilité à ces transports obligatoires, persuadé en cela d'exprimer l'opinion de la majorité de ses concitoyens. « Oubliez les sondages, disait-il, les gens ne disent pas la vérité. Je pense que la majorité est contre l'intégration[14]. » Nixon fit en sorte que le ministère de la Justice ralentisse autant que possible l'application de l'arrêt de la Cour suprême. Il avait notamment déclaré : « Je suis contre le *busing* tel qu'il est actuellement appliqué à la déségrégation scolaire. (…) Le gouvernement continuera à appliquer les ordres de la Cour (…) [Mais cependant] j'ai donné l'ordre au ministre de la Justice et au secrétaire à la Santé, à l'Éducation et à l'Aide sociale de collaborer avec chaque district scolaire pour limiter le *busing* au minimum exigé par la loi. »[15]

Le minimun conçu par Richard Nixon se rapprochait fort d'un barrage complet aux décisions de la

Cour suprême qu'il avait pourtant la responsabilité constitutionnelle d'appliquer. Le ministère de l'Éducation avait préparé un plan complet d'intégration et de *busing* pour le Mississippi, mais en août 1969, le ministère de la Justice avait exigé encore de nouveaux délais. Roy Wilkins accusa publiquement Nixon d'infraction à la loi. La NAACP avait porté plainte devant la Cour suprême, et obtenu gain de cause en octobre de la même année. En 1971, la Cour suprême confirma à nouveau son appui au *busing* dans l'arrêt « Swann contre Charlotte Mecklemburg ». Les neuf juges y approuvaient à l'unanimité le programme de transport scolaire établi en Caroline du Nord par un juge fédéral. En dépit de la farouche résistance de bien des parents blancs, la municipalité de Charlotte réussit à éviter que le *busing* ne dégénère en guerre civile. Les Noirs constituaient seulement 29 % de la population dans le comté de Mecklemburg, et ce statut minoritaire joua certainement en faveur de l'apaisement[16]. Louisville dans le Kentucky, et Tampa en Floride, suivirent cet exemple relativement pacifique. Mais dans d'autres communautés, l'intégration scolaire virait au drame.

Pendant la campagne électorale en 1972, Nixon dut se battre sur deux fronts : la guerre du Vietnam et cet encombrant *busing*. Le candidat démocrate George McGovern promettait la paix, et George Wallace, à nouveau en lice, vitupérait contre le *busing*. Le 15 mai, une tentative de meurtre laissa le candidat indépendant paralysé à vie. Il dut se retirer de la course présidentielle, ouvrant la voie à la réélection de Richard Nixon. Le Président obtint la majorité dans tous les États, à l'exception du Massachusetts et du district de Columbia. Tandis qu'Henry Kissinger accélérait les négociations au Vietnam, la bataille du *busing* reprenait.

À Boston, un groupe de parents noirs conduit par la NAACP avait, dès les années 1950, commencé à protester contre la surpopulation des écoles publiques noires, le délabrement des locaux, l'insuffisance du matériel et le petit nombre de maîtres compétents. Ils avaient exposé en 1963 leurs doléances devant le Conseil scolaire responsable des écoles de Boston et présidé par Louise Day Hicks, mais ils n'avaient obtenu aucune amélioration substantielle. Finalement, la NAACP les convainquit en 1972 de porter plainte contre le comité scolaire.

En juin 1974, le juge fédéral de district W. Arthur Garrity conclut que la ville de Boston avait agi à maintes reprises dans l'intention délibérée de ségréguer les écoles. Il accusait en particulier le Conseil d'avoir « construit de nouvelles écoles pendant une décennie [en choisissant] les dimensions et les emplacements de façon à promouvoir la ségrégation ; d'avoir maintenu des situations de surpopulation et de sous-utilisation qui ont développé la ségrégation dans 26 écoles ; et d'avoir augmenté la capacité d'accueil d'environ 40 écoles (…) alors que les élèves auraient dû être affectés à d'autres écoles pour réduire le déséquilibre racial[17] ».

Boston représentait la capitale du « libéralisme », c'est-à-dire des « idées de gauche » à l'américaine, la ville de l'abolitionnisme, des Voyageurs de la Liberté, d'Harvard et des Kennedy. Mais cette image prestigieuse ne concernait que la classe privilégiée. « L'autre Boston », celui des ouvriers blancs, était, comme l'a rappelé le journaliste Alan Lupo, « une ville aux vues très étroites, méfiante, à l'esprit de clocher[18] ». Chaque groupe ethnique entretenait des préjugés ancestraux, et ne voulait certes pas que ses enfants fassent les frais du libéralisme des riches. Edward Kennedy, sénateur du Massachusetts, n'envoyait-il pas sa progéniture dans des écoles privées ?

Les parents opposés au *busing* se réunirent dans des groupes baptisés *Powderkeg* (baril de poudre) ou ROAR (le verbe signifie « rugir », et les initiales étaient celles du slogan « Restaurer nos droits perdus »). Ces groupes opéraient dans tous les quartiers blancs. Louise Day Hicks présidait le ROAR et siégeait maintenant au conseil municipal. Le 9 septembre 1974, quelques jours avant la rentrée scolaire, elle organisa une marche de 8 000 personnes vers la mairie. Edward Kennedy, qui tentait de s'adresser à la foule, dut prendre la fuite sous les huées.

Dans la communauté noire, l'inquiétude régnait aussi. Beaucoup de parents se préoccupaient de la qualité de l'enseignement offert à leurs enfants, mais hésitaient à affronter les risques très réels du programme d'intégration. La rentrée eut lieu comme prévu le 12 septembre. À *South Boston High School*, l'un des lycées blancs qui devait accueillir son premier contingent d'élèves noirs, une foule menaçante attendait les autobus pourtant escortés de forces de police. En hurlant « Dehors les nègres ! Dehors les singes ! » les assaillants brisèrent les fenêtres à coups de pierres. À la fin de la journée, neuf enfants avaient été blessés et 18 autobus endommagés[19].

Le jour suivant, beaucoup de parents blancs gardèrent leurs enfants à la maison. Pour nombre d'entre eux, l'absentéisme devint un boycott systématique, et les écoles privées improvisées se multiplièrent. La tension raciale croissait de jour en jour. L'attaque d'un automobiliste noir tiré de son véhicule et battu à coups de bouteilles et de bâtons se répercuta dans le quartier noir, où des lycéens lancèrent des pierres sur des passants blancs. À *South Boston High School*, des bagarres éclataient quotidiennement entre élèves des deux races. Le 11 décembre, un étudiant noir poignardait un de ses condisciples blancs. Ce jour-là, il fallut une opération militaire pour évacuer les enfants noirs hors du lycée, encerclé par une foule décidée au lynchage.

L'attitude ambiguë des autorités locales, qui offraient les services des forces de l'ordre sans désapprouver le boycott scolaire, entretenait la hardiesse des extrémistes. Le maire, Kevin White, alla jusqu'à promettre que la municipalité prendrait à sa charge les frais de justice pour obtenir devant la Cour suprême la révocation du plan de *busing*.

L'année scolaire se poursuivit dans une atmosphère lourde de menaces et d'hostilité. Les Blancs partaient s'installer dans les banlieues, soustrayant ainsi leurs enfants au *busing* et à l'intégration, et beaucoup avaient recours aux écoles privées. Le 9 décembre 1975, le juge Garrity déchut le comité scolaire de ses fonctions et confia l'administration des écoles de Boston au tribunal. Les élèves noirs et hispaniques constituaient maintenant 53 % des enfants scolarisés en ville, alors que leurs familles ne représentaient que 25 % de la population de Boston et de sa banlieue[20]. Un calme relatif se rétablit peu à peu dans les salles de classe. La révolte des parents blancs n'avait pas obtenu la révocation du *busing*, mais leur fuite vers la banlieue aboutissait à une nouvelle ségrégation des écoles. Cette situation se répéta dans nombre de grandes villes.

À Detroit, le gouverneur Henry Milliken lui-même entama une procédure d'appel contre le plan d'intégration établi par le juge fédéral Stephen Roth qui entendait grouper la ville et la banlieue dans le même programme de *busing*. Quand le cas parvint devant la Cour suprême en 1974, quatre juges nommés par Richard Nixon y siégeaient. Par cinq voix contre quatre, la plus haute juridiction du pays présidée par Warren Burger désavoua le plan du juge Roth, en soulignant que la banlieue ne portait pas la responsabilité de la ségrégation régnant à Detroit, et ne devait donc pas contribuer à sa solution. Thurgood Marshall exprima son amertume dans une opinion dissidente. Il voyait dans l'arrêt de la Cour le reflet de l'état d'esprit du pays, qui trouvait que « nous étions allés assez loin pour appliquer la garantie de justice égale [pour tous] inscrite dans la Constitution[21] ».

Gerald Ford et le statu quo

L'activisme et la contestation des années précédentes avaient maintenant fait place à une humeur sombre et pessimiste, et l'individualisme reprenait tous ses droits. Au cœur de la décennie 1970, la fin brutale de l'expansion économique de l'après-guerre, l'embargo pétrolier, la multiplication des détournements aériens et le développement du terrorisme international soulignaient l'impuissance d'un gouvernement américain incapable de juguler l'inflation ou de faire taire les accusations de corruption. L'insécurité et la violence régnaient dans les villes, la drogue

opérait des ravages. Une nouvelle organisation terroriste, l'Armée symbionaise de libération, qui avait
enlevé l'héritière Patti Hearst, faisait la une des journaux.

Richard Nixon, embourbé dans le scandale du Watergate, en venait à affirmer à la télévision « Je ne suis pas
un escroc ». La fin de la guerre du Vietnam et le retour
des prisonniers ne suffirent pas à sauver l'hôte de la
Maison Blanche, ni à restaurer l'optimisme du pays. Le
Président démissionna en août 1974, et en avril de
l'année suivante, Saïgon tombait aux mains des communistes. La télévision retransmit, dans le monde
entier, l'image des fonctionnaires fuyant l'ambassade
des États-Unis avant l'arrivée du Vietcong. L'Amérique
ne tournait pas une page glorieuse de son histoire.

Pendant son bref passage à la Maison Blanche, le
président suivant, Gerald Ford, eut à cœur de rétablir
autant que possible l'harmonie sociale et le prestige
de l'exécutif mis à mal par le Watergate. « Il se montra remarquablement indifférent aux considérations
partisanes et raciales dans les positions qu'il prit ou
les postes qu'il distribua[22] », nota John Hope Franklin.
Le nouveau président nomma l'avocat noir William
T. Coleman au poste de secrétaire aux transports, et
accepta rapidement de rencontrer des représentants
de la communauté noire, dont Clarence Mitchell qui
représentait alors la NAACP à Washington. Ce dernier
avait mené tant de campagnes de persuasion auprès
des parlementaires que bien souvent, on le désignait
comme « le cent unième sénateur ». Il n'ignorait pas
l'hostilité personnelle de Gerald Ford au *busing*. À
peine installé dans le Bureau ovale, le Président
n'avait-il pas déclaré à propos du programme d'intégration scolaire de Boston : « Je me suis toujours

opposé au *busing* forcé pour parvenir à un équilibre racial et contribuer à une éducation de qualité. J'exprime donc respectueusement mon désaccord avec la décision du juge[23]. » En 1976, Ford considérait encore sérieusement la possibilité d'appuyer les groupes anti-*busing* de Boston, qui préparaient un appel contre l'arrêt du juge Garrity.

Au cours de l'entrevue, Clarence Mitchell rappela à Gerald Ford que le président Eisenhower avait envoyé les troupes fédérales à Little Rock lors de la crise scolaire de 1957, parce que son devoir constitutionnel était de faire appliquer les décisions de la Cour suprême en toutes circonstances et quelle que soit sa propre opinion. « M. le Président, déclara Mitchell, vous ne pouvez pas soutenir ce défi [aux lois], car si vous le faisiez, vous admettriez que la Constitution peut être annulée par l'opposition violente[24]. » Gerald Ford se rendit finalement à ces arguments. Quelque temps plus tard, la Cour suprême rejeta l'appel contre le *busing* de Boston.

Tout en renonçant à s'opposer expressément au système de répartition scolaire, Ford n'envisageait nullement d'adopter une politique raciale qui s'écartât du credo républicain. Il souhaitait simplement maintenir le *statu quo*. Il ne proposa aucun crédit supplémentaire pour les programmes sociaux, et bloqua toute initiative du Congrès en ce sens. Les démocrates le nommèrent même « le président républicain le plus disposé à utiliser son veto de tout le xxᵉ siècle[25] ». Gerald Ford avait cependant pris goût au pouvoir présidentiel, et il se présenta aux élections de 1976. Il comptait maintenant sur un solide soutien républicain dans les États du Sud, amadoués par la « stratégie sudiste » de Richard Nixon. Mais les démocrates le surprirent, en choisissant pour candidat Jimmy Carter, un homme issu du Sud profond.

L'impuissance de Carter

Jimmy Carter, gouverneur de Géorgie, incarnait à merveille le Sud délivré de ses démons. Planteur de cacahuètes mais aussi riche entrepreneur, il avait grandi dans la communauté strictement ségréguée de Plains, où sa mère lui avait inculqué des principes avant-gardistes de tolérance et d'égalité raciales. Les discours de Carter rappelaient le langage et les cadences propres aux pasteurs du Sud, il proclamait fermement sa foi protestante et faisait appel à la moralité et à l'honnêteté de ses concitoyens. Dans une Amérique traumatisée par le scandale du Watergate, il paraissait heureusement étranger à la corruption politicienne de Washington.

Fort de l'appui de la famille King et de la SCLC, Carter sollicita ouvertement le vote noir. Quand il était encore gouverneur de Géorgie, il avait déclaré : « Je dois vous dire très franchement que l'époque de la discrimination raciale est terminée[26]. » Il avait ensuite accroché un portrait de Martin Luther King dans son bureau.

En novembre 1976, Carter emporta 94 % des suffrages noirs. Grâce aux nouvelles inscriptions sur les listes électorales, il conquit tous les États du Sud à l'exception de la Virginie. Andrew Young déclara : « Les mains qui ramassaient le coton ont enfin choisi le Président.[27] » Le Président allait s'efforcer de tenir ses promesses faites à l'électorat noir, et cela passait nécessairement par la défense de l'action affirmative.

Jimmy Carter nomma d'abord un grand nombre d'Afro-Américains à des postes de responsabilité. Trente juges fédéraux, deux ministres, quinze ambassadeurs, plus d'une centaine de membres des cabinets ministériels, de l'état major de la Maison Blanche, et de divers comités et commissions, accédèrent ainsi à des positions jusqu'alors essentiellement réservées aux Blancs. Patricia Harris devint secrétaire au logement et au développement urbain, et Andrew Young, probablement le plus brillant des lieutenants de Martin Luther King, représenta les États-Unis à l'ONU.

Carter s'efforçait de réactiver toute la législation déjà existante en faveur des droits civiques, mais, pas davantage que ses prédécesseurs républicains, il ne fit de la justice raciale la préoccupation essentielle de son gouvernement. Sa « garde géorgienne » ne parvenait pas à établir son autorité sur les centres nerveux de la capitale, et entretenait des relations difficiles avec la presse et le Congrès. L'ambitieux programme de travaux publics présenté par le Président fut aisément enterré par les parlementaires, et les efforts entrepris en faveur de l'emploi des jeunes, des bourses d'études pour les étudiants noirs, ou de l'assistance médicale gratuite, se montrèrent impuissants à compenser la rapide détérioration de la situation économique. En réalité, la plupart des programmes prévus en faveur des pauvres et des minorités ethniques furent victimes du vain combat de l'administration pour juguler l'inflation et le déficit budgétaire. Le taux de chômage atteignait des chiffres records parmi les Noirs, et beaucoup concluaient avec amertume : « Nous avons voté pour un homme qui connaissait les paroles de nos cantiques mais pas les chiffres sur nos feuilles de paye[28]. »

La récession ne touchait pas que les minorités ethniques. Tandis que la concurrence s'intensifiait autour d'emplois devenus rares, beaucoup de Blancs autrefois proches de la gauche américaine jugeaient que le gouvernement était déjà allé assez loin pour compenser les méfaits de la ségrégation, et que les traitements préférentiels avaient perdu leur raison d'être. La dégradation du climat social, l'augmentation rapide du nombre des divorces, les ravages de la drogue et du crime leur firent englober, dans un même refus, le relâchement moral issu des années 1960 et les programmes sociaux des démocrates. De nombreux groupes conservateurs s'organisèrent, contre le *busing* et l'action affirmative, pour le maintien de la prière dans les écoles et l'interdiction de l'avortement. Quand en 1977, New York fut mis à sac pendant toute une nuit lors d'une coupure générale d'électricité, personne n'identifia, dans cette rage de pillage, une protestation contre l'oppression raciale. Les commentateurs mirent l'accent sur l'explosion de la criminalité et l'inutilité des grosses sommes d'argent dépensées par le gouvernement fédéral et la municipalité de New York pour résoudre les problèmes sociaux.

Non seulement la coalition libérale qui avait imposé la législation en faveur des droits civiques et de l'action affirmative s'amenuisait, mais encore elle éclatait dans de multiples directions. Les mouvements de défense des consommateurs et les écologistes entraient souvent en conflit avec les intérêts immédiats des Noirs en matière d'emploi et d'essor industriel. De multiples groupes s'identifiaient maintenant avec le terme « minorités », et les revendications des féministes, des personnes âgées, des homosexuels ou des handicapés privaient de sa spécificité la lutte afro-américaine pour l'égalité. Nombre d'intellectuels rejoignaient maintenant les « néoconservateurs » qui doutaient de la capacité des gouvernements à conduire des réformes sociales fondamentales comme celles que le président Johnson avait envisagées avec la « Grande Société », et souhaitaient une moindre intervention de l'administration en matière raciale. À l'instar de Daniel Patrick Moynihan en 1970, ils proposaient « une période de négligence bénigne ». Beaucoup de ces intellectuels étaient juifs, et confirmaient la rupture entre les anciens alliés des droits civiques.

L'affaire Bakke

Le fossé se creusa encore lors de l'affaire Bakke, qui constitua la plus sérieuse remise en question de l'action affirmative dans les années 1970. Ancien ingénieur de l'industrie aérospatiale et vétéran du Vietnam, Alan Bakke tentait vainement depuis 1973 d'entrer à la faculté de médecine de l'université de Californie. Autrefois, une économie en plein essor avait présidé aux premiers pas de l'action affirmative. Au début des années 1960, il était relativement facile de s'inscrire en droit ou en médecine, et beaucoup de présidents d'université avaient entrepris de recruter davantage d'étudiants noirs. Quelque dix ans plus tard, la concurrence sur le marché du travail comme à la porte des facultés était rude, et seuls les meilleurs pouvaient prétendre continuer leurs études.

Quand Alan Bakke se présenta à l'université de Californie, seize places étaient automatiquement réservées dans chaque promotion aux Noirs, Hispaniques et membres d'autres minorités. Bien souvent, ils avaient obtenu aux examens d'entrée des notes inférieures à celles d'Alan Bakke. En 1974, le candidat évincé porta plainte contre l'université, affirmant que les procédures de sélection le privaient de l'égale protection des lois selon le XIVe amendement. D'appel en appel, le cas parvint devant la Cour suprême en octobre 1977, et il était devenu l'enjeu d'une bataille rangée entre tenants et adversaires de l'action affirmative. Le terme de « discrimination à l'envers » surgissait fréquemment.

La Cour suprême ne reçut pas moins de 58 lettres *amicus curiae* (dossiers fournis par des « amis de la Cour »), pour tenter d'influencer sa décision. Les libéraux – membres de syndicats, d'associations de professeurs, de groupes de défense des droits civiques – s'étaient rassemblés autour de l'Association du Barreau américain et du Fonds juridique de la NAACP, dirigé par l'avocat juif Jack Greenberg. Ils voyaient dans le cas Bakke une manifestation d'hostilité envers les minorités, et soulignaient que les examens d'entrée dans les universités favorisaient inévitablement les héritiers d'un certain bagage culturel. Les comités de sélection ne faisaient-ils pas déjà intervenir d'autres critères que les notes aux examens, comme la profession des parents, leur éventuel passage par la même université, et l'inégal prestige des « colleges » où les étudiants avaient accompli leurs premières années d'études supérieures ? Ne serait-il alors pas justifié d'ajouter des critères raciaux à ces règles de sélection ?

Dans son ensemble, la communauté juive ne partageait pas les arguments avancés par Greenberg. Associés cette fois à des groupes conservateurs, le Congrès juif américain, le Comité juif américain et la Ligue contre la diffamation réveillaient tous les souvenirs d'exclusion qui avaient frappé la communauté juive en Europe et en Amérique. Nombreux dans l'administration, l'enseignement et les instituts de recherche, les Juifs se sentaient directement menacés par les facilités accordées aux Afro-Américains. Avec Philip Kurland, de la Ligue contre la diffamation, ils rejetaient le principe de préférence raciale qui, selon eux, était contraire à « l'égale protection de la loi » et réduisait les individus à « un seul attribut : la couleur de leur peau[29] ».

En juin 1978, une Cour suprême divisée rendit sa décision. Six des neuf juges soumirent une opinion dissidente sur les défauts et les mérites de l'action affirmative, et aucune de ces opinions ne représentait la majorité. Néanmoins, la Cour s'efforçait de trouver une voie médiane : l'arrêt *Regents of the University of California v. Alan Bakke* ordonnait l'admission de Bakke à la faculté de médecine, mais déclarait que la race des étudiants pouvait effectivement faire partie des éléments considérés par une université soucieuse de diversifier son corps étudiant. Cette liberté académique demeurait dans la ligne du Ier amendement qui protégeait la liberté de parole et donc la légitimité d'un « vigoureux échange d'idées ». La Cour condamnait en même temps tout système de quotas, le jugeant contraire au XIVe amendement, qui imposait l'égale protection des lois « en termes universels, sans aucune référence à la couleur, l'origine ethnique ou une condition antérieure de servitude ». Bref, la Cour suprême reconnaissait que l'action affirmative n'entrait pas nécessairement en contradiction avec la Constitution, mais également qu'elle ne présentait pas une obligation légale[30].

Dans son opinion dissidente, Thurgood Marshall remarquait : « Le XIVᵉ amendement n'a jamais eu pour propos d'interdire des mesures destinées à remédier aux effets du traitement que la nation a infligé aux Noirs dans le passé. (…) Le jugement présent ignore le fait que les Noirs ont pendant plusieurs siècles été les victimes de la discrimination. (…) La loi a imprimé sur tout un peuple une marque d'infériorité et ce stigmate dure encore[31]. »

La communauté noire partageait son indignation et ressentait de plus en plus son isolement dans la société blanche, fût-elle celle des libéraux.

Les émeutes de Miami

En août 1979, un nouvel incident approfondit cette amertume. Le magazine *Newsweek* révéla qu'Andrew Young avait rencontré Yasser Arafat, alors que la politique officielle était de refuser tout contact avec l'OLP (Organisation de libération de la Palestine) avant que la centrale palestienne n'eût reconnu l'État d'Israël. L'initiative d'Andrew Young suscita une tempête de protestations. Il démissionna deux jours plus tard.

La semaine suivante, deux cents leaders noirs dont Bayard Rustin, Jesse Jackson et Kenneth Clark se réunirent pour dénoncer la campagne de pression qui avait, selon eux, contraint le gouvernement Carter à sacrifier Andrew Young. Ils condamnèrent Israël pour ses relations avec l'Afrique du Sud et approuvèrent le rendez-vous prévu entre Arafat et Joseph Lowery, le nouveau président de la SCLC[32]. Quelque temps plus tard, Jesse Jackson rencontra lui aussi le leader de l'OLP et alla jusqu'à l'embrasser avec effusion.

L'administration démocrate, victime de la crise économique et des hésitations de Jimmy Carter, achevait son mandat dans la confusion. La communauté noire se sentait frustrée, et les conservateurs dont le nombre croissait chaque jour se durcissaient de plus en plus. La crise qui secoua Miami en mai 1980 ajouta à l'acrimonie qui empoisonnait les relations raciales. Dans la nuit du 17 décembre 1979, quatre officiers de police avaient battu à mort Arthur McDuffie, un tranquille bourgeois noir de Miami qui avait grillé un feu rouge et ne s'était pas arrêté après que la police l'eut pris en chasse. Janet Reno, alors procureur du comté concerné, engagea des poursuites judiciaires. Pendant les mois suivants, les journaux et la télévision rapportèrent chaque macabre détail du martyre de McDuffie. Des policiers présents sur les lieux déposèrent contre leurs collègues. Mais le 17 mai 1980, en dépit des témoignages accablants, un jury entièrement blanc acquittait les quatre policiers.

Miami plongea dans trois jours d'émeutes sanglantes. Dix-sept victimes périrent : dix Noirs tués par balles, et sept Blancs sauvagement battus par des Noirs du ghetto. Les dommages matériels et la fuite des petits commerces ajoutèrent à la misère des habitants du centre-ville. À Miami, 17 % des Noirs étaient au chômage, deux fois plus que les Blancs. Et dans le ghetto appelé le « District central », ce taux montait à 40 % parmi les jeunes. Un désespoir pesant y régnait.

Quand Jimmy Carter se rendit en Floride quelque trois semaines plus tard, il ne restaura pas la foi dans le système pour les révoltés du ghetto. Avant de promettre le moindre secours fédéral, il déclara sans ambages : « Nous sommes confrontés ici à des problèmes de longue durée. L'initiative doit venir de cette

communauté, elle ne peut pas venir de Washington[33]. »
Le discours de Carter déchaîna à nouveau la colère
des Noirs qui bombardèrent sa limousine de projectiles divers.

En pleine campagne pour sa réélection, Jimmy Carter tentait vainement de réorienter ses priorités.
Contraint de choisir entre Carter, président démocrate
enlisé dans le marasme économique, et Reagan, candidat républicain opposé au *busing*, à l'action affirmative et à l'intervention du gouvernement en matière
sociale (il y avait aussi un troisième homme, l'indépendant John Anderson, dont les discours mention-
naient à peine le problème des minorités), l'électorat
noir vota malgré tout à 90 % pour Jimmy Carter, sans
enthousiasme et sans illusion.

Mais la vague conservatrice qui se dessinait depuis
le milieu des années 1960 porta le républicain Ronald
Reagan jusqu'à la Maison Blanche avec une majorité
substantielle. Dans la foulée, nombre de parlementaires favorables aux droits civiques perdirent leurs
sièges et les républicains prirent le contrôle du Sénat.
La Nouvelle Droite ne croyait plus que la solution des
problèmes sociaux pût se trouver entre les mains du
gouvernement et à la charge du contribuable. Toutes
ces aides et ces programmes avaient abouti selon elle
à créer une génération d'assistés. Elle ne voulait plus
entendre les discours austères et moralisateurs des
démocrates. Reagan, lui, s'engageait à réduire considérablement le rôle du gouvernement fédéral, à diminuer les impôts et à redonner au monde des affaires la
confiance qui lui faisait défaut. Il promettait des solu-
tions simples à des problèmes complexes, et il suscitait autour de lui un climat d'optimisme agressif. Les
cow-boys arrivaient à Washington.

CHAPITRE 15

Dans l'arène politique

Le retour de bâton reaganien

Le Président souriant et détendu qui régnait maintenant à la Maison Blanche évoquait irrésistiblement l'ancien acteur de série B qu'il avait été et dont les films faisaient à nouveau les beaux jours de la télévision. Mais entre-temps, il avait gouverné la Californie, fait activement campagne pour Barry Goldwater en 1964, et sollicité pour lui-même l'investiture républicaine en 1968 et 1976. Il représentait sans nul doute l'aile droite de son parti, et désormais, il disposait du gouvernement et d'une solide popularité. La Nouvelle Droite – amalgame d'ouvriers catholiques, de Blancs du Sud et de bourgeois du *Sun Belt*[1] – réclamait aussi une « nouvelle moralité » qui allait de pair avec l'essor du fondamentalisme chrétien, opposé au *busing*, à l'avortement, et à l'égalité des droits entre hommes et femmes.

À ces tenants des valeurs dures, Ronald Reagan promettait un *New Beginning* : un « Nouveau Début ». Son slogan évoquait la Nouvelle Liberté de Woodrow Wilson, le *New Deal* de Franklin Roosevelt, et la Nouvelle Frontière de John Kennedy. En réalité, Reagan nourrissait l'ambition de remonter le cours de l'histoire et d'enterrer plus de quarante ans d'État-providence : « Le gouvernement ne représente pas la solution à nos problèmes. Le gouvernement EST le problème », affirmait-il, se faisant fort de « rendre l'économie au peuple américain[2]. »

Reagan commença par réduire les impôts et les dépenses publiques. Deux ans après son arrivée à la présidence, l'Amérique entamait une période de croissance économique tout en maintenant un faible taux d'inflation. De jeunes patrons prenaient des risques et faisaient parfois fortune, les *yuppies*[3] régnaient sur Wall Street, où des entreprises entières et des sommes vertigineuses changeaient de mains en quelques heures.

Cette prospérité tapageuse masquait mal l'élargissement du fossé entre riches et pauvres. Les premières mesures fiscales bénéficièrent aux ménages dont les revenus excédaient alors 50 000 dollars par an, aux propriétaires de champs pétrolifères et aux directeurs de multinationales. De 1977 à 1988, le revenu moyen des Américains les plus riches, représentant 1 % de la population, passa de 270 053 à 404 566 dollars par an. Pour les 10 % les plus pauvres, il chuta de 4 113 à 3 504 dollars[4]. Un Américain sur sept, dont un Noir sur trois, vivait en dessous du seuil national de pauvreté[5]. Ces quelque 35 millions de déshérités subirent de plein fouet les conséquences des réductions budgétaires. Une bonne part des économies publiques furent accomplies aux dépens des aides sociales, subventions aux habitations à loyers modérés, allocations familiales, assurances médicales pour les pauvres, secours aux personnes âgées et aux handicapés, programmes de repas gratuits pour les enfants et d'aide pour les achats de nourriture (les fameux *food stamps* institués par l'administration de Lyndon Johnson). Mais cette misère accrue, non plus que le crash boursier du 19 octobre 1987, n'empêcheraient pas la réélection triomphale de Ronald Reagan en novembre 1984.

Le Président entendait réduire au minimum l'intervention de l'État en matière sociale. Il affirmait que l'assainissement du marché, obtenu grâce à la suppression d'impôts et de subventions inutiles, contenait la clé de la justice pour tous. De même, il refusait le principe de l'action affirmative et de la responsabilité publique à l'égard des minorités. Pour lui, tous ces traitements préférentiels ne devaient plus avoir droit de cité dans une Amérique déjà parvenue à l'égalité raciale. Ronald Reagan exprimait volontiers son hostilité à toute discrimination, mais s'opposait vigoureusement aux sanctions contre l'Afrique du Sud. Avec ou sans le consentement du Président, il régnait dans les rangs de son administration un climat de racisme et de préjugé qui contre disait la tolérance officielle[6]. Les organisations racistes du pays se sentaient tacitement encouragées, le Ku Klux Klan relevait la tête, et l'un de ses anciens membres, David Duke, obtenait même un siège au parlement de Louisiane.

Certes, Reagan n'avait pu faire moins que de nommer un certain nombre de Noirs à des postes de responsabilité, et le plus populaire de ses choix fut certainement la nomination de Colin Powell à la présidence du Conseil national de sécurité. Mais dans l'ensemble, Reagan désigna, pour participer à son administration, des Noirs ultraconservateurs, et même quelquefois carrément incompétents. Ce fut le cas de William Bell, un obscur expert-conseil du Michigan, dont le bureau employait tout juste quatre personnes, et auquel Reagan prétendit confier la Commission sur l'égalité des chances dans l'emploi, qui ne comptait pas moins de 3 000 employés. L'indignation suscitée par cette proposition découragea Reagan d'envoyer son protégé subir l'épreuve de confirmation du Sénat. Mais il ne renonça pas à affaiblir toutes les institutions destinées à défendre les droits civiques.

L'action affirmative en question

La Commission pour l'égalité des chances dans l'emploi fut ainsi peuplée d'adversaires de l'action affirmative. La Commission américaine pour les droits civiques, qui depuis sa création en 1957 avait joui d'une grande liberté vis-à-vis de l'exécutif, cessa bientôt de plaider sérieusement la cause des Noirs, des femmes et des minorités ethniques. Sous la direction de son nouveau président Clarence M. Pendleton et des autres membres nommés par Ronald Reagan, elle adopta le comportement inoffensif d'un « club de débats » qui souhaitait sa propre dissolution. Après plusieurs années de ce régime, un fonctionnaire du Congrès jugeait ainsi le bilan de cet organisme sous le règne républicain : « Autrefois, la Commission tenait des auditions sur les cas d'injustice raciale dans tout le pays. (…) Maintenant, vous ne pourriez même pas remplir un carton de dossiers avec le travail accompli pendant les six dernières années[7]. »

La division responsable des droits civiques au ministère de la Justice, qui avait la responsabilité de faire appliquer les lois en faveur des minorités, connut une évolution semblable. Le nombre des juristes qui y travaillaient passa de 210 à 57[8], et Reagan nomma à sa tête William Bradford Reynolds qui, pendant les deux premières années de sa charge, ne jugea utile qu'à deux reprises d'entreprendre des poursuites judiciaires dans des cas de discrimination. Reynolds préférait compter sur la « bonne foi » des employeurs pour remédier aux problèmes existants[9]. En accord avec le Président, il entreprit de limiter l'application des lois contre la discrimination dans le logement, et de réduire les obligations engendrées par l'action affirmative. 75 % des entreprises travaillant avec l'État furent ainsi dispensées de respecter les normes en vigueur à l'égard des minorités[10].

En 1982, le Président et le ministère de la Justice s'efforcèrent, mais sans succès, de bloquer les amendements à la loi sur le droit de vote proposés par le Congrès (les parlementaires entendaient sanctionner tous les reliquats de discrimination à l'égard des électeurs et des candidats issus des minorités ethniques[11]). Le *busing* subit également les attaques du ministère de la Justice. Pendant sa campagne électorale, Ronald Reagan avait, à maintes reprises, critiqué l'intégration forcée et envisagé de tout simplement supprimer le ministère de l'Éducation. Devenu président, il persista à critiquer le *busing*, même dans des communautés comme Seattle ou Charlotte qui se montraient satisfaites des résultats obtenus et du calme régnant dans leurs écoles[12]. N'ayant pu se passer totalement du ministère de l'Éducation, le Président réduisit considérablement les programmes de bourses pour les étudiants, alors que les frais de scolarité, toujours très élevés dans les universités américaines, augmentaient en moyenne de 75 % entre 1980 et 1987[13].

Reagan décida également de revenir sur un règlement vieux de onze ans, qui refusait les allègements fiscaux habituels aux écoles privées coupables de discrimination raciale. Ceci devait favoriser des institutions comme les *Goldsboro Christian Schools*, qui refusaient ostensiblement tout élève noir, ou l'université Bob Jones, qui interdisait les couples mixtes[14]. La Cour suprême, toujours présidée par Warren Burger, bloqua cette initiative présidentielle. La seule opinion dissidente fut celle de William Rehnquist, le juge nommé par Reagan, que ce dernier désignerait bientôt pour succéder à Burger à la tête de la plus haute juridiction du pays.

Les élus noirs

Mais pendant ce temps, les Noirs se lançaient de plus en plus dans le combat politique. En dix ans, le nombre d'élus afro-américains était passé de 2 264 à plus de 5 000. En 1985, ils étaient plus de 6 000, dont la moitié dans les États du Sud, presque 2 000 dans le Nord et le Nord-Est, et moins de 400 dans l'Ouest[15].

L'élection de Harold Washington à Chicago fut un exemple typique de ce nouveau dynamisme. Washington s'était présenté à la mairie de Chicago en 1977, à la mort de Richard Daley, mais il s'était trouvé incapable d'ébranler la machine démocrate. En 1982, les leaders noirs de Chicago lui demandèrent de renoncer à son siège à la Chambre des représentants pour de nouveau tenter sa chance à la mairie de Chicago. Le candidat se montrait très réticent. Il avait conscience du découragement et de l'apathie qui paralysaient la communauté noire. Il posa deux conditions : l'inscription de 50 000 Afro-Américains supplémentaires sur les listes électorales, et la collecte de 100 000 dollars pour alimenter la campagne.

Tous les groupes possibles et imaginables se mirent à l'œuvre. « Tout le monde s'organisait, se souvient un militant, les coiffeurs pour Harold, les esthéticiennes pour Harold, les chauffeurs de taxi pour Harold[16]... » En octobre 1982, plus de 100 000 noms avaient été ajoutés à la liste des électeurs afro-américains, et Harold Washington annonça sa candidature officielle. Le 12 avril 1983, il remportait les élections municipales de Chicago devant le républicain Bernard Epton. Le jour de son inauguration, le 29 avril, il déclara : « Mon élection est le résultat du plus grand effort communautaire dans l'histoire de Chicago. (...) Nous sommes une cité multiethnique, multiraciale, multilingue, et c'est une source de force et de stabilité[17]. »

Harold Washington n'avait obtenu que 18 % du vote blanc, mais 43 % des suffrages juifs[18]. Les Juifs libéraux de Chicago avaient donc joué un rôle décisif dans sa victoire, alors même que l'aile gauche du Parti démocrate ne donnait pas l'exemple (Edward Kennedy soutenait Jane Byrne, et Walter Mondale appuyait Richard Daley Jr.). Jesse Jackson se souvient que la communauté noire s'était sentie « abandonnée par les libéraux[19] ». Jackson avait alors décidé de lancer sa propre campagne pour la présidence des États-Unis. Un nouveau slogan se répandait parmi ses supporters : « C'est notre tour ! »

L'année 1983 devait marquer le 20e anniversaire de la Marche sur Washington. Coretta King, Joseph Lowery, qui présidait maintenant la SCLC, Walter Fauntroy, représentant du district de Columbia, Benjamin Hooks qui avait succédé à Roy Wilkins à la tête

de la NAACP, et John Jacobs de la Ligue urbaine, voulaient conduire une grande marche qui célébrerait les
martyrs du passé et ce qu'ils croyaient être la vitalité
présente du Mouvement. Les failles d'une telle entreprise ne tardèrent pas à apparaître. Les organisations
juives pensaient limiter le comité directeur aux mêmes
participants qu'en 1963 : Noirs, Juifs, syndicalistes.
Jesse Jackson, lui, exigeait l'inclusion d'Américains
d'origine arabe. La Ligue contre la diffamation et le
Comité juif américain se retirèrent du projet. L'Union
des Congrégations hébraïques américaines, représentée par David Saperstein, trouvait la présence juive
essentielle pour limiter l'influence des groupes pro-
arabes…

Les Noirs se sentirent pris dans un combat qui
n'était pas le leur. Ils avaient déjà rompu avec leurs
alliés juifs à cause de leurs divergences sur l'action
affirmative, la situation de l'État d'Israël, la démission
précipitée d'Andrew Young[20]. Il était évident que la
coalition de 1963 n'existait plus, et les organisateurs
craignaient de plus en plus que le projet de commé-
moration ne tourne en déconfiture. Néanmoins, le
jour venu, 250 000 personnes se rassemblèrent au
pied du mémorial Lincoln. Quand Jesse Jackson
s'approcha du micro, une foule enthousiaste se mit à
chanter : « *Run, Jesse, run* » (« Vas-y, Jesse, vas-y ! »).
Telle était bien son intention.

Jackson, le candidat noir

Né en 1941 dans le quartier noir de Greenville en
Caroline du Sud, Jackson avait connu la misère et la
ségrégation. Il était entré à l'université grâce à une

bourse, et tandis qu'il étudiait au *Theological Seminary* de Chicago, il avait pris la direction de l'opération *Breadbasket*. Ce groupe de pression s'était séparé de la SCLC à la mort de Martin Luther King, et Jackson en avait fait le PUSH (*People United to Save Humanity*), une organisation présente dans de nombreux États et consacrée au progrès économique des Noirs. Puis PUSH était devenu *PUSH-Excel*, dans le but de mobiliser parents, élèves et professeurs pour encourager les jeunes Noirs à fréquenter l'école et progresser sur le plan académique. Ce programme valait à Jesse Jackson des commentaires favorables dans la presse, mais ses diatribes contre le capitalisme, le racisme et l'impérialisme américains tempéraient l'enthousiasme potentiel. En outre, de graves doutes pesaient sur son intégrité morale et allaient perturber toute sa campagne électorale. C'était le même Jesse Jackson, éloquent, charismatique, ambitieux, à qui Martin Luther King disait souvent : « Jesse, tu es incapable d'amour[21]. »

Les réunions du candidat noir attiraient cependant des foules considérables et l'attention constante des médias. Cherchant à rallier autour de lui toutes les minorités insatisfaites, il proposait une *Rainbow Coalition*, une coalition « arc-en-ciel » qui célébrait la diversité américaine, et représentait l'opposé du fameux *melting-pot* :

« Notre drapeau est rouge, blanc et bleu, mais notre nation est un arc-en-ciel – rouge, jaune, brun, noir et blanc, disait Jackson. Le Blanc, l'Hispanique, le Noir, l'Arabe, le Juif, la femme, l'Indien américain, le petit fermier, l'homme d'affaires, l'écologiste, le pacifiste, le jeune, le vieillard, la lesbienne, l'homosexuel et l'handicapé forment tous la mosaïque américaine[22]. »

Tout en s'efforçant ainsi de ratisser large, Jackson ne réussissait guère à franchir les barrières raciales. L'hostilité déclarée de la communauté juive le privait d'une bonne partie du soutien que les démocrates libéraux auraient normalement apporté à un candidat noir se situant à la gauche du Parti. La suspicion des Juifs américains à l'égard de Jackson datait de sa rencontre avec Arafat en 1979. Par la suite, Jackson avait à plusieurs reprises fait des commentaires qui semblaient amoindrir l'importance ou la spécificité de l'holocauste. En février 1984, le *Washington Post* révéla que Jackson avait fait référence aux Juifs et à la ville de New York en employant les mots *hymies* (« youppins ») et *hymietown* (« youppinville »). « Tout ce dont les "youppins" veulent parler, c'est d'Israël », avait dit Jackson, pensant que le journaliste ne rapporterait pas ses propos. « Chaque fois que vous allez à "youppinville", c'est tout ce dont ils veulent parler[23]. »

L'article du *Post* suscita un véritable tollé. Les pires soupçons de la communauté juive furent confirmés quand Louis Farrakhan, chef de file des Musulmans noirs, s'engagea activement dans la campagne pour Jackson. En février, Farrakhan déclara en présentant le candidat lors d'une réunion : « Je dis aux Juifs qui n'aiment pas notre frère, quand vous l'attaquez, vous attaquez des millions d'autres qui le soutiennent. (…) Si vous lui nuisez, je vous préviens au nom d'Allah, il sera le dernier auquel vous nuirez. » En mars, Farrakhan alla jusqu'à ajouter : « Les Juifs n'aiment pas Farrakhan, et ils me traitent d'Hitler. Eh bien, cela me convient. Hitler était un très grand homme[24]. » Tout en essayant vainement d'apaiser la colère suscitée par de tels propos, à aucun moment Jackson n'accepta de condamner les propos de Farrakhan.

Dans ces conditions, l'essentiel du travail de son état-major consista à mobiliser les électeurs noirs, avec l'aide des églises noires. Beaucoup s'inscrivirent et se rendirent aux urnes pour la première fois. Lors des élections primaires, Jackson rassembla ainsi 3,5 millions de voix, dont moins de 5 % provenaient d'électeurs blancs[25]. Il arrivait au troisième rang des candidats démocrates avec quelque 400 délégués[26]. En 1972, l'année de Gary, 14,6 % des délégués à la Convention démocrate étaient noirs. En 1984, grâce à Jesse Jackson, ils étaient 17,7 %. Pendant ce temps, le Parti républicain se satisfaisait de devenir un parti « blanc ». La convention républicaine de 1972 comptait 4,2 % de délégués noirs en 1972, elle n'en accueillait plus que 3,1 % en 1984[27].

À la suite de la campagne, Jesse Jackson fonda le *Rainbow Coalition Inc.*, un groupe de pression multiracial destiné à plaider la cause des minorités, et le *Citizenship Education Fund* qui avait pour objectif d'encourager les Noirs à s'inscrire sur les listes électorales et à se porter candidats.

En 1988, plus calme, plus mûr et rompu aux manœuvres politiciennes, il renouvela sa tentative présidentielle. En renonçant au vocabulaire révolutionnaire pour évoquer des thèmes de justice sociale et économique chers aux démocrates, il réussit à élargir sa base de soutien, notamment parmi les élus afro-américains. Son succès le plus marquant fut de remporter les primaires du Michigan avec 54 % des voix. Il se plaça finalement second parmi les sept candidats démocrates, avec 6,8 millions de voix (dont 15 % provenant de l'électorat blanc), et 1 100 délégués[28]. Mais le vainqueur de l'élection, le républicain George H. Bush, ancien vice-président, n'était guère favorable à la cause des Noirs.

George H. Bush : la réaction

Bien que passant pour un modéré en matière raciale, et célébrant respectueusement l'anniversaire de Martin Luther King chaque 15 janvier, George H. Bush avait en effet, pendant sa campagne électorale, diffusé à la télévision une annonce agressive, destinée à rallier les tenants de « la loi et l'ordre ». Le message résumait l'odyssée de Willie Horton, un détenu noir condamné pour viol et agression qui, lors d'une permission, venait de violer une autre femme blanche. « Si je peux faire de Willie Horton un nom connu de tous, avait dit un membre de l'état-major de Bush, nous gagnerons l'élection[29]. »

Installé à la Maison Blanche avec 54 % des suffrages, Bush cultiva néanmoins son image d'ouverture et de tolérance. En 1989, il nomma le général Colin Powell chef de l'état-major de l'armée des États-Unis. En matière sociale, le Président sembla s'en tenir à la politique de « laissez-faire » inaugurée par son prédécesseur. Il s'en remettait à la santé de l'économie, entretenue par l'allègement de la pression fiscale sur les entreprises et l'expansion du commerce extérieur, pour venir à bout du chômage et de la pauvreté. Mais tandis que la situation des ghettos urbains continuait de se dégrader rapidement, Bush passa peu à peu du pragmatisme souriant à la réaction active.

En novembre 1990, il apporta son soutien explicite au sénateur ultraconservateur de Caroline du Nord,

Jesse Helms, en campagne pour sa réélection contre le maire noir de Charlotte, le démocrate Harvey Gantt. Helms, le symbole du « Vieux Sud », remporta effectivement la course au détriment du « Nouveau Sud » et de l'égalité raciale incarnée par Gantt. Le Parti républicain n'alla cependant pas jusqu'à soutenir David Duke, en lice pour le poste de gouverneur de Louisiane, et qui cherchait un vernis d'honorabilité en se réclamant du *Grand Old Party*[30].

La Cour suprême constituait sans conteste le terrain de prédilection de l'offensive conservatrice menée par Ronald Reagan et son successeur George H. Bush. Après chaque décès ou départ volontaire d'un des neuf juges, un siège fut donné à un conservateur confirmé, assez jeune pour imposer pendant de longues années l'idéologie reaganienne. Au moment de leur nomination, Sandra O'Connor, Antonin Scalia, Anthony Kennedy, David Souther et Clarence Thomas avaient tous moins de soixante ans.

L'audition du juge noir Clarence Thomas devant le Sénat en 1991 donna lieu à des échanges particulièrement pénibles. Chargé des droits civiques au ministère de l'Éducation en 1981 et 1982, Clarence Thomas s'était signalé par son refus systématique d'étudier les plaintes déposées par des femmes et des membres des minorités ethniques. Reagan lui avait néanmoins confié un poste à la Commission sur l'égalité des chances dans l'emploi, avant que George H. Bush ne le nomme en 1989 à la Cour d'appel du district de Columbia. Quand il parut devant le Sénat pour prendre la succession de Thurgood Marshall à la Cour suprême, Clarence Thomas exprima son opposition à toute forme d'action affirmative, dont il avait pourtant lui-même bénéficié pendant ses études. De plus, il refusa systématiquement d'exposer sa philosophie constitutionnelle, car, disait-il, « prendre position minerait mon impartialité ». Il déclara n'avoir jamais seulement discuté l'arrêt « Roe v. Wade » qui avait légalisé l'avortement en 1973[31]. Ni cette piètre prestation juridique, ni les doutes flottant sur la moralité du candidat accusé par son ancienne collaboratrice Anita Hill de harcèlement sexuel (les échanges avec Anita, diffusés en direct à la télévision, firent alors sensation), n'empêchèrent le Sénat de confirmer sa nomination.

Fidèle au conservatisme républicain, George H. Bush bloqua la nouvelle législation sur les droits civiques, proposée par le Congrès en 1990. Destiné à combattre toute discrimination sur le lieu de travail, le projet du Congrès entendait faciliter les procédures engagées par les victimes. Bush objecta que la charge de la preuve reposerait désormais sur les patrons qui, pour éviter de coûteuses procédures judiciaires où ils devraient démontrer leur innocence, se sentiraient contraints d'embaucher et de promouvoir leurs employés selon un système de quotas. D'après les sondages, les électeurs blancs jugeait la législation actuelle sur les droits civiques adéquate ou même excessive, et le Président opposa donc son veto à ce qu'elle soit étendue.

L'année suivante, le Congrès revint à la charge, en proposant un compromis qui inscrirait aussi dans la loi les règlements énoncés par la Cour suprême contre les quotas, et notamment contre les tests et les examens qui ne mettaient en concurrence que des candidats de la même race et du même sexe[32]. Sous cette nouvelle forme, la loi fut adoptée en novembre 1991.

Entre-temps, les critiques avaient remis en question le comportement de l'État lui-même dans son rôle d'employeur. En avril 1991, quelque 300 agents afro-américains du FBI avaient déposé une liste de doléances auprès du directeur, William S. Sessions. Les agents mettaient en évidence les pratiques discriminatoires du FBI à l'égard des minorités raciales, qui dataient de l'époque de J. Edgar Hoover. Après un an de négociations, les représentants des agents afro-américains conclurent un accord où le FBI s'engageait à un certain nombre de promotions et d'ouvertures de postes, ainsi qu'à des compensations financières pour leurs employés victimes de discrimination[33].

En approchant du terme de son mandat, le président George H. Bush reprenait de plus en plus souvent à son compte la rhétorique reaganienne. Il adoptait une position militante contre l'action affirmative et niait la responsabilité du gouvernement en matière raciale. Le 4 mai 1991, il prononça à l'université du Michigan un discours qui donnerait le ton de sa campagne électorale pour tenter d'obtenir un second mandat l'année suivante :

« Quand le gouvernement essaie de servir de parent, ou de professeur, ou de guide moral, certains individus peuvent être tentés d'abandonner leur sens des responsabilités, et de croire que seul le gouvernement a la charge de secourir ceux qui sont dans le besoin. Mais s'il y a une chose que nous avons apprise pendant le dernier quart de siècle, c'est que nous ne pouvons pas fédéraliser la vertu. En réalité, en accumulant loi après loi (…), nous avons amoindri la sensibilité morale de la population. Le règne de la loi a été remplacé par celui de l'échappatoire, l'idée que tout ce qui n'est pas illégal doit être acceptable[34]. »

Les émeutes de Los Angeles

Les grandes réformes démocrates n'avaient certes pas établi l'harmonie raciale, mais plus d'une décennie de conservatisme républicain n'y parvenait pas davantage. Le juge Thomas était entré à la Cour suprême, le général Powell siégeait au Pentagone, Michael Jackson caracolait en tête des hit-parades : ultraconservatisme et/ou teint clair, presque « blanc », constituaient toujours une excellente recette d'ascension sociale. Mais la réconciliation raciale n'était encore qu'un mirage.

Nombre d'incidents révélateurs, dans les grandes villes et sur les campus universitaires, avaient déjà émaillé la fin des années 1980. L'attaque, en 1986, de trois Noirs sur la plage essentiellement « blanche » de Howard Beach près de New York (l'une des victimes devait ensuite décéder), l'assassinat en 1989 d'un jeune Noir égaré dans un quartier blanc de Brooklyn, les explosions d'hostilité entre communautés noire et juive également à Brooklyn, ne représentaient que la partie visible de l'iceberg… C'est à Los Angeles, à la fin du mois d'avril 1992, que se révélèrent l'ampleur du danger, et l'intensité des frustrations, de la rage et de la violence qui couvaient dans les ghettos.

Sur une autoroute de la ville, un jeune noir nommé Rodney King avait été arrêté pour un excès de vitesse. Quatre policiers blancs l'avaient sorti de sa voiture et roué de coups en lui lançant les pires insultes racistes. Plus de cinquante coups de pied et de matraque en moins de quatre-vingt dix secondes. La scène avait été filmée de loin par un témoin, et la vidéo fut diffusée par les chaînes de télévision de tout le pays. Il faut croire que parmi les déshérités du quartier de South Central à Los Angeles, il restait encore un peu de foi dans la justice américaine, ou de naïveté, puisque dans un premier temps, ils ne bougèrent pas et attendirent le procès. Tout le pays escomptait un verdict qui ressemblât à un peu de justice.

Les quatre policiers furent acquittés. Dans le jury, il n'y avait pas un seul Afro-Américain, (y siégeaient dix Anglo-Saxons, un Hispanique et un Asiatique). Même le président George H. Bush désapprouva le verdict. L'incrédulité eut à peine le temps de précéder la colère. South Central s'enflamma.

Même les gangs ultra-violents, comme les tristement célèbres *Crips* ou *Bloods*, qui s'entretuaient quotidiennement pour faire la loi à South Central, oublièrent pour un temps leurs guerres fratricides et harcelèrent ensemble la police et les automobilistes blancs qui passaient par malheur dans le quartier. Au-delà des gangs, une autre alliance se dessina : Hispaniques et Afro-Américains se précipitèrent ensemble pour piller les magasins coréens.

L'hostilité envers l'afflux des immigrants coréens ne datait pas d'hier. Les Noirs les accusaient de vivre en parasites à South Central, d'y installer leurs magasins, de collecter les dollars de la communauté noire, mais d'aller ensuite dépenser leurs revenus dans d'autres quartiers, ceux de leur résidence, et cela sans jamais embaucher un employé noir. Une commerçante coréenne avait abattu en mars 1992 une adolescente noire accusée de tenter de quitter le magasin sans avoir payé son jus d'orange. Le jury avait conclu à la légitime défense, et soulevé l'indignation des Noirs, un peu plus d'un mois avant l'acquittement des assaillants de Rodney King. La communauté coréenne, pour acquérir droit de cité aux États-Unis, respectait en général la règle du jeu capitaliste, travaillait dur et se tenait à l'écart de la drogue et du crime. Soudain, elle se sentait menacée, entourée d'ennemis. La nouvelle Amérique multiethnique ne s'annonçait pas plus paisible que celle de la ségrégation ou du *Black Power*.

En avril 1992, le président George H. Bush envoya les troupes fédérales à Los Angeles avec mission « d'employer toute la force nécessaire pour rétablir l'ordre[35] ». L'épidémie de violence gagna San Francisco, Atlanta, Las Vegas, Dallas, New York, et nombre d'autres métropoles. Les masses miséreuses et désespérées des centres-ville rappelaient brutalement leur existence de laissés-pour-compte au pays du capitalisme-roi, de la consommation et de la mobilité sociale, comme autrefois quand, au sein d'une foule d'esclaves incultes et apparemment soumis, naissait une de ces révoltes sanglantes que redoutait constamment le vieux Sud... À Los Angeles, ce fut le carnage : 58 morts, 2 383 blessés, 16 291 arrestations, des millions de dollars de dommages matériels.

Et puis, dans un étrange retournement de situation qui attestait de l'onde de choc qui avait traversé le pays, Hispaniques, Afro-Américains et Asiatiques entreprirent côte à côte de déblayer les ruines de South Central et de reconstruire. Même les gangs prolongèrent leur trêve.

Selon le *New York Times*, la majorité des Américains considéraient les événements de Los Angeles comme « un avertissement sur l'état des relations raciales et, [pensaient] qu'il était temps de mettre davantage l'accent sur les problèmes des minorités et des [grandes] villes. (…) Investir pour [développer] l'emploi et les programmes d'apprentissage était un meilleur moyen de prévenir d'autres troubles que d'augmenter les forces de police. » 61 % déclaraient que la nation dépensait trop peu pour améliorer la condition des Noirs américains[36].

En novembre 1992, le George H. Bush triomphant de la guerre du Golfe quittait la scène publique. Le démocrate Bill Clinton terminait en vainqueur la course présidentielle. À nouveau, l'électorat noir s'était prononcé massivement en faveur du candidat démocrate, qui promettait de lutter contre la discrimination sur le lieu de travail et dans le logement, et s'engageait à doter l'Amérique d'un système cohérent d'assurance médicale. À nouveau, les Noirs se reprenaient à espérer.

SIXIÈME PARTIE

Américains (vraiment)

CHAPITRE 16

Le temps de la reconnaissance

« Bill Clinton, notre premier président noir »

Entre Bill Clinton et les Noirs américains, ce fut tout de suite une histoire d'amour. Pour la première fois, les Noirs eurent le sentiment d'être, eux aussi, représentés à la Maison Blanche. Pour la première fois, ils eurent l'impression de se sentir vraiment compris, acceptés, aimés.

Jusqu'alors, qu'ils soient hostiles ou amicaux, les présidents qui avaient jalonné cette longue histoire avaient considéré la communauté noire de loin, y voyant un dossier complexe, ou une série de problèmes[1]. En 1992, le candidat démocrate avait surtout focalisé sa campagne sur l'économie (« *It's the economy, stupid* », telle était la devise de son équipe) et sur l'impact de la récession sur la vie quotidienne de tous les Américains. Il avait démontré son empathie, sa proximité, sa compréhension réelle du sort des plus vulnérables.

Pour les Noirs d'Amérique, il était l'un des leurs, un « petit gars du Sud », venu d'un milieu modeste, qui avait grandi avec ses copains dans son village de l'Arkansas sans jamais faire aucune différence entre les origines et les couleurs de peau. Il chantait les cantiques baptistes, aimait le jazz et jouait du saxophone, appréciait les barbecues des chaudes soirées d'été accompagnés de pains de maïs et de solides plats de *grits* (gruau d'avoine). Il partageait le langage des Noirs, leur culture, et leur sentiment constant de ne pas être tout à fait légitimes, tout à fait à leur place. Certes, Bill Clinton avait, en obtenant des bourses, fréquenté les meilleures universités (Georgetown, Oxford, Yale). Mais il savait qu'il ne faisait pas pour autant partie du sérail, qu'il ne sortait pas du vivier de ces grandes familles qui avaient fourni tant de leaders politiques, dans cette étrange démocratie américaine où admiration pour le *self made man* s'allie à un goût persistant pour l'aristocratie.

Aux heures les plus dures de sa présidence, la communauté noire formerait un rempart autour de Bill Clinton, le défendrait comme un membre de la famille. Et Toni Morrison – prix Nobel de littérature en 1993 – l'appellerait « notre premier président noir[2] » : « Il est plus noir qu'aucun autre homme qui pourra être élu de sitôt, même pendant la vie de nos enfants. » Il présente, ajoutait l'écrivain, tous les signes d'appartenance à la communauté noire, « ce garçon de l'Arkansas, né pauvre, qui a grandi sans son père, dans un milieu ouvrier, joueur de saxo, amateur de McDo et de *junk food* ». Tous les Noirs d'Amérique n'ont peut-être pas apprécié cette description, mais beaucoup s'y sont reconnus.

Dès le premier jour de sa présidence en tout cas, Bill Clinton a voulu donner sa vraie place à une communauté si longtemps maintenue en marge. Le 20 janvier 1993, pour fêter son inauguration, il demanda à un autre auteur noir mythique, Maya Angelou, de lire un poème sur les marches du Capitole. Comme Bill Clinton, Maya Angelou avait grandi dans l'Arkansas, dans un milieu très humble. Sa biographie n'avait rien d'une trajectoire impeccable, mais témoignait de son courage et de sa détermination à vaincre les obstacles presque insurmontables placés sur sa route. Elle avait fait tous les métiers, certains plus prestigieux que d'autres (elle fut une danseuse et une actrice de talent) avant de connaître la gloire grâce à un premier best-seller : *I Know Why the Caged Bird Sings*[3], où elle révélait le drame de son enfance (à 7 ans, elle avait été violée par l'ami de sa mère, et à la suite de ce traumatisme, perdit l'usage de la parole pendant plusieurs années).

Le jour de l'investiture du président, elle offrit à tous une longue méditation sur les rêves, les cauchemars, les terribles souffrances qui s'étaient succédé sur cette terre d'Amérique. Et elle conclut ainsi :

> *« Ici à l'aube de ce nouveau jour,*
> *Tu peux avoir le bonheur de lever les yeux,*
> *Vers les yeux de ta sœur,*
> *Sur le visage de ton frère, sur ton pays,*
> *Et dire simplement,*
> *Tout simplement,*
> *Avec espoir,*
> *Bonjour*[4] *»*

Bonjour les Noirs ! Oui, c'est bien ainsi que, soudain, dans une bouffée d'optimisme national, les Noirs américains considéraient le tournant incarné par le nouveau président.

Toujours plus d'élus

Les élections de 1992 n'avaient pas seulement porté Bill Clinton à la Maison Blanche, elles avaient aussi vu le succès de nombreux élus locaux afro-américains. Au sein du Parti démocrate, des leaders plus consensuels que le toujours très controversé Jesse Jackson gagnaient en influence. En 1992, Los Angeles, Detroit, Baltimore, Philadelphie, Birmingham, la Nouvelle-Orléans, Newark, Oakland, et dix-huit autres grandes villes avaient élu des maires afro-américains[5]. Maynard Jackson était revenu, après Andrew Young, à la mairie d'Atlanta. Un autre élu noir, Bill Campbell, prendrait la suite en 1994. Tout comme Douglas Wilder, gouverneur de Virginie de 1990 à 1994, ces élus appartenaient à une nouvelle génération de politiciens, parfaitement à l'aise dans le monde « blanc », et décidés à représenter leur ville ou leur État, et non simplement une communauté raciale.

Cependant, ces succès représentaient aussi, dans de grandes cités accablées par le crime et l'insécurité, l'espoir qu'un maire afro-américain serait plus à même de maintenir l'ordre. Rares étaient les villes, comme Seattle ou Denver, qui avaient élu des maires noirs alors que leurs communautés afro-américaines ne rassemblaient qu'un petit pourcentage de la population locale. Et si nombre de circonscriptions législatives peuplées de minorités élisaient des représentants noirs, le Sénat demeurait un club presque exclusivement blanc. Une unique femme noire, Carol Moseley Braun, de l'Illinois, réussit à y entrer en novembre 1992.

Le monde politique s'ouvrait lentement aux leaders afro-américains, mais les préférait détachés des conflits raciaux, si possible dotés d'une peau claire, comme le général Colin Powell, régulièrement dans le peloton de tête des sondages de popularité. Modéré, conciliateur, celui-ci se disait néanmoins conservateur, une option relativement nouvelle pour un leader afro-américain avec une ambition nationale.

Dans l'élite noire, certains commençaient d'ailleurs à se plaindre que leur communauté d'origine leur refuse le droit d'être conservateurs, ou simplement de contester les mérites de l'action affirmative, comme si « le fait d'être noir créait une obligation particulière de défendre certaines opinions[6] ». Cette amorce de pluralité dans les choix politiques des Afro-Américains reflétait aussi la diversité de leur condition sociale dans l'Amérique de la fin du xxᵉ siècle.

Un gouvernement qui ressemble à l'Amérique

À la Maison Blanche, Bill Clinton était décidé à former un gouvernement « qui ressemble à l'Amérique[7] ». Il nomma donc un cabinet comptant trois femmes et sept hommes blancs, une femme et quatre hommes noirs, et deux Hispaniques. Cette volonté d'ouverture allait bien au-delà du cénacle des ministres, pour descendre à tous les niveaux de l'administration, que Bill Clinton désirait « la plus diverse de l'Histoire[8] ». Parmi d'autres, le chef du personnel de la Maison Blanche, le directeur du budget, le chargé de la communication, l'adjoint du chef de cabinet, étaient issus de la communauté noire. Le responsable des relations avec le Congrès n'était autre que le fils du Thurgood Marshall. L'un des plus proches amis, conseiller (et partenaire de golf) était le banquier Vernon Jordan. Des

Noirs et des membres d'autres minorités entrèrent en nombre – et pour longtemps – dans tous les départements, divisions et agences de l'administration, ainsi que dans les tribunaux fédéraux.

En matière sociale, le Président lança immédiatement un programme ambitieux, qui correspondait aux promesses faites pendant la campagne : crédits d'impôts pour les familles les plus modestes, soutien au développement de zones prioritaires (*Empowerment Zones*), aide aux écoles publiques, et préparation d'un grand plan d'assurance maladie, confié à la *First Lady* Hillary Clinton. Dès lors, les Noirs lui firent confiance, se félicitèrent de ses succès, et lui pardonnèrent non seulement ses échecs, mais même ses compromis et ses reculades. Ils étaient persuadés que le Président se battait pour eux dans le monde réel, et non dans un paysage politique idéal qui n'existerait jamais. Ne valait-il pas mieux un démocrate centriste, comme Bill Clinton, capable de gagner les élections, plutôt qu'un incorruptible de gauche qui rouvre la voie à George H. Bush ou à un autre républicain ?

Les Noirs pardonnèrent ainsi à Bill Clinton de « lâcher », en juin 1993, son amie Lani Guinier, qu'il avait d'abord désignée comme adjointe au ministre de la Justice, chargée des droits civiques. Lani Guinier, à la fois juive et noire, avait connu les Clinton à la faculté du droit de Yale. Elle avait ensuite consacré l'essentiel de sa carrière d'avocate à la défense des droits civiques. Mais Bill Clinton, face à la campagne orchestrée contre celle que les républicains surnommèrent la « reine des quotas[9] », renonça à mener la bataille pour la confirmation au Sénat, et retira la nomination. Comme il le ferait souvent au cours de sa présidence, il tenta d'adoucir le choc en faisant publi-

quement part de son « déchirement », se reconnais-
sant entièrement responsable de la « peine causée à
son amie ». Il n'avait pas suffisamment pris en
compte, disait-il, les articles écrits par Lani Guinier,
qui prônait des modifications de la règle majoritaire
dans les élections, pour donner plus de poids aux
Noirs. Cette idée d'un traitement différent des Noirs et
des Blancs comme « deux communautés séparées aux
États-Unis », comme « nous et eux », poursuivait le
président, « va totalement à l'encontre de mes idées
sur une société unie[10] ».

Bill Clinton craignait que ce premier fiasco ne lui
coûte l'appui des 38 élus noirs à la Chambre des
représentants, dont il avait absolument besoin pour
faire approuver son programme économique et social.
Il n'en fut rien. Même s'il fallut au nouveau président
deux bonnes années – semées d'échecs et de déconve-
nues – pour apprendre à manœuvrer entre les écueils
de Washington et mettre vraiment la Maison Blanche
en ordre de marche, l'opinion et les élus noirs se révélèrent ses plus fidèles soutiens.

Le président de la diversité

En novembre 1993, Bill Clinton se rendit dans un
lieu symbolique : l'église noire de Mason Temple, à
Memphis, où Martin Luther King avait prononcé son
dernier sermon, la veille de son assassinat. Le Président entendait démontrer son engagement dans la
lutte contre la pauvreté et la violence qui frappaient
particulièrement la communauté noire. Mais il se sentait aussi suffisamment en confiance, « entre amis[11] »,
pour appeler chacun à ses responsabilités. Sensible à

l'inspiration du lieu, il délaissa son texte écrit pour improviser :

« Si Martin Luther King revenait aujourd'hui (…) que dirait-il ? (…) [Que nous avons réussi] à élire des gens qui n'étaient pas éligibles à cause de la couleur de leur peau (…) ; à permettre aux gens (…) de vivre là où ils le souhaitent (…) ; à créer une classe moyenne noire (…).

Mais, dirait-il, je n'ai pas vécu et je ne suis pas mort pour voir la famille afro-américaine se détruire. Je n'ai pas vécu et je ne suis pas mort pour voir des garçons de 13 ans s'emparer d'armes automatiques et tuer des enfants de 9 ans (…), pour voir des jeunes briser leur vie en se droguant (…). »

Et le Président conclut en son propre nom :

« Il y a des changements [qui sont la responsabilité] du Président, du Congrès, des gouverneurs, des maires et des services sociaux. Mais il y a aussi des changements que nous devrons faire de l'intérieur (…). Aussi, du haut de cette chaire, aujourd'hui, je demande à chacun de prendre cet engagement dans son cœur : nous honorerons la vie et le travail de Martin Luther King. (…) Nous donnerons un avenir à nos enfants. Nous leur enlèverons leurs armes et leur donnerons des livres. (…) Nous reconstruirons les familles et les quartiers. (…) Nous le ferons ensemble, par la grâce de Dieu[12] ! »

Bill Clinton avait retrouvé naturellement les accents des prêcheurs du Sud, les valeurs et le langage religieux qui faisaient le fond de ses convictions. Beaucoup parlèrent du meilleur discours jamais prononcé, par un président américain, devant un public noir. Bill Clinton entrait assurément dans son meilleur rôle : pédagogue en chef de la nation. En tant que Blanc du Sud, il se donnait une mission : réconcilier Blancs et Noirs non seulement à l'intérieur du Parti démocrate, mais dans tout le pays.

Puisant dans l'Histoire, les références bibliques, les exemples de « la vraie vie », année après année, discours après discours, il entreprit de faire reconnaître à tous ce qu'il savait, lui, instinctivement, ce que sa famille lui avait inculqué dès le jour de sa naissance, ce qu'il avait appris enfant dans le Sud ségrégué : l'Amérique n'avait jamais été, et ne serait jamais, une nation blanche. Et c'était bien ainsi.

D'un côté, avec sa véritable empathie, Bill Clinton pouvait faire accepter à la communauté noire des réformes sociales difficiles. De l'autre, il tendait la main aux Blancs des classes modestes, qui s'étaient sentis méprisés, ignorés par le gouvernement et particulièrement par les démocrates. Par sa capacité à se placer au centre, à s'adresser à tout le monde, Bill Clinton pouvait amener la nation entière à accepter que son avenir était multiculturel, et que sa diversité était « une force, et non une faiblesse[13] ».

Le bras de fer social

Mais pour réussir ce passage à l'Amérique multiculturelle du XXIe siècle, il fallait que la bataille pour la survie, l'emploi, le logement, soit moins rude. Qu'il y ait de la place pour tous, que la prospérité s'installe et se répartisse un peu plus équitablement. S'il était encore débutant à Washington, comme sur la scène internationale, Bill Clinton ne l'était pas en matière économique. Il était arrivé dans la capitale avec un plan cohérent pour relancer la croissance, et en étendre les bénéfices au plus grand nombre. Sa stratégie était fondée sur une discipline fiscale et budgétaire stricte (impôts plus élevés, coupes dans l'aide sociale, ouverture des marchés extérieurs), mais aussi de gros investissements dans l'éducation et les programmes d'apprentissage.

Le pari était risqué, et déplaisait pratiquement à tout le monde. Les démocrates y voyaient trop de concessions à l'orthodoxie conservatrice, les républicains y trouvaient toujours trop de gaspillage d'argent public. La communauté noire se sentait menacée par la réforme annoncée de l'aide sociale. Mais le Président insistait pour la faire passer en même temps que le projet d'assurance-maladie. Afin de réunir une majorité pour un programme public aussi ambitieux que la couverture médicale pour tous, il devait montrer qu'il luttait aussi contre « l'assistanat à vie ». En effet, selon le système de l'époque, les chômeurs étaient alors gratuitement assurés par le programme *Medicaid*, tandis que les travailleurs pauvres se retrouvaient sans assurance médicale. Les frais médicaux étant souvent exorbitants, il y avait donc là une incitation évidente à ne pas se remettre au travail.

Hillary Clinton, à la tête de 34 sous-commissions et de 400 experts, s'était attelée à la tâche. Le résultat fut une pro position de loi de 1 342 pages, qui suscita l'hostilité massive du camp républicain. On reprocha à la Première dame ses manières autoritaires, son ignorance des arcanes du Congrès, et surtout, sa préférence pour la centralisation et les énormes machines bureaucratiques. L'opposition grandit pendant toute l'année 1994, tant et si bien que le Président renonça finalement à soumettre le projet à un vote au Congrès. Sans gloire, sans débat, le projet titanesque d'Hillary Clinton était réduit à néant, et ne s'en remettrait jamais[14]. Le Président tomba au plus bas dans les sondages, et ses grandes ambitions de réforme semblèrent bien compromises.

En novembre, les élections de mi-mandat se soldèrent par une véritable raclée pour le parti présidentiel[15]. Bill Clinton se retrouvait désormais face à une solide majorité républicaine dans les deux chambres, conduite par le flamboyant Newt Gingrich. Celui-ci, au nom de son « Contrat avec l'Amérique » entendait mener une « révolution conservatrice » qui démantèlerait jusqu'au dernier des programmes sociaux hérités du *New Deal*[16]. La communauté noire se désespérait de voir anéantis tous les espoirs nés à peine deux ans plus tôt.

Isolé à la Maison Blanche, condamné à répéter que « si, il avait encore son mot à dire[17] ! », le Président allait se battre pied à pied pour regagner le terrain perdu. Il réorganisa son cabinet et le cercle de ses conseillers, se lança progressivement dans une tactique de « triangulation » qui consistait à se placer entre les deux partis, et à adopter suffisamment du programme de ses adversaires pour les priver peu à peu de leurs meilleurs angles d'attaque. On parlerait bientôt d'une « troisième voie », empruntant un peu aux principes sociaux de gauche et beaucoup au conservatisme fiscal de droite.

Bill Clinton multiplia aussi les mesures ponctuelles, restreintes en apparence, mais qui en plusieurs années, reconstitueraient toute une stratégie sociale. En décembre 1994, il présenta la liste des premières villes et régions rurales désignées comme *Empowerment Zones,* destinées à recevoir des aides fiscales et des fonds fédéraux pour créer des emplois[18]. En juin 1995, il lança la *National Ownership Strategy* : 100 mesures pour qu'un large nombre d'Américains puissent enfin devenir propriétaires[19]. Et surtout, chaque année, il engagea des batailles titanesques avec la majorité républicaine du Congrès sur le vote du budget. Ligne à ligne, il récupérait quelques millions pour le soutien scolaire, pour les crèches, pour les crédits d'impôts. À deux reprises en 1995, en octobre et en décembre, tous les fonctionnaires furent renvoyés chez eux, l'administration mise au chômage technique, faute de nouveau budget. « Je ne signerai jamais vos coupes dans *Medicare* [l'assurance maladie pour les retraités], lançait Bill Clinton à Dick Armey, chef de la majorité républicaine à la Chambre des représentants. Je me fiche de descendre à 5 % dans les sondages[20] ! » Cette fois-là, le Président remporta le bras de fer. L'opinion commença à le regarder à nouveau avec un certain respect.

De l'assistanat au travail

Les Afro-Américains restaient donc persuadés que le Président était leur meilleur allié. Leur confiance fut mise à rude épreuve quand vint enfin le débat sur l'aide sociale. Chacun savait que l'hostilité au *welfare* avait une composante raciale, voire raciste. Dans le non-dit conservateur, « assisté » signifiait « noir ». Pour un large public, le mot *welfare* évoquait spontanément l'image d'une adolescente noire, célibataire, au chômage, déjà mère de plusieurs enfants, eux-mêmes destinés bientôt à entraîner leurs futurs enfants dans un cycle infernal de pauvreté et d'exclusion.

En août 1993, le magazine *Newsweek* titrait en couverture : « Un monde sans pères : le combat pour sauver la famille noire. » Cette approche sensationnelle suscita une levée de boucliers dans la communauté noire, qui reprochait aux médias d'ignorer que toute son histoire avait été justement « façonnée par la détermination des familles à rester ensemble[21] ».

Mais les chiffres, néanmoins, révélaient la vulnérabilité de beaucoup de femmes et d'enfants. Plus des deux tiers des enfants noirs naissaient hors mariage, 56,2 % des chefs de famille étaient des femmes seules, et plus de la moitié d'entre elles n'avaient jamais été mariées[22]. Certes, cette tendance à séparer mariage et maternité suivait une courbe à peu près parallèle chez les Blancs, mais les chiffres étaient très inférieurs (En 1950, 17,2 % des mères de familles noires et 5,3 % des mères de familles blanches étaient célibataires ; dans les années 1990, c'était le cas pour 56 % des mères noires et 17,3 % des mères blanches[23]).

Plus encore : la moitié seulement des enfants noirs avaient encore un contact avec leur père absent, et les mères recevaient rarement une pension alimentaire[24]. Dans les quartiers pauvres, on ne voyait pratiquement pas d'enfants noirs élevés par leurs deux parents. On assistait donc à une véritable féminisation de la pauvreté, les mères, les grands-mères et les arrière-grands-mères ployant sous le fardeau, tandis que les garçons, sans aucune référence masculine positive, trouvaient leurs modèles dans la rue, absorbant une culture violente et misogyne.

Au fil des ans, un consensus s'était dégagé, toutes tendances politiques confondues, pour remettre en cause le système d'aide, et exiger que les droits s'accompagnent de devoirs, notamment de l'obligation pour tous les adultes en bonne santé de suivre des formations, chercher du travail, et accepter les emplois disponibles[25]. Bill Clinton avait promis de mettre fin au *welfare as we knew it*, « l'aide sociale telle que nous le connaissons ». Il s'agissait de « passer de l'assistanat au travail », en limitant le droit aux aides publiques, pour chaque individu, à deux années consécutives et à cinq ans au cours de toute une vie.

Au Congrès, les républicains voulaient aller encore plus loin, et restreindre l'accès à *Medicaid* et à l'aide alimentaire pour les enfants dont les parents refuseraient de se mettre au travail. À deux reprises, le président Clinton opposa son veto à la loi adoptée par les parlementaires. Il finit par en accepter la troisième mouture, en août 1996. Alors en lice pour sa réélection, il fit une bonne partie de sa campagne sur son engagement à amender... la loi qu'il venait lui-même de signer. Tant et si bien qu'il fut réélu en novembre, face au républicain Bob Dole et à l'indépendant Ross Perot. Une fois encore, les Afro-Américains choisirent de lui faire confiance.

Et en effet, bien qu'à nouveau flanqué d'un Congrès républicain, le président réélu travailla à revenir sur les excès de la réforme. Il réussit d'abord à rétablir les garanties pour les enfants. Il consacra ensuite beaucoup d'efforts à mettre sur pied, avec les États, des programmes d'apprentissage, de garde d'enfants, de transports publics pour aider les plus démunis à entrer sur le marché du travail[26]. En 2000, avant de quitter la Maison Blanche, Bill Clinton pourrait se féliciter d'avoir vu le nombre de personnes dépendant de l'aide sociale diminuer de moitié[27] (en 2006, il fera un bilan plus positif encore, constatant que le nombre des « assistés » était passé de 12,2 millions en 1996, à 4,5 millions en 2006[28]).

Une action de moins en moins affirmative

Sur l'aide sociale, le président « nouveau démocrate », avait fait un grand pas vers les conservateurs. De quel côté pencherait-il sur l'autre sujet clé pour la communauté noire : l'action affirmative ? Depuis l'arrivée massive des républicains au Congrès, elle faisait l'objet d'une attaque en règle. Dans tout le pays, la parole se libérait. Réclamer la fin des programmes préférentiels n'était plus l'apanage de la droite dure, mais reflétait le sentiment de beaucoup de modérés.

Le débat pouvait se résumer ainsi : d'un côté, les tenants de l'action affirmative soutenaient qu'elle avait permis un vrai progrès de l'intégration, mais pas encore suffisant, et qu'elle restait donc nécessaire ; de l'autre, les opposants répliquaient qu'elle provoquait des réactions racistes, minait la confiance des Noirs en eux-mêmes, trahissait les valeurs fondamentales de liberté et d'égalité[29].

Sur ce sujet, chacun avait une histoire à raconter. Chacun s'était trouvé, un jour ou l'autre, confronté à une décision qui lui avait semblé injuste. Chacun connaissait au moins un Blanc persuadé que la place ou la promotion qui lui revenait était allée à quelqu'un d'autre : un Noir. Et *a contrario,* chacun pouvait parler d'un Noir incompétent, incapable de réussir à un poste obtenu grâce à un traitement de faveur. Certes, l'action affirmative concernait aussi les femmes et les Hispaniques. Mais pour l'immense majorité des Américains, elle se concentrait sur une seule question : le rapport entre Noirs et Blancs.

Le sujet avait pris une nouvelle ampleur avec l'initiative de deux professeurs de Berkeley, en Californie, certainement l'État le plus cosmopolite du pays. En novembre 1996, ils menèrent campagne pour soumettre à référendum la « Proposition 209 » : celle-ci stipulait que dans l'État de Californie, « la race, le sexe, la couleur, l'origine ethnique ou l'origine nationale ne pouvaient pas être un critère de discrimination, ou de traitement préférentiel, envers qui que ce soit[30] ». À part la brève mention « ou de traitement préférentiel », le texte reprenait mot à mot la loi sur les droits civiques que Lyndon Johnson avait signée en 1964. Les deux professeurs étaient persuadés qu'il était grand temps que l'Amérique devienne « aveugle aux couleurs ». Ceci induisait que le racisme particulier à l'égard des Noirs appartenait au passé : une vision très valorisante de la société, à laquelle beaucoup avaient envie de croire.

Mais tout le monde ne partageait pas cet optimisme. On constatait déjà une tendance à la « reségrégation » dans les écoles, et donc entre les quartiers. En effet, rien n'avait pu empêcher les Blancs de fuir vers des banlieues de plus en plus lointaines. Même les élus locaux noirs avaient progressivement abandonné le *busing*. Mieux valait, pensaient-ils, investir dans l'amélioration des écoles, fussent-elles ségréguées, plutôt que de financer le transport d'enfants ensommeillés à l'autre bout de la ville, vers des établissements où ils n'avaient pas envie d'aller et où ils se sentaient mal accueillis. Désormais, dans certains centres-villes, les écoles publiques étaient fréquentées presque exclusivement par des élèves issus des « minorités ». La ville de Detroit, littéralement abandonnée par les Blancs, en offrait un exemple extrême, avec 98 % d'élèves « non blancs » dans les écoles[31]. Et d'une façon générale, 70 % des élèves noirs du pays fréquentaient des écoles où les Blancs étaient une minorité[32].

De son côté, la Cour suprême devenait de plus en plus hostile aux plans d'intégration scolaire et d'action affirmative. En juin 1995, elle rejeta un programme du Missouri destiné à attirer des élèves blancs vers des écoles « de minorités ». Pour faire bon poids, l'adversaire le plus virulent des programmes préférentiels au sein de la Cour, le juge Clarence Thomas, ajouta : « La Constitution n'empêche pas les citoyens d'habiter ensemble, de travailler ensemble, ou d'envoyer leurs enfants à l'école ensemble, pour autant que l'État n'intervienne pas dans leurs choix sur la base de la race[33]. »

Durant le même mois de juin, la Cour donna aussi raison à une entreprise qui avait porté plainte contre le ministère des Transports : ce dernier avait accordé un contrat public à une société « issue d'une minorité », au nom de l'action affirmative. Cependant, dans sa décision, la Cour ne condamnait pas le principe même de l'action affirmative. Elle reconnaissait que « le gouvernement [pouvait] continuer à agir contre les effets persistants de la discrimination raciale ». Mais désormais, les programmes basés sur des critères raciaux devraient faire l'objet « d'évaluations très strictes[34] ». Le gouvernement aurait à démontrer qu'il existait une raison essentielle à l'application de tels critères. Implicitement, la Cour demandait au politique de tracer de nouvelles directives. C'était donc pour le Président le moment d'intervenir.

Bill Clinton commença par demander à ses conseillers de passer en revue les programmes fédéraux d'action affirmative. À la Maison Blanche, les avis étaient très partagés. Certains prônaient l'abandon des préférences à l'embauche et à l'entrée à l'université, notamment – on était alors en pleine campagne électorale – pour attirer l'électorat des hommes blancs, qui faisait souvent défaut au Parti démocrate. Les autres mettaient en garde contre la déception que cela provoquerait chez les Noirs, les Hispaniques, sans compter nombre d'électrices. Au nom de la stratégie électorale, mais surtout au nom de sa vision de l'Amérique, Bill Clinton trancha clairement en faveur de l'action affirmative.

Dans un grand discours prononcé le 19 juillet 1995, le président annonça ce que serait désormais sa politique en matière d'action affirmative : « *Mend it, not end it* » (« Réparez-la, ne l'achevez pas ! »). Toujours à la recherche du juste milieu, il s'engagea également à lutter contre les fraudes et les abus que le système de préférences ne manquait pas de susciter. Il promit de faire plus pour « aider les groupes et les communautés dans la misère » quels que soient leurs origines : « Nous maintiendrons les principes de l'action affirmative mais réformerons son application, pour garantir qu'elle ne dissimule pas des quotas, des préférences pour des personnes ou des entreprises incompétentes, aucune discrimination inversée à l'encontre des Blancs, et qu'elle ne se prolonge pas quand l'objectif d'égalité des chances est atteint[35]. »

Cette défense raisonnable de l'action affirmative n'empêcha pas la tendance au démantèlement de se poursuivre. En mars 1996, les tribunaux du Texas condamnèrent les procédures de sélection des universités, qui prenaient en compte des critères raciaux. Dans les mois qui suivirent, les universités texanes se précipitèrent pour appliquer ce jugement, au-delà même du nécessaire.

En octobre 1996, face à Bob Dole, candidat républicain à la présidence, Bill Clinton s'efforça encore de clarifier sa position : « Je suis contre les quotas, je suis contre une préférence à quiconque n'est pas qualifié. Mais je crois aussi qu'un certain degré de discrimination persiste, et qu'il n'est pas donné à chacun l'occasion de prouver sa compétence. Je suis donc en faveur d'une action affirmative juste[36]. »

Bill Clinton réussit à éviter que l'élection présidentielle de novembre 1996 devienne un référendum national sur l'action affirmative. Mais néanmoins, la Californie approuva la proposition 209 avec 55 % des voix[37], abolissant l'action affirmative dans tout l'État.

Pour une démocratie multiraciale

En Californie, au Texas, et dans nombre d'autres États, le démantèlement des mesures de préférence ne se fit pas attendre. Alors qu'à la rentrée 1996, 5,9 % des nouveaux étudiants acceptés à la faculté du droit de UT (*University of Texas*) étaient noirs (et 6,3 % hispaniques), ils n'étaient plus, un an plus tard, que 0,7 % (et 2,3 % seulement d'Hispaniques[38]). Certes, à l'échelle de tout le pays, les Noirs représentaient toujours 11 % du corps estudiantin. Ce n'était donc pas leur accès à l'enseignement supérieur général qui était remis en cause, mais bien leur place dans les établissements hautement sélectifs (comme UT ou Berkeley), et donc dans les élites du pays.

Dans les années qui suivirent, certaines universités de prestige prirent la mesure du danger, et entreprirent de collaborer très en amont avec des collèges et des lycées de quartiers défavorisés, afin que les élèves atteignent le niveau des concours d'entrée. Certains établissements baissèrent aussi le niveau d'exigence des concours. Sinon, les Noirs, toujours lestés de leur héritage de pauvreté et d'exclusion, risquaient d'être les seuls absents de campus de plus en plus divers, où des groupes autrefois sous-représentés, comme les femmes et les Asiatiques, trouvaient désormais largement leur place.

Le président Clinton, pour sa part, entendait poursuivre son éducation du peuple américain aux réalités raciales du pays. À ceux qui doutaient que son engagement aille au-delà du discours, il répliquait : « Il suffit de regarder ma vie publique pour voir qu'elle a été dominée par trois sujets : l'économie, l'éducation, et la question raciale. S'il y a un sujet sur lequel j'ai une crédibilité, c'est bien celui-là, parce qu'il fait intrinsèquement partie de la personne que je suis et de mon action[39]. »

En juin 1997, il se rendit là où tout avait commencé : à Berkeley. Et il prononça un nouveau discours sur la race. Tout d'abord, il reconnut qu'en approuvant la proposition 209, les Californiens n'étaient pas animés de mauvaises intentions, qu'ils pensaient que la discrimination raciale était vaincue. Mais était-ce vraiment le cas ? Et au-delà de l'ancienne division entre Blancs et Noirs, les Américains avaient-ils pris conscience de la transformation actuelle de leur pays ?

« D'ici trois ans, expliqua le Président, aucun groupe ethnique ne sera plus majoritaire en Californie. (…) Dans cinquante ans, quand vos petits-enfants iront à l'université, aucun groupe ethnique ne sera plus majoritaire en Amérique. (…) Pourrons-nous alors être une seule Amérique, respectant et même célébrant nos différences, et chérissant plus encore ce que nous avons en commun ? Sommes-nous capables de définir ce que signifie être américain, pas seulement par le trait d'union qui montre notre origine ethnique, mais bien davantage par notre loyauté aux valeurs qu'incarne l'Amérique ? (…) Les idéaux qui nous réunissent sont aussi anciens que notre nation, mais les forces qui nous divisent le sont aussi (…).

C'est pourquoi je suis ici aujourd'hui : pour demander au peuple américain de se joindre à moi dans un grand effort national pour remplir la promesse de l'Amérique (…) de bâtir une union plus parfaite (…). Je crois que les Américains blancs ont autant à gagner que tous les autres dans cette entreprise, beaucoup à gagner dans une Amérique où nous prendrons enfin l'engagement que nos enfants, comme l'espérait Martin Luther King, seront jugés non par la couleur de leur peau, mais par leur personnalité.

Il y a plus de trente ans (…), poursuivit Clinton, la commission Kerner avait averti que les États-Unis risquaient de se diviser en deux nations, une noire et une blanche, séparées et inégales. Aujourd'hui, nous sommes face à un autre choix. Allons-nous devenir non pas deux, mais de nombreuses Amériques, séparées, inégales, et isolées ? Ou allons-nous tirer notre

force de notre peuple, et de notre foi (...) dans l'égalité et la dignité humaines, et devenir la première
vraie démocratie multiraciale du monde ? C'est le défi
de notre temps : vaincre le poids de la race, et sauver
la promesse de l'Amérique[40]. »

C'était beaucoup plus qu'un discours. Pour bien des
Américains blancs, c'était un choc, la révélation que
l'Amérique allait inévitablement devenir une nation
multiraciale où ils seraient minoritaires.

Inégaux devant la justice

S'il était des situations où les Noirs, diplômés ou
illettrés, nantis ou loqueteux, continuaient de se sentir
inégaux, menacés, frappés d'illégitimité, c'était bien
face aux représentants de l'autorité publique. Toute
rencontre avec « la loi et l'ordre » était une source
d'angoisse : ils craignaient au minimum des humiliations et des brutalités ; au pire, une bavure fatale ou
une erreur judiciaire qui pouvait les conduire, innocents, aux couloirs de la mort.

Après l'affaire Rodney King, le ministère de la Justice avait multiplié les enquêtes sur les pratiques de la
police, exposant au grand jour une discrimination systématique : le *racial profiling*, c'est-à-dire la suspicion
a priori envers les citoyens à la peau foncée, un équivalent en somme du « délit de sale gueule ». Spontanément considérés comme des criminels en puissance,
ceux-ci étaient beaucoup plus contrôlés, interpellés, et
malmenés par la police que leurs concitoyens blancs[41].
L'État du New Jersey était alors particulièrement
pointé du doigt. Là, sur le modèle de l'expression *DWI*

(Driving While Intoxicated [conduire en état d'ivresse]), on disait *DWB (Driving While Black)* : conduire en étant noir. Comme si être noir constituait en soi une violation (non écrite, bien sûr) du code de la route. Un rapport remis au ministère de la Justice constata qu'entre 1994 et 1997, la moitié des automobilistes contrôlés sur le *New Jersey Turnpike* (l'autoroute à péage qui traverse l'État) étaient noirs ou hispaniques[42]. Une autre étude démontra que sur certaines portions de l'autoroute, 90 % des contrôles concernaient des conducteurs noirs[43] !

En avril 1998, sur cette même autoroute, la police tira sur trois hommes (noirs et hispaniques) non armés. Devant les tribunaux, les policiers affirmèrent qu'ils n'appliquaient aucune règle de *racial profiling*. Mais les autorités du New Jersey finirent par reconnaître que, sans jamais être désigné comme tel, le *racial profiling* faisait bel et bien partie de la guerre locale contre la drogue[44]. Le transport de drogues et d'armes illégales dans la région du New Jersey – et ailleurs dans le pays – par des gangs originaires d'Amérique latine ou venus des ghettos noirs était, hélas, une réalité. Mais des dizaines de milliers de citoyens innocents, noirs ou hispaniques, en payaient le prix en fouilles, insultes, brutalités sans justification.

La « guerre contre la drogue », accompagnée de ces pratiques musclées, datait de l'épidémie de crack et de cocaïne des années 1980. Le Congrès avait imposé aux juges de prononcer des peines minimales. La pratique se durcit encore à partir de 1993, avec l'affaire Polly Klass (le viol et l'assassinat d'une fillette de 12 ans par un récidiviste alors en liberté conditionnelle). Un référendum d'initiative populaire obtint, en

Californie, l'instauration d'une peine de prison de vingt-cinq ans incompressible pour les récidivistes. Des dizaines d'États, y compris l'État fédéral, emboîtèrent le pas.

Cette règle dite des *Three strikes and you are out* (« Trois condamnations, et tu ne sors plus »), approuvée par le président Clinton, aboutit malheureusement à des aberrations. Les récidivistes pouvaient aussi bien être des criminels endurcis, que des marginaux ou des malades mentaux, enfermés à vie pour un énième vol de pizza ou des insultes répétées. La possession de drogue, même en toute petite quantité, tombait elle aussi sous le coup des *three strikes*. Les peines de prison étaient désormais beaucoup plus nombreuses, beaucoup plus longues, et révélaient des injustices raciales criantes. 75 % des consommateurs de drogue du pays étaient blancs, mais 75 % des condamnés pour ce délit étaient noirs. La possession de crack (drogue des ghettos) était plus sévèrement punie que celle de cocaïne (drogue des beaux quartiers). En février 2000, les États-Unis franchirent le cap de 2 millions de prisonniers : parmi eux, 1 million de Noirs (et 500 000 Hispaniques). Au point que certains considéraient les prisons comme une forme d'esclavage moderne.

Les Noirs couraient également plus de risques d'être condamnés à mort : systématiquement soupçonnés, souvent trop pauvres pour payer un bon avocat, et fréquemment jugés dans des États du Sud (Floride, Louisiane, Texas, et même la Californie) qui appliquaient la peine capitale avec ardeur. Une étude de l'université de Columbia démontra qu'entre 1976 et 1995, 68 % des condamnations prononcées avaient été ensuite révisées pour vices divers. Mais certaines l'avaient été trop tard : l'exécution avait déjà eu lieu. Et la galerie de portraits des innocents sacrifiés montrait une proportion écrasante de visages noirs[45]...

Le procès pervers d'O.J. Simpson

En octobre 1995 se termina ce qui fut sans conteste le plus grand *soap opera* judiciaire du xxᵉ siècle : 253 jours d'audiences entièrement télévisées, 126 témoins interrogés, et 150 millions d'Américains assidus devant leur poste. L'affaire réunissait tous les ingrédients d'une série culte : l'argent, le sexe, la célébrité, la violence et le racisme.

Orenthal James Simpson, dit O.J., ancien champion noir de football américain, devenu acteur à succès, était accusé du meurtre sauvage, à grands coups de couteaux, de son ancienne femme Nicole Brown (une très belle blonde typiquement californienne) et de l'ami de celle-ci, Ronald Goldman (un étudiant juif).

A priori, O.J. Simpson n'avait rien pour devenir un héros de la communauté noire. Richissime, il habitait dans le quartier le plus huppé de Los Angeles, passait son temps à jouer au golf avec des Blancs aussi privilégiés que lui, et n'avait jamais pris position pour défendre aucune cause chère aux Afro-Américains. Pour assurer sa défense, il avait réuni une équipe d'avocats hors pair, une *dream team*, payée neuf millions de dollars. En face, les procureurs ne manquaient pas d'arguments. Ils démontrèrent le tempérament jaloux et violent de l'accusé : multiples appels enregistrés où Nicole Brown, alors mariée, appelait la police à l'aide ; photos de la malheureuse, les jours suivants, cou verte de bleus, le visage tuméfié. Surtout, l'accusation disposait d'une preuve accablante : l'ADN. Les chaussettes que portait O.J. Simpson lors de son arrestation étaient imbibées de sang : incontestablement celui de Nicole (la probabilité d'erreur était de une sur 6,8 milliards). Le gant qui avait été retrouvé dans la propriété de la star était aussi imbibé de sang : celui d'O.J., qui s'était coupé en accomplissant son forfait (la probabilité d'erreur : une sur 170 millions)[46].

Mais la défense disposait d'une arme plus invincible encore : l'argument du racisme. Au jury médusé (composé de huit femmes noires, un homme noir, deux femmes blanches, et un homme hispanique), les avocats firent entendre des bandes enregistrées où l'on entendait Mark Fuhrman (le policier blanc qui avait trouvé le gant ensanglanté dans le jardin d'O.J. Simpson), se vanter de pouvoir « avoir ce nègre ». Fuhrman, en outre grand collectionneur d'insignes nazis, poursuivait : « Tout ce qui sort de la bouche de ce nègre est un putain de mensonge… Si on suit les règles qu'on vous apprend à l'académie, on n'arrive à rien… Tous ces nègres devaient être mis en tas et brûlés[47] ! »

Johnnie Cochran, l'avocat vedette, entreprit de démontrer que Fuhrman avait eu la possibilité de manipuler le prélèvement sanguin effectué par la police au moment de l'interpellation d'O.J., d'en imbiber le gant, et de déposer cette pièce à conviction dans le jardin. Grâce à l'habileté et la perversité de la défense, à la question posée par le juge « croyez-vous, au-delà de tout doute raisonnable, O.J. Simpson coupable ? », les jurés comprirent : « Croyez-vous que la police de Los Angeles soit corrompue et haïsse les Noirs, et soit prête à tout pour avoir leur peau ? » Et, à l'évidence, pour eux, la réponse à cette question-là était « oui ». Le 3 octobre 1995, le pays tout entier attendait le verdict devant les écrans de télévision. Acquittement, à l'unanimité. O.J. Simpson était libre.

Les Blancs étaient consternés : les Noirs les détestaient-ils au point de soutenir sans vergogne un double assassin ? Mais beaucoup de Noirs (pas tous, cependant) se réjouissaient : exceptionnellement, l'un des leurs avait réussi à échapper à la machine judiciaire, ce que réussissaient tous les jours des Blancs fortunés. Ce jour-là, nombreux furent ceux qui ressentirent l'existence d'un véritable fossé entre deux Amériques irréconciliables.

La popularité d'O.J. Simpson fut de courte durée. Un an plus tard, il était déclaré coupable lors du procès civil (une bizarrerie du système judiciaire américain, qui permet à un nouveau jury de condamner à payer des dommages, mais non de prononcer des peines de prison et encore moins la peine de mort). En 2007, Simpson publiait un livre glaçant, *If I Did It* (« Si je l'avais fait ») où, sous couvert de fiction, il décrivait avec minutie les deux assassinats. Et en 2008, il retournait en prison pour enlèvement et vol à main armée...

La brève, et très ambiguë, « revanche » des Noirs sur la police et le système judiciaire n'avait pas été glorieuse. Elle n'aboutit à aucun changement durable. Guerre contre la drogue, guerre contre le crime, « tolérance zéro » du maire Rudy Giuliani à New York : ces politiques engendrèrent à la fois une vraie baisse de la criminalité (qu'appréciaient les familles noires des quartiers modestes), mais aussi la multiplication des bavures policières. Deux cas, en particulier, bouleversèrent l'opinion. En 1997, Abner Louima, immigrant haïtien, arrêté lors d'une bagarre à la sortie d'une boîte de nuit de Brooklyn, fut sauvagement torturé dans un commissariat. Finalement transporté à l'hôpital, il arriva dans un état si critique, les intestins déchirés, que les médecins alertèrent les avocats et la presse. On apprit plus tard qu'Abner Louima n'avait pas de casier judiciaire. Il avait juste tenté de s'interposer dans une dispute[48].

En février 1999, Amadou Diallo, un immigrant guinéen de 22 ans, fut tué par la police dans le Bronx. Lui non plus, il n'avait rien à se reprocher. Il avait eu le malheur de mettre la main dans la poche de sa veste alors qu'il se trouvait face à quatre policiers dans le vestibule de son immeuble : ceux-ci, croyant qu'il allait sortir un revolver, l'avaient abattu de… 41 balles. Dans sa poche, on ne trouva qu'un portefeuille. Un an plus tard, les quatre policiers furent acquittés : le jury trouva qu'ils avaient pu raisonnablement penser qu'Amadou Diallo était armé. Mais par quelle aberration cela justifiait-il le tir de 41 balles ?

Le drame renforça la méfiance générale envers la police. Des associations noires mirent en place des ateliers pour apprendre à réagir en cas d'interpellation. Parmi les conseils dispensés : « Ne parler que si on vous adresse la parole ; se taire dès qu'on vous l'ordonne ; garder les mains bien visibles ; ne jamais faire un mouvement brusque. » Un conseiller municipal noir de New York a d'ailleurs raconté qu'il avait lui-même recommandé à son fils de 18 ans une extrême prudence en cas de contact avec la police : « Sortir une pièce d'identité de sa poche, cela peut suffire pour être tué[49]. »

Pour tenter de réagir, Rudy Giuliani lança un programme de 10 millions de dollars destiné à recruter davantage de Noirs et d'Hispaniques dans la police new-yorkaise. Et à Washington, le président Clinton dénonça les bavures policières et les pratiques de *racial profiling*, et promit la mise en place de formations sur « l'éthique et l'intégrité » dans toutes les académies de police[50].

Le piège Lewinsky

Mais c'était bien un procès en « éthique et intégrité » que le Président, lui-même, subissait. « L'affaire » éclata dans la presse en janvier 1998. Elle devait durer un an. Un an pendant lequel le Président fut humilié, harcelé, sa vie sexuelle exposée et disséquée sur tous les écrans du monde.

Depuis plusieurs années, Bill Clinton avait à ses trousses un procureur dit « indépendant », en réalité lié avec les « ultras », la droite dure du Parti républicain. Chargé d'enquêter sur un investissement immobilier effectué autrefois par les époux Clinton et n'ayant rien trouvé de répréhensible, le procureur était néanmoins déterminé à faire tomber le Président. Il s'était alors tourné vers un terrain autrement prometteur : la vie privée. À l'occasion d'un procès, par ailleurs monté de toutes pièces, où il avait convoqué le Président comme témoin, il lui tendit un piège en lui posant une question qui n'aurait pas dû concerner la justice : « Avez-vous eu une liaison avec mademoiselle Monica Lewinsky » ? « Non ! » répondit maladroitement le Président (qui venait de jurer de dire « la vérité, toute la vérité, et rien que la vérité »).

Le procureur, qui surveillait depuis quelque temps cette jeune stagiaire à la Maison Blanche, disposait d'enregistrements téléphoniques qui prouvaient le contraire. Le piège avait fonctionné. La question était hors de propos, la relation entre Bill Clinton et Monica Lewinsky relevait de la stricte sphère privée, mais peu importait le fond, le procureur avait réussi à faire mentir le Président sous serment.

Au Congrès, les ultraconservateurs du Sud menèrent la charge : ils voyaient en Bill Clinton, le petit Blanc de l'Arkansas, l'ami des Noirs, un véritable usurpateur. Pire encore : un traître à sa race[51]. Malgré l'hystérie médiatique qui entoura l'affaire, les Américains, pourtant, ne furent pas dupes de ce qui était bel et bien un détournement de la justice à des fins politiques, un véritable coup d'État judiciaire : si beaucoup désapprouvaient la conduite privée du Président, ils furent, pendant un an, deux tiers à estimer que cela ne justifiait pas une démission.

Dans la communauté afro-américaine, le soutien était beaucoup plus fort encore. C'était bien « l'un des leurs » que l'on cherchait à chasser ignominieusement de Washington.

L'écrivain noire Toni Morrison vint à la rescousse du « premier président noir ». Elle décrivit combien les Afro-Américains ressentaient les humiliations infligées au Président comme les leurs, « quand son corps, sa sexualité devinrent l'objet de la persécution » : « Le message [des ultras] était clair : "Si intelligent que tu sois, si dur que tu travailles… nous te remettrons à ta place, ou nous te chasserons de la place à laquelle, quoique avec notre permission, tu t'étais installé. Tu seras chassé de ton travail, renvoyé et disgracié, et – qui sait – peut-être condamné et emprisonné"… Ceci est un coup d'État voulu, sanglant, arrogant. On nous vole la présidence. Et le peuple le sait[52]. »

« *Impeached* » (c'est-à-dire menacé de destitution) par la Chambre des représentants, Bill Clinton, sûr de défendre la Constitution, résista, jusqu'à ce que le Sénat rejette enfin les accusations portées contre lui. Le Président écrivit plus tard : « [J'ai vaincu] les forces que j'ai combattues toute ma vie, celles qui avaient défendu la discrimination raciale et la ségrégation dans le Sud, et manipulé les inquiétudes et les peurs de la classe ouvrière blanche dans laquelle j'avais grandi... Depuis mon enfance, j'étais dans l'autre camp... Les républicains de la nouvelle droite voulaient une Amérique dans laquelle la richesse et le pouvoir seraient concentrés entre les mains des gens « comme il faut », qui garderaient le soutien de la majorité en diabolisant l'une après l'autre des minorités dont les aspirations menaçaient leur mainmise sur le pouvoir. Ils me haïssaient aussi parce que j'étais un renégat, un protestant blanc du Sud[53]. »

L'adieu de l'ami des Noirs

En mars 1998, en plein scandale, Bill Clinton avait entrepris le plus long voyage d'un président américain en Afrique. En onze jours, accompagné d'une délégation nombreuse de leaders noirs, il visita six pays. Il en profita pour rendre visite à son ami Nelson Mandela, le grand résistant à l'apartheid en Afrique du Sud, certainement le héros noir le plus populaire du monde.

Le dernier arrêt, et le dernier discours de Bill Clinton, furent pour l'île de Gorée, au Sénégal, d'où partirent autrefois tant d'esclaves noirs, pour un voyage sans retour. Le Président exprima ses regrets pour la responsabilité de l'Amérique dans l'esclavage et rendit hommage à la lutte héroïque des Afro-Américains pour la liberté. Il parla de leurs descendants comme « le plus grand don de l'Afrique à l'Amérique[54] ».

En quittant la Maison Blanche en 2000, Bill Clinton laissait derrière lui un pays plus paisible, et plus prospère, qu'il ne l'avait trouvé. Le chômage et l'inflation étaient au plus bas. En huit ans, 20 millions d'emplois avaient été créés. Dans la communauté noire aussi, le chômage avait baissé (même si, à 8,9 %, il restait – constante historique, en période faste comme en période de vaches maigres – double de celui des Blancs, à 3,9 %). Un certain optimisme était la règle : 71 % des Noirs se disaient confiants dans le fait que leur niveau de vie allait s'améliorer dans les dix ans à venir[55]. Plus de deux tiers des familles noires faisaient maintenant partie de la classe moyenne (elles étaient 13 % en 1960). Le nombre de Noirs vivant en dessous du seuil national de pauvreté était passé de plus de 30 % en 1990 à 19 % en 2000[56]. La longue période de croissance portait ses fruits, et la situation économique de la majorité des Noirs s'était donc considérablement améliorée. Elle restait cependant fragile : trop longtemps exclus de la prospérité, ils ne disposaient pas d'un patrimoine financier ou immobilier à transmettre à leurs enfants. Une période de récession pouvait rejeter brutalement bien des familles noires hors de la classe moyenne.

En septembre 2000, le Président prit congé du *Congressional Black Caucus*, le groupe de parlementaires noirs en ces termes chaleureux :

« Je vous remercie du fond du cœur. Un jour, Toni Morrison a dit que j'étais le premier président noir que ce pays ait jamais eu. Je préfère ce titre à tous les prix Nobel[57]. »

Lorsque, le 20 janvier 2001, Bill Clinton quitta définitivement la Maison Blanche, il choisit d'installer son nouveau quartier général chez ses amis, presque parmi les siens : à Harlem.

CHAPITRE 17

Les années « sans couleur »

Bush, le président « color-blind »

En l'an 2000, le candidat républicain à la présidentielle, le gouverneur du Texas George W. Bush (face au
démocrate Al Gore, vice-président pendant huit ans de
Bill Clinton et dauphin désigné) n'avait *a priori* pas de
quoi séduire l'électorat noir. Fils du président George
H. Bush, petit-fils de sénateur, frère du gouverneur de
Floride, le nouveau Bush surnommé « W » était un vrai
« reaganien », l'homme des ultras de son parti : ultralibé-
ral, ultrareligieux, et unilatéraliste en politique étrangère.

Le candidat surprit en faisant campagne dans des
quartiers pauvres – noirs, hispaniques, asiatiques –
traditionnellement ignorés par le Parti républicain,
cherchant à convaincre que son slogan, « le conservatisme compatissant », avait un sens. Son entourage,
volontiers mis en avant, représentait vraiment l'Amérique multiculturelle : une partie de la famille Bush
était hispanique, nombre de conseillers étaient noirs,
quelques autres hispaniques ou asiatiques. Cela ne
suffisait pourtant pas à désarmer la méfiance des électeurs noirs, qui craignaient qu'il n'y ait là qu'une
habile stratégie de communication[1].

La réalité était autre : vrai conservateur, hostile à tout système de préférence raciale et à l'aide de l'État sous toutes ses formes, George W. Bush était pourtant authentiquement *color-blind* : aveugle aux couleurs. Il avait grandi au Texas, un État auquel il s'identifiait viscéralement (même s'il fut envoyé faire ses études dans les grandes universités de la côte est, Yale et Harvard) et dans lequel les Hispaniques et les Noirs étaient fortement représentés. Sa famille, et particulièrement sa mère Barbara Bush (transplantée, elle, de la côte est vers le sud en pleine époque de la ségrégation), ne tolérait chez ses enfants aucune trace de « racisme ordinaire ». « W » ne faisait pas de différence entre les origines ethniques et les couleurs de peau, il ne les voyait même pas. Au point de considérer que le racisme n'existait plus en Amérique, et qu'il ne fallait donc pas s'en préoccuper.

L'élection volée

En novembre 2000, George W. Bush ne recueillit cependant que 10 % du vote noir. Tous les autres électeurs noirs, qui voulurent – ou purent – voter, choisirent Al Gore. L'élection fut épique : après que 49 États eurent fini de compter les voix, les deux candidats n'étaient toujours pas départagés. Restait un État, la Floride, gouverné par le frère du candidat, Jeb Bush. Les estimations y étaient si serrées qu'il fallut compter et recompter les bulletins un à un. L'affaire dura cinq semaines, pendant lesquelles les pratiques électorales de la Floride furent éclairées d'une lumière bien peu flatteuse. Les Américains apprirent que le résultat de leurs élections étaient approximatifs, et que chaque citoyen n'avait pas l'assurance que sa voix compte. Outre les failles des machines à voter, on découvrit les méthodes douteuses de certains responsables locaux, et des signes évidents de discrimination raciale.

Dans certains comtés de Floride à forte population noire, des électeurs avaient tenté en vain de voter : des bureaux avaient fermé trop tôt, ils étaient trop peu nombreux ou trop éloignés ; d'autres exigeaient des pièces d'identité inhabituelles. Et partout, des citoyens noirs, qui se croyaient inscrits sur les listes électorales, avaient découvert, mais trop tard, qu'ils en avaient été radiés pour des motifs obscurs : fiche d'inscription incomplète, confusion sur l'adresse ou l'identité, ou même erreur sur leur statut judiciaire. En Floride, selon une application discutable de la loi, 25 % des hommes noirs – un quart ! – étaient privés de leur droit de vote parce qu'ils avaient eu, un jour, des démêlés avec la justice, souvent même pour une infraction mineure. Et avant l'élection, les autorités locales avaient purgé les listes avec une vigueur toute particulière.

Au moment du dépouillement, les quartiers noirs furent à nouveau pénalisés : à Jacksonville, plus de 25 000 bulletins furent rejetés. Le comté de Gadsden, qui compte le plus fort pourcentage d'électeurs noirs de l'État, eut aussi le plus fort pourcentage de bulletins invalidés[2]. En décembre 2000, la Cour suprême décida pourtant que les recomptages devaient cesser, et donna la victoire finale à George W. Bush.

Beaucoup de Noirs considérèrent alors qu'on leur avait volé l'élection. En prévision de la suivante, le Parti démocrate, les églises noires, les groupes de défense des droits civiques, se lancèrent sans attendre dans des campagnes très actives pour augmenter les inscriptions des minorités sur les listes électorales. Le ministère de la Justice prit des initiatives pour améliorer la qualité des machines et des bulletins, mais aussi mieux vérifier l'identité des électeurs – ce qui inquiétait à nouveau les démocrates, soupçonnant que ces contrôles serviraient aussi à intimider les électeurs les plus modestes ou les moins bien informés. Le *Voting Rights Act* signé par Lyndon Johnson en 1965 avait été plusieurs fois réactualisé (en 1970, 1975, 1982). Mais ce n'était pas encore suffisant pour garantir que chaque voix compte. Une nouvelle extension de la loi serait adoptée en 2006. Soudain, comme à l'époque de Martin Luther King, on redécouvrait que le droit de vote restait un combat.

Colin et Condi, des Noirs au pouvoir

En janvier 2001, il est vrai, les prochaines élections semblaient loin. George W. Bush s'apprêtait à mettre en place son programme de réductions fiscales et de désengagement de l'État. Autour de lui, il nommait une administration qui lui ressemblait : *color-blind*, preuve que quelque chose, aussi, avait changé dans les hautes sphères du pouvoir, même conservatrices.

Le président Bush confia les affaires étrangères à l'ancien général Colin Powell. C'était la première fois dans l'Histoire qu'un Noir accédait au poste si prestigieux de Secrétaire d'État et devenait ainsi le visage des États-Unis à l'étranger.

Fils d'immigrants jamaïcains, Powell avait grandi dans le South Bronx, à New York, à une époque où « tout le monde était minoritaire dans ce quartier :

Juifs, Italiens, Grecs, Polonais, Noirs, Antillais[3] ». La famille Powell était la plus multiculturelle qui soit, comptant parmi ses ancêtres des Africains, mais aussi des Anglais, des Écossais, des Amérindiens, des Juifs... Travailleur, tenace, discipliné, Colin Powell avait fait des études d'ingénieur, puis gravi un à un les échelons de l'armée. Du Vietnam, où il fut blessé en 1963, il avait rapporté une méfiance profonde à l'égard des missions extérieures confuses, où les militaires ne bénéficiaient pas de suffisamment de soutien ou de moyens.

Dès lors, Powell ferait le reste de sa carrière à Washington, d'abord comme conseiller auprès de Richard Nixon, puis au Pentagone. Nommé général en 1979, il avait continué son ascension auprès de Ronald Reagan, qui avait fait de lui son Conseiller à la sécurité en 1987. Et en 1989, il était devenu le premier Noir chef de l'état-major interarmées : le patron de l'armée la plus puissante de monde, juste après le président des États-Unis et le ministre de la Défense. En 1991, il avait mené la guerre du Golfe selon la « doctrine Powell » : rassembler une force écrasante, pour une mission très clairement définie, remporter une victoire éclatante, et repartir aussitôt. Le succès militaire qui suivit avait fait de lui un héros national.

Pour diriger le Conseil de la sécurité nationale – c'est-à-dire pour être la voix la plus influente auprès du Président en matière de défense et de politique étrangère – George W. Bush choisit, autre première historique, une femme noire : Condoleezza Rice, dite « Condi ». Cette soviétologue avait autrefois travaillé auprès de George Bush père et faisait pratiquement partie de la famille, partageant la passion de « W » pour les matches de football, les séances de musculation, et la stratégie politique. Quand le gouverneur du Texas avait décidé de se lancer à l'assaut de la Maison Blanche, elle avait dirigé l'équipe chargée de le former aux relations internationales.

L'expérience de Condi Rice était bien différente de celle de Colin Powell. Ce n'était pas une fille d'immigrants, mais une descendante d'esclaves. Elle ne sortait pas d'un milieu ouvrier, mais de la bourgeoisie noire de Birmingham, en Alabama, la ville que Martin Luther King avait qualifiée en 1963 de « plus authentiquement ségréguée des États-Unis ». Condi Rice y était née en 1954, et avait reçu une éducation très soignée : étudiante brillante et pianiste de talent, elle avait appris le français puis le russe, et pratiqué assidûment le patinage artistique.

Les parents de Condoleezza Rice s'étaient efforcés de la protéger autant que possible des réalités de la ségrégation. Mais l'attentat qui tua quatre fillettes dans une église noire de Birmingham (elle connaissait l'une d'entre elles) restera gravé dans sa mémoire. La petite Condi n'oubliera pas non plus qu'il arrivait à son père pasteur (et républicain, car le Parti démocrate local n'avait pas voulu de lui) de sortir avec son arme, au cas où il faudrait protéger le voisinage d'une incursion du Ku Klux Klan ou de la police locale. Elle en garderait un attachement sans faille au droit du libre port d'armes. Son père et sa mère lui avaient aussi inculqué le goût de l'effort, du travail et de la discipline, faisant plus confiance au mérite individuel qu'à l'action collective pour se faire une place en Amérique[4]. Parlant d'elle et de ses camarades, Condi Rice confiait : « Nos parents nous disaient : "Ne vous inquiétez pas si vous ne pouvez pas vous faire servir un hamburger chez Wollworth's ; aux États-Unis, il n'y a pas de limites à nos aspirations." Et nous le croyions[5]. »

Condi Rice, en pleine osmose avec le président Bush, annonçait un exercice sans complexe du pouvoir, et un retour à la *Real Politik* dépourvu de toute sentimentalité : « L'armée américaine n'est pas là pour accompagner les enfants à l'école », disait-elle volontiers.

La rupture irakienne

Le 11 septembre 2001, le monde, les États-Unis et l'administration Bush, basculèrent. Pendant quelques semaines, le pays entier s'unit derrière son président, mal élu et mal aimé, mais dont chacun espérait alors qu'il s'efforcerait d'être à la hauteur de la tragédie. Les victimes disparues dans les attentats de New York et de Washington étaient de toutes les ethnies, de toutes les religions, de toutes les couleurs de peau. Chaque Américain se sentait visé, menacé. La communauté noire ne fit pas exception : à New York, on vit même beaucoup de sans-abris, pour la plupart noirs, arborer eux aussi un petit drapeau étoilé.

Au gouvernement, Colin Powell travaillait sans relâche pour réunir une large coalition autour des États-Unis. Ce fut avec le plein soutien de l'ONU et de l'OTAN que trois semaines plus tard, les États-Unis attaquèrent le régime des talibans en Afghanistan.

Il en alla autrement pour l'Irak. À la Maison Blanche, la dissension régnait. Les faucons (le vice président Dick Cheney, le ministre de la Défense Donald Rumsfeld et leurs conseillers néoconservateurs) s'affrontaient aux modérés menés par Colin Powell. La conseillère à la sécurité Condi Rice s'efforçait d'arbitrer. Serviteur loyal du Président, Colin Powell, cependant, mit tout son poids dans la balance pour convaincre les alliés de rejoindre les États-Unis dans l'attaque planifiée de l'Irak. Dans un grand discours à l'ONU en février 2003, il décrivit point par point les armes de destruction massive détenues par Saddam Hussein : il se basait sur les renseignements fournis par les services secrets, qui devaient se révéler infondés. L'ancien général déclara plus tard qu'il avait été « effondré » en apprenant que certains agents, qui doutaient de la qualité des informations, n'avaient rien dit : « Cela restera une tâche indélébile sur ma carrière[6]. » Fin 2004, juste après la réélection de George W. Bush, lassé de lutter contre des faucons plus agressifs que jamais, Colin Powell quitta le gouvernement. Le Président avait décidé de le remplacer par Condoleezza Rice.

Si la politique de la Maison Blanche suscitait une désaffection croissante, personne ne songeait en tout cas à contester l'autorité des leaders de la politique étrangère à cause de la couleur de leur peau. Face à Colin Powell et à Condi Rice, le pays était devenu lui aussi *color-blind*. Juste retour des choses, les Noirs ne se sentaient pas obligés de soutenir les positions du gouvernement, sous prétexte qu'elles étaient présentées par un responsable noir.

Pendant le second mandat de George W. Bush, les sondages indiquèrent que les Afro-Américains partageaient l'évolution hostile de l'opinion, avec encore plus de force. À tel point que la communauté noire se détournait de l'armée et des carrières militaires, qui avaient pourtant, depuis 60 ans, été un instrument essentiel d'intégration et de promotion sociale. En 2000, les Afro-Américains représentaient 25 % des membres des forces armées, et 23,5 % des nouvelles recrues de l'année. Début 2005, ce dernier chiffre tomberait à 13,9 %[7] et en janvier 2008, 86 % des Noirs désapprouveront la politique générale de George Bush, et 91 % se déclareront opposés à la guerre d'Irak[8].

« Ouvrir le chemin des élites »

Tandis que le pays s'embarquait dans une aventure extérieure démesurée, la bataille intérieure autour des programmes de préférence raciale reprenait de la vigueur. L'élection de George W. Bush avait convaincu les adversaires de l'action affirmative que l'opinion – et peut-être les juges – avait enfin tourné en leur faveur. Des étudiants blancs portèrent à nouveau plainte, cette fois contre l'université du Michigan, l'accusant de favoriser indûment les candidats noirs.

En juin 2003, la Cour suprême rendit deux arrêts nuancés, que certains jugèrent « confus[9] ». Le premier concernait les entrées dans le premier cycle : alors que chaque étudiant devait obtenir au moins 100 points pour être admis, les candidats issus de groupes minoritaires voyaient leur score automatiquement majoré de 20 points. La Cour, par six voix contre trois, jugea que ce système était inéquitable et contraire à la Constitution. En revanche, dans le second arrêt concernant uniquement les admissions à la faculté de droit, cinq juges contre quatre décidèrent que l'université faisait dans ce cas une utilisation nuancée et non systématique du critère de préférence raciale, et qu'elle n'était pas allée jusqu'à instaurer des quotas[10].

C'était une nouvelle confirmation de la décision *Bakke* de 1978 : les universités gardaient donc le droit de favoriser la diversité sur le campus, pour autant que leurs méthodes de sélection n'impliquent pas des quotas. La juge Sandra O'Connor, chargée de formuler l'opinion majoritaire de la Cour, mentionna les nombreuses lettres envoyées à sa juridiction qui plaidaient en faveur de l'action affirmative. Leurs auteurs étaient des militaires à la retraite et des patrons de grandes entreprises. Les premiers expliquaient que pour être légitimes face à leurs soldats, les officiers devaient représenter la diversité de la nation. Les patrons rappelaient que pour être compétitifs sur le marché national et international, salariés et dirigeants devaient ressembler à leur clientèle[11]. Sandra O'Connor concluait : « Pour parvenir à former un groupe de leaders légitimes aux yeux des citoyens, il est nécessaire que le chemin vers l'élite soit ouvert, de manière visible, aux individus talentueux et compétents, de chaque origine raciale et ethnique… La participation réelle de membres de tous les groupes raciaux et ethniques à la vie civile de notre nation est essentielle si nous voulons réaliser notre rêve d'une nation unie et indivisible. » Néan moins, remarquant que 25 ans s'étaient écoulés depuis l'arrêt *Bakke*, la juge espérait que dans 25 ans, « l'action affirmative ne serait plus nécessaire[12] ».

Tout le monde était donc d'accord pour favoriser la diversité. Mais le système de préférence destiné à la favoriser était plus contesté que jamais, y compris parmi les leaders noirs. Ainsi John McWorther, professeur de linguistique à Berkeley, affirma qu'avec un tel système, « des Blancs intelligents et bien intentionnés continueront de trouver qu'il est normal d'être moins exigeant avec un Noir (…), et c'est dramatique ». Orlando Patterson, qui enseignait la sociologie à Harvard, approuvait, lui, la décision de la Cour suprême de préserver l'action affirmative : « L'action affirmative doit être constamment remise en question et ajustée, et ce n'est pas grave si certains portent plainte parce qu'elles les a défavorisés… Je la vois comme une porte d'accès, un moyen de créer une élite plus diverse[13]. »

Avant que l'arrêt ne soit rendu, le président Bush avait soutenu la position des plaignants contre l'université du Michigan. Ensuite, il félicita la Cour d'avoir su « reconnaître la valeur de la diversité sur les campus de notre pays » : « Comme la Cour, j'attends avec espoir le jour où l'Amérique sera vraiment un pays *color-blind*[14]. » L'action affirmative était donc sauvée, pour cette fois. Mais chacun savait que la juge O'Connor se retirerait bientôt, et que le Président avait l'intention de remplacer chaque juge partant par un authentique conservateur, adversaire des préférences raciales.

Et en effet, dès 2007, après la nomination des juges Alito et Roberts, la Cour suprême se mettra à condamner les plans d'intégration dans les écoles publiques. Inscrire les élèves en considérant leur race, même dans le but de réaliser la diversité, cela sera assimilé à une violation du principe d'égale protection des lois. Le juge Roberts aura cette phrase alambiquée mais éloquente : « le moyen de cesser de discriminer sur la base de la race est de cesser de discriminer sur la base de la race[15] ». En clair : si vous prétendez lutter contre la discrimination raciale, arrêtez vous aussi de distinguer les gens selon leur race. Ce qui équivalait à dire aux Noirs : le problème racial, c'est vous qui le fabriquez !

Les fantômes de Katrina

Les écoles, les universités, et toute la société se devaient donc devenir *color-blind* et considérer que la question raciale était résolue. Mais qu'en était-il de la pauvreté, et de la ségrégation implacable qu'elle provoquait ? Au jour le jour, l'extrême dénuement dans lequel se trouvait une partie de la population, dont beaucoup de Noirs, ne faisait pas la une des journaux. La misère restait invisible, confinée dans des quartiers réservés, réduite à des statistiques. L'Amérique ne voulait pas la regarder en face. Katrina la dévoila brutalement.

L'ouragan qui s'abattit sur la Nouvelle-Orléans dans la nuit du 28 au 29 août 2005, était la catastrophe naturelle la plus attendue, la plus documentée de l'Histoire. Chacun savait qu'une partie de la ville – et particulièrement les quartiers pauvres – était construite en dessous du niveau de la mer ; que les sédiments entassés, desséchés du Mississippi n'avaient aucune solidité, et s'enfonceraient en cas d'inondation ; que le système de digues chargé de retenir les eaux était fragile et insuffisant ; que les travaux votés pour les renforcer avaient pris des années de retard… Les experts avaient prévenu : la Nouvelle-Orléans ne résisterait pas au « *Big One* », à un ouragan massif de force 5 (c'est-à-dire maximale).

Dans la semaine précédant le 28 août, les météorologistes avaient suivi l'avancée d'un véritable monstre

à travers le golfe du Mexique, s'efforçant de déterminer la zone où il toucherait terre. Les autorités de
Louisiane et du Mississippi avaient enjoint aux populations d'évacuer la région. Et le 28, le Président, en
vacances, souhaita bonne chance aux habitants de la
Nouvelle-Orléans, les assurant qu'il priait pour eux.

Katrina – force 4 – s'abattit sur la ville aux alentours
de quatre heures le matin suivant. Les digues ne résistèrent pas, les eaux boueuses envahirent les rues avec
une force irrésistible. Dans la journée du 29, le président Bush, en Californie, se réjouit pourtant que la
Nouvelle-Orléans « ait évité le pire », puis regagna son
ranch du Texas. Quand le calme revint, ce furent les
télévisions qui montrèrent l'étendue du désastre : des
quartiers entièrement sous les eaux, des corps flottant
à la surface, des survivants terrifiés, errant à la
recherche de leurs proches et d'un peu d'eau et de
nourriture. Une image fit le tour du monde : deux
femmes noires, réfugiées sur un toit, tendant vers les
hélicoptères survolant la zone un panneau écrit en
hâte, à la main : « *Help us !* »

« Aidez-nous ! » Les habitants de la côte qui possédaient une voiture ou qui avaient les moyens d'acheter un billet d'avion et de réserver une chambre
d'hôtel avaient fui. Pour les autres, les autorités
n'avaient rien prévu – même pas des rations d'eau
potable. Quelque 100 000 personnes – les plus
pauvres, les isolés, les personnes âgées, malades et
sans ressource, ceux qui n'avaient pas de compte en
banque, ceux qui étaient mal informés ou qui avaient
tout simplement peur de laisser leurs quelques biens
aux pillards – ceux-là avaient été purement et simplement abandonnés. Avec une seule consigne : si vous
n'êtes pas sûrs de la solidité de votre maison, rendez-

vous au *Convention Center* (le centre de conférences,
dont la toiture ne résisterait finalement pas aux
assauts du vent). Le bilan final s'élevait à environ
1 600 morts en Louisiane et 231 dans le Mississippi.

C'est alors qu'on les vit : les survivants, hagards,
terrifiés, agrippés à une planche, réfugiés sur un toit,
recroquevillés dans un abri de fortune, ou errants
dans les ruines comme des fantômes. L'Amérique, et
le monde, découvraient, atterrés, la réalité : la plupart
de ces miséreux étaient noirs. Le magazine *Newsweek*
titra : « Les leçons d'une honte nationale[16] ». Michael
Brown, directeur de l'agence fédérale chargée de la
gestion des catastrophes (FEMA), bredouilla : « Nous
vîmes sortir des gens dont nous ne savions même pas
qu'ils existaient. » On n'aurait su mieux dire.

La ségrégation de la misère

Les quartiers noirs de la Nouvelle-Orléans, des
régions rurales de Louisiane et du Mississippi comptaient en effet parmi les plus pauvres de l'Amérique.
En Louisiane, 30 % des enfants vivaient dans une
situation de grande pauvreté, le taux le plus élevé du
pays. Cette misère n'était pas seulement noire. Mais
elle était noire de manière disproportionnée. La
période de prospérité des années Clinton l'avait
réduite. Mais elle ne l'avait pas fait disparaître. L'amélioration des conditions de vie avait connu un coup
d'arrêt en 2001, plusieurs millions d'emplois avaient
déjà disparu, et le nombre des très pauvres avait de
nouveau brutalement augmenté. En 2005, 37 millions
d'Américains subsistaient ainsi en dessous du seuil
national de pauvreté (fixé alors à 9 800 dollars par an

pour une personne seule). Cela con cernait 8 % des Blancs (16 millions), 22 % des Hispaniques (8,9 millions) et... 24 % des Noirs (8,8 millions)[17]. En moyenne, l'espérance de vie des Noirs était de cinq ans inférieure à celle des Blancs.

Dans le Sud, l'abandon des Noirs avait commencé au lendemain de la guerre de Sécession, avec les grands mouvements d'exode vers le Nord et l'Ouest. Tous les Noirs qui avaient alors un métier, quelques économies, une famille pour les accueillir, avaient fui. Dans le Nord, où régnait une ségrégation inavouée dans le logement, ces nouveaux arrivants s'étaient retrouvés parqués dans des quartiers réservés, où les conditions de vie s'étaient rapidement dégradées.

Paradoxalement, l'action du Mouvement des droits civiques et la déségrégation avaient encore empiré la situation de ces îlots de pauvreté, tant dans le Sud que dans les centres-ville du Nord. Car à nouveau, tous ceux qui pouvaient quitter les ghettos étaient partis, emportant avec eux les commerces et les services, et donc les emplois potentiels. Comme cela se reproduirait au moment de l'ouragan Katrina, seuls étaient demeurés en arrière les plus démunis, pauvres parmi les pauvres : enfants de familles disloquées, mères célibataires sans ressources, personnes âgées, alcooliques, drogués, hommes et femmes sans formation professionnelle... Aux chômeurs officiellement recensés s'ajoutait un grand nombre de « travailleurs découragés » qui ne recherchaient plus d'emploi et avaient disparu des statistiques – sans compter tous ceux qui croupissaient en prison. Entre 15 et 25 ans, un homme noir sur quatre était déjà entré dans le système judiciaire : détenu, en liberté conditionnelle, libéré mais chargé d'un casier judiciaire. À la sortie, la probabilité de trouver un emploi était quasi nulle. Parmi les jeunes, beaucoup vivaient d'expédients, et du trafic de drogue.

Bien avant l'ouragan Katrina, la Nouvelle-Orléans avait la triste réputation d'être la ville la plus dangereuse des États-Unis. Il ne faudrait pas longtemps après le passage de l'ouragan pour que les gangs et les dealers reprennent possession des quartiers abandonnés.

Dans la plupart des grandes villes, les gangs étaient apparus à la fin des années 1960. Bandes de gamins toujours prêts à faire le coup de poing pour défendre leur territoire contre le groupe rival de la rue voisine, ils s'étaient trouvés pris dans la nasse du trafic des stupéfiants. Le développement vertigineux du marché de la cocaïne et la rigueur nouvelle des lois avaient incité les parrains de la drogue à confier une bonne partie de leurs transactions à des mineurs qui bénéficiaient automatiquement de la clémence des juges. L'argent facile, la drogue et les armes à feu allaient ainsi entretenir plusieurs générations de jeunes criminels, sans scrupules, sans peur, et sans avenir. Le journaliste Alex Kotlowitz a raconté la vie d'une famille noire dans un quartier pauvre de Chicago, et rapporté la réflexion d'un des enfants, qui résume, avec une simplicité glaçante, une éducation reçue au milieu des balles perdues et des règlements de compte : « Si je grandis, je voudrais être chauffeur d'autobus ». « Si je grandis », et non « quand je serai grand.[18] »

Outre le risque de périr de mort violente (49 % des victimes de meurtres aux États-Unis sont noirs), les Noirs des ghettos étaient aussi menacés de manière disproportionnée par l'épidémie de sida, à tel point que certains soupçonnaient le gouvernement d'avoir sciemment implanté le virus dans les quartiers noirs. Ces méfiances paranoïaques, qui reflétaient le sentiment, aussi vieux que l'esclavage, d'être exclus, menacés, haïs, resurgirent avec une force nouvelle au moment de Katrina. Quand les digues avaient éclaté sous la pression des eaux, on avait entendu une série d'explosions : la rumeur courut que les digues avaient été dynamitées. Certains Noirs insinuèrent que les habitants avaient été abandonnés sciemment à leur sort, à cause de la couleur de leur peau : une occasion de se débarrasser d'eux. On remarqua aussi la brutalité des soldats chargés de maintenir l'ordre dans ce qui restait de la Nouvelle-Orléans ravagée. Et on compara la négligence des autorités avec la sollicitude – et l'argent – que le gouvernement avait répandu, un an auparavant, sur la Floride, elle aussi victime d'ouragans.

Il semble cependant que George W. Bush s'était alors précipité en Floride pour soutenir un État gouverné par son frère et crucial pour l'élection alors toute proche de novembre 2004. Et qu'avant le passage de Katrina, il ignorait tout simplement que certains Américains n'avaient pas les moyens – ni voiture, ni essence, ni provisions nécessaires – pour fuir en cas d'urgence.

La culture en avant-garde

Si le racisme, le mépris, ou l'indifférence existaient toujours en Amérique, la détresse des abandonnés de la Nouvelle-Orléans (ainsi que des quelque 500 000 réfugiés qui avaient réussi à quitter la ville, mais avaient tout perdu, à commencer par leur logement), suscita aussi un immense mouvement de solidarité. En quelques jours, près de 500 millions de dollars de dons furent rassemblés. Tout le monde s'y mettait : des millions de simples citoyens, les journaux, les télévisions, les sites internet, les associations, les entreprises, les magasins. La chaîne Wal-Mart distribua sur place des vêtements, des lits, des couvertures, des articles pour bébés. General Motors fit don de 150 camions à la Croix-Rouge. General Electric offrit des générateurs, des filtres pour l'eau, du matériel médical. Les compagnies aériennes transportèrent gratuitement des caisses de vivres et des équipes de secours. Les deux anciens présidents Bush (le père) et Clinton entreprirent une tournée commune de levées de fonds, comme ils l'avaient fait après le tsunami de décembre 2004 en Asie. Les stars du sport et du show business n'étaient pas en reste : le joueur de basket Shaquille O'Neil rassembla 2,5 millions de dons parmi les joueurs de la NBA ; l'acteur George Clooney donna 1 million de dollars, tout comme le réalisateur Steven Spielberg. L'animatrice afro-américaine Oprah Winfrey (la star de télévision la mieux payée de tous les temps) organisa nombre d'émissions en direct de la Nouvelle-Orléans et de l'Astrodome de Houston où avaient été accueillis beaucoup de réfugiés.

Car s'il était un monde où les barrières raciales avaient cédé au cours des dernières décennies, c'était bien le show business sous toutes ses formes : sport, musique, télévision, cinéma. Les stars noires étaient devenues les héros de tous les Américains, aussi populaires et souvent même plus riches que les vedettes blanches.

Presque trente ans plutôt, l'héritage des Afro-Américains était entré dans tous les foyers grâce à la télévision, avec le feuilleton *Racines*, tiré du livre d'Alex Haley. Il racontait les aventures tragiques d'un jeune Africain arraché à sa famille et vendu comme esclave en Amérique. En 1977, cela avait été le plus grand succès de l'histoire de la télévision. Pour le grand public, un esclave et ses descendants étaient devenus des héros, et leur histoire, un modèle d'endurance et de courage. Cinq heures de télévision avaient probablement fait davantage que des années de lutte politique pour intégrer le passé des Noirs au fond commun des grands récits américains. Rediffusé maintes fois depuis 1977, *Racines* eut une suite, *Queen* qui, en 1993, devint à son tour l'émission la plus regardée de l'année.

L'histoire noire avait aussi trouvé sa place au cinéma, avec, par exemple, *Malcolm X,* incarné en 1992 par Denzel Washington. Steven Spielberg, en 1998, avait raconté l'histoire véridique d'esclaves qui s'étaient mutinés et libérés à bord du navire *Amistad.* Et en 2002, la belle Halle Berry était devenue la première Noire à recevoir enfin l'Oscar de la meilleure actrice, en même temps que Denzel Washington (deuxième acteur noir à recevoir la statuette depuis Sidney Poitier en 1963).

Des films, des shows télévisés et des *soap operas* inépuisables (comme le *Cosby Show*), avaient popularisé la famille supposée typique de la classe moyenne noire : des Américains enfin comme les autres. D'autres séries à succès avaient suivi, comme *American Love Story* en 1999 ou *Soul Food* en 2001. Et bientôt, les programmes les plus audacieux diffusés sur le câble – tel *24 Heures* – n'hésitèrent pas à montrer un Noir au sommet du pouvoir : président des États-Unis.

Personne ne songeait plus alors à s'en étonner. Mais c'était encore de la fiction.

La fin du face-à-face

Étape par étape, Noirs et Blancs s'étaient donc rapprochés. Des plaies anciennes se refermaient, même dans le vieux Sud si longtemps irréductible. Une série de procès avaient eu lieu, mettant fin à des décennies d'impunité. En 1994, l'assassin de Medgar Evers, abattu en 1963, avait été enfin condamné. En 2002, cela avait été le tour de deux anciens membres du Ku Klux Klan, responsables de la mort des quatre petites filles dans l'église de Birmingham plastiquée. En 2004, Edgar Ray Killen, ancien pasteur, toujours sans remords et convaincu de la suprématie blanche, avait été lui aussi condamné pour avoir dirigé le groupe du Ku Klux Klan qui avait assassiné trois militants des droits civiques dans le Mississippi. L'enquête fut rouverte sur le meurtre de Emmett Till, de nouvelles informations indiquant qu'au moins une douzaine de personnes auraient pu y prendre part ou en être témoin. Et le redoutable George Wallace, ancien gouverneur de l'Alabama, demanda pardon, peu de temps avant sa mort, à l'ensemble de la communauté noire pour son passé raciste. La justice, si longtemps au service de la ségrégation, finissait par retrouver le bon sens. L'Histoire prenait sa revanche.

En 2007, 85 % des Noirs et 90 % des Blancs pensaient que le rêve de Martin Luther King s'était « en partie réalisé[19] ». Pour la première fois dans les enquêtes d'opinion, une majorité de Noirs (53 %)

considérait que les individus, plus que les préjugés raciaux de la société, étaient responsables des difficultés économiques de certains d'entre eux. Les Noirs diplômés de l'université reconnaissaient se sentir plus proches des Blancs de la classe moyenne que des Noirs pauvres. Le niveau de vie, plus que l'origine ethnique, faisait la vraie différence entre les gens.

Mais dans le même temps, deux Noirs sur trois se sentaient encore confrontés à des discriminations en matière d'emploi ou de logement[20]. Et 52 % des Noirs prévoyaient que les relations raciales resteraient un problème en Amérique, alors que 57 % des Blancs étaient persuadés que les tensions finiraient pas disparaître[21].

Dorénavant, il n'y avait plus « une communauté noire », mais un kaléidoscope de situations et d'attitudes, de l'extrême richesse à la grande pauvreté, de l'ultraprogressisme politique à l'ultra conservatisme. Il n'y avait plus une « Amérique noire » face à une « Amérique blanche », mais une mosaïque de peuplements aux frontières de plus en plus floues. Les mariages interraciaux se multipliaient (1,3 million selon le recensement de 2000) et augmentaient chaque année. Ils ne concernaient pas seulement les Blancs et les Noirs : ils mêlaient les immigrants de tous les continents. Longtemps, les nouveaux venus étaient arrivés d'Europe. Depuis les années 1980, 80 % venaient d'Amérique latine et d'Asie[22], et de plus en plus souvent, d'Afrique. Et une nouvelle réalité, déjà annoncée par Bill Clinton, se profilait : vers 2050, les Blancs ne seraient plus la majorité aux États-Unis.

Le métissage était brandi comme une revendication, une identité moderne, « branchée ». On inventait un nouveau vocabulaire : *beiging, browning, creolization.* « L'autre » était de moins en moins « autre ». Ce brouillage des cartes raciales était un facteur d'apaisement. Mais il était aussi porteur de nouvelles tensions. En 2004, les Hispaniques devenaient la première minorité du pays (plus de 37 millions, soit 13,4 % de la population), devant les Noirs (36,2 millions, 13,1 %)[23]. En 2020, les Américains d'origine asiatique seraient 20 millions[24].

Face à cet afflux, les Noirs les plus modestes se sentaient menacés, mis en concurrence pour les emplois non qualifiés avec des immigrants souvent illégaux, prêts à accepter des salaires de misère. Ils avaient le sentiment que leurs quartiers étaient « envahis ». Et ils supportaient très mal qu'on leur signale que les autres immigrants s'intègrent et réussissent mieux et plus vite. Car eux, rappellaient-ils, ils n'avaient jamais été des immigrants comme les autres, ils n'étaient pas venus volontairement pour échapper à la misère ou à la persécution dans leur pays d'origine, ils étaient arrivés les chaînes aux pieds, privés de leur histoire, de leur langue, de leur famille. Esclaves dans le pays qui inventait la liberté. Un pays qui était pourtant le leur, qu'ils ne cherchaient pas à quitter, et dont ils continuaient à espérer qu'il tiendrait ses promesses. Dans l'Amérique métissée de demain, ils ne demandaient qu'une chose : qu'on les considère comme des citoyens à part entière, de vrais Américains, enfin. Et pourquoi, après tout, l'un d'entre eux ne pourrait-il pas devenir président des États-Unis ?

CHAPITRE 18

L'Amérique réconciliée ?

Au-delà des races et des frontières

Qui aurait pu lui prédire un tel destin ? Dès sa naissance, Barack Hussein Obama avait été propulsé au-delà des races et des frontières. Il était né à Honolulu en 1961, de l'union d'une jeune Américaine blanche de 18 ans et d'un étudiant kenyan, qui, enfant, gardait les chèvres aux abords du lac Victoria. Dans les années 1960, les mariages interraciaux étaient rares et plutôt mal vus, même à Hawaï, mais il en fallait davantage pour impressionner la forte personnalité de la mère de Barack, Stanley Ann. Le couple s'était séparé lorsque Barack avait 2 ans, et son père était parti étudier à Harvard, puis avait regagné l'Afrique pour retrouver une autre femme et d'autres enfants. Stanley Ann avait fait face et élevé seule son fils, tout en poursuivant ses études d'anthropologie. Libre, originale, décrite par ses amis comme idéaliste, brillante, exigeante, elle a assurément transmis au jeune Barack une grande ouverture d'esprit.

À l'âge de 5 ans, celui-ci se retrouva en Indonésie, où sa mère avait suivi son second mari, un étudiant indonésien avec qui elle aura également une petite fille, Maya. Là, Barack étudiait le Coran pendant le cours d'éducation religieuse, mais s'imprégnait aussi de l'histoire des Noirs américains que sa mère lui enseignait le soir : l'esclavage, la ségrégation, les lynchages, les humiliations, le long combat que menait alors Martin Luther King pour la dignité et la liberté… Tout ce qui a défilé ici entre ces pages.

À 10 ans, Barack retourna à Honolulu : sa mère, à nouveau divorcée, y était revenue terminer son doctorat. Son diplôme en poche, elle opta finalement pour l'Indonésie où elle deviendrait une spécialiste de la cause des femmes et du microcrédit. Barack préféra, lui, rester à Hawaï avec ses grands parents.

La suite fut celle d'un étudiant très brillant : après une adolescence troublée – il fuma de la marijuana, essaya un peu la coke – Barack décrocha une bourse pour l'*Occidental College* de Los Angeles, puis pour l'Université de Columbia à New York. Diplômé en sciences politiques et relations internationales, il s'engagea alors dans la lutte contre la pauvreté, en se faisant « travailleur social » dans les quartiers noirs de Chicago. Il devint membre d'une paroisse évangélique afro-américaine, et s'identifia de plus en plus à la cause des Noirs américains. Cette identité que lui imposait l'Amérique à cause de son physique métissé, mais qui ne reflétait pas l'histoire de sa famille, il finit par la choisir librement, profondément, au terme d'une longue introspection.

En 1988, Barack reprit des études, cette fois à la faculté de droit de Harvard (il sera le premier Noir à diriger la prestigieuse *Harvard Law Review*) et tout juste diplômé, s'installa à Chicago comme avocat spécialiste des droits civiques. Entre-temps, il avait rencontré la femme de sa vie, Michelle Robinson, qui

l'ancrait plus encore dans son identité d'Afro-
américain. Michelle était une vraie Noire américaine,
fille et petite-fille d'ouvriers de Chicago, descendante
d'esclaves et d'affranchis qui avaient fui le Sud dès
que la forteresse s'était entrouverte. Brillante elle
aussi, diplômée de Princeton et de Harvard, elle avait,
comme Barack, réussi à force de travail et d'énergie.
Ils se marieront en 1992 et auront deux filles, Malia et
Sasha.

Barack avait renforcé encore le lien avec ses origines noires par un voyage au pays de son père
(décédé en 1982) où il avait rencontré une nombreuse famille jusque-là inconnue. À 33 ans, il tirera
de ce voyage et de ses années de réflexion une autobiographie, *Dreams from My Father* (« Les rêves de
mon père[1] ») dans laquelle il reconstituait le puzzle de
son identité.

Obama, le « Kennedy noir »

Ensuite, tout est allé très vite : Barack Obama voulait faire de la politique. Élu local dans l'Illinois en
1996, il fit une première tentative en 2000 pour se
faire élire au Sénat des États-Unis. Il échoua. En 2002,
il se faisait remarquer en prenant catégoriquement
parti contre la guerre d'Irak (il fut l'un des très rares
démocrates à oser le faire). En 2004, il se présenta de
nouveau au Sénat…

Le 27 juillet 2004, il s'exprimait devant la convention démocrate réunie à Boston, où le parti officialisait
la candidature de John Kerry et de son colistier John
Edwards. Ce dernier venait de faire un discours
remarqué où il célébrait le rêve américain, rappelant

ses origines ouvrières qui ne l'avaient pas empêché de faire des études, devenir avocat, et grimper les échelons du pouvoir politique.

À la tribune, Obama raconta, lui aussi, son histoire, celles de son père, étudiant boursier, de son grand-père gardien de chèvres, de sa mère, jeune fille idéaliste, et les situa avec intelligence dans la grande aventure américaine, exaltant son amour de l'Amérique et le rêve des immigrants... Ce rêve, expliqua Obama, ne relève pas d'un « optimisme aveugle et indifférent aux souffrances du monde » ni du « désir égoïste de faire rapidement fortune dans un pays d'abondance ». Ce rêve, c'est d'oser regarder bien en face les difficultés, les échecs et les incertitudes de toute une société et pourtant, de nourrir obstinément l'espoir de jours meilleurs. C'est d'avoir le courage de nommer les problèmes et de retrousser ses manches pour tenter de les résoudre. Et c'est, ajouta-t-il, de ne jamais renoncer à ce qu'un jour, chacun puisse connaître ces petits miracles : « coucher ses enfants le soir, et savoir qu'ils sont nourris, vêtus, à l'abri du danger[2] ».

La fierté de son pays, la foi en ses valeurs... Les journalistes et les militants étaient aimantés par cet extraterrestre élégant, à la prestance de star. Certains d'entre eux le prédirent alors : « On n'a pas fini de parler de cet homme-là. » Et une expression commençait à se propager : « C'est un Kennedy noir ! »

Les premiers observateurs ne s'étaient pas trompés. En novembre 2004, alors que George W. Bush remportait un deuxième mandat contre un John Kerry trop fade, Obama monta encore d'un cran : il fut élu sénateur de l'Illinois, avec 70 % des voix.

À Washington, le nouveau venu apprenait très vite. Et il attirait irrésistiblement les caméras. Lui qui avait connu, dès l'enfance, tant de mondes différents, montrait un talent tout particulier pour se faire entendre dans les camps politiques opposés, prendre en compte le point de vue adverse, dégager le juste milieu et le compromis que chacun pourrait accepter en gardant la tête haute. Même si la plupart de ses positions étaient celles d'un vrai démocrate, il ne diabolisait pas les conservateurs, et il n'avait pas peur de s'exprimer librement sur sa foi religieuse. Né en 1961, il se situait logiquement au-delà des guerres culturelles qui avaient vu se déchirer la génération de George W. Bush et de Bill Clinton autour du Vietnam, du féminisme, de l'avortement, et bien sûr des droits civiques.

En 2007, à Springfield, dans son fief de l'Illinois, comme l'avait fait autrefois en ce même lieu un autre avocat alors peu connu nommé Abraham Lincoln, Barack Obama annonça sa candidature à la présidence des États-Unis d'Amérique. Les sondages le plaçaient en seconde position parmi les prétendants démocrates, derrière Hillary Clinton, grande favorite.

La première femme ou le premier Noir ?

Fin 2007, ils étaient huit sur la ligne de départ, sept hommes et une femme, en lice pour devenir le candidat démocrate à la présidentielle. Hillary Clinton, ex-Première dame, entamait le parcours avec une belle longueur d'avance avec, derrière elle, l'énorme machine démocrate, des moyens financiers considérables, et évidemment, l'appui inconditionnel de son ex-président de mari.

Surprise pourtant : en janvier 2008, Barack Obama emporta la toute première primaire, dans l'Iowa, avec 37 % des voix devant John Edwards (30 %) et Hillary Clinton (29 %). Un à un, les autres candidats se retirèrent.

En février, après la capitulation de John Edwards, Obama et Clinton restaient en tête à tête. Leur duel allait occuper tout le premier semestre de l'année 2008, un affrontement dur, parfois cruel, où les deux rivaux rendaient coup pour coup, sous le regard ravi de John McCain, candidat républicain désigné, qui, lui, pouvait se focaliser sur sa campagne sans se perdre dans des rivalités intestines.

Pendant ces primaires, ce furent surtout les relations entre la communauté noire et les époux Clinton, et singulièrement avec Bill, l'ancien « président noir », qui furent mises à mal. Et pourtant, Obama ne suscitait pas, *a priori*, un enthousiasme sans réticence dans la communauté noire. Certains lui reprochaient – comme à beaucoup d'Afro-Américains qui réussissent brillamment en politique, dans les affaires, ou à l'université – de ne pas être « assez noir ». C'est-à-dire de parler un anglais trop châtié, de s'habiller avec trop d'élégance, de ne pas défendre uniquement les intérêts des Noirs. De plus, il n'était pas descendant d'esclaves, sa famille ne lui avait pas transmis cette terrible histoire de souffrance et de lutte, il n'était donc pas vraiment « l'un des leurs ».

Mais Hillary Clinton fit l'erreur de rappeler que le combat de Martin Luther King n'aurait pas suffi à transformer le pays sans l'aide, à la Maison Blanche, du président Johnson. Les Noirs s'inquiétèrent :

voulait-elle dire qu'un Noir, si méritant soit-il, a toujours besoin d'un homme blanc pour réussir ? Les choses s'aggravèrent encore quand, après la victoire d'Obama dans la primaire de Caroline du Sud, Bill Clinton compara ce succès à celui remporté autrefois, dans ce même État, par Jesse Jackson : une manière d'insinuer qu'Obama pouvait peut-être gagner dans une région où les Noirs étaient nombreux, mais qu'il ne pouvait pas devenir le président de tous les Américains.

Ainsi, chaque fois qu'Hillary Clinton contestait la compétence de son jeune rival, elle rouvrait chez les Noirs de vieilles blessures. L'ancienne *First Lady* ne mettait-elle pas en doute les capacités intellectuelles d'Obama, se demandaient-ils, et donc, par là même, sa légitimité à diriger le pays ? Dès lors, la communauté noire fit bloc autour de Barack Obama et l'adopta sans réticence, faisant sien le slogan de sa campagne : *Yes, we can !* (« Oui, nous le pouvons ! »).

L'encombrant pasteur Wright

Même si les Afro-Américains promettaient de lui donner leurs suffrages, Barack Obama prenait garde de ne pas être considéré comme « le candidat des Noirs ». Il cherchait à se situer au-delà des clivages raciaux. Il savait aussi qu'il ne pourrait pas éviter de s'exprimer sur cette question centrale. À travers sa candidature, toute la campagne électorale était devenue un test *in vivo* de l'état réel des relations raciales dans le pays.

Prendre le problème racial à bras-le-corps était devenu d'autant plus crucial pour le candidat qu'il devait faire face à une polémique dévastatrice. Des extraits de sermons de Jeremiah Wright, pasteur de la paroisse d'Obama pendant vingt ans, avaient été retrouvés et circulaient dans la presse et sur internet. On y entendait le révérend vitupérer contre son pays (« Dieu maudisse l'Amérique ! »), accuser ouvertement, selon la vieille rumeur, le gouvernement d'avoir implanté le virus du sida dans les ghettos noirs, ou traiter les États-Unis de nation « terroriste », qui s'était attiré les foudres de l'Éternel et les attentats du 11-Septembre.

Pour Obama, les dérives de Wright étaient un cauchemar. Son statut de fils d'immigrant l'avait beaucoup aidé auprès de l'électorat blanc, car il n'était pas suspect de nourrir les frustrations et les rancœurs qui étaient encore celles de beaucoup de descendants d'esclaves. Mais voilà que, par l'intermédiaire du pasteur Wright, on lui plaquait tous les stéréotypes du Noir avide de revanche, haïssant son pays et ses compatriotes !

Au lieu de faire le dos rond, Barack Obama s'attela à la préparation d'un discours solennel, où il livrerait, sans simplification ni démagogie, le fruit de sa réflexion sur son expérience raciale. Et il décida de faire du pasteur Wright le fil conducteur de sa démonstration, afin de condamner sans détour le radicalisme noir.

Pour solenniser encore son propos, Barack Obama choisit de faire sa déclaration à Philadelphie, le berceau de la démocratie américaine, là où avait été proclamée la Déclaration d'indépendance et où avait été ratifiée la Constitution des États-Unis.

Le 18 mars 2008, au premier étage du musée de la Constitution, le corps droit, le visage sérieux, la voix posée, il s'exprima avec gravité, sans pourtant la ferveur des grandes voix noires d'autrefois, tournant régulièrement la tête pour suivre son texte sur les prompteurs installés à portée de regard. Chaque mot était calibré, millimétré, destiné à être répercuté par les médias du monde entier, démultiplié à l'infini par internet. Mais le sens frappait droit au cœur.

Le discours sur la race

« *We, the People…* » commença-t-il, reprenant la première phrase de la Constitution : « *in order to form a more perfect union…* » (« Nous, peuple des États-Unis, en vue de former une union plus parfaite… »).

« Bien sûr, poursuivit Barack Obama, la réponse à la question de l'esclavage était déjà contenue dans notre Constitution, une Constitution dont le cœur portait l'idéal de l'égalité des citoyens devant la loi, une Constitution qui promettait à son peuple la liberté et la justice, et une union qui pouvait et devait être perfectionnée au fil du temps.

« Et pourtant, des mots sur un parchemin ne devaient pas suffire à libérer les esclaves de leurs chaînes, ni à donner aux hommes et aux femmes de toute couleur et de toute croyance leurs pleins droits et devoirs de citoyens des États-Unis. Il faudrait encore, au fil des générations, des Américains résolus à s'engager – par la contestation et la lutte, dans la rue et devant les tribunaux, dans la guerre de Sécession et la désobéissance civique, et toujours en prenant de grands risques – afin de réduire le fossé entre la promesse de nos idéaux et la réalité de leur temps.

« C'est l'une des tâches que nous nous sommes fixées au début de cette campagne : continuer la longue marche de ceux qui nous ont précédés, une marche pour une Amérique plus juste, plus égalitaire, plus libre, plus généreuse et plus prospère.

« J'ai choisi de me présenter aux élections présidentielles à ce moment de l'Histoire parce que je crois profondément que, si nous voulons résoudre les problèmes de notre temps, nous devons les résoudre tous ensemble, nous devons parfaire notre union en comprenant que nous avons tous une histoire différente mais que nous partageons néanmoins les mêmes espoirs ; que nous n'avons pas la même apparence et nous ne venons pas du même endroit mais que nous voulons tous aller dans la même direction, vers un avenir meilleur pour nos enfants et nos petits-enfants. »

D'emblée, Barack Obama se situait au-delà de la barrière raciale. Il rappelait comment l'héritage de l'esclavage et de la ségrégation avait enfoncé des générations de Noirs dans la pauvreté, et nourri une vision paranoïaque d'une Amérique qui ne voulait pas d'eux. Mais dans le même temps, il reconnaissait la légitimité du ressentiment des Américains blancs, fils d'immigrants partis de rien, à qui l'on demandait de réparer des injustices du passé dont ils n'étaient pas responsables, tous ces Américains qui luttaient eux aussi pour s'en sortir et qui étaient parfois pénalisés en raison des préférences accordées aux Noirs. La peur des uns, la colère des autres devaient également être écoutées et prises en compte.

« Je suis le fils d'un Noir du Kenya et d'une Blanche du Kansas. J'ai été élevé avec l'aide d'un grand-père blanc qui a survécu à la Dépression et servi dans l'armée de Patton pendant la Seconde Guerre mondiale, et d'une grand-mère blanche qui travaillait à la chaîne dans une usine de bombardiers pendant que son mari était de l'autre côté de l'océan.

« J'ai fréquenté quelques-unes des meilleures écoles d'Amérique et vécu dans l'une des nations les plus pauvres du monde. J'ai épousé une Noire américaine qui porte en elle le sang des esclaves et de leurs maîtres, un héritage que nous avons transmis à nos deux filles chéries.

« J'ai des frères, des sœurs, des nièces, des neveux, des oncles et des cousins, de toute race et de toute couleur, dispersés sur trois continents, et tant que je serai en vie, je n'oublierai jamais qu'il n'y a aucun autre pays sur la Terre où mon histoire aurait été possible.

« C'est une histoire qui ne fait pas de moi le candidat le plus conventionnel. Mais c'est une histoire qui a inscrit dans mes gènes l'idée que cette nation est bien plus que la somme de ses membres, l'idée que tous autant que nous sommes, nous ne faisons qu'un[3]. »

En situant ainsi son destin personnel dans la grande Histoire, Barack Obama donnait ce jour-là toute la mesure de la formidable révolution qu'il incarnait, en effet, jusqu'au plus profond de lui-même : la possibilité pour l'Amérique, au XXIe siècle, de se donner un président noir. De tourner enfin la page la plus lourde, la plus écrasante de son passé.

Obama l'avait bien compris, il incarnait davantage encore : le destin non seulement des Noirs mais de tous les citoyens américains, « de toute race et de toute couleur ». Avec sa famille noire, blanche, américaine, africaine, asiatique, il symbolisait ce pays qui portait encore, en dépit de tous ses défauts, l'espérance des pauvres et des opprimés du monde entier.

Obama voulait incarner une démocratie véritable, capable enfin de considérer chacun de ses membres à égalité – « tous autant que nous sommes, nous ne faisons qu'un ». Une Amérique qui ne se pense plus blanche, comme autrefois. Ni noire, ni indienne, ni latino. Mais une Amérique multiraciale, métissée, mélangée, mondialisée. Une Amérique réconciliée.

L'autre rêve

Le 3 juin 2008, lors des dernières primaires, Barack Obama sortait enfin vainqueur de son long duel avec Hillary Clinton. Il devenait officiellement le candidat démocrate à la Maison Blanche. Le soir, ce fut la secrétaire d'État Condoleezza Rice qui, au nom de l'administration républicaine, commenta les résultats. Elle arriva au micro avec un immense sourire, et lança cette phrase : « L'Amérique est vraiment un pays extraordinaire ! »

Oui, l'Amérique, en quelque quarante ans, avait accompli un parcours qui la portait loin en tête devant bien des pays occidentaux, ceux qui, il n'y a pas si longtemps, pointaient encore du doigt son racisme pathologique. L'Amérique clamait solennellement sur les écrans de tous les continents que les Noirs étaient – enfin ! – des Américains comme les autres. Et même dans le camp républicain, qui souhaitait évidemment la défaite d'Obama, beaucoup ressentaient une authentique fierté à ce que le pays ait enfin franchi cette étape décisive.

La Convention démocrate s'ouvrit le 25 août 2008 à Denver, dans le Colorado. Le sénateur Ted Kennedy, atteint d'un cancer incurable, avait prévu d'envoyer un message vidéo, mais il tint à faire le déplacement, pour remplir la dernière mission de sa longue vie publique :

« Je suis venu ici ce soir pour être avec vous pour changer l'Amérique, reprendre en main notre avenir, nous élever à la hauteur de nos meilleurs idéaux, et élire Barack Obama président des États-Unis (…) En novembre le flambeau passera à une nouvelle génération d'Américains. Avec Barack Obama (…), notre pays se consacrera à sa juste cause. Le travail recommence. L'espoir se lève à nouveau. Et le rêve est vivant ! »[4]

Comme le veut la tradition, Barack Obama devait, le dernier jour de la convention, prononcer le discours de clôture. La date du 28 août n'avait pas été choisie au hasard : c'était exactement le quarante-cinquième anniversaire de l'historique « *I Have A Dream* » de Martin Luther King. Ce jour-là, la Convention quitta le Pepsi Center Arena, qui ne pouvait accueillir que 19 000 personnes, pour s'installer dans l'immense stade de l'Invesco Field, avec ses quelque 80 000 places. C'était un pari risqué : le dernier candidat à avoir prononcé son discours devant un stade à ciel ouvert – un cauchemar pour les services de sécurité – était John Kennedy, en 1960, et à l'époque, la moitié des sièges du Los Angeles Memorial Coliseum étaient demeurés vides. Mais le 28 août 2008 à Denver, la queue serpentait dès le matin sur plusieurs kilomètres, pour une attente qui durerait près de huit heures. Pour ceux qui avaient réussi à se procurer un ticket

(60 000 places étaient réservées au public, au-delà de la presse, des commentateurs, et de l'appareil démocrate), peu importaient la chaleur, le temps perdu, ou les contrôles de sécurité de plus en plus tatillons à mesure qu'ils approchaient de l'entrée du stade. Chacun voulait, ce soir-là, participer à un évènement historique.

Barack Obama avait une volonté claire : que cette nuit d'espoir ne soit pas une célébration réservée aux Noirs américains, mais appartienne à tous les citoyens prêts à adopter son message de changement. Il s'agissait maintenant de gagner l'élection présidentielle, et pour cela, il devait d'abord obtenir le soutien des électeurs déçus d'Hillary Clinton (à l'ouverture de la Convention, 30 % d'entre eux affirmaient qu'ils voteraient McCain ou qu'ils s'abstiendraient). Les époux Clinton avaient fait leur part, en appelant à l'unité derrière le candidat désigné. Mais Barack Obama savait qu'il aurait du mal à gagner la confiance de la classe ouvrière blanche. S'il comptait bien s'appuyer sur l'héritage de Martin Luther King, il ne voulait surtout pas apparaître comme « le candidat des Noirs ». La date symbolique du 28 août devait suffire à rappeler à chacun le chemin parcouru. Ce fut aux enfants de Martin Luther King et à John Lewis, le vétéran de tant de combats pour les droits civiques, qu'Obama laissa le soin d'évoquer directement le prophète disparu.

« Ce soir, la liberté retentit ! Des sommets enneigés des Montagnes rocheuses du Colorado, la liberté retentit ![5] », affirma Bernice King, reprenant les accents du père qu'elle avait à peine connu.

« Comme mon père serait fier ! Fier de Barack Obama, fier du parti qui l'a choisi, et fier de l'Amérique qui va l'élire ![6] », enchaîna Martin Luther King III.

Et John Lewis : « J'étais là le jour où Dr King a prononcé son discours historique (…). Je suis le dernier survivant parmi les orateurs de la Marche sur Washington. Ce soir (…), nous faisons toujours un rêve ![7] ».

Il ne restait plus que l'apothéose : le discours de Barack Obama lui-même. Rien n'avait été négligé pour donner à ce moment l'impact maximum, à travers les télévisions de tout le pays – et d'une bonne partie du monde : les images du stade plein à craquer, les visages enthousiastes et émus des spectateurs, le décor en fond d'écran évoquant la Maison Blanche, les 24 drapeaux américains flottant au vent, les flashs incessants des photographes, les milliers de délégués rassemblés autour du podium. Et finalement, le candidat, fidèle à lui-même, calme, discipliné, précis. Le visage grave, mais apparemment, à l'aise. Ne laissant rien paraître de son émotion, à la limite de la froideur.

L'essentiel du discours fut consacré à l'économie, aux difficultés de la classe moyenne, à la crise de l'immobilier, et aux projets en matière de santé, d'éducation, d'énergie. À l'égard de John McCain, présenté comme l'héritier direct de George W. Bush, le ton était respectueux, mais très offensif. Et ce n'est que vers la fin, en célébrant la promesse de l'Amérique, qui lui avait permis de conquérir sa part de rêve, que Barack Obama, sans le nommer, rendit hommage à Martin Luther King :

« C'est cet esprit américain – cette promesse américaine – qui nous pousse en avant quand le chemin est
incertain, qui nous lie les uns aux autres en dépit de
nos différences (…). C'est cette promesse, qui, il y a
45 ans aujourd'hui, a rassemblé à Washington, au
pied du mémorial Lincoln, des Américains venus de
tous les coins de ce pays pour entendre un jeune pasteur de Géorgie parler de son rêve (…) "Nous ne pouvons pas marcher seuls, a clamé le pasteur (…), nous
ne pouvons pas revenir en arrière" (…) Amérique,
nous ne pouvons pas revenir en arrière ! Pas quand
tant de travail reste à accomplir (…). Dieu vous
bénisse, et Dieu bénisse les États-Unis d'Amérique ![8] »

La campagne Facebook

Le lendemain, Barack Obama devançait son adversaire de quatre points dans les sondages. John
McCain, accusé d'être déconnecté des réalités quotidiennes des Américains, semblait soudain, face à son
jeune rival, un homme usé, appartenant à une époque
révolue. C'est pourquoi il décida de surprendre et de
frapper un grand coup. Le 29 août, trois jours avant
l'ouverture de la Convention républicaine à Saint-
Paul, Minnesota, il annonça le nom de son colistier –
ou plutôt sa colistière : Sarah Palin, gouverneur de
l'Alaska. Une femme (pour tenter d'attirer les électrices qui soutenaient Hillary Clinton), âgée de tout
juste 44 ans (pour détourner la jeunesse de son
enthousiasme pour Obama), issue de « l'Amérique
profonde », chrétienne militante et adepte du créa-

tionnisme (pour motiver l'ultra-droite chrétienne qui s'obstinait à bouder le champion républicain).

Portant dans ses bras, en toutes circonstances, son cinquième enfant, un bébé trisomique, Sarah Palin était une publicité vivante pour les ligues anti-avortement. Le jour même de sa nomination, les chrétiens conservateurs se déclarèrent « au-delà de l'extase[9] », aux dires de Ralph Reed, ancien patron de la coalition chrétienne. Les fonds affluèrent dans les caisses du parti républicain, et John McCain fit un joli bond dans les sondages. Mais en dépit de sa volonté affichée de modernité, la Convention républicaine qui se réunit au début du mois de septembre, était la plus « blanche » que l'Amérique ait connu depuis 40 ans : elle ne comptait que 30 Noirs parmi les 2 380 délégués.

Quant à Sarah Palin, le regain de glamour qu'elle avait apporté à la campagne s'amenuisa très vite au fil de ses gaffes et de ses démonstrations involontaires d'ignorance. Interrogée par les journalistes sur les dossiers de politique étrangère, il s'avéra qu'elle n'avait jamais entendu parler de « la doctrine Bush » (le droit à la guerre préventive), qu'elle pensait connaître la Russie puisque depuis l'Alaska, elle pouvait apercevoir la côte sibérienne, et qu'elle avait obtenu son premier passeport en 2007, pour rendre visite à la Garde nationale de l'Alaska stationnée au Koweït. Beaucoup d'Américains, même conservateurs, commençaient à se demander si John McCain, âgé de 72 ans et survivant de plusieurs cancers, n'avait pas fait preuve de beaucoup de légèreté en voulant installer « à un battement de cœur de la présidence », la jeune gouverneur d'un État excentré, peuplé d'à peine 686 000 habitants…

Tout d'un coup, la campagne électorale prit un tour dramatique, qui fit basculer définitivement les sondages du côté démocrate. Le 7 septembre 2008, le gouvernement Bush annonça qu'il prenait le contrôle des deux firmes géantes du marché des hypothèques : Fannie Mae et Freddie Mac, au bord de la faillite. L'éclatement de la bulle immobilière et la crise des subprimes avaient eu raison de leurs pratiques spéculatives. Le 15 septembre, la banqueroute de la banque Lehman Brothers plongeait l'Amérique dans la crise financière la plus grave que le pays ait connue depuis 1929. Les Américains perdaient leurs emplois, se trouvaient chassés de leurs maisons, les retraités voyaient fondre leurs fonds de pension… Désormais, les débats électoraux n'eurent plus qu'un seul sujet : l'économie.

Traditionnellement, à la suite des conventions qui marquent l'entrée dans la campagne finale, les grands partis organisent trois débats télévisés entre les candidats. Entre John McCain et Barack Obama, le premier face-à-face eut lieu le 25 septembre, à l'université du Mississippi, *Ole Miss*, la Vieille Demoiselle, cette même vénérable institution qui, 47 ans auparavant, en 1961 – l'année où naissait Barack Obama – était à feu et à sang parce qu'un unique étudiant noir, James Meredith, tentait de s'y inscrire, l'université où il avait fallu une bataille rangée avec l'armée fédérale, deux morts et des centaines de blessés pour que James Meredith puisse commencer à suivre les cours, accompagné dans tous ses déplacements par des hommes en armes. Qui aurait pu croire qu'un jour, un candidat noir à la présidence des États-Unis viendrait débattre dans le grand amphi de *Ole Miss*, sans que cela suscite la moindre polémique, et que les seuls sujets âprement débattus seraient l'économie et la politique étrangère ? C'est dans de tels moments, que, sans avoir la naïveté de penser que le racisme avait miraculeusement disparu, l'on pouvait mesurer à quel point le pays avait changé.

La fin de la campagne s'emballa. Le pays était tétanisé par la crise financière, la présidence Bush s'achevait par un désastre économique, qui mettait en lumière tous les excès de la dérégulation et du désengagement de l'État. Alors que l'administration finissante adoptait les premiers plans de sauvetage des banques, les programmes d'aide sociale et de travaux publics prônés par Obama paraissaient les mieux à même de répondre aux angoisses des citoyens. Le risque avait changé de camp : le jeune sénateur à la brève carrière politique, qui n'exerçait un mandat national que depuis quatre ans, paraissait tout à coup moins inquiétant que le « maverick » républicain, soutien indéfectible de l'économie ultralibérale et de la guerre d'Irak, et qui plus est flanqué de la pittoresque mais inquiétante Sarah Palin... Le républicain Colin Powell, l'ancien Secrétaire d'État de George W. Bush, celui qui aurait pu, peut-être, devenir le premier président noir, tira la même conclusion. Le 19 octobre, il apportait son soutien officiel à Barack Obama : « Je pense que nous avons besoin d'un changement de génération (...). Le sénateur Obama exprime les sentiments de la jeunesse américaine, et montre beaucoup plus d'ouverture au dialogue, à la diversité, à travers tous les segments de la société[10] ».

L'élection passionnait l'opinion, et de nouveaux électeurs, trop jeunes ou trop démotivés pour avoir participé aux consultations précédentes, s'inscrivaient par millions. La « money machine » de Barack Obama tournait à plein régime, la collecte de fonds via les sites et messages internet, Facebook, les réseaux sociaux, les textos, les téléphones portables, et le porte-à-porte de volontaires de plus en plus nombreux, battait tous les records historiques. Avec Internet et Facebook, Obama inaugurait une nouvelle manière de faire campagne, quadrillant minutieusement chaque ville, chaque quartier, chaque rue, mobilisant des millions de bénévoles.

Le 4 novembre 2008, avec 53 % des voix, Barack Obama était élu président des États-Unis. Il avait obtenu 95 % du vote noir.

Président Obama

Cette nuit du 4 novembre fut une nuit de fête, en Amérique et dans le monde entier. Une immense nuit de communion et d'émotion. Même Jesse Jackson, peu suspect d'idéalisme béat, fut filmé pleurant à gros bouillons. Cette nuit-là fut le triomphe d'une démocratie prudente, hostile aux guerres sociales ou raciales, aux aventures étrangères irréfléchies. Le triomphe d'une Amérique moins intolérante, moins bigote ou belliciste que sa caricature ; et d'une démocratie patiente, qui avait encaissé l'élection chaotique de 2000, l'onde de choc du 11-Septembre, la réélection de George W. Bush en 2004, et répondait maintenant en élisant un homme qui incarnait l'ouverture au monde.

Cette nuit-là, on vit des Noirs et des Blancs se rassembler spontanément sur les places et devant leurs maisons, se serrer dans les bras, se taper dans le dos, se faire des signes de victoire. Échanger des clins d'œil qui disaient : « on peut se regarder en face et se faire confiance ». « Vous nous acceptez enfin, nous sommes ici chez nous, vous avez choisi l'un des nôtres », disait le regard des Noirs. « Nous avons choisi l'un des vôtres, et c'est aussi l'un des nôtres », répondait le regard des Blancs. Une nuit de libération, comme une grande thérapie nationale dans ce pays si longtemps malade du racisme. Quelques heures bénies, hors du temps, qui permettaient de croire à un avenir meilleur, donnait l'espoir que les haines les plus tenaces pouvaient un jour s'apaiser, et que la réconciliation était possible au-delà des divisions ethniques, raciales, religieuses.

Le 20 janvier 2009, après onze semaines d'une transition extrêmement longue et frustrante en ces temps de crise, la même ferveur marqua les cérémonies d'investiture du nouveau président. Il faisait très froid à Washington, une journée d'hiver lumineuse et glaciale. Barack Obama avait organisé son entrée dans la capitale comme un hommage à Abraham Lincoln, le libérateur des esclaves. Parti de l'Illinois, il avait terminé le trajet en train, de Philadelphie à Washington, comme Lincoln en 1861. Le 19 janvier – jour de la fête de Martin Luther King – Obama avait assisté à un grand concert au pied du mémorial Lincoln. Et le 20 janvier au matin, un million et demi de personnes, emmitouflées, patientes et joyeuses, se rendirent dans le centre de Washington, pour assister à la prestation de serment ou se trouver sur le passage du cortège. Parmi les invités de marque, les derniers vétérans des *Tuskegee Airman,* l'unité de pilotes noirs qui s'étaient illustrés pendant la Seconde Guerre mondiale.

« *I, Barack Hussein Obama, do solemnly swear…*
Moi, Barack Hussein Obama, jure solennellement… »

Il était là, l'homme qui, comme le rêvait Martin Luther King, n'avait pas été jugé sur la couleur de sa peau. Mais sur sa personnalité, son programme, ses projets. Comme un autre. Pour un jour au moins, l'Amérique redevenait un modèle pour le monde.

En s'installant dans le Bureau ovale, Barack Obama quitta immédiatement l'olympe des dieux et des héros, domaine des grands symboles et des nobles idéaux. Rien de moins idéal, en effet, que la bataille politique quotidienne. Bien sûr, l'Amérique n'était pas devenue du jour au lendemain un pays parfait, sans racisme ou sans pauvreté. Vite, les grandes heures de communion nationale furent oubliées. La nouvelle équipe devait faire face à la crise économique et à deux guerres mal engagées. Il s'agissait de négocier pied à pied une nouvelle politique de la santé, de l'énergie, de l'éducation, de l'immigration ; de relancer l'économie et d'inventer un système de régulation financière ; de sauver les banques, l'industrie automobile et le secteur immobilier naufragé ; de quitter progressivement l'Irak en laissant derrière soi une situation relativement stable ; d'affaiblir définitivement Al Qaeda et les Talibans en Afghanistan. Sur la table du jeune président, il n'y avait que des urgences et des dossiers prioritaires.

Aux yeux de son pays et du monde, Barack Obama apparaissait de moins en moins noir, et de plus en plus américain. C'était ce qu'il pouvait arriver de mieux. Mais si la couleur de peau importait moins, la question raciale n'avait pas disparu.

En juillet 2009, Obama se heurta à un premier écueil. Un professeur noir de Harvard, Henry Louis Gates, avait été arrêté alors que, bloqué devant chez lui par une serrure récalcitrante, il tentait de forcer sa propre porte. Bien qu'il ait pu prouver qu'il s'agissait de son domicile, il avait été amené au poste de police et retenu quatre heures en garde à vue. Barack Obama connaissait Gates depuis longtemps, et lors de sa conférence de presse, le président exprima ce que lui dictaient le bon sens et l'expérience : « La police a agi stupidement, en arrêtant quelqu'un alors qu'il y avait la preuve qu'il était à son domicile (…). En dehors de cet incident, il y a une longue histoire dans ce pays de Noirs et de Latinos arrêtés de manière disproportionnée par la police, c'est un fait[11]. »

C'était un fait, mais le président oubliait qu'il avait perdu la liberté de l'exprimer de manière aussi tranchée. Il était désormais au sommet de l'État, le commandant en chef des forces armées et de toutes les autorités de police. Ses remarques suscitèrent une levée de boucliers parmi les syndicats de police, et même dans une partie de la presse et de l'opinion. Dès le lendemain, Obama reconnaissait que ses commentaires avaient aggravé les tensions, et que certes, l'arrestation était une réaction exagérée, mais que certainement, le professeur Gates avait exagéré dans sa manière de protester. Le président appela donc le professeur Gates, qu'il connaissait depuis longtemps, et le policier qui avait procédé à l'arrestation, le sergent James Crowley, pour les inviter à venir se réconcilier autour d'une bière à la Maison Blanche…

Au Congrès comme face à la presse et à l'opinion, Barack Obama s'efforçait d'imposer peu à peu sa méthode : donner les grandes orientations d'une réforme, ouvrir le débat, laisser s'exprimer toutes les opinions, puis, comme il le dit sans illusion et sans poésie, entrer dans la cuisine et « faire de la saucisse », c'est-à-dire forger des compromis. Et surtout, communiquer. Radio, télévision, internet, le président s'exprimait tous les jours, et même plusieurs fois par jour, exposant souvent au grand jour la difficulté qu'il y avait à tenter de trouver un terrain de dialogue avec une opposition qui n'existait que dans son hostilité à Obama :

« Non seulement, disait le président, je crois que les Américains acceptent, mais plus encore qu'ils réclament les explications, la complexité et la volonté de regarder en face les problèmes difficiles. Je pense qu'une des plus grandes fautes commises à Washington, c'est de croire qu'il faut simplifier les choses pour le public… Si je rencontre un groupe de gens, même de ceux qui sont en total désaccord avec moi sur un sujet, ils prendront le temps d'écouter. À la fin, ils ne seront peut-être toujours pas d'accord, mais ayant vu comment je considère un problème, comment je prends des décisions, et aussi le fait que je comprends leur point de vue (…) et que cela fait partie du processus de décision, cela leur donne le sentiment que au moins, ils ont été entendus, et… cela nous empêche de rester dans les dogmes et les caricatures[12]. »

Le boomerang des Tea Parties

Pourtant, les pires caricatures envahissaient les médias et le débat politique. Au Congrès, les républicains étaient alors minoritaires dans les deux chambres, mais en quelques semaines, ils s'étaient remis en ordre de bataille contre la Maison Blanche. Pour tenter de marcher dans le sens de l'histoire, le *Grand Old Party* se choisit un président noir, Michael Steele. Cela n'empêchait pas que, dans le bras de fer qui s'engageait sur la réforme de la santé, le racisme jouait un rôle clé, même s'il s'exprimait souvent en langage codé.

Barack Obama, lui, ambitionnait de réussir là où tant de ses prédécesseurs avaient échoué : instituer une couverture maladie pour tous les Américains, alors que 43 millions ne bénéficiaient d'aucune assurance. Le président voulait élargir les systèmes d'assurance déjà fournis par l'État (principalement *Medicare* pour les retraités et les personnes âgés, *Medicaid* pour les familles très pauvres) et créer un nouveau système public – ce qu'on appelait alors la *public option* – offert à tous les Américains, qui concurrencerait les compagnies d'assurance privées et obligerait ces dernières à améliorer leurs pratiques et leurs tarifs.

Ces compagnies avaient bien compris une chose : si le gouvernement rendait l'assurance maladie obligatoire pour tous, cela pouvait leur rapporter des millions de clients supplémentaires. Mais les assurances privées refusaient absolument la *public option,* qui disaient-elles, les acculeraient à la faillite. Dès lors, alliés à d'autres lobbies de la santé (laboratoires pharmaceutiques, certains groupes hospitaliers et médicaux), elles se mirent à déverser des millions de dollars pour combattre la réforme dans un effort de propagande aussi intense qu'une campagne électorale. Le parti républicain leur emboîta le pas, suivi d'activistes de plus en plus agressifs.

De manifestations en clips vidéo, d'émissions de radios en *talkshows* des chaînes câblées, Obama se vit accusé d'être un despote en puissance, acharné à détruire les chères libertés américaines ; un agent de réseaux internationaux malfaisants ; un étranger dont la nationalité – et donc l'élection – ne seraient pas valables. Sur les affiches, le président apparaissait en sorcier africain, en Noir barbouillé de blanc, en terroriste islamiste. On l'accusait ouvertement de vouloir mettre en place des « commissions de la mort », qui, sous prétexte de réforme de la santé, élimineraient les handicapés et les personnes âgées. Les protestataires se rassemblaient dans des *Tea Parties*[13], des réunions où, symboliquement, ils apportaient leurs sachets de thé, pour rappeler les grandes heures de la guerre d'indépendance. À leur tour, comme les colons sous le joug de la couronne britannique à la fin du XVIIIe siècle, ils s'affirmaient victimes d'un pouvoir tyrannique, et défilaient en scandant « USA ! USA ! Liberté ! Liberté ! ».

Barack Obama finit par imposer sa réforme du système de santé, mais sans la *public option*... Au-delà des arguments politiques et économiques, il était évident qu'une fraction d'Américains (combien étaient-ils ? les sondages avaient du mal à les cerner, mais les évaluaient autour de 10 %[14]) éprouvaient un véritable choc, une stupéfaction à voir un Noir à la Maison Blanche. Ils refusaient de croire que ce soit là l'évolution naturelle, et même souhaitable, de leur démocratie. Ils avaient le sentiment que le destin de leur nation – leur Amérique qui devait être blanche, anglo-saxonne, protestante – avait été détourné, kidnappé. Ils voulaient, disaient-ils, « reprendre leur pays, *Take our country back !* »

Si la plupart tentaient de le faire par les urnes, une frange extrémiste rêvait d'aller plus loin. Depuis l'élection d'Obama, les groupes « de haine », néo-nazis, suprématistes blancs, émules du Ku Klux Klan ou de la Nation aryenne, s'étaient multipliés. Les ventes d'armes et de munitions avaient sensiblement augmenté, et certains stockaient même de l'or et des vivres, au cas où il faudrait en découdre avec le gouvernement. À travers l'Histoire, on avait craint pour la vie de tous les présidents. Mais Obama apparaissait plus menacé qu'aucun autre.

Et pourtant, si l'on considérait la composition sociale, régionale et démographique des *Tea Parties*, si l'on écoutait bien leurs revendications, on s'apercevait facilement que les militants appelaient de leurs vœux un passé idéalisé, un monde révolu qui n'avait jamais vraiment existé. Un monde qui ressemblait aux feuilletons télévisés des années 1950, quand l'Amérique se rêvait innocente, rurale ou banlieusarde, et surtout, blanche. Même dans les grands États semi-déserts de l'Ouest, ce monde d'hier fantasmé disparaissait peu à peu. Désormais, la population américaine était de plus en plus diplômée, urbaine et métissée. La jeunesse se montrait de plus en plus ouverte aux modes de vie « différents », qu'il s'agisse de foi religieuse ou d'orientation sexuelle. Oui, il restait encore des haines indéracinable, mais la nostalgie d'une Amérique blanche, fermée aux immigrants, s'enfonçait peu à peu dans le passé.

Quatre siècles, un même idéal

Bien sûr, la présidence de Barack Obama n'avait pas transformé la vie des Noirs, qui pâtissaient plus encore que le reste du pays de la brutalité de la crise. L'égalité raciale, comme la démocratie et la lutte contre la pauvreté restaient des combats, des chantiers en perpétuelle évolution. Le taux de chômage des Noirs continuait à être presque le double de celui des Blancs, y compris parmi les jeunes diplômés (8,4 % étaient au chômage, contre 4,4 % chez les Blancs[15]). Les Noirs n'avaient pas non plus comblé leur retard dans l'accumulation de richesses et d'épargne pour faire face aux coups durs : 18 % seulement d'entre eux (comme 18 % des Latinos) possédaient des comptes d'épargne retraite, contre 43 % des Blancs. Et environ 25 % des Noirs (contre 12 % des Américains en général) survivaient en dessous du seuil national de pauvreté. Ces laissés pour compte étaient peut-être plus isolés et plus désespérés encore que les générations précédentes, maintenant qu'une bonne partie de la communauté noire s'était hissée hors du gouffre de la misère.

Mais la présidence d'Obama avait sans nul doute renforcé le sentiment des Noirs d'être – enfin ! – des Américains reconnus et légitimes, et ils faisaient davantage confiance à l'avenir. La présence à la Maison Blanche – autrefois construite par des esclaves – d'une famille noire qui incarnait l'élégance, la modernité, l'appartenance à l'élite intellectuelle, bousculait tous les préjugés sur les Noirs « plus doués pour la danse ou la course à pied que pour les études » et parlant un anglais « bas de gamme ». Quand, en octobre 2009, on apprit que le président Obama avait été désigné Prix Nobel de la Paix – bien avant qu'il ait pu faire ses preuves sur la scène internationale – ce fut comme si le monde entier rendait hommage au long combat de la communauté noire pour exiger « que l'Amérique soit vraiment l'Amérique ». Le 10 décembre 2009, Barack Obama recevait son prix, et rappelait que sa présence ce jour-là à Oslo était « une conséquence directe de la vie et de l'œuvre du Dr King[16] ».

Non, en cette deuxième décennie du troisième millénaire, tout n'était pas résolu par le miracle d'une présidence d'un homme noir. L'égalité raciale, comme la démocratie et la lutte contre la pauvreté, restaient des combats, des chantiers en perpétuelle évolution, et il existait encore des haines indéracinables... Mais ce qui était en train de mourir doucement, c'était la maladie chronique qui avait rongé l'esprit de certains Américains, leurs obstinations à considérer les Noirs comme des êtres humains inférieurs à eux. Désormais, dans les écoles, on enseignait l'histoire noire comme une part intégrante de l'histoire américaine. Désormais, dans les tribunaux, les déclarations et les gestes racistes étaient condamnés.

En 2010, le président des États-Unis, remplissant sa fiche de recensement comme tous les Américains, cocha fièrement la case « Noir ». Depuis l'arrivée des premiers esclaves, il y avait exactement quatre siècles, dans la nuit des colonies, une immense boucle se bouclait. Le monde était bien loin d'être parfait, mais un rêve s'était réalisé, un rêve que ni Martin Luther King, ni les Voyageurs de la liberté, ni l'écrivain Toni Morrison, qui, en 1998, ne le croyait pas envisageable « du

vivant de nos enfants ». Un rêve, qui, il y a exactement quatre siècles, sur ce qui n'était alors qu'un
rivage hostile de l'Atlantique, aurait bouleversé le
petit groupe d'être humain arrivés là, enchaînés, pour
la seule raison qu'ils avaient la peau foncée : le rêve,
somme toute si simple, que la liberté et la poursuite
du bonheur devienne l'idéal de tous, l'idéal pour tous,
sans distinction d'origine ni de couleur.

ANNEXES

« Je fais un rêve »

par Martin Luther King

Discours prononcé par Martin Luther King, au terme de la marche sur Washington, le 28 août 1963, au pied du mémorial Lincoln (texte intégral).

Je suis heureux de me joindre à vous aujourd'hui dans ce que l'Histoire retiendra comme la plus grande manifestation pour la liberté dans l'histoire de notre nation.

Il y a un siècle, un grand Américain, dans l'ombre symbolique duquel nous nous tenons aujourd'hui, signait la Proclamation d'Émancipation. Ce décret capital est venu comme un grand phare illuminer d'espoir les millions d'esclaves noirs qui avaient été marqués par les flammes d'une foudroyante injustice. Il est venu comme une aube joyeuse terminer la longue nuit de leur captivité.

Mais cent ans plus tard, le Noir n'est toujours pas libre.

Cent ans plus tard, la vie du Noir est encore tristement entravée par les menottes de la ségrégation et les chaînes de la discrimination.

Cent ans plus tard, le Noir vit dans un îlot de pauvreté au milieu d'un océan de prospérité matérielle.

Cent ans plus tard, le Noir languit encore dans les recoins de la société américaine et se retrouve en exil dans son propre pays.

Alors nous sommes venus ici aujourd'hui pour mettre en lumière une condition honteuse.

En un sens, nous sommes venus dans la capitale de notre nation pour demander le paiement d'un chèque. Quand les architectes de notre République ont écrit les mots magnifiques de la Constitution et de la Déclaration d'indépendance, ils signaient une note d'engagement à chaque Américain. Cette note était la promesse que tous les hommes, oui, Noirs comme Blancs, seraient assurés de disposer des droits inaliénables de la vie, de la liberté et de la poursuite du bonheur.

Il est évident aujourd'hui que l'Amérique a manqué à cet engagement envers ses citoyens de couleur. Au lieu d'honorer cette obligation sacrée, l'Amérique a donné au peuple noir un chèque sans valeur, un chèque qui est revenu avec l'annotation « sans provision ». Mais nous refusons de croire que la banque de la Justice a fait faillite. Nous refusons de croire qu'il n'y a pas de provisions dans les grands coffres du possible de cette nation.

Aussi, nous sommes venus encaisser ce chèque, un chèque qui nous donnera sur demande les richesses de la liberté et la sécurité de la justice.

Nous sommes aussi venus en ce lieu sacré pour rappeler à l'Amérique l'urgence brûlante du moment présent.

Le temps n'est pas venu de s'offrir le luxe de ralentir ni de se laisser endormir dans des atermoiements.

Le temps est venu de réaliser les promesses de la démocratie.

Le temps est venu de nous lever au-dessus des vallées obscures et désolées de la ségrégation pour nous engager sur le sentier ensoleillé de la justice raciale.

Le temps est venu de tirer notre nation des sables mouvants de l'injustice raciale pour l'établir sur le ferme rocher de la fraternité.

Le temps est venu de faire de la justice une réalité pour tous les enfants de Dieu.

Il serait fatal pour la nation de fermer les yeux sur l'urgence du moment. Cet étouffant été du légitime mécontentement des Noirs ne se terminera pas avant que survienne un automne vivifiant de liberté et d'égalité.

1963 n'est pas une fin, mais un commencement. Ceux qui espéraient que le Noir avait seulement besoin de se défouler et qu'il se montrerait désormais satisfait, auront un réveil difficile, si la nation retourne à son train-train habituel.

Il n'y aura ni repos ni tranquillité en Amérique tant que le Noir ne disposera pas de ses droits de citoyen. Les tourbillons de la révolte continueront à secouer les fondations de notre nation jusqu'à ce que le jour éclatant de la justice se lève.

Mais il y a quelque chose que je dois dire à mon peuple qui se tient sur le seuil accueillant du palais de la justice : en luttant pour gagner notre place légitime, nous ne devons pas nous rendre coupables d'agissements répréhensibles.

Ne cherchons pas à satisfaire notre soif de liberté en buvant à la coupe de l'amertume et de la haine.

Nous devons toujours mener notre combat sur le haut plateau de la dignité et de la discipline.

Nous ne devons pas laisser nos revendications créatrices dégénérer en violence physique. Encore et encore, nous devons nous élever jusqu'aux hauteurs majestueuses où la force de l'âme s'oppose à la force physique.

Le merveilleux et nouveau militantisme qui a saisi la communauté noire ne doit pas nous inciter à nous méfier de tous les Blancs, car beaucoup de nos frères blancs, comme le montre leur présence ici aujourd'hui, ont réalisé que leur destin est lié au nôtre. Ils ont réalisé que leur liberté est inextricablement liée à la nôtre. Nous ne pouvons avancer seuls.

Et quand nous avançons, nous devons nous engager à aller toujours de l'avant. Nous ne pouvons repartir en arrière.

Certains demandent aux défenseurs des droits civiques : « Mais quand serez-vous donc satisfaits ? »

Nous ne pourrons être satisfaits aussi longtemps que le Noir sera la victime des horreurs indescriptibles de la brutalité policière.

Nous ne pourrons être satisfaits aussi longtemps que nos corps, alourdis par la fatigue du voyage, ne pourront se reposer dans les motels le long des autoroutes ou dans les hôtels des grandes villes.

Nous ne pourrons être satisfaits aussi longtemps que notre seule mobilité sera d'aller d'un petit ghetto à un ghetto plus grand.

Nous ne pourrons être satisfaits aussi longtemps que nos enfants seront privés de l'estime de soi et niés dans leur dignité par des panneaux indiquant "Réservé aux Blancs".

Nous ne pourrons être satisfaits aussi longtemps qu'un Noir du Mississippi ne pourra pas voter et qu'un Noir de New York croira qu'il n'a aucune raison de voter.

Non, non, nous ne sommes pas satisfaits et ne serons pas satisfaits tant que la justice ne jaillira pas comme un torrent, et l'équité comme un fleuve puissant.

Je n'ignore pas que certains d'entre vous sont venus ici après maintes épreuves et tribulations.

Certains d'entre vous viennent tout juste de sortir d'une étroite cellule de prison.

Certains d'entre vous viennent de régions où leur quête de liberté les a laissés meurtris par les orages de la persécution, secoués par les bourrasques de la brutalité policière. Vous avez été les vétérans de la souffrance créatrice. Continuez à travailler avec la certitude que la souffrance imméritée vous sera rédemptrice.

Retournez dans le Mississippi, retournez en Alabama, retournez en Caroline du Sud, retournez en Géorgie, retournez en Louisiane, retournez dans les taudis et les ghettos des villes du Nord, en sachant que d'une manière ou d'une autre, cette situation peut et va changer. Ne nous laissons pas dépérir dans la vallée du désespoir.

Je vous le dis maintenant, mes amis, bien que nous fassions face aux difficultés d'aujourd'hui et de demain, je fais toujours un rêve. C'est un rêve profondément enraciné dans le rêve américain.

Je fais un rêve qu'un jour, notre nation se lèvera et vivra pleinement le vrai sens de sa promesse : "Nous tenons ces vérités pour évidentes par elles-mêmes : tous les hommes sont créés égaux."

Je fais un rêve qu'un jour, sur les collines rouges de Géorgie, les fils des anciens esclaves et les fils des anciens propriétaires d'esclaves pourront s'asseoir ensemble à la table de la fraternité.

Je fais un rêve qu'un jour, même l'État du Mississippi, un État brûlé par la chaleur de l'injustice, brûlé par la chaleur de l'oppression, sera transformé en un oasis de liberté et de justice.

Je fais un rêve que mes quatre jeunes enfants vivront un jour dans une nation où ils seront jugés non sur la couleur de leur peau mais sur leur personnalité.

Je fais un rêve aujourd'hui !

Je fais un rêve qu'un jour, en Alabama, avec ses horribles racistes, avec son gouverneur, la bouche pleine des mots "interposition" et "nullification", qu'un jour, là-bas, en Alabama, les petits garçons noirs et les petites filles noires pourront donner la main aux petits garçons blancs et aux petites filles blanches, comme des frères et des sœurs.

Je fais un rêve aujourd'hui !

Je fais un rêve qu'un jour toute vallée sera relevée, toutes les collines et les montagnes seront aplanies, les endroits difficiles seront rendus aisés, et les chemins tortueux remis droits, et la gloire du Seigneur sera révélée, aux yeux de toute chair.

Tel est notre espoir. Telle est la foi avec laquelle je retourne dans le Sud.

Avec cette foi, nous pourrons discerner une pierre d'espoir dans la montagne du désespoir.

Avec cette foi, nous pourrons transformer les discordes bruyantes de notre nation en une magnifique symphonie de fraternité.

Avec cette foi, nous pourrons travailler ensemble, prier ensemble, lutter ensemble, aller en prison ensemble, défendre la liberté ensemble, en sachant que nous serons libres un jour.

Ce sera le jour où tous les enfants de Dieu pourront chanter ces paroles qui auront alors un sens nouveau : "Mon pays, c'est toi, douce terre de liberté, c'est toi que je chante. Terre où sont morts mes pères, terre dont les pèlerins étaient fiers, que du flanc de chacune de tes montagnes résonne la liberté !" Et si l'Amérique doit devenir une grande nation, il faut que cela devienne vrai.

Que la liberté résonne du haut des prodigieuses collines du New Hampshire !

Que la liberté résonne du haut des montagnes grandioses de l'État de New York !

Que la liberté résonne des hauteurs des Alleghanys de Pennsylvanie !

Que la liberté résonne du haut des cimes neigeuses des montagnes rocheuses du Colorado !

Que la liberté résonne depuis les pentes sinueuses de la Californie !

Mais pas seulement...

Que la liberté résonne du haut du mont Stone de Géorgie !

Que la liberté résonne du haut du mont Lookout du Tennessee !

Que la liberté résonne du sommet de chaque colline et de chaque butte du Mississippi ! Du versant de chaque montagne, que résonne la liberté !

Et quand cela arrivera, quand nous permettrons à la liberté de résonner, quand nous la ferons résonner dans chaque village et dans chaque hameau, dans chaque État et dans chaque ville, alors nous hâterons la venue de ce jour où tous les enfants de Dieu, noirs et blancs, juifs et gentils, protestants et catholiques, pourront se donner la main et chanter les paroles de l'ancien *negro spiritual* : "Enfin libres, enfin libres, merci Dieu tout puissant, nous sommes enfin libres !" »

(traduction Nicole Bacharan et Dominique Simonnet)

CHRONOLOGIE

Quatre siècles d'Histoire

1619 Arrivée des premiers Africains en Virginie.

1641 Le Massachusetts est la première colonie à légaliser l'esclavage.

1663 Premier grand complot pour organiser une révolte d'esclaves en Virginie.

1770 Massacre de Boston. Crispus Attucks, un Noir libre, devient le premier martyr de la guerre d'Indépendance.

1776 Déclaration d'indépendance.

1777 Le Vermont est le premier État à abolir l'esclavage.

1793 Première loi sur les esclaves fugitifs.
Invention de l'égreneuse à coton qui transforme l'économie du Sud.

1800 Conspiration de Gabriel Prosser.

1803 Acquisition de la Louisiane.

1808 Interdiction de l'importation d'esclaves venus d'Afrique.

1811 Grande révolte d'esclaves en Louisiane.

1812 Guerre de 1812. Les Noirs seront enrôlés à partir de 1814.

1817 Le Mississippi entre dans les États-Unis en tant qu'État esclavagiste.

1819 L'Alabama entre dans les États-Unis en tant qu'État esclavagiste.

1820 Compromis du Missouri qui interdit l'esclavage au nord de la frontière sud du Missouri.

1821 Entrée du Missouri dans les États-Unis en tant qu'État esclavagiste.

1822 Conspiration de Denmark Vesey.

1829 Publication de l'Appel de Walker, pamphlet abolitionniste.

1831 Révolte de Nat Turner.

1845 Entrée du Texas dans les États-Unis en tant qu'État esclavagiste.
Frederick Douglass publie son autobiographie.

1850 Nouvelle loi sur les esclaves fugitifs, qui fait de la protection de l'esclavage une politique nationale.

1852 Publication de *La Case de l'Oncle Tom*.

1857 La Cour suprême affirme qu'aucun Noir ne peut être citoyen des États-Unis.

1859 Expédition de John Brown à Harpers Ferry.

1860 Novembre : Élection d'Abraham Lincoln à la présidence des États-Unis.

1861 12 avril : Début de la guerre de Sécession.

1863 1ᵉʳ janvier : Proclamation d'Émancipation.

1865 Janvier : Le XIIIᵉ amendement abolit l'esclavage.
9 avril : Capitulation des Confédérés à Appomattox et fin de la guerre de Sécession.
14 avril : Assassinat du président Lincoln.

1867 Le Congrès impose la Reconstruction.
Première réunion nationale du Ku Klux Klan.

1868 Le XIVᵉ amendement garantit la pleine citoyen-neté de tous les Américains.
Émeute raciale à la Nouvelle-Orléans.

1873 Émeute raciale à Grant Parish, Louisiane.

1874 Émeute raciale à Coushatta, Louisiane.

1876 Émeute raciale à Charleston et à Cainhoy, Caroline du Sud.

1877 Les troupes fédérales se retirent des États du Sud.

1879 « Exode » des Noirs du Sud vers le Kansas.

1898 Guerre contre l'Espagne. Les États-Unis annexent Porto Rico et les Philippines, et prennent le contrôle de Cuba.
Émeute raciale à Wilmongton, Caroline du Nord.

1900 La grande fédération syndicale AFL commence à accepter des syndicats interdits aux Noirs.
Le Congrès panafricain se réunit à Londres.
Émeute raciale à la Nouvelle-Orléans.

1900 Élection du président William McKinley, républicain.

1901 Booker T. Washington publie son autobiographie *Up From Slavery*.
Theodore Roosevelt succède à McKinley assassiné.

1903 W.E.B. Dubois publie *The Souls of Black Folks* et s'oppose à Booker T. Washington.

1904 Élection de Theodore Roosevelt, républicain.

1905 W.E.B. Dubois et un groupe d'intellectuels noirs fondent le Mouvement de Niagara.

1906 Émeute raciale à Atlanta.

1908 Émeutes raciales à Springfield, Illinois.
Élection de W.H. Taft, républicain.
Jack Johnson devient le premier Noir champion du monde de boxe.

1910 Fondation de la NAACP.

1911 Fondation de la Ligue urbaine.

1912 Élection de Woodrow Wilson, démocrate.

1913 Le gouvernement impose la ségrégation dans l'administration.

1915 Les États-Unis prennent le contrôle de Haïti.
Début d'un grand mouvement de migration des Noirs vers le Nord, qui durera plusieurs décennies.
Film *Naissance d'une nation*.
La Cour suprême condamne la « clause du grand-père » en Oklahoma et dans le Maryland.

1916 Réélection de Woodrow Wilson.
Marcus Garvey fonde à New York « L'association universelle pour le progrès noir ».
A. Philip Randolph et Chandler Owen adhèrent au Parti socialiste et publient le journal *The Messenger*.

1917 2 avril : Entrée en guerre des États-Unis.
Juillet : Émeutes raciales à East St Louis, Illinois.
Août : Émeutes raciales à Houston.
Octobre : Ouverture d'un camp d'entraînement pour officiers de couleur à Fort Des Moines.
La Cour suprême déclare inconstitutionnelle la ségrégation par quartiers pratiquée à Louisville.

1918 Émeutes raciales à Chester, Pennsylvanie, et à Philadelphie.
11 novembre : Armistice.

1919 Nouvel essor du Ku Klux Klan.
Février : Réunion du Congrès panafricain, organisée à Paris par W.E.B. Dubois.
De juin à décembre : « L'été rouge », succession d'émeutes et de lynchages.

1920 Élection de Warren C. Harding, républicain.

1921 Réunion du second Congrès panafricain à Londres, Bruxelles et Paris.

1923 La Cour suprême exige un nouveau procès pour un Noir condamné sous la pression de la foule.
Arrestation de Marcus Garvey.

1924 Élection de Calvin Coolidge.

1925 L'ouvrage d'Alain Locke *The New Negroe* lance la Renaissance de Harlem.
Le Parti communiste américain organise l'*American Negro Labor Congress* et l'*International Labor Defense*.
A. Philip Randolph prend le contrôle de la Fraternité des porteurs de wagon-lits.

1926 Carter G. Woodson crée la première Semaine d'histoire noire.

1928 Élection de Herbert Hoover, républicain.
Élection d'Oscar DePriest, républicain noir de l'Illinois, à la Chambre des représentants.

1929 29 octobre : Effondrement de la bourse de New York.

1931 Affaire de Scottsboro. Neuf adolescents noirs sont accusés de viol et le Parti communiste se charge de leur défense.

1932 Élection de Franklin Roosevelt et début du *New Deal*.

1934 W.E.B. Dubois quitte la NAACP.
Élection d'Arthur Mitchell, démocrate noir de l'Illinois, au siège d'Oscar DePriest.

1935 L'ILD (communiste) obtient la libération de quatre des « garçons de Scottsboro » et du militant noir Angelo Herndon.
Émeute raciale à Harlem.
Octobre : Invasion de l'Éthiopie par les troupes de Mussolini.

1936 Organisation du *National Negro Congress* pour tenter de former un front antifasciste.
Jeux olympiques de Berlin et triomphe des athlètes noirs américains. Jesse Owens remporte quatre médailles d'or.
Réélection de Franklin Roosevelt.

1937 Le boxeur Joe Louis remporte le titre des poids lourds et devient le héros de l'Amérique noire.
Mort tragique de la chanteuse Bessie Smith.
La société de transport Pullman reconnaît le syndicat des Porteurs de wagon-lits.

1939 La cantatrice noire Marian Anderson chante au mémorial Lincoln pour le concert de Pâques.
Organisation du Fonds juridique de la NAACP, dirigé par Thurgood Marshall.

1940 Réélection de Franklin Roosevelt.

1941 25 juin : Roosevelt ordonne la déségrégation de l'industrie de guerre.
Émeute raciale en Caroline du Nord.
7 décembre : Attaque de Pearl Harbor.

1942 Émeute raciale à Detroit.
La marine accepte les appelés de couleur dans des unités ségréguées.
Organisation du *Congress of Racial Equality* (CORE) à Chicago.

1943 Émeutes raciales à Detroit, Los Angeles, Mobile, Beau mont, New York.

1944 Gunnar Myrdal publie *An American Dilemna*.
Réélection de Franklin Roosevelt.
Élection de Adam Clayton Powell, premier *Congressman* noir de New York.

1945 Harry Truman succède à Franklin Roosevelt.
Avril : Organisation des Nations unies à la Conférence de San Francisco en présence de nombreux observateurs noirs.
Le général Eisenhower intègre les premières unités de couleur à des régiments blancs.

1946 Le *National Negro Congress* dépose une pétition auprès du Conseil économique et social des Nations unies pour dénoncer la condition des Noirs en Amérique.

1947 Le CORE et la *Fellowship of Reconciliation* organisent un « Voyage de la Liberté » à travers les États du Sud pour tester la déségrégation dans les transports.
La NAACP dépose un rapport au Bureau des Affaires sociales des Nations unies.
Le Comité présidentiel sur les droits civiques remet son Rapport : « Pour garantir ces droits ».
Jackie Robinson est engagé dans une équipe nationale de base-ball.
La déségrégation des établissements publics commence à Washington DC.

1948 Décret présidentiel sur l'égalité des chances dans l'emploi.
Élection de Harry Truman.

1949 Déségrégation des forces armées à la suite d'un décret présidentiel.

1950 Ralph Bunche reçoit le prix Nobel de la paix pour sa contribution à l'armistice israélo-arabe.

1951 Le *Civil Rights Congress* dépose aux Nations unies une pétition : « Nous accusons de génocide ».
Émeute raciale à Cicero, dans la banlieue de Chicago.

1952 Élection du général Dwight Eisenhower à la présidence.

1954 17 mai : L'arrêt de la Cour suprême « Brown contre le Conseil de l'Éducation » condamne la ségrégation scolaire.

11 juillet : Organisation des premiers Conseils de citoyens blancs à Indianola dans le Mississippi.

Ralph Bunche est nommé sous-secrétaire des Nations unies.

Charles C. Diggs est élu premier *Congressman* noir du Michigan.

1955 Assassinat d'Emmett Till.

L'AFL-CIO choisit deux vice-présidents de couleur : A. Philip Randolph et William Townsend.

E. Franklin Frazier publie *Bourgeoisie noire*.

1er décembre : Rosa Parks est arrêtée à Montgomery pour avoir refusé de céder sa place à un Blanc dans l'autobus.

5 décembre : Début du boycott des autobus de Montgomery, dirigé par Martin Luther King.

1956 Janvier : Première arrestation de Martin Luther King.

Explosion d'une charge de plastic devant sa maison.

Publication du Manifeste sudiste. Novembre : Réélection du président Eisenhower.

13 novembre : La Cour suprême condamne la ségrégation dans les autobus.

1957 Fondation de la SCLC, présidée par Martin Luther King.

17 mai : Pèlerinage de prière pour la liberté à Washington.

Septembre : Crise scolaire de Little Rock. Création de la Commission des droits civiques.

1958 19 septembre : Tentative d'assassinat contre Martin Luther King.

1959 La Cour suprême déclare inconstitutionnelle la fermeture des écoles publiques.
Une émission de télévision intitulée *The Hate that Hate Produced* attire l'attention du public sur Malcolm X et les Musulmans noirs.

1960 1er février : Début des *sit-in* étudiants à Greensboro, qui gagneront tout le Sud.
16 avril : Fondation du Comité étudiant de coordination non violente (SNCC ou Snick).
Été : Le SNCC débute un projet d'inscription sur les listes électorales à McComb dans le Mississippi.
Octobre : King est condamné à quatre mois de travaux forcés et libéré quelques jours plus tard sur l'intervention expresse de John et Robert Kennedy.
8 novembre : Élection de John Kennedy.

1961 Janvier : James Meredith tente de s'inscrire à l'université du Mississippi.
Début du mouvement étudiant à Albany en Géorgie.
4 mai : 1er « Voyage de la liberté ». Les voyageurs sont attaqués à Anniston et Birmingham en Alabama.
17 mai : Nouvelle tentative des Voyageurs de la Liberté. Ils sont attaqués à Montgomery.
22 mai : Martin Luther King et son auditoire sont assiégés dans l'église *First Baptist* de Montgomery.
24 mai : Voyage de la Liberté de Montgomery à Jackson sous la protection de la police.
La NAACP entame une procédure judiciaire pour obtenir l'inscription de James Meredith à l'université du Mississippi.

Début du projet d'éducation des électeurs soutenu par Robert Kennedy.

Septembre : L'*Interstate Commerce Commission* impose la déségrégation définitive des transports.

Assassinat du militant étudiant Herbert Lee.

Novembre : Fondation du Mouvement d'Albany.

1962 10 juillet : Martin Luther King à nouveau incarcéré à Albany.

27 juillet : Nouvelle arrestation de Martin Luther King.

Août : King se retire d'Albany. En critiquant le rôle joué par le FBI, il s'attire la haine de son directeur, J. Edgar Hoover.

10 septembre : La Cour suprême confirme le droit de James Meredith de s'inscrire à l'université du Mississippi.

20 septembre : Le gouverneur Ross Barnett interdit l'accès du campus à Meredith.

30 septembre : L'arrivée de Meredith à l'université déclenche une nuit d'émeute. Il s'inscrit le lendemain sous la protection de l'armée.

1963 3 avril : La SCLC entame la campagne de Birmingham.

12 avril : King écrit la « Lettre de la prison de Birmingham », un des grands documents des droits civiques.

2 mai : Des enfants participent, pour la première fois, aux manifestations.

3 mai : Le shérif Bull Connor attaque les jeunes manifestants avec des chiens policiers et des lances à incendie. Ces images bouleversent l'opinion publique.

10 mai : Le Ku Klux Klan orchestre une série d'explosions. John Kennedy envoie les troupes fédérales.

11 juin : Discours télévisé du président Kennedy qui annonce une nouvelle législation destinée à bannir la ségrégation.

Le militant Medgar Evers est assassiné à Jackson, Mississippi.

19 juin : Medgar Evers est enterré au cimetière d'Arlington. John Kennedy présente son projet de loi au Congrès.

22 juin : Kennedy reçoit les principaux leaders noirs à la Maison Blanche

28 août : Grande Marche sur Washington. Discours de Martin Luther King : « *I have a dream* ».

15 septembre : Quatre fillettes noires sont tuées dans l'explosion d'une bombe dans une église de Birmingham.

22 novembre : Le président Kennedy est assassiné à Dallas.

1964 Janvier : Le magazine *Time* désigne Martin Luther King « Homme de l'année ».

Malcolm X quitte la Nation de l'Islam et fonde sa propre organisation, *Muslim Mosque, Inc*, baptisée ensuite *Orga nization of Afro-American Unity*.

Avril : Début des manifestations à St-Augustine.

Réunion inaugurale du MFDP (Parti démocrate mississippien de la Liberté) à Jackson, Mississippi.

Mai : Arrivée de King à St-Augustine. Attaque du Ku Klux Klan lors des marches de protestation.

Juin : King se retire de St-Augustine sans résultat.

Avril-mai : Malcolm X se rend au Proche-Orient et en Afrique.

20 juin : Début de « l'Été de la Liberté », vaste projet d'inscription des Noirs sur les listes électorales dans le Sud.

21 juin : Disparition de trois volontaires de « l'Été de la Liberté ».

2 juillet : Le président Johnson signe la loi sur les droits civiques qui bannit la ségrégation.

Août : Les corps des trois volontaires disparus sont découverts près de Philadelphie, Mississippi.

Le MFDP envoie 64 délégués à la Convention démocratique d'Atlantic City et provoque la colère de Lyndon Johnson.

De nombreuses émeutes secouent les grandes villes du Nord.

Septembre : King entreprend une grande tournée européenne.

Novembre : Élection de Lyndon Johnson face à Barry Goldwater. Il annonce son projet de Grande Société et envoie aussi les premiers *GI's* au Vietnam.

Décembre : King reçoit le prix Nobel de la paix.

1965 Janvier : Martin Luther King engage la campagne de Selma pour le droit de vote.

1ᵉʳ février : Arrestation de King à Selma. Visite de Malcolm X pour soutenir le mouvement de protestation.

21 février : Malcolm X est assassiné à Harlem.

7 mars : « Dimanche sanglant » à Selma lors d'une marche pour le droit de vote.

9 mars : Assassinat d'un pasteur blanc venu manifester à Selma.

15 mars : Le président Johnson présente un projet de loi sur le droit de vote.

21-25 mars : Marche de Selma à Montgomery sous la protection de la police. Assassinat de Viola Liuzzo, une militante venue de Detroit.

Avril : King annonce qu'il étendra son action aux États du Nord.

4 juillet : Lyndon Johnson définit les principes de « l'action affirmative ».

Juillet : Le président Johnson autorise les bombardements stratégiques au Nord-Vietnam.

6 août : Le président Johnson signe la loi sur le droit de vote.

11-15 août : Les émeutes de Watts font 34 morts.

1966 Janvier : Assassinat de l'étudiant Sammy Younge à Tuskegee. Le SNCC condamne la guerre du Vietnam.

Martin Luther King lance la campagne de Chicago contre les taudis.

Mars : Le SNCC forme la *Lowndes County Freedom Orga nization* dans l'Alabama et choisit pour symbole une panthère noire.

5 juin : James Meredith entame une « marche contre la peur » de Memphis à Jackson.

6 juin : Meredith est blessé par balles. La marche est reprise par la SCLC, le CORE et le SNCC. Stokely Carmichael lance le slogan « *Black Power* ».

Juillet-Août : Émeutes raciales à Chicago, Cleveland, Dayton, Milwaukee, San Francisco.

Octobre : Bobby Seale et Huey Newton fondent les *Black Panthers* à Oakland.

1967 Avril : Martin Luther King prononce son premier discours contre la guerre du Vietnam.

Muhammad Ali refuse la conscription et déclare : « Je n'ai rien contre le Vietcong. »

Stokely Carmichael part en visite à Hanoï, et H. Rap Brown le remplace à la tête du SNCC.

Été 67 : Émeutes raciales dans plus d'une centaine de grandes villes. 20 morts à Newark et 43 à Detroit.

Octobre : Arrestation de Huey Newton pour homicide.
Novembre : Élection de Carl Stokes, premier maire noir de Cleveland.

1968 : La Cour suprême établit le principe du *busing*.
Février : Rapport de la Commission Kemer sur les « désordres civils ». Trois étudiants noirs sont tués lors d'une manifestation à Orangeburg, Caroline du Sud. Le SNCC fusionne avec les *Black Panthers*.
Mars : Occupation de l'université noire de Howard, à Washington. Robert Kennedy annonce sa candidature aux élections présidentielles. Le Vietcong lance la grande offensive du Têt. Lyndon Johnson annonce qu'il ne se représentera pas aux élections.
4 avril : Martin Luther King est assassiné à Memphis. Les émeutes qui suivent font 46 morts.
9 avril : Enterrement de Martin Luther King à Atlanta.
6 juin : Robert Kennedy est assassiné à Los Angeles.
Août : Affrontement lors de la convention démocrate de Chicago.
16 octobre : Aux jeux olympiques de Mexico, deux athlètes américains montrent le poing au drapeau étoilé pendant la remise de médailles
Novembre : Élection de Richard Nixon.
4 décembre : Le président des *Black Panthers* de Chicago est abattu par la police.

1970 Octobre : Arrestation d'Angela Davis.
Formation du *Congressional Black Caucus* au Congrès.

1971 21 août : Le militant George Jackson est abattu en prison.
Septembre : 40 victimes à la prison d'Attica lors d'une mutinerie.

1972 Mars : Convention noire à Gary, Indiana.

1973 Maynard Jackson est élu maire d'Atlanta.

1974 Juin : « Guerre scolaire » à Boston et dans beaucoup de grandes villes contre le *busing*.
Août : Démission de Richard Nixon. Gerald Ford devient président des États-Unis.
Alan Bakke porte plainte contre l'université de Californie.

1975 Avril : L'armée américaine quitte le Vietnam.

1976 Novembre : Élection de Jimmy Carter.
Andrew Young est nommé ambassadeur aux Nations unies.

1977 Le feuilleton *Racines* remporte le plus grand succès de l'histoire de la télévision.

1978 Le parti des *Black Panthers* achève de se décomposer.

1979 Août : Andrew Young rencontre Arafat et doit démissionner de son poste aux Nations unies.

1980 Mai : Les émeutes de Miami font 17 victimes.
Septembre : Inauguration de l'aéroport d'Atlanta, construit sous l'égide de l'« action affirmative ».
Novembre : Élection de Ronald Reagan.

1982 Élection d'Andrew Young à la mairie d'Atlanta.

1983 Élection d'Harold Washington à la mairie de Chicago. Célébration du vingtième anniversaire de la Marche sur Washington.

1984 Campagne électorale de Jesse Jackson. Le soutien actif de Louis Farrakhan indigne la communauté juive.
Novembre : Réélection de Ronald Reagan.

1986 Janvier : 1re célébration du *Martin Luther King Day*.

1987 19 octobre : Crash boursier.

1988 Nouvelle campagne présidentielle de Jesse Jackson.
Il remporte 6,8 millions de voix pendant les primaires.
Novembre : Élection de George H. Bush. Colin Powell est nommé chef de l'état-major des armées.

1990 Sharon Pratt Kelly remplace Marion Barry à la mairie de Washington.
Bush oppose son veto à une nouvelle loi sur les droits civiques.

1991 Un compromis permet le passage de la loi sur les droits civiques.
Clarence Thomas entre à la Cour suprême après des auditions mouvementées.

1992 Avril : Les émeutes de Los Angeles font 58 morts.
Novembre : Élection de Bill Clinton.

1993 Janvier : Pour l'inauguration de Bill Clinton, Maya Angelou récite un poème sur les marches du Capitole.
Toni Morrison obtient le prix Nobel de littérature.

1994 Échec du plan de couverture santé de Hillary Clinton.
L'assassin de Medgar Evers est enfin condamné.
Novembre : Élection d'une majorité républicaine dans les deux chambres du Congrès.

1995 Juin : La Cour suprême demande une application plus restreinte de l'action affirmative.
Juillet : le président Clinton propose de « réparer, non achever » l'action affirmative.
Octobre : acquittement d'O.J. Simpson.

1996 Mars : les tribunaux du Texas condamnent l'action affirmative dans les universités.
Réforme de l'aide sociale.
Novembre : réélection de Bill Clinton. Victoire de la « Proposition 209 » qui élimine l'action affirmative en Californie.

1997 Juin : Discours de Bill Clinton sur la démocratie multiraciale.
Abner Louima, immigrant haïtien, est torturé dans un commissariat.

1998 L'affaire Lewinsky menace la présidence.
Mars : voyage de Bill Clinton en Afrique.

1999 Février : un immigrant guinéen, Amadou Diallo, est abattu de 41 balles par 4 policiers.

2000 Le nombre de détenus dans les prison américaines dépassent deux millions. La moitié sont afroaméricains.

Novembre : le résultat de l'élection entre Al Gore et George W. Bush est « *too close to call* ».

Décembre : La Cour suprême rend un arrêt qui donne la victoire à George W. Bush.

2001 Janvier : Colin Powell devient le premier noir secrétaire d'État ; Condoleezza Rice devient la première femme noire Conseillère à la sécurité.

11 septembre : attentats au World Trade Center et au Pentagone.

2002 Barack Obama, élu de l'Illinois, se prononce contre la guerre d'Irak.

Halle Berry est la première actrice noire couronnée d'un Oscar.

Les deux responsables de l'attentat de 1963 dans une église noire de Birmingham sont condamnés.

2003 Février : Discours de Colin Powell aux Nations unies sur les armes de destruction massive en Irak.

Juin : La Cour suprême maintient le principe de l'action affirmative.

2004 L'ancien pasteur et membre du Ku Klux Klan responsable de l'assassinat des trois volontaires dans le Mississippi en 1964 est enfin condamné.

27 juillet : discours de Barack Obama devant la convention démocrate à Boston.

Novembre : réélection de George W. Bush. Condoleezza Rice devient secrétaire d'État. Barack Obama est élu sénateur de l'Illinois.

2005 29 août : l'ouragan Katrina s'abat sur la Nouvelle-Orléans et fait près de 2000 victimes.

2006 Le nouveau Congrès élu en novembre compte 42 représentants noirs (dont 18 présidents de commissions et sous-commissions) et un sénateur noir (Barack Obama).

2007 La Cour suprême condamne les plans d'intégration dans les écoles.
Barack Obama annonce sa candidature à l'élection présidentielle.

2008 18 mars : Barack Obama prononce un grand discours sur la race à Philadelphie.
3 juin : Barack Obama remporte les dernières primaires à la fin d'un long duel avec Hillary Clinton, et devient le candidat démocrate à la présidence.
28 août : Discours d'Obama devant la convention démocrate, 45 ans jour pour jour après « *I Have a Dream* » de Martin Luther King.
4 novembre : Élection de Barack Obama à la présidence des États-Unis.

2009 20 janvier : Barack Obama entre à la Maison Blanche.
10 décembre : Barack Obama reçoit le Prix Nobel de la Paix.

BIBLIOGRAPHIE

PREMIÈRE PARTIE : ESCLAVES

ABRAHAMS (Roger D.), *Singing the Master : The Emergence of African American Culture in the Plantation South*, New York, Random House, 1992.

APTHEKER (Herbert), *American Negroe Slave Revolts*, New York, Columbia University Press, 1943.

—, *To Be Free*, New York, Carol Publishing Group, 1991, (édition originale 1948).

BEECHER-STOWE (Harriet), *Uncle Tom's Cabin*, New York, Penguin Books, 1986, (édition originale 1852).

BENNETT, Jr. (Lerone), *Before the Mayflower : A History of Black America*, New York, Penguin Books, 1984, (édition originale 1962).

BILLINGSLEY (Andrew), *Black Families in White America*, New York, Simon & Schuster, 1988, (édition originale 1968).

DOCUMENTS D'ÉTUDES, DROIT CONSTITUTIONNEL ET INSTITUTIONS POLITIQUES, « Les Institutions des États-Unis », Paris, la Documentation française, décembre 1971.

CHERNOFF (John Miller), *African Rhythm and African Sensibility*, Chicago, University of Chicago, 1981, p. 167.

DOUGLASS (Frederick), *Narrative of the Life of Frederick Douglass*, New York, Signet, Penguin Group, 1968, (édition originale 1845).

DUBOIS (William Edward Burghardt), *Black Reconstruction in America, 1860-1880*, New York, Atheneum, Macmillan Publishing Company, 1992, (édition originale 1935).

ELKINS (Stanley M.), *Slavery : A Problem in American Institutional and Intellectual Life*, Chicago, The University of Chicago Press, 1959.

FOGEL (Robert William), ENGERMAN (Stanley), *Time on the Cross : The Economics of American Negro Slavery*, Lanham MD, University Press of America, 1984.

—, *Time on the Cross : Evidence and Methods, a Supplement*, Boston, Little, Brown, 1974.

FRANKLIN (John Hope), *The Emancipation Proclamation*, New York, Doubleday, 1963.

—, *Reconstruction After the Civil War*, New York, Oxford University Press, 1967.

FRANKLIN (John Hope) et MOSS, Jr. (Alfred A.), *Freedom*, New York, McGraw-Hill, 6ᵉ édition, 1988.

FRAZIER (E. Franklin), *The Negro Family in the United States*, New York, Dryden Press, 1948 (édition originale 1939).

—, *The Negro Church in America*, (édition originale 1964), et LINCOLN (C. Eric), *The Negro Church since Frazier*, publié en un seul volume, New York, Schocken Books, 1974, (édition originale 1963).

GENOVESE (Eugene D.), *Roll, Jordan, Roll : The World The Slaves Made*, New York, Random House, 1974.

GRANT (Joanne), *Black Protest : History, Documents and Analyses*, New York, Ballantine Books, 1991, (édition originale 1968).

GUTMAN (Herbert G.), *The Black Family in Slavery and Freedom*, 1750-1925, New York, Random House, 1976.

HERNTON (Calvin C.), *Sex and Racism in America*, New York, Double Day, 1965.

HERSKOVITZ (Melville), *The Myth of the Negro Past*, New York, Harpers & Row, 1941.

McPHERSON (James M.), *The Negro's Civil War : How American Negroes Felt and Acted During the War for the Union*, New York, Pantheon Books, Division of Random House, 1965.

MOYNIHAN (Daniel P.), *The Negro Family : The Case for National Action*, Washington D.C., U.S. Department of Labor, Office of Planning and Research, March 1965.

NICHOLS (Charles H.) et al., *Black Men in Chains : Narratives by Escaped Slaves*, New York, Lawrence Hill, 1972.

OAKES (James), *Slavery and Freedom*, New York, Random House, 1990.

OATES (Stephen B.), *The Fires of Jubilee*, New York, Harper and Row, 1975.

PAINTER (Nell Irvin), *Exodusters : Black Migration to Kansas after Reconstruction*, Lawrence, Kansas, University of Kansas Press, 1986, l'édition 1976.

QUARLES (Benjamin), *The Negro in the Making of America*, New York, Macmillan, 1987.

—, *The Negro in the American Revolution*, Durham, North Carolina, University of North Carolina Press, 1967.

STAMPP (Kenneth), *The Peculiar Institution*, New York, Random House, 1984.

DEUXIÈME PARTIE : GENS DE COULEUR

ABERNATHY (Ralph David), *And the Walls Came Tumbling Down : an Autobiography*, New York, Harper & Row, 1989.

BLEE (Kathleen M.), *Women of the Klan : Racism and Gender in the 1920's*, Berkeley, University of California Press, 1991.

CLEMENTS (Kendrick A.), *The Presidency of Woodrow Wilson*, Lawrence, University Press of Kansas, 1992.

CRUSE (Harold), *The Crisis of the Negro Intellectual : A Historical Analysis of the Failure of Black Leadership*, New York, Quill 1984, (édition originale 1967).

DAVIS (Michael D.) & CLARK (Humer R.), *Thurgood Marshall : Warrior at the Bar, Rebel on the Bench*, New York, Birch Lane Press Book, Carol Publishing Group, 1992.

DRAKE (St. Clair) & CAYTON (Horace R.), *Black Metropolis : A Study of Negro Life in a Northern City*, New York, Harcourt, Brace & Cy, 1945.

DRAPER (Theodore), *American Communism and Soviet Russia*, New York, Viking Press, 1960.

DUBOIS (W.E.B.), *The Souls of Black Folks*, New York, Penguin Books 1989, (édition originale 1903).

—, « Editorial », in *The Crisis*, vol. XVI, juillet 1918.

—, « Editorial », in *The Crisis*, mai 1919.

—, « Critique littéraire », in *The Crisis*, décembre 1926, pp. 81-82.

ELLISON (Ralph), *Invisible Man*, New York, Random House, 1952.

FRAZIER (E. Franklin), *Black Bourgeoisie*, New York, Collier Books, 1962 (édition originale, *Bourgeoisie noire*, Paris, Plon, 1955).

GRIFFITH, D.W., *Birth of a Nation*, film, 1915.

HAMPTON (Henry) & FAYER (Steve), with FLYNN (Sarah), *Voices of Freedom : An Oral History of the Civil Rights Movement from the 1950's Through the 1980's*, New York, Bantam Books, 1990.

HILL (Robert A.) & BAIR (Barbara), ed., *Marcus Garvey : Life and Lessons*, Berkeley, University of California Press, 1987.

HUGGINS (Nathan), *Harlem Renaissance*, New York, Oxford University Press, 1971.

HUGHES (Langston), « The Negro Artist and the Racial Mountain », in *The Nation*, 23 juin 1926, p. 694.

—, *The Big Sea*, New York, A. Knopf, 1940.

JACKSON (Kenneth T.), *The Ku Klux Klan in the City*, 1915-1930, Chicago, Ivan R. Dee, Elephant Paperback 1992, (édition originale 1967).

JOHNSON (James Weldon), *The Autobiography of an Ex-Coloured Man*, New York, Hill & Wang, 1991 (édition originale 1912).

—, *Along this Way : Autobiography*, New York, Penguin Books 1990, (édition originale 1933).

KALMAN (Laura), « Mr Civil Rights », in *The New York Times Book Review*, 7 février 1993.

KIRBY (John B.), *Black Americans in the Roosevelt Era : Liberation and Race*, Knoxville, The University of Tennessee Press, 1980.

KLUGER (Richard), *Simple Justice : The History of Brown v. Board of Education and Black America's Struggle for Equality*, New York, Vintage Books, 1975.

LEMANN (Nicholas), *The Promised Land : The Great Black Migration and How It Changed America*, New York, Alfred A. Knopf, 1991.

LEWIS (David Levering), *Harlem Renaissance : Art of Black America*, New York, The Studio Museum in Harlem, Harry N. Abrams, 1987.

—, *When Harlem Was in Vogue*, New York, Oxford University Press, 1989.

LOCKE (Alain), *The New Negro*, New York, Atheneum, Macmillan Publishing Company, 1992, (édition originale 1925).

MARABLE (Manning), *Race, Reform, and Rebellion : The Second Reconstruction in America, 1945-1982*, Jackson, University Press of Mississipi, 1984.

MARABLE (Manning), DUBOIS (W.E.B.), *Black Radical Democrat*, Boston, Twayne Publishers, 1986.

McKAY (Claude), *Harlem Shadows*, New York, Harcourt, Brace & Cy, 1922.

McELROY (Guy C.), POWELL (Richard J.) & PATTON (Sharon F.), *African-American Artists 1880-1987*, Washington DC, Smithsonian Institution in association with University of Washington Press, Seattle, 1989.

MORRIS (Aldon), *The Origines of the Civil Rights Movement : Black Communities Organizing for Change*, New York, The Free Press, 1984.

MYRDAL (Gunnar), with the assistance of STERNER (Richard) & ROSE (Arnold), *An American Dilemna : The Negro Problem and Modern Democracy*, New York, Harper & Brothers, 1944.

NAISON (Mark), *Communists en Harlem During the Depression*, New York, Grove Press, 1983.

NEWMAN (Dorothy K.), AMIDEI (Nancy J.), CARTER (Barbara L.), DAY (Davis), KRUVANT (William J.), RUSSELL (Jack S.), *Protest, Politics and Prosperity, Black Americans and White Institutions, 1940-75*, New York, Pantheon Books, 1978.

OSOFSKY (Gilbert), *Harlem : The Making of a Ghetto, New York*, Harper and Row, 1968.

PFEFFER (Paula F.), *A. Philip Randolph : Pioneer of the Civil Rights Movement*, Baton Rouge, Louisiana State University Press, 1990.

PINCKNEY (Darryl), « Keeping the Faith », in *The New York Review of Books*, New York, 22 novembre 1990, p. 29 *sq.*

POMERANCE (Alan), *Repeal of the Blues : How Black Entertainers Influenced Civil Rights*, New York, Citadel Press, Carol Publishing Group, 1991.

POWLEDGE (Fred), *Free at Last ? The Civil Rights Movement and the People Who Made It*, New York, Harper Perennial, 1991.

RAMPERSAD (Arnold), *The Life of Langston Hughes*, vol. I : 1902-1941, I, Too Sing America, New York, Oxford University Press 1986.

REED (Merl E.), *Seedtime for the Modern Civil Rights Movement : The President's Committee on Fair Employment Practice, 1941-1946*, 1991.

ROWAN (Carl T.), *Dream Makers, Dream Breakers : The World of Justice Thurgood Marshall, Boston*, Little, Brown & Company, 1992.

SITKOFF (Harvard), *A New Deal for Blacks : The Emergence of Civil Rights as a National Issue*, vol. I : *The Depression Decade*, New York, Oxford University Press, 1978.

STEIN (Judith), *The World of Marcus Garvey : Race and Class in Modern Society*, Baton Rouge, Louisiana State University Press, 1986.

TILLERY (Tyrone), *Claude MacKay : A Black Poet Struggle for Identity,* Amherst, The University of Massachusetts Press, 1992.

WASHINGTON (Booker Taliaferro), *Up from Slavery*, New York, Penguin Books, 1986, (édition originale 1901).

WILLIAMS (Juan), with the Eyes on the Prize Production Team, *Eyes on the Prize : America's Civil Rights Years, 1954-1965*, New York, Penguin Books, 1987.

WINTZ (Cary D.), *Black Culture and the Harlem Renaissance*, Houston, Rice University Press, 1988.

WOLTERS (Raymond), *Negroes and the Great Depression : The Problem of Economic Recovery*, Westport, Greenwood Press, 1970.

TROISIÈME ET QUATRIÈME PARTIES : NEGROES ET NOIRS

Outre les ouvrages de Ralph Abernathy, Thomas Brooks, Henry Hampton & Steve Fayer, Manning Marable, Aldon Morris, Fred Powledge et Juan Williams déjà mentionnés dans la 2e partie, voir :

ANDERSON (Alan B.) & PICKERING (George W.), *Confronting the Color Line : The Broken Promise of the Civil Rights Movement in Chicago*, Athens, University of Georgia Press, 1986.

BALDWIN (James), *The Fire Next Time*, New York, A Laurel Book, Bantam Doubleday Dell, 1988 (édition originale 1962).

—, *No Name in the Street*, New York, Dial Press, 1972.

BALDWIN (Lewis V.), *There is a Balm in Gilead : The Cultural Roots of Martin Luther King, Jr*, Minneapolis, Fortress Press, 1991.

BARPETT (Russell), *Integration at Ole Miss*, New York, Quadrangle Books, 1965.

BASS (Jack), *Taming the Storm : The Life and Times of Judge Frank M. Johnson, Jr., and the South's Fight Over Civil Rights*, New York, Doubleday, 1992.

BATES (Daisy), *The Long Shadow of Little Rock, A Memoir*, New York, David McKay, 1962.

BERNSTEIN (Barton) & MATUSOW (Allen), eds., *Twentieth-Century America : Recent Interpretations*, New York, Harcourt, Brace & World, 1969.

BERUBE (Maurice R.) & GITELL (Marilyn), *Confrontation at Ocean Hill-Brownsville : The New York School Strikes of 1968*, New York, Praeger, 1969.

BRANCH (Taylor), *Parting the Waters : America in the King Years*, New York, Simon and Schuster, 1988.

BREITMAN (George), ed., *Malcolm X Speaks : Selected Speeches and Statements*, New York, Grove Weidenfeld, 1990 (édition originale 1966).

—, *The Assassination of Malcolm X*, New York, Pathfinder, 1991.

CAJIN (Seth) & DRAY (Philip), *We Are Not Afraid : The Story of Goodman, Schwerner and Chaney and the Civil Rights Campaign for Mississippi*, New York, Macmillan, 1988.

CALIFANO, Jr. (Joseph A.), *The Triumph and Tragedy of Lyndon Johnson, The White House Years*, New York, Simon & Schuster, 1991.

CARMICHAEL (Stokely) & HAMILTON (Charles V.), *Black Power, The Politics of Liberation in America*, New York, Random House, Vintages Books, 1967.

CARMICHAEL (Stokely), *Stokely Speaks : Black Power Back to Pan Africanism*, New York, Vintage, 1971.

CARSON (Clayborne*)*, *In Struggle : SNCC and the Black Awakening of the 1960's*, Cambridge, Massachusetts, Harvard University Press, 1981.

—, *Malcolm X : The FBI File*, New York, Carroll & Graf, 1991.

CARSON (Clayborne), GARROW (David J.), GILL (Gerald), HARDING (Vincent) & CLARK HINE (Darlene), eds., *The Eyes on the Prize Civil Rights Reader, Documents, Speeches and Firsthand Accounts from the Black Freedom Struggle, 1954-1990*, New York, Penguin Books, 1991.

CHAFE (William H.), *Civilities and Civil Rights : Greensboro, North Carolina, and the Black Struggle for Freedom*, New York, Oxford University Press, 1981.

CHESTNUT, Jr. (J.L.) & CASS (Julia), *Black in Selma : The Uncommon Life of J.L. Chestnut, Jr.*, New York, Doubleday, 1991.

CLEAVER (Eldridge), *Soul on Ice*, New York, McGraw-Hill, 1968.

COLAIACO (James A.), *Martin Luther King, Jr. : Apostle of Militant Nonviolence*, Houndsmills, Basingstoke, Hampshire, Macmillan, 1988.

CONNERY (Robert H.), ed., *Urban Riots : Violence and Social Change*, New York, Columbia University, The Academy of Political Science, 1968.

DIVINE (Robert A.), ed., *The Johnson Years*, Lawrence, Kansas, University of Kansas Press, 1987.

EDWARDS (Audrey) & POLITE (Dr Craig K.), *Children of the Dream : The Psychology of Black Success*, New York, Anchor Book, Doubleday, 1992.

FANON (Frantz), *Les Damnés de la Terre*, préface de Jean-Paul Sartre, Paris, Gallimard, réédition 1991.

FARMER (James), *Lay Bare the Heart : An Autobiography of the Civil Rights Movement*, New York, Plume, Penguin Books, 1986.

FAIRCLOUGH (Adam), *To Redeem the Soul of America : The Southern Christian Leadership Conference and Martin Luther King, Jr.*, Athens, University of Georgia Press, 1987.

FEAGIN (Joe R.) & HAHN (Harlan), *Ghetto Revolts : The Politics of Violence in American Cities*, New York, Macmillan, 1973.

FINE (Sidney), *Violence in the Model City : The Cavanagh Administration, Race Relations, and the Detroit Riot of 1967*, Ann Arbor, University of Michigan Press, 1989.

FOGELSON (Robert M.), *Violence as Protest : A Study of Riots of Ghettos, Garden City, N.Y.*, Doubleday, 1971.

FORMAN (James), *The Making of Black Revolutionaries : A Personal Account*, New York, Macmillan, 1972.

FORMASINO (Ronald), *Boston Against Busing : Race, Class and Ethnicity in the 1960's and 1970's*, Chapel Hill, University of North Carolina Press, 1991.

FRIEDLY (Michael), *Malcolm X : The Assassination*, New York, Carroll & Graf, 1992.

GALLEN (David) et al., *Malcolm X As They Knew Him*, New York, Carroll & Graf, 1992.

GARROW (David J.), *Protest at Selma : Martin Luther King, Jr. and the Voting Rights Act of 1965*,

New Haven, Connecticut, Yale University Press, 1978.

—, *The FBI and Martin Luther King, Jr.*, New York, Penguin Books, 1983, (édition originale 1981).

—, *Bearing the Cross : Martin Luther King, Jr. and the Southern Christian Leadership Conference*, New York, Random House, 1986, réédition Vintage Books 1988.

—, ed., *Chicago 1966 : Open Housing Marches, Summit Negotiations, and Operation Breadbasket*, New York, Carlson, 1989.

—, ed., *St. Augustine, Florida, 1963-1964 : Mass Protest and Racial Violence*, New York, Carlson, 1989.

—, ed., *The Walking City : The Montgomery Bus Boycott, 1955-1956*, New York, Carlson, 1989.

GENTRY (Curt), *J. Edgar Hoover : The Man and the Secrets*, New York, W.W.Norton & Cy, 1991.

GITLIN (Todd), *The Sixties : Years of Hopes, Days of Rage*, New York, Bantam Books, 1987.

GOLDMAN (Eric F.), *The Tragedy of Lyndon Johnson*, New York, Alfred Knopf, 1969.

GOLDMAN (Peter Louis), *The Death and Life of Malcolm X*, Urbana, University of Illinois Press, 1979.

GREGORY (Dick), with LIPSYTE (Robert), *Nigger, an Autobiography*, New York, 1964, réédition 1986, Pocket Books, Simon & Schuster.

GRIFFIN (John Howard), *Black Like Me*, New York, 1960, réédition 1976, Signet, Penguin Books.

GROSSMAN (James R.), *Land of Hope : Chicago, Black Southerners, and the Great Migration*, University of Chicago Press, Chicago, 1989.

HALBERSTAM (David), *The Unfinished Odyssey of Robert Kennedy*, New York, Random House, 1968.

HALEY (Alex), *The Playboy Interviews*, New York, Ballantine Books, 1993.

HARDING (Vincent), *The Other American Revolution*, Los Angeles Center for Afro-American Studies, UCLA, 1980.

HARDING (Vincent) & FREENEY (Rosemarie), *Martin Luther King, Jr. and the Company of the Faithful*, Washington, D.C., Sojourners, 1986.

HARE (Nathan), « The Case for Separatism : "Black Perspective" », in *Newsweek*, 10 février 1969, p. 56.

HARVEY (James), *Black Civil Rights During the Johnson Administration*, Jackson, University and College Press of Mississippi, 1973.

HILLIARD (David) & COLE (Lewis), *This Side of Glory : The Autobiography of David Hilliard and the Story of the Black Panther Party*, Boston, Little Brown & Company, 1993.

HUCKABY (Elizabeth), *Crisis at Central High : Little Rock, 1957-58*, Baton Rouge, Louisiana State University Press, 1980.

KAUFMAN (Jonathan), *Broken Alliance : The Turbulent Times Between Black and Jews in America*, New York, New American Library, Penguin Books, 1988.

KEARS GOODWIN (Doris), *Lyndon Johnson and the American Dream*, New York, St. Martin's Press, 1991.

KING (Coretta Scott), *My Life With Martin Luther King, Jr.*, New York, Hoit, Rinehart and Winston, 1969.

KING (Martin Luther, Jr.), *Stride Towards Freedom : The Montgomery Story*, New York, Harper, 1958.

—, *Why We Can't Wait*, New York, Harper & Row, 1963, réédition New American Library, Penguin Books.

—, *Where Do We Go from Here : Chaos or Community ?*, New York, Harper & Row, 1967.

KING (Mary), *Freedom Song : A Personal Story of the 1960's Civil Rights Movement*, New York, William Morrow, 1987.

LAWSON (Steven F.), *In Pursuit of Power : Southern Blacks and Electoral Politics, 1965-1982*, New York, Columbia University Press, 1985.

LEWIS (David), *King : A Biography*, 2nd ed., Urbana, University of Illinois Press, 1978.

LINCOLN (C. Eric), *The Black Muslims in America*, Boston, Beacon Press, 1961.

LOMAX (Louis), *To Kill a Black Man*, Los Angeles, Holloway House, 1968.

MASOTTI (Louis H.) & BOWEN (Don R.), ed., *Riots and Rebellion : Civil Violence in the Urban Community*, Beverly Hills, Sage Publications, 1968.

MELANSON (Dr. Philip H.), *The Martin Luther King Assassination : New Revelations on the Conspiracy and Cover-Up, 1968-1991*, New York, Shapolsky Publishers, 1991.

MEREDITH (James), *Three Years in Mississippi*, Bloomington, Indiana University Press, 1966.

MILLER (Keith D.), *Voice of Deliverance : The Language of Martin Luther King, Jr., and Its Sources*, New York, The Free Press, Macmillan, 1992.

MILLS (Kay), *This Little Light of Mine : The Life of Fannie Lou Hammer*, New York, Dutton, 1993.

MOODY (Anne), *Coming of Age in Mississippi*, New York, Laurel Book, Doubleday, 1976 (édition originale 1968).

MOORE (Charles) & DURHAM (Michael S.), *Powerful Days : The Civil Rights Photography of Charles Moore*, Text by Michael Durham, New York, Stewart,

Tabori & Chang and the Professional Photography Division, Eastman Kodak Company, 1991.

MUSE (Benjamin), *The American Negro Revolution : From Nonviolence to Black Power*, New York, Citadel Press, 1970.

NATIONAL ADVISORY COMMISSION ON CIVIL DISORDERS, Report, New York, Bantam Books, 1968.

OATES (Stephen B.), *Let the Trumpet Sound : The Life of Martin Luther King, Jr.,* New York, Harper & Row, 1982. Édition française : *Martin Luther King*, Paris, Le Centurion, 1985.

PARKS (Rosa), with HASKINS (Jim), *My Story*, New York, Dial Books, Penguin Books USA, 1992.

PERRY (Bruce), *Malcolm : the Life of a Man Who Changed Black America*, New York, Station Hill Press, 1991.

RAINES (Howell), *My Soul is Rested*, New York, G.P. Putnam's Sons, 1977.

RALPH, Jr. (James R.), *Northern Protest : Martin Luther King, Jr., Chicago and the Civil Rights Movement*, Cambridge, Massachusetts, Harvard University Press, 1993.

RAY (James Earl), *Who Killed Martin Luther King ? The True Story by the Alleged Assassin*, Washington D.C., National Press Books, 1992.

ROBINSON (Jo Ann), *The Montgomery Bus Boycott and the Women Who Started It*, Knoxville, University of Tennessee Press, 1987.

SCHLESINGER, Jr (Arthur M.), *A Thousand Days : John Kennedy in the White House*, Boston, Houghton Mifflin, 1965.

SCHULKE (Flip) & McPHEE (Penelope), *King Remembered*, préface de Jesse JACKSON, New York, Pocket Books, Simon & Schuster, 1986.

SILBERMAN (Charles E.), *Crisis in Black and White*, New York, Random House, 1964.

SITKOFF (Harvard), *The Struggle for Black Equality, 1954-1992*, New York, Hill & Wang, 1993.

SOBEL (Lester A.), ed., *Civil Rights, 1960-1966*, New York, Facts on File, 1967.

SUMMERS (Anthony), *Official and Confidential : The Secret Life of J. Edgar Hoover*, New York, G.P. Putman's Sons, 1993.

TAULBERT (Clifton L.), *The Last Train North*, Tulsa, Oklahoma, Council Oak Books, 1992.

THEOHARIS (Athan), ed., *From the Secret Files of J. Edgar Hoover*, Chicago, I.R.Dee, 1991.

VAN DEBURG (William L.), *New Day in Babylon : The Black Power Movement and American Culture*, Chicago, The University of Chicago Press, 1992.

WASHINGTON (James Melvin), ed., *A Testament of Hope : The Essential Writings of Martin Luther King, Jr.*, San Francisco, Harper & Row, 1986.

WATTERS (Par) & CLEGHORN (Reese), *Climbing Jacob's Ladder : The Arrival of Negroes in Southern Politics*, New York, Harcourt, Brace & World, 1967.

WATTERS (Par), *Down to Now : Reflections on the Southern Civil Rights Movement*, New York, Pantheon Books, 1971.

WEISBERG (Harold), *Martin Luther King : The Assassination*, New York, Carroll & Graf Publishers/ Richard Gallen, 1993 (édition originale 1969).

WEISBROT (Robert), *Freedom Bound : A History of America's Civil Rights Movement*, New York, W.W. Norton & Company, 1990.

WHITE (Theodore), *The Making of a President, 1964*, New York, Atheneum Publishers, 1965.

WHITFIELD (Stephen J.), *A Death in the Delta, The Story of Emmett Till*, New York, The Free Press, 1988.

WHITHERSPOON (William R.), *Martin Luther King, Jr. : To the Mountaintop*, Garden City, New York, Doubleday, 1985.

WOFFORD (Harris), *Of Kennedys and Kings : Making Sense of the Sixties*, New York, Farrar, Straus & Giroux, 1980.

X (Malcolm), *The Autobiography of Malcolm X,* with the Assistance of Alex Haley, New York, Grove Press, 1965, réédition Ballantine Books, 1993.

Films et reportages :

BLACKSIDE, Inc., President and Executive Producer Henry HAMPTON, *Eyes on the Prize*, série télévisée, Boston, Massachusetts, 1986.

1re série : « America's Civil Rights Years »

1) « Awakenings, 1954-1956 »
2) « Fighting Back, 1957-1962 »
3) « Ain't Scared of Your Jails, 1960-1961 »
4) « No Easy Walk, 1961-1963 »
5) « Mississippi : Is This America ? 1962-1964 »
6) « Bridge to Freedom, 1965 »

2e série : « America at the Racial Crossroads, 1965-1985 »

1) « The Time Has Come, 1964-1966 »
2) « Two Societies, 1965-1968 »
3) « Power ! 1966-1968 »
4) « The Promised Land, 1967-1968 »
5) « Ain't Gonna Shuffle No More, 1964-1972 »
6) « A Nation of Law ? 1968-1971 »
7) « The Keys to the Kingdom, 1974-1980 »

8) « Back to the Movement, 1979-mid 80s »

KHTV, *The Secret Files of J. Edgar Hoover*, 6 décembre 1989.

LANDAU (Ely), producteur, *King : A Filmed Record, From Montgomery to Memphis, The Martin Luther King Film Project*, présenté par la Fondation Martin Luther King, 1970.

WNDT-TV, News Beat, *The Hate That Hate Produced*, Channel 13, New York, 13-17 juillet 1959.

CINQUIÈME PARTIE : AFRO-AMÉRICAINS

ANGELOU (Maya), *I Know Why the Cage Bird Sings*, New York, Random House, 1967.

BADILLO (Herman) & HAYNES (Milton), *A Bill of No Rights : Attica and the American Prison System*, New York, Outerbridge & Lazard, 1972.

BELL (Terrel H.), *The Thirteenth Man : A Reagan Cabinet Memoir*, New York, The Free Press, 1988.

BILLINGSLEY (Andrew), *Climbing Jacob's Ladder : The Enduring Legacy of African-American Families*, New York, Simon & Schuster, 1993.

BROWN (Elaine), *A Taste of Power : A Black Woman's Story*, New York, Anchor Books, Doubleday, 1992.

CARTER (Stephen L.), *Reflections of an Affirmative Action Baby*, New York, Basic Books, Harper Collins, 1991.

COSE (Ellis), *The Rage of a Privileged Class*, New York, Harper Collins, 1993.

DAVIS (Angela Yvonne) et al., *If They Come in the Morning : Voices of Resistance*, New York, Third Press, 1971.

—, *An Autobiography*, New York, Random House, 1974.

DREYFUSS (Joel) & ILL (Charles Lawrence), *The Bakke Case : The Politics of Inequality*, New York, Harcourt, Brace & Jovanovich, 1979.

EVANS, Jr. (Rowland) & NOVAK (Robert D.), *Nixon in the White House : The Frustration of Power*, New York, Vintage Books, 1971.

FORMISANO (Ronald), *Boston Against Busing : Race, Class, and Ethnicity in the 1960's and 1970's*, Chapel Hill, University of North Carolina Press, 1991.

FRANKLIN (John Hope), *The Color Line : Legacy for the Twenty-First Century*, Columbia University of Missouri Press, 1993.

GIDDINGS (Paula), *When and Where I Enter : The Impact of Black Women on Race and Sex in America*, New York, Bantain Books, 1984.

GRIER (William H.) & COBBS (Price M.), *Black Rage*, New York, Basic Books, A Division of Harper Collins, 1992.

HACKER (Andrew), *Two Nations, Black and White : Separate, Hostile, Unequal*, New York, Charles Scribner's Sons, 1992.

HARRINGTON (Michael), *The Other America : Poverty in the United States*, New York, Penguin Books, 1981.

JACKSON (George), *Soledad Brother : The Prison Letters of George Jackson*, New York, Bantam Books, 1970.

KOTLOWITZ (Alex), *There Are No Children Here : The Story of Two Boys Growing Up in the Other America*, New York, Anchor Books, Doubleday, 1991.

LANDRY (Bart), *The New Black Middle Class*, Berkeley, University of California Press, 1987.

MORRISON (Toni), *The Bluest Eye*, New York, Holt Rinehart & Winston, 1970.

—, *Beloved*, New York, Knopf, 1987.

—, *Jazz*, New York, Knopf, 1992.

NEWTON (Huey) & BLAKE (J. Herman), *Revolutionary Suicide*, New York, Harcourt, Brace, Jovanovich, 1973.

NEWTON (Huey), *To Die For the People : The Writings of H. P. Newton*, New York, Random House, 1972.

PORTER (Bruce) and DUNN (Marvin), *The Miami Riot of 19 Lexington*, Massachusetts, Lexington Books, 1984.

REYNOLDS (Barbara), *Jesse Jackson : The Man, the Movement, the Myth*, Chicago, Nelson-Hall, 1975.

SAYRE (Nora), *Sixties going on Seventies*, New York, Arbor Hou, 1973.

STEELE (Shelby), *The Content of Our Character*, New York, St M Press, 1990.

TERKEL (Studs), *Race : How Blacks and White Think & Feel About the American Obsession*, New York, The New Press, 1992.

TOCQUEVILLE (Alexis de), *De la Démocratie en Amérique*, Paris, Gallimard, 1986.

WILLIAMS (Terry), *The Cocaine Kid : The Inside Story of a Teenage Drug Ring*, New York, Addison-Wesley, 1991.

ZWEIGENHAFT (Richard L.) & DOMHOFF (G. William), *Blacks in the White Establishment ? : A Study of Race and Class in America*, Yale University Press, 1991.

SIXIÈME PARTIE : AMÉRICAINS (VRAIMENT)

BACHARAN (Nicole), *Le piège : quand la démocratie perd la tête*, Paris, Le Seuil, 1999.

—, *Faut-il avoir peur de l'Amérique ?*, Paris, Le Seuil, 2005.

BERGMANN (Barbara R.), *Defense of Affirmative Action*, New York, A New Republic/Basic Books, 1996.

BOLICK (Clint), *The Affirmative Action Fraud : Can We Restaure the American Civil Rights Vision ?*, Washington, Cato Institute, 1996.

CASHIN (Sheryll), *The Failures of Integration : How Race and Class are Undermining the American Dream*, New York, Public Affairs, 2004.

COSE (Ellis), *The Envy of the World : On Being a Black Man in America*, New York, Washington Square Press, 2002.

CLINTON (Bill), *My Life*, New York, Alfred Knopf, 2004.

EASTLAND (Terry), *Ending Affirmative Action : The Case for Color-blind Justice*, New York, Basic Books, 1996.

FELIX (Antonia), *Condi : the Condoleezza Rice Story*, New York, New Market Press, 2005.

FUNDERBURG (Lisa), *Black, White, Other : Biracial Americans Talk About Race and Identity*, New York, Morrow & Co, 1994.

KENNEDY (Randall), *The Strange Career of a Troublesome Word*, New York Pantheon Books, 2002.

KLEIN (Joe), *The Natural : The Misunderstood Presidency of Bill Clinton*, New York, Doubleday, 2002.

KOTLOWITZ (Alex), *There Are No Children Here, The Story of Two Boys Growing up in the Other America*, New York Anchor Books, 1991.

LASCH-QUINN (Elizabeth), *Race Experts : How Racial Etiquette, Sensitivity Training, and New Age Therapy, Hijacked the Civil Rights Revolution*, New York, W.W. Norton, 2001.

LOURY (Glenn C.), *The Anatomy of Racial Inequality*, Cambridge, Massachussetts, Harvard University Press, 2002.

MABRY (Marcus), *Twice as Good : Condoleezza Rice and Her Path to Power*, Modern Times/Rodale, 2007.

MARTINEZ (Ruben), *The New Americans*, New York, The New Press, 2004.

McWHORTER (John H.), *Losing the Race : Self-Sabotage in Black America*, New York, The Free Press, 2000.

MORRISON (Toni), « Comment », *The New Yorker*, 1998.

OBAMA (Barack), *Dreams from My Father : A Story of Race and Inheritance*, New York, Three Rivers Press, 1995.

—, *The Audacity of Hope : Thoughts on Reclaiming the American Dream*, New York, Crown, 2006.

ORFIELD (Gary), EATON (Susan E.), and The Harvard Project on School Desegregation, *Dismantling Desegregation : The Quiet Reversal of "Brown v. Board of Education"*, New York, The New Press, 1996.

POWELL (Colin), *My American Journey*, New York, Random House, 1995.

ROBINSON (Randall), *The Debt : What America Owes to Blacks*, New York, Penguin Books, 2000.

SHIPLER (David K), *A Country of Strangers : Blacks and Whites in America*, New York, Alfred Knopf, 1997.

WICKHAM (DeWayne), *Bill Clinton and Black America,* One World/Ballantine, 2002.

WILSON (William Julius), *When Work Disappears : The World of the New Urban Poor,* New York, Alfred Knopf, 1996.

Notes

CHAPITRE 1

DANS LA NUIT DES COLONIES

1. THOMAS (Hugues), *La Traite des Noirs*, 1440-1870, Robert Laffont, réédition française, Paris, 2006, p. 171.

2. QUARLES (Benjamin), *The Negro in the Making of America*, New York, Macmillan, 1987, p. 38.

3. STAMPP (Kenneth), *The Peculiar Institution*, New York, Random House, 1984, p. 3.

4. L'évêque Bartolomé de Las Casas entreprit de protéger les Indiens contre la brutalité des conquérants, et dans ce but, recommanda en 1517 l'importation d'esclaves africains. Il apportait ainsi à cette pratique la caution de l'Église. Vers la fin de sa vie, il regretta amèrement son initiative.

5. OAKES (James), *Slavery and Freedom*, New York, Random House, 1990, p. 51.

6. FRANKLIN (John Hope) & MOSS, Jr. (Alfred A.), *From Slavery to Freedom*, New York, McGraw-Hill, 6e édition, 1988, p. 54.

7. Avant la guerre d'Indépendance, les treize colonies se composaient de trois groupes géographiques : la Nouvelle-Angleterre (New Hampshire, Massachusetts, Rhode Island, Connecticut), les colonies du centre (New York, New Jersey, Pennsylvanie, Delaware), et les colonies du sud (Maryland, Virginie, Caroline du Nord, Caroline du Sud, Géorgie).

8. BENNETT, Jr. (Lerone), *Before the Mayflower : A History of Black America*, New York, Penguin Books, 1984, (édition originale 1962), p. 46.

9. FRANKLIN & MOSS Jr., *op. cit.*, p. 37-39.

10. Les sociologues comme E. Franklin Frazier ou Robert E. Park.

11. FRAZIER (E. Franklin), *The Negro Church in America* (édition originale 1964), et LINCOLN (C. Eric), *The Negro Church since Frazier*, publié en un seul volume, New York, Schocken Books, 1974 (édition originale 1963), p. 10. Voir également FRAZIER (E. Franklin), *The Negro Family in the United States*, New York, Dryden Press, 1948 (édition originale 1939).

12. L'anthropologue Melville HERSKOVITS ouvrit la voie en 1941 avec *The Myth of the Negro Past* (New York, Harpers & Row, 1941), dans lequel il défendait la thèse d'une culture afro-américaine spécifique. Parmi les nombreux historiens qui adoptèrent tout ou partie de ce point de vue, citons Robert Fogel, Benjamin Quarles, John Hope Franklin, Eugene D. Genovese, Herbert G. Gutman. Dans le livre remarquable qu'il a publié avec Stanley Engerman en 1974, Robert · Fog s'est ainsi attaché à réfuter la thèse de la famille d'esclaves instables et aux mœurs douteuses. Voir FOGEL (Robert William) & ENGERMAN (Stanley), *Time on the Cross : The Economics of American Negro Slavery*, Lanham MD, University Press of America, 1984, p. 126-144 et également *Time on the Cross : Evidence and Methods : A Supplement*, Boston, Little & Brown, 1974.

13. FRANKLIN & MOSS Jr., *op. cit.*, p. 25.

14. Selon leur méthode, on caractérisait ces capitaines de vaisseaux comme des *loose packers* ou des *tight pack*ers. Voir MANNIX (Daniel P.) et COWLEY (Malcolm), *Black Cargoes : A History of the Atlantic Slave Trade*, cité par Joanne GRANT, in *Black Protest : History, Documents and Analyses*, New York, Ballantine Books, 1991 (édition originale 1968), p. 24-25.

15. BENNETT Jr., *op. cit.*, p. 442.

16. FRANKLIN & MOSS Jr., *op. cit.*, p. 55.

17. THOMAS, Hugh, *op. cit.*, p. 266.

18. GRANT, *op. cit.*, p. 26-28.

19. *Ibid.*, p. 17-18.

20. In DOCUMENTS D'ÉTUDES, DROIT CONSTITUTIONNEL ET INSTITUTIONS POLITIQUES, « Les Institutions des États-Unis », Paris, la Documentation française, décembre 1971, p. 2. La traduction est celle de Thomas Jefferson lui-même.

21. QUARLES, *op. cit.*, p. 61.

22. FRANKLIN & MOSS Jr., p. 137.

23. BENNETT Jr., *op. cit.*, p. 58.

24. FRAZIER, *The Negro Church in America*, *op. cit.*, p. 28-29 ; 30-32.

CHAPITRE 2
LE ROYAUME DU COTON

1. La citation complète nous dit : « Maudit soit Canaan ! Qu'il soit l'esclave des esclaves de ses frères ! Il [Noé] dit encore : béni soit l'Éternel, Dieu de Sem, et que Canaan soit leur esclave ! Que Dieu étende les possessions de Japhet, qu'il habite dans les tentes de Set et que Canaan soit leur esclave ! », Genèse, chapitre 9, versets 25-27.

2. GUTMAN (Herbert G.), *The Black Family in Slavery and Freedom*, 1750-1925, New York, Random House, 1976, p. 144-145.

3. La Louisiane achetée à Napoléon en 1803 recouvrait un immense territoire qui s'étendait du golfe du Mexique au Canada, entre le Mississippi à l'est et les montagnes Rocheuses à l'ouest. L'État de la Louisiane proprement dit se joignit aux États-Unis en 1812.

4. À Saint-Domingue, la révolte des esclaves, menée par Toussaint L'Ouverture en 1791, ne put être apaisée que par l'indépendance de l'île, plus tard rebaptisée Haïti.

5. FRANKLIN & MOSS Jr., *op. cit.*, p. 79 et p. 113.

6. *Ibid.*, p. 113.

7. Les conducteurs, ou *drivers*, choisis parmi les esclaves, étaient chargés de déterminer le moment du départ dans les champs, l'heure du retour, la durée du déjeuner, de distribuer certaines tâches et de fixer le rythme du travail. Ils devaient également maintenir l'ordre dans le quartier des cases. Leurs fonctions comportaient quelques privilèges, notamment celui de donner le fouet.

8. GENOVESE (Eugene D.), *Roll, Jordan, Roll : The World The Slaves Made*, New York, Random House, 1974, p. 394-395.

9. Beaucoup d'esclaves ont raconté le choc psychologique que constituait la réalisation de leur situation, et la perversion que la position de « maîtres » introduisait dans le caractère de leurs compagnons de jeux blancs. Voir par exemple NICHOLS (Charles H.) et al., *Black Men in Chains : Narratives by Escaped Slaves*, New York, Lawrence Hill, 1972, p. 97-98 ; voir aussi l'analyse d'Eugene D. GENOVESE, *op. cit.*, p. 502-519 ; et de James OAKES, *op. cit.*, p. 18-21.

10. Sur la vie des femmes du Sud, esclaves et maîtresses, voir l'ouvrage passionnant d'Elizabeth FOX-GENOVESE, *Within the Plan-*

tation Household : Black and White Women of the Old South, Chapel Hill, The University of North Carolina Press, 1988.

11. GENOVESE, *op. cit.*, p. 33.

12. Voir l'autobiographie que le célèbre abolitionniste noir Frederick Douglass écrivit en 1845 : DOUGLASS (Frederick), *Narrative of the Life of Frederick Douglass*, New York, Signet, Penguin Group, 1968 (édition originale 1845), p. 24-26.

13. Ces patrouilles étaient détestées presque autant par les propriétaires que par les esclaves. Les planteurs y voyaient un empiètement sur leurs libertés individuelles et s'efforçaient bien souvent de ne pas y participer.

14. GENOVESE, *op. cit.*, p. 416-417.

15. HERNTON (Calvin C.), *Sex and Racism in America*, New York, Double Day, 1965, p. 170.

16. FRANKLIN & MOSS Jr., *op. cit.*, p. 128.

17. GENOVESE, *op. cit.*, p. 420.

18. MOYNIHAN (Daniel P.), *The Negro Family : The Case for National Action*, Washington D.C., U.S. Department of Labor, Office of Planning and Research, March 1965.

19. Voir FRAZIER, *op. cit.*, et ELKINS (Stanley M.), *Slavery : A Problem in American Institutional and Intellectual Life*, Chicago, The University of Chicago Press, 1959.

20. BILLINGSLEY (Andrew), *Black Families in White America*, New York, Simon & Schuster, 1988 (édition originale 1968), p. 68-69.

21. Voir notamment les ouvrages de John Hope FRANKLIN, Eugene D. GENOVESE, Herbert GUTMAN, Robert FOGEL.

22. GUTMAN, *op. cit.*, p. 185-229.

23. *Ibid.*, p. 230-256.

24. Benjamin QUARLES cite un passage typique d'un catéchisme à l'usage des esclaves :

« Question : Qui t'a donné un maître et une maîtresse ?

Réponse : Dieu me les a donnés.

Question : Qui dit que tu dois leur obéir ?

Réponse : Dieu me le dit. »

In QUARLES, *op. cit.*

25. John Miller CHERNOFF résume ainsi l'importance de la musique dans la société africaine :

« En Afrique, la musique aide les gens à travailler, à se distraire, à contrôler un mauvais sujet ou à louer quelqu'un de bon, à transmettre l'histoire, à déclamer des poèmes et des proverbes, à célébrer un enterrement ou une fête, à faire des concours, à rencontrer les Dieux, à se développer, et fondamentalement, à se montrer sociable dans chacune de leurs activités. »

In CHERNOFF (John Miller), *African Rhythm and African Sensibility*, Chicago, University of Chicago, 1981, p. 167.

26. ABRAHAMS (Roger D.), *Singing the Master : The Emergence of African American Culture in the Plantation South*, New York, Random House, 1992, p. 82-134.

27. Voici par exemple l'opinion de Frederick Douglass : « Quant à l'effet de ces vacances sur l'esclave, je les considère comme l'un des moyens les plus efficaces dont dispose le propriétaire d'esclaves pour maîtriser l'esprit de révolte. Si les propriétaires devaient tout d'un coup renoncer à cette pratique, je n'ai pas le moindre doute que cela provoquerait une insurrection immédiate des esclaves. Ces vacances servent de fil conducteur, ou de soupape de sûreté, pour évacuer l'esprit de rébellion de l'humanité asservie », in DOUGLASS, *op. cit.*, p. 84.

28. *Ibid.*, p. 32.

29. Voir l'intéressant développement d'Eugene GENOVESE sur le paternalisme dans le Sud, in *op. cit.*, p. 3-7, p. 591.

30. APTHEKER (Herbert), *To Be Free*, New York, Carol Publishing Group, 1991 (édition originale 1948), p. 31-35.

31. *Ibid.*, p. 11-30.

32. BENNETT Jr., *op. cit.*, p. 154, p. 165-167.

33. GENOVESE, *op. cit.*, p. 606.

34. APTHEKER (Herbert), *American Negroe Slave Revolts*, New York, Columbia University Press, 1943.

35. BENNETT Jr., *op. cit.*, p. 125-126.

36. WISH (Harvey), « American Slave Insurrections Before 1861 », in *Journal of Negro History*, XXII, July 1937, p. 229-320, cité in GRANT, *op. cit.*, p. 35-45.

37. *Ibid.*, p. 127-131.

38. OATES (Stephen B.), *The Fires of Jubilee*, New York, Harper and Row, 1975.

CHAPITRE 3
L'ÉVEIL DES AFFRANCHIS

1. Voir DUBOIS (William Edward Burghardt), *Black Reconstruction in America, 1860-1880*, New York, Atheneum, Macmillan Publishing Company, 1992 (édition originale 1935), p. 37-38.

2. Outre la Californie, ces territoires incluaient le Nevada, l'Utah, l'Arizona, une partie du Colorado et du Nouveau-Mexique actuels.

3. FRANKLIN & MOSS Jr., *op. cit.*, p. 177 et OAKES, *op. cit.*, p. 171.

4. BENNETT Jr., *op. cit.*, p. 178.

5. Voir par exemple la protestation de Sojourner TRUTH contre la ségrégation dans les transports, le discours de Charles Lenox REMOND sur le même thème, l'argumentation de Charles SUMNER contre la décision de la Cour suprême du Massachusetts dans le cas Sarah Roberts (décision qui approuvait la ségrégation scolaire), documents cités in GRANT, *op. cit.*, p. 89-102.

6. Frederick DOUGLASS est l'auteur de trois ouvrages autobiographiques : *Narrative of the Life of Frederick Douglass* (1845), *My Bondage and my Freedom* (1855), *The Life and Times of Frederick Douglass* (1881).

7. BEECHER-STOWE (Harriet), *Uncle Tom's Cabin*, New York, Penguin Books, 1986 (édition originale 1852).

8. Cité in BENNETT Jr., *op. cit.*, p. 148.

9. Sur l'équipée de John Brown, voir notamment APTHEKER, *To Be Free*, *op. cit.*, p. 68, et QUARLES, *op. cit.*, p. 108.

10. Sur l'évolution du président Lincoln et la genèse de la Proclamation d'Émancipation, voir FRANKLIN (John Hope), *The Emancipation Proclamation*, New York, Doubleday, 1963.

11. Il s'agissait du Delaware, du Kentucky, du Maryland et du Missouri.

12. DUBOIS, *Black Reconstruction*, *op. cit.*, p. 55.

13. Voici ce que déclara Lincoln, lors d'une rencontre avec des leaders noirs pendant l'été 1862 : « Sur ce vaste continent, pas un seul homme de votre race n'est considéré l'égal d'un seul homme de la nôtre. [Même] là où vous êtes le mieux traités, (...) l'interdit pèse toujours sur vous. » In *The Collected Works of Abraham Lincoln*, cité par DAVIS (David Brion), « The White World of Frederick Douglass », in *The New York Review of Books*, New York, 16 mai 1991, p. 12 *sq.*

14. Sur la participation des Noirs à la lutte armée, voir APTHE-KER, *To Be Free*, *op. cit.*, p. 75-135.

15. Le film signé par Edward Zwick en 1990, *Glory*, retrace ainsi l'épopée du 54ᵉ régiment de volontaires du Massachusetts, décimé lors de l'attaque de Fort Wagner. Il rappelle aussi la solidarité qui se tissa parfois entre les soldats de couleur et leurs officiers blancs.

16. GENOVESE, *op. cit.*, p. 97-112.

17. Cité dans l'émission de télévision de Ken BURNS, « Civil War », produite par la chaîne PBS et diffusée en septembre 1990.

18. DUBOIS, *Black Reconstruction*, *op. cit.*, p. 125.

19. Code noir de l'État de Louisiane, 1865, in GRANT, *op. cit.*, p. 150.

20. Le XIVᵉ amendement garantit que « Tout individu né ou natu-ralisé aux États-Unis (…) est citoyen des États-Unis et de l'État où il réside. »

21. PAINTER (Nell Irvin), *Exodusters : Black Migration to Kansas after Reconstruction*, Lawrence, Kansas, University of Kansas Press, 1986 (1ʳᵉ édition 1976).

22. FRANKLIN & MOSS Jr., *op. cit.*, p. 220.

23. Arrêt « *Plessis contre Ferguson* », in GRANT, *op. cit.*, p. 170-174.

CHAPITRE 4

LE TEMPS DE LA SÉGRÉGATION

1. BENNETT, Jr., *Before the Mayflower*, *op. cit.*, p. 510.

2. Les émeutes de Statesboro (Géorgie) en 1904, d'Atlanta en 1906, de Brownsville en 1906 sont restées parmi les plus tristement célèbres. Dans le Nord, Springfield (Illinois) dès 1904, et Greens-burg (Indiana) en 1906 connurent aussi la violence raciale.

3. Sur l'exode vers le Kansas, voir PAINTER, *Exodusters*, *op. cit.*

4. FRANKLIN & MOSS, Jr., *From Slavery to Freedom*, *op. cit.*, p. 254.

5. GUTMAN, *The Black Family in Slavery and Freedom*, *op. cit.*, p. 433.

6. BENNETT, Jr., *op. cit.*, p. 292.

7. *Ibid.*, p. 291.

8. FRAZIER (E. Franklin), *The Negro Church in America*, *op. cit.*, p. 56.

9. FRANKLIN & MOSS, Jr., *op. cit.*, p. 263.

10. WINTZ (Cary D.), *Black Culture and the Harlem Renaissance*, Houston, Rice University Press, 1988, p. 48-63.

11. WASHINGTON (Booker Taliaferro), *Up from Slavery*, New York, Penguin Books, 1986 (édition originale 1901).

12. *Ibid.*, p. 221-223.

13. *Ibid.*, p. 235-237.

14. B.T. Washington sortit des limites qu'il s'était imposées en prononçant un discours nettement antiségrégationniste lors des festivités qui suivirent la victoire américaine contre l'Espagne en 1898 (*Upfrom Slavery* p. 253-255), et également quand il accepta l'invitation de Theodore Roosevelt à dîner à la Maison Blanche en 1901. Sa présence à la table présidentielle déclencha une tempête de protestations dans le Sud, et l'invitation ne fut jamais renouvelée.

15. Depuis la parution du roman de Harriet Beecher-Stowe, « l'Oncle Tom » est demeuré le prototype du « bon » Noir, soumis et dévoué.

16. WINTZ, *op. cit.*, p. 39.

17. DUBOIS (W.E.B.), *The Souls of Black Folks*, New York, Penguin Books 1989 (édition originale 1903).

18. QUARLES, *op. cit.*, p. 172.

19. DUBOIS, *The Souls of Black Folks, op. cit.*, p. 13.

20. *Ibid.*, p. 43.

21. *Ibid.*, p. 87-88.

22. Le Mouvement de Niagara s'était réuni d'abord à Niagara Falls, une des fameuses stations canadiennes de l'*Underground Railroad*. En 1906, le Mouvement choisit comme lieu de rencontre Harpers Ferry, où John Brown avait lancé sa tentative d'insurrection contre l'esclavage. À la réunion de Harpers Ferry, W.E.B. Dubois déclara vigoureusement :

« Nous voulons le suffrage universel masculin et nous le voulons maintenant... Nous voulons que cesse la discrimination dans les établissements publics... Nous voulons que la Constitution du pays soit appliquée... Nous voulons que nos enfants soient instruits... Nous sommes des hommes ! Nous serons traités comme des hommes. Et nous vaincrons ! »

Cité par Donald B. Gibson, dans l'introduction de *The Souls of Black Folks, op. cit.*, p. 20 de l'édition Penguin Book.

23. FRANKLIN & MOSS Jr., *op. cit.*, p. 288.

24. *Ibid.*

25. Pendant la campagne électorale, Wilson avait déclaré à l'évêque Walters, président d'une nouvelle organisation nommée *National Colored Democratic League* que les Noirs pouvaient compter sur lui pour « un traitement parfaitement juste », in QUARLES, *op. cit.*, p. 176.

26. CLEMENTS (Kendrick A.), *The Presidency of Woodrow Wilson*, Lawrence, University Press of Kansas, 1992, p. 160.

27. *Ibid.*, p. 45.

28. *Birth of a Nation*, de D.W. GRIFFITH, 1915. Ce film portait à l'écran le roman de Thomas DIXON, *The Clansman*, (1905), qui peignait les membres du Klan comme de nobles justiciers.

29. CLEMENTS, *op. cit.*, p. 140.

30. *Ibid.*, p. 145-146.

31. FRANKLIN & MOSS Jr., *op. cit.*, p. 294.

32. DUBOIS, « Editorial », in *The Crisis*, vol. XVI, juillet 1918, cité in GRANT, *op. cit.*, p. 184.

33. FRANKLIN & MOSS Jr., *op. cit.*, p. 297.

34. QUARLES, *op. cit.*, p. 188-189.

35. FRANKLIN & MOSS Jr., *op. cit.*, p. 307.

36. GRANT, *op. cit.*, p. 177.

37. CLEMENTS, *op. cit.*, p. 160.

38. GRANT, *op. cit.*, p. 177.

CHAPITRE 5
LE RETOUR À LA « NORMALE »

1. DUBOIS (W.E.B.), « Editorial », in *The Crisis*, mai 1919, cité in BENNETT Jr., *op. cit.*, p. 352-353.

2. Dans la nuit du 25 au 26 septembre 1919, Woodrow Wilson subit la première d'une série d'attaques qui devaient le rendre incapable d'assurer effectivement les responsabilités de la présidence jusqu'à la fin de son mandat.

3. CLEMENTS, *op. cit.*, p. 211-213.

4. JACKSON (Kenneth T.), *The Ku Klux Klan in the City, 1915-1930*, Chicago, Ivan R. Dee, Elephant Paperback 1992 (édition originale 1967), p. 235-239.

5. BLEE (Kathleen M.), *Women of the Klan : Racism and Gender in the 1920's*, Berkeley, University of California Press, 1991, p. 70-98.

6. JACKSON, *op. cit.*, p. 22.

7. BLEE, *op. cit.*, p. 35-37.

8. JOHNSON (James Weldon), *Along this Way, Autobiography*, New York, Penguin Books 1990 (édition originale 1933), p. 341.

9. GRANT, *op. cit.*, p. 178.

10. *Ibid.*

11. Sur Marcus Garvey, voir HILL (Robert A.) & BAIR (Barbara), ed., *Marcus Garvey, Life and Lessons*, Berkeley, University of California Press, 1987, et STEIN (Judith), *The World of Marcus Garvey, Race and Class in Modern Society*, Baton Rouge, Louisiana State University Press, 1986.

12. FRAZIER, *The Negro Church in Ameri*ca, *op. cit.*, p. 62-65.

13. La Prohibition, imposée par le Congrès en 1911, fut abolie par le président Roosevelt en 1933. Cette ère de puritanisme fit la fortune du « milieu » américain.

14. JOHNSON (James Weldon), *Along This Way*, *op. cit.*, p. 380.

15. JOHNSON (James Weldon), *The Autobiography of an Ex-Coloured Man*, New York, Hill & Wang, 1991 (édition originale 1912). Johnson décrit notamment « l'influence diminuante, pervertissante, déformante, qui s'exerce sur chaque homme de couleur aux États-Unis. Il est contraint de choisir son point de vue sur toutes choses non en tant que citoyen, ou en tant qu'homme, ou même en tant qu'être humain, mais en tant qu'homme de couleur ». (p. 21.)

16. LOCKE (Alain), *The New Negro*, New York, Atheneum, Macmillan Publishing Company, 1992 (édition originale 1925), p. 3-5.

17. DUBOIS (W.E.B.), « Critique littéraire », in *The Crisis*, décembre 1926, p. 81-82, cité in WINTZ, *op. cit.*, p. 99-101.

18. L'expression familière « quand le "Negro" était en vogue » est due à Langston HUGHES, in *The Big Sea*, New York, A. Knopf, 1940, p. 223. Parmi de très nombreux ouvrages sur la Renaissance de Harlem, voir HUGGINS (Nathan), *Harlem Renaissance*, New York, Oxford University Press, 1971, et LEWIS (David Levering), *When Harlem Was in Vogue*, New York, Oxford University Press, 1989.

19. HUGHES (Langston), « The Negro Artist and the Racial Mountain », in *The Nation*, 23 juin 1926, p. 694, cité in RAMPERSAD (Arnold), *The Life of Langston Hughes*, vol. I : 1902-1941, *I, Too Sing America*, New York, Oxford University Press 1986, p. 130-131.

20. McKAY (Claude), « If we must die », cité in TILLERY (Tyrone), *Claude MacKay, A Black Poet Struggle for Identity*, Amherst, University of Massachusetts Press, 1992, p. 34-35. Le

recueil original de Claude MacKay, *Harlem Shadows*, a été publié à New York en 1922 chez Harcourt, Brace & Cy.

21. Sur les débuts des Noirs à Hollywood, voir POMERANCE (Alan), *Repeal of the Blues, How Black Entertainers Influenced Civil Rights*, New York, Citadel Press, Carol Publishing Group, 1991, p. 86-113.

22. Pour un aperçu de la création picturale des artistes noirs, voir McELROY (Guy C.), POWELL (Richard J.) & PATTON (Sharon F.), *African-American Artists, 1880-1987*, Washington DC, Smithsonian Institution in Association with University of Washington Press, Seattle, 1989. Voir aussi le bel ouvrage de David Lewis sur la peinture et la photographie de la Renaissance de Harlem : LEWIS (David), *Harlem Renaissance, Art of Black America*, New York, The Studio Museum in Harlem, Harry N. Abrams, 1987.

23. FRANKLIN & MOSS Jr., *op. cit.*, p. 341.

24. GRANT, *op. cit.*, p. 215.

25. NAISON (Mark), *Communists en Harlem During the Depression*, New York, Grove Press, 1983, p. 10-11.

26. *Ibid.*, p. 17.

27. *Ibid.*, p. 57.

28. *Ibid.*, p. 42.

29. McKay rompit avec le Parti dès la fin des années 1930, alors que Hughes attendit 1950 pour s'éloigner définitivement du communisme.

30. NAISON, *op. cit.*, p. 279.

31. CRUSE (Harold), *The Crisis of the Negro Intellectual, A Historical Analysis of the Failure of Black Leadership*, New York, Quill 1984 (édition originale 1966). L'analyse passionnante de Cruse eut un grand retentissement à la fin des années 1960.

32. SITKOFF (Harvard), *A New Deal for Blacks : The Emergence of Civil Rights as a National Issue, Volume I : The Depression Decade*, New York, Ox University Press, 1978, p. 85-86.

33. *Ibid.*, p. 95.

34. Voir PINCKNEY (Darryl), « Keeping the Faith », in *The New York Review of Books*, New York, 22 novembre 1990, p. 29 *sq.*, et PFEFFER (Paula F.), *A. Philip Randolph : Pioneer of the Civil Rights Movement*, Baton Rouge, Louisiana University Press, 1990.

35. FRANKLIN & MOSS, Jr., *op. cit.*, p. 355.

36. LINCOLN (C. Eric), *The Black Church Since Frazier*, *op. cit.*, p. 164.

37. NAISON, *op. cit.*, p. 296-297.

38. Blessée dans un accident de voiture non loin de Clarksdale dans le Mississippi, le « berceau du jazz », Bessie Smith se vit refuser l'entrée de l'hôpital local à cause de la couleur de sa peau, et décéda avant d'atteindre Memphis.

39. BENNETT, Jr., *op. cit.*, p. 364.

40. FRANKLIN & MOSS, Jr., *op. cit.*, p. 388.

CHAPITRE 6
VERS LA DÉSÉGRÉGATION

1. QUARLES, *The Negro in the Making of America*, *op. cit.*, p. 220.

2. Le général Eisenhower donna l'ordre suivant aux officiers américains envoyés en Europe : « Les troupes de couleur vont à l'évidence entretenir des rapports multiples avec la population britannique, à la fois hommes et femmes, dans des termes mutuellement acceptables par les individus concernés. Toute tentative de limiter ces contacts est injustifiée et ne doit pas être tentée. Il est absolument essentiel que les officiers et les soldats américains évitent soigneusement de faire la moindre remarque péjorative, en public ou en privé, au sujet des groupes raciaux de l'armée des États-Unis. La propagation d'opinions péjoratives (…) serait considérée préjudiciable au bon ordre et à la discipline militaire et les coupables seraient promptement punis. » Lettre citée in POMERANCE, *Repeal of the Blues*, *op. cit.*, p. 179.

3. QUARLES, *op. cit.*, p. 228.

4. FRANKLIN & MOSS, Jr., *From Slavery to Freedom*, *op. cit.*, p. 403. POMERANCE, *op. cit.*, p. 174.

5. POMERANCE, *op. cit.*, p. 174.

6. POWLEDGE (Fred), *Free at Last ? The Civil Rights Movement and the People Who Made It*, New York, Harper Perennial, 1991, p. 19.

7. MYRDAL (Gunnar), with the assistance of STERNER (Richard) & ROSE (Arnold), *An American Dilemna, The Negro Problem and Modern Democracy*, New York, Harper & Brothers, 1944.

8. ABERNATHY (Ralph David), *And the Walls Came Tumbling Down, an Autobiography*, New York, Harper & Row, 1989, p. 112.

9. HAMPTON (Henry) & FAYER (Steve), with FLYNN (Sarah), *Voices of Freedom, an Oral History of the Civil Rights Movement from*

the 1950's Through the 1980's, New York, Bantam Books, 1990, XXIV.

10. BENNETT, Jr., *Before the Mayflower, op. cit.*, p. 541.

11. *Charte des Nations unies*, article 1ᵉʳ, alinéa 3, et Déclaration universelle des droits de l'homme.

12. FRANKLIN & MOSS, Jr., *op. cit.*, p. 409.

13. QUARLES, *op. cit.*, p. 230.

14. GRANT, *Black Protest, op. cit.*, p. 220.

15. POWLEDGE, *op. cit.*, p. 19.

16. « Dixiecrat » évoque le « Dixie », ou « Dixiland » c'est-à-dire l'ancienne Confédération.

17. Voir BENNETT, Jr., *op. cit.*, p. 371, et NEWMAN (Dorothy K.), AMIDEI (Nancy J.), CARTER (Barbara L.), DAY (Davis), KRUVANT (William J.), RUSSELL (Jack S.), *Protest, Politics and Prosperity : Black Americans and White Institutions, 1940-75*, New York, Pantheon Books, 1978, p. 114.

18. NEWMAN et al., *op. cit.*, p. 11.

19. ELLISON (Ralph), *Invisible Man*, New York, Random House, 1952, p. 3.

20. Joe Louis et Jackie Robinson servaient d'exemples à toute la jeunesse noire. Dans un touchant récit autobiographique, Clifton L. Taulbert se souvient de son enfance dans le Mississippi des années 1950, et des quatre héros dont il apprenait soigneusement la biographie sur les bancs de l'école : Jackie Robinson, la cantatrice Marian Anderson, Mary McLeod Bethune, et l'agronome George Washington Carver. Voir TAULBERT (Clifton L.), *Once Upon a Time When We Were Colored*, Tulsa, Oklahoma, Council Oak Books, 1989, p. 35-37.

21. FRAZIER (E. Franklin), *Black Bourgeoisie*, New York, Collier Books, 1962 (édition originale *Bourgeoisie noire*, Paris, Plon, 1955).

22. Dans *Invisible Man*, Ralph Ellison dépeint sans complaisance la honte de ces Noirs « embourgeoisés » : « Comme nous tous, à l'université, haïssions les Noirs de la campagne, les "paysans", à cette époque ! Nous essayions de les tirer vers le haut et eux, comme Trueblood, faisaient tout ce qu'ils pouvaient pour nous enfoncer. » Plus loin, le même Trueblood dépeint ingénument à un homme blanc le cas d'inceste qui s'est produit dans son foyer, et le narrateur commente, au comble de l'humiliation : « Comment pouvait-il raconter cela aux Blancs, alors qu'il savait qu'ils diraient que tous les Noirs font de telles choses ? » in ELLISON, *op. cit.*, p. 36-45.

23. Madame C.J. Walker (1867-1919) débuta sa carrière avec deux dollars en poche et une formule de produit capillaire pour défriser les cheveux. Le succès de son entreprise de cosmétiques la rendit millionnaire.

24. FRAZIER, *Black Bourgeoisie*, *op. cit.*, p. 148.

25. *Ibid.*, p. 149-162.

26. *Ibid.*, p. 27 ; p. 71 ; p. 98 ; p. 112.

27. *Ibid.*, p. 50-51.

28. *Ibid.*, p. 8.

29. NEWMAN et al., *op. cit.*, p. 5-10.

30. *Ibid.*, p. 49.

31. Voir par exemple TAULBERT, *op. cit.*, p. 115.

32. QUARLES, *op. cit.*, p. 228.

33. Voir LEMANN (Nicholas), *The Promised Land : The Great Black Migration and How It Changed America*, New York, Alfred A. Knopf, 1991, p. 6, et NEWMAN et al., *op. cit.*, p. 45.

34. LEMANN, *op. cit.*, p. 41.

35. Il s'agissait de la *J.H. Jackson's Christ Baptist Church*, voir LEMANN, *op. cit.*, p. 46.

36. Nicholas Lemann cite à cet égard les analyses de Dubois et Frazier, p. 29-32.

37. LEMANN, *op. cit.*, p. 81-82.

38. DAVIS (Michael D.) & CLARK (Humer R.), *Thurgood Marshall : Warrior at the Bar, Rebel on the Bench*, New York, Birch Lane Press Book, Carol Publishing Group, 1992, p. 56.

39. KALMAN (Laura), « Mr Civil Rights », in *The New York Times Book Review*, 7 février 1993, p. 14.

40. WILLIAMS (Juan), with the Eyes on the Prize Production Team, *Eyes on the Prize, America's Civil Rights Years, 1954-1965*, New York, Penguin Books, 1987, p. 17.

41. *Ibid.*, p. 20-21, DAVIS & HUNTER, *op. cit.*, p. 156-158.

42. DAVIS & HUNTER, *op. cit.*, p. 157.

43. BENNETT, Jr., *op. cit.*, p. 376.

44. « Brown versus Board of Education », 347 U.S. 483 (1954), in GRANT, *op. cit.*, p. 261-268.

45. DAVIS & HUNTER, *op. cit.*, p. 180.

46. WILLIAMS, *op. cit.*, p. 34 ; p. 38.

47. *Ibid.*, p. 38.

CHAPITRE 7
LE MOUVEMENT DES DROITS CIVIQUES

1. « Pledge of Allegeance », ou Serment de fidélité au drapeau.

2. KALMAN, article cité, p. 14.

3. « Southern Manifesto », in GRANT, *op. cit.*, p. 268-272.

4. WILLIAMS, *op. cit.*, p. 39.

5. « *Bye, Baby* » : avec ces deux mots, Emmett Till signait son arrêt de mort, in BLACKSIDE, Inc., *Eyes on the Prize*, 1re série : « America's Civil Rights Years », 1re partie, « Awakenings, 1954-1956 », Boston, Massachusetts, 1986. Cette série télévisée diffusée par la chaîne publique PBS et produite par BLACKSIDE, Inc., rassemble une collection irremplaçable de documents d'actualité.

6. WILLIAMS, *op. cit.*, p. 44.

7. Interview de James HICKS in BLACKSIDE, *op. cit.*, 1re série, 1re partie.

8. WILLIAMS, *op. cit.*, p. 48 ; 53.

9. MOODY (Anne), *Coming of Age in Mississippi*, New York, Laurel Book, Doubleday, 1976 (édition originale 1968), p. 125-126.

10. Montgomery comptait 110 000 habitants en 1955, dont environ 50 000 Noirs. Parmi les 30 000 Noirs en âge de voter, 2 000 à peine étaient inscrits sur les listes électorales. Voir POWLEDGE, *op. cit.*, p. 74, et SCHULKE (Flip) & McPHEE (Penelope), *King Remembered*, préface de Jesse JACKSON, New York, Pocket Books, Simon & Schuster, 1986, p. 31-33.

11. PARKS (Rosa), with HASKINS (Jim), *My Story*, New York, Dial Books, Penguin Books USA, 1992, p. 116.

12. Sur l'école populaire de Highlander, qui fut longtemps soupçonnée par le FBI d'être un repaire de communistes et soumise à une étroite surveillance, voir notamment BRANCH (Taylor), *Parting the Waters : America in the King Years*, New York, Simon and Schuster, 1988, p. 121-122 ; p. 130.

13. La paternité de ce nom, « MIA », revient à Ralph Abernathy, alors pasteur de l'église *First Baptist* à Montgomery. Voir ABERNATHY, *op. cit.*, p. 147-148.

14. Sur la nomination de King, Taylor BRANCH nous offre trois explications qui regroupent certainement l'ensemble des motivations des participants à la réunion du 5 décembre 1955 :

« Les idéalistes diraient ensuite que les dons de King le désignaient d'eux-mêmes. Les réalistes railleraient, disant que King était peu connu et que son atout principal était de n'avoir ni dettes ni ennemis. Les cyniques diraient que les pasteurs plus connus lui laissèrent la place seulement parce qu'ils prévoyaient dans cette affaire plus de déboires et de dangers que de gloire. » BRANCH, *op. cit.*, p. 137.

15. KING (Martin Luther), *Stride Towards Freedom*, The Montgomery Story, New York, Harper, 1958. Ce texte est reproduit dans le recueil des écrits de M.L. King réalisé sous la direction de J.M. Washington. WASHINGTON (James Melvin), ed., *A Testament of Hope : The Essential Writings of Martin Luther King*, Jr., San Francisco, Harper & Row, 1986. Voir p. 421.

16. KING (Coretta Scott), *My Life With Martin Luther King, Jr.*, New York, Holt, Rinehart and Winston, 1969, p. 95.

17. KING (Martin Luther), *op. cit.*, in WASHINGTON, *op. cit.*, p. 428-429.

18. *Ibid.*, p. 434.

19. *Ibid.*, p. 435-436.

20. Interview de Joe Azbell in HAMPTON & FAYER, *op. cit.*, p. 24-25.

21. Interview de Coretta Scott King dans la série BLACKSIDE, *op. cit.*, 1re série, 1re partie.

22. ABERNATHY, *op. cit.*, p. 151 ; p. 156.

23. BRANCH, *op. cit.*, p. 149. *Ibid.*, p. 168.

24. *Ibid.*, p. 168.

25. BLACKSIDE, *op. cit.*, 1re série, 1re partie.

26. King relate qu'il commença à espérer obtenir justice devant la Cour fédérale quand le juge Rives, après avoir écouté la défense qui déclarait que la déségrégation des autobus ferait de Montgomery un champ de bataille, demanda : « Est-il juste d'ordonner à un homme de renoncer à ses droits constitutionnels, s'il s'agit de ses droits constitutionnels, pour empêcher un autre homme de commettre un crime ? », in *Stride Towards Freedom*, in WASHINGTON, *op. cit.*, p. 451. Pour comprendre l'évolution historique qui permit à un jury composé de trois juges blancs, en Alabama, de condamner la ségrégation par deux voix contre une, voir le livre que Jack BASS a consacré au juge Johnson qui appuya la décision du juge Rives : *Taming the Storm : The Life and Times of Judge Frank M. Johnson, Jr., and the South's Fight Over Civil Rights*, New York, Doubleday, 1992.

27. Interview de Jo Ann Robinson in BLACKSIDE, *op. cit.*, 1re série, 1re partie, et HAMPTON & FAYER, *op. cit.*, p. 32-33.

28. Tract distribué aux usagers noirs des autobus, in WASHING-TON, *op. cit.*, p. 459.

29. WASHINGTON, *op. cit.*, p. 466.

30. BLACKSIDE, *op. cit.*, 1re série, 2e partie, « Fighting Back, 1957-1962 ».

31. POWLEDGE, *op. cit.*, p. 101.

32. BLACKSIDE, *op. cit.*, 1re série, 2e partie.

33. WILLIAMS, *op. cit.*, p. 103.

34. *Ibid.*, p. 95.

35. EDWARDS (Audrey) & POLITE (Dr Craig K.), *Children of the Dream : The Psychology of Black Success*, New York, Anchor Book, Doubleday, 1992, p. 30.

36. BATES (Daisy), *The Long Shadow of Little Rock*, New York, David McKAY, 1962, passage reproduit in EDWARDS & POLITE, *op. cit.*, p. 30.

37. Interview de Melba Patillo Beals dans BLACKSIDE, *op. cit.*, 1re série, 2e partie, et HAMPTON & FAYER, p. 45-46.

38. in WILLIAMS, *op. cit.*, p. 107.

39. BLACKSIDE, *op. cit.*, 1re série, 2e partie.

40. EDWARDS & POLITE, *op. cit.*, p. 1.

41. Arrêt « Cooper contre Aaron », DAVIS & CLARK, *op. cit.*, p. 196.

42. HAMPTON & FAYER, *op. cit.*, p. 52.

CHAPITRE 8
L'ESSOR DE LA CONTESTATION NOIRE

1. Voir notamment les récits de Coretta Scott KING, *op. cit.*, p. 166-171, Taylor BRANCH, *op. cit.*, p. 243-245, et GARROW (David J.), *Bearing the Cross : Martin Luther King, Jr. and the Southern Christian Leadership Conference*, New York, Random House, 1986, réédition Vintage Books 1988, p. 109-110.

2. POWLEDGE, *op. cit.*, p. 104. Ces premiers *sit-in* de la fin des années 1950, qui ne se déroulaient pas dans le cœur du Dixie, n'obtinrent pas la publicité qui devait échoir par la suite à des actions similaires conduites dans le Vieux Sud. Là, le défi à l'ordre établi était si flagrant, si profond, qu'il ne fallut pas moins d'une campagne nationale pour amener quelques commerçants à modifier leurs règlements.

3. Interview de Diane Nash dans HAMPTON & FAYER, *op. cit.*, p. 55.

4. On ne peut résister à rapporter ici l'anecdote fréquemment racontée sur scène par le comédien Dick Gregory qui devint une figure importante du Mouvement des droits civiques et contribua largement à le populariser :

« La dernière fois que je suis allé dans le Sud, je suis entré dans un restaurant, et la serveuse blanche est venue me dire : "Nous ne servons pas de gens de couleur ici." J'ai répondu : "Ça ne fait rien, je ne mange pas de gens de couleur. Apportez-moi un poulet frit." Peu après, les trois cousins sont arrivés, vous savez bien, Ku, Klux et Klan, et ils m'ont dit : "Mon garçon, (…), tout ce que tu feras à ce poulet, on te le fera." Alors j'ai posé mon couteau et ma fourchette, j'ai attrapé le poulet, et je l'ai embrassé. »

In GREGORY (Dick), with LIPSYTE (Robert), *Nigger, an Autobiography*, New York, 1964, réédition 1986, Pocket Books, Simon & Schuster, p. 144.

5. BLACKSIDE, *op. cit.*, 1re série, 3e partie : « Ain't Scared of Your Jails, 1960-1961 ».

6. BRANCH, *op. cit.*, p. 274.

7. Interview de Diane Nash, in HAMPTON & FAYER, *op. cit.*, p. 58.

8. BLACKSIDE, *op. cit.*, 1re série, 3e partie.

9. C.T. Vivian, un autre pasteur qui conduisait avec James Lawson des ateliers non violents, rappelle que la communauté des affaires était le meilleur allié des étudiants noirs :

« Les dirigeants de la ville devaient penser à leurs relations avec les hommes d'affaires. Et les hommes d'affaires pensaient à leurs profits. (…) Donc, les boycotts commençaient par contraindre les hommes d'affaires à faire face au problème. Comme l'a dit l'un d'entre eux, plus personne ne venait dans le centre. Les Noirs ne voulaient pas venir, les Blancs avaient peur de venir. En conséquence, les commerçants commençaient à perdre de l'argent et ils commençaient à demander un changement. Rappelez-vous, cependant, que pendant tout ce temps, nous avions des réunions avec eux, nous discutions, nous négociions en permanence. »

Interview de C.T. Vivian, in HAMPTON & FAYER, *op. cit.*, p. 59-60.

10. BLACKSIDE, *op. cit.*, 3e partie.

11. Voir BRANCH, *op. cit.*, p. 291.

12. Le Zaïre, la Somalie, le Dahomey, la Côte d'Ivoire, le Tchad, le Congo-Brazzaville, le Gabon, le Sénégal, le Mali, le Nigéria et la Sierra Leone.

13. C'est Coretta Scott King qui rappelle ainsi les origines de cet hymne, mi-cantique, mi-chant syndical. Sa version, venant d'une excellente musicienne, semble digne de foi. Voir KING (Coretta Scott), *op. cit.*, p. 189.

14. WILLIAMS, *op. cit.*, p. 135, et BRANCH, *op. cit.*, p. 314.

15. BRANCH, *op. cit.*, p. 140.

16. GARROW, *op. cit.*, p. 144.

17. KING (Coretta Scott), *op. cit.*, p. 163.

18. *Ibid.*, p. 196.

19. GARROW, *op. cit.*, p. 149 et BRANCH, *op. cit.*, p. 368-369.

20. BRANCH, *op. cit.*, p. 374.

21. WILLIAMS, *op. cit.*, p. 143-144.

22. DAVIS & CLARK, *op. cit.*, p. 220.

23. MOODY, *op. cit.*, p. 263-268.

24. Arrêt « *Boynton contre l'État de Virginie* ».

25. Voir WILLIAMS, *op. cit.*, p. 145, et HAMPTON & FAYER, *op. cit.*, p. 74.

26. GRIFFIN (John Howard), *Black Like Me*, New York, 1960, réédition 1976, Signet, Penguin Books, p. 54-62.

27. FARMER (James), *Lay Bare the Heart : An Autobiography of the Civil Rights Movement*, New York, Plume, Penguin Books, 1986, p. 197.

28. In HAMPTON & FAYER, *op. cit.*, p. 75.

29. *Ibid.*, p. 84.

30. WILLIAMS, *op. cit.*, p. 149.

31. L'essentiel de la « sortie » du gouverneur Patterson en face de John Seigenthaler revenait à ceci :

« Il n'y a personne dans tout le pays à part moi pour résister à ces foutus nègres (*niggers*). Et je vous dis que j'ai plus de courrier (…) pour me féliciter de la position que j'ai prise contre ce qui se passe dans ce pays (…) contre Martin Luther King et tous ces agitateurs. Je vous dis que je crois être aujourd'hui plus populaire dans ce pays que John Kennedy à cause de la position que j'ai prise. »

In BRANCH, *op. cit.*, p. 441-442.

Aujourd'hui, John Patterson explique beaucoup plus calmement l'attitude des politiciens du Sud à l'époque du Mouvement des droits civiques : « Je voulais survivre politiquement et je voulais être à nouveau candidat. Pour cela, je devais faire ce que je pensais que la majorité des électeurs d'Alabama attendait de moi. » Interview de John Patterson in POWLEDGE, *op. cit.*, p. 148.

32. BLACKSIDE, *op. cit.*, 1re série, 3e partie.

33. *Ibid.*

34. BRANCH, *op. cit.*, p. 472.

35. *Ibid.*, p. 475.

36. POWLEDGE, *op. cit.*, p. 346-348.

37. WILLIAMS, *op. cit.*, p. 165.

38. *Ibid.*, p. 176-177.

39. POWLEDGE, *op. cit.*, p. 416.

40. Interview de Laurie Pritchett in HAMPTON & FAYER, *op. cit.*, p. 106.

41. Interview de William Anderson, *ibid.*, p. 102.

42. In GARROW, *op. cit.*, p. 202.

43. In WILLIAMS, *op. cit.*, p. 172.

44. In GARROW, *op. cit.*, p. 212.

45. KING (Coretta Scott), *op. cit.*, p. 206.

46. POWLEDGE, *op. cit.*, p. 381.

47. KING (Coretta Scott), *op. cit.*, p. 206.

48. POWLEDGE, *op. cit.*, p. 390.

49. In BRANCH, *op. cit.*, p. 638-639.

50. In POWLEDGE, *op. cit.*, p. 428.

51. BLACKSIDE, *op. cit.*, 1re série, 2e partie.

52. *Ibid.*

53. In HAMPTON & FAYER, *op. cit.*, p. 118-119.

54. BRANCH, *op. cit.*, p. 651.

55. BLACKSIDE, *op. cit.*, 1re série, 2e partie.

56. En dépit de ces conditions dramatiques, le photographe Charles Moore, dépêché par le magazine *Life*, réussit à pénétrer dans le bâtiment de l'administration et à prendre des clichés saisissants de cette nuit d'émeute. Les *marshalls* envoyés par Kennedy furent soumis à un véritable siège, avec cocktails Molotov, jets de pierres et coups de feu. Voir MOORE (Charles) et DURHAM (Michael S.), *Powerful Days : The Civil Rights Photography of Charles Moore*, text by Michael Durham, New York, Stewart, Tabori & Chang and the Professional Photography Division, Eastman Kodak Company, 1991, p. 14-18, 51-69.

57. *Ibid.*, p. 17.

58. Les deux victimes étaient un journaliste français, Paul Guihard, et un passant qui reçut une balle perdue.

CHAPITRE 9
« I HAVE A DREAM »

1. MILLER (Keith D.), *Voice of Deliverance : The Language of Martin Luther King, Jr., and Its Sources*, New York, The Free Press, Macmillan, 1992, p. 10.

2. *Ibid.*, p. 85.

3. KING (Coretta Scott), *op. cit.*, p. 164.

4. In WASHINGTON, *op. cit.*, p. 509. Cette nuit du 27 janvier 1956 a été souvent évoquée. David J. Garrow rapporte ainsi les paroles de King : « Il me sembla qu'à ce moment je pouvais entendre une voix intérieure me disant : "Martin Luther, lutte pour le bien. Lutte pour la justice. Lutte pour la vérité. Et je serai avec toi, jusqu'à la fin du monde…" J'ai entendu la voix de Jésus me disant de continuer le combat. Il m'a promis de ne jamais me laisser, ne jamais me laisser seul. Plus jamais seul. Plus jamais seul… », in GARROW, *op. cit.*, p. 58.

5. In POWLEDGE, *op. cit.*, p. 499.

6. KING (Martin Luther), *Why We Can't Wait*, New York, Harper & Row, 1963, réédition New American Library, Penguin Books, p. 47-50.

7. *Ibid.*, p. 54.

8. OATES (Stephen B.), *Let the Trumpet Sound : The Life of Martin Luther King, Jr.*, New York, Harper & Row, 1982. Édition française : *Martin Luther King*, Paris, le Centurion, 1985, p. 240.

9. Le motel appartenait à A.G. Gaston, l'un des rares millionnaires noirs de Birmingham.

10. KING, *Why We Can't Wait*, *op. cit.*, p. 59.

11. Cette arrestation, et les événements qui suivirent, donnèrent une dimension nouvelle au prestige et à l'influence de Martin Luther King. Très souvent, il se vit confondre dans l'imagerie populaire avec Moïse et Jésus, deux personnages de libérateurs que la religion des esclaves mêlait fréquemment. Le 12 avril 1963, quelqu'un s'écria parmi la foule des badauds : « Le voilà qui part, comme Jésus. » In MILLER, *op. cit.*, p. 174.

12. *Lettre de la prison de Birmingham*, in WASHINGTON, *op. cit.*, p. 289-302.

13. Voir WILLIAMS, *op. cit.*, p. 188-189.

14. FORMAN (James), *The Making of Black Revolutionaries, A Personal Account*, New York, Macmillan, 1972, p. 312.

15. KING, *Why We Can't Wait*, *op. cit.*, p. 97.

16. Les journaux estimèrent qu'ils étaient plus de 3 000. Voir BRANCH, *op. cit.*, p. 777.

17. WILLIAMS, p. 191.

18. BRANCH, *op. cit.*, p. 800.

19. SCHULKE & MCPHEE, *op. cit.*, p. 138-139.

20. KING, *Why We Can't Wait*, *op. cit.*, p. 143-144.

21. *Ibid.*, p. 116-117.

22. SCHLESINGER, Jr. (Arthur M.), *A Thousand Days, John Kennedy in the White House*, Boston, Houghton Mifflin, 1965, p. 969-971.

23. Le 17 juillet 1963, Kennedy approuverait officiellement la marche, déclarant qu'elle entrait « dans la grande tradition des rassemblements pacifiques (…) pour la réparation des injustices ». In SOBEL (Lester A.), ed. *Civil Rights, 1960-1966*, New York, Facts on File, 1967, p. 170.

24. GARROW (David J.), *The FBI and Martin Luther King, Jr.*, New York, Penguin Books, 1983, (édition originale 1981), p. 61.

25. GENTRY (Curt), *J. Edgar Hoover, The Man and the Secrets*, New York, W.W.Norton & Cy, 1991, p. 504.

26. Certains soupçonnaient en effet Hoover d'avoir fait installer des micros jusque dans le Bureau ovale. Voir SUMMERS (Anthony), *Official and Confidential, The Secret Life of J. Edgar Hoover*, New York, G.P. Putman's Sons, 1993, p. 291, 306.

27. Voir le reportage télévisé de KHTV, *The Secret Files of J. Edgar Hoover*, 6 décembre 1989, et le livre de THEOHARIS (Athan), ed., *From the Secret Files of J. Edgar Hoover*, Chicago, I.R. Dee, 1991.

L'homosexualité très probable de Hoover a pu faire de lui une cible facile du chantage de la mafia, amenant un des « parrains » à déclarer : « Nous avions J. Edgar Hoover dans notre poche. Nous n'avions rien à craindre de lui. » In SUMMERs, *op. cit.*, p. 225.

28. GENTRY, *op. cit.*, p. 467-472.

29. *Ibid.*, p. 486.

30. GARROW, *The FBI and Martin Luther King*, *op. cit.*, p. 66.

31. Depuis mars 1962, exerçant son savant mélange de chantage et d'anticommunisme, Hoover avait obtenu de Bob Kennedy de placer le téléphone de Levison sur table d'écoute. Il suivait ainsi toutes les conversations entre Levison et King. Selon les agents du FBI, Levison aurait joué un rôle essentiel dans l'établissement de sociétés dont l'objectif réel était de gagner ou peut-être de blanchir de

l'argent destiné au Parti. À partir de 1955, Levison rompit apparemment tout contact avec le Parti, et le « Bureau » relâcha sa surveillance, jusqu'à ce qu'en 1961, Hoover découvre les liens d'amitié que l'avocat avait noués avec Martin Luther King pendant le boycott de Montgomery. Six années de surveillance électronique ininterrompue ne procurèrent cependant jamais la moindre indication que l'amitié ou les conseils de Levison fussent motivés par des sympathies communistes. Voir GARROW, *The FBI and Martin Luther King*, *op. cit.*, p. 40-43, p. 99.

32. KING, *Why We Can't Wait*, *op. cit.*, p. 123, 142.

33. X (Malcolm), *The Autobiography of Malcolm X*, with the assistance of Alex Haley, New York, Grove Press, 1965, réédition Ballantine Books, 1993, p. 278.

34. KING, *Why We Can't Wait*, *op. cit.*, p. 119. ABERNATHY, *op. cit.*, p. 275. *Ibid.*, p. 278.

35. ABERNATHY, *op. cit.*, p. 275.

36. *Ibid.*, p. 278.

37. LANDAU (Ely), producteur, *King : A Filmed Record, From Montgomery to Memphis*, The Martin Luther King Film Project, présenté par la Fondation Martin Luther King, 1970.

38. GARROW, *Bearing the Cross*, *op. cit.*, p. 282. À la fin de la guerre de Sécession, les troupes de l'Union conduites par le général Sherman progressèrent à travers le Dixie en brûlant villes et villages. « *La marche de Sherman* » est restée dans la mémoire sudiste synonyme de dévastation.

39. WASHINGTON, *op. cit.*, p. 217-220.

40. BRANCH, *op. cit.*, p. 883.

41. BALDWIN (James), *No Name in the Street*, New York, Dial Press, 1972, p. 140.

42. MOODY, *op. cit.*, p. 307 ; p. 318.

43. KING (Coretta Scott), *op. cit.*, p. 244.

44. BLACKSIDE, *op. cit.*, 1re série, 5e partie, « Mississippi : Is This America ? 1962-1964 ».

45. La fleur blanche du magnolia est en effet le symbole du Mississippi.

46. BLACKSIDE, *op. cit.*, 1re série, 5e partie.

47. WILLIAMS, *op. cit.*, p. 228.

48. C'est ainsi que William Simmons, porte-parole des Conseils de citoyens blancs du Mississippi, caractérisait ces étudiants qui avaient l'arrogance de vouloir changer tout un État. BLACKSIDE, *op. cit.*, 1re série, 5e partie.

49. POWLEDGE, *op. cit.*, p. 570.

50. WATTERS (Pat) & CLEGHORN (Reese) *Climbing Jacob's Ladder : The Arrival of Negroes in Southern Politics*, New York, Harcourt, Brace & World, 1967 p. 139, et WILLIAMS, *op. cit.*, p. 233.

51. POWLEDGE, *op. cit.*, p. 579.

52. En décembre 1964, le FBI arrêta 21 personnes compromises dans le triple meurtre. Les juges du Mississippi conclurent par un non-lieu, mais les tribunaux fédéraux réussirent finalement à faire condamner six hommes accusés de complot dans l'intention de priver les victimes de leurs droits constitutionnels. En effet, le meurtre n'est pas passible de la justice fédérale, mais seulement locale. Les condamnés reçurent des peines allant de trois à dix ans de prison.

53. BLACKSIDE, *op. cit.*, 1re série, 5e partie. Voir aussi MILLS (Kay), *This Little Light of Mine : The Life of Fannie Lou Hammer*, New York, Dutton, 1993.

54. BLACKSIDE, *op. cit.*, 1re série, 5e partie.

55. GARROW, *Bearing the Cross*, *op. cit.*, p. 327.

56. *Ibid.*, p. 337.

57. SCHULKE & McPHEE, *op. cit.*, p. 169.

58. Cité in GARROW, *Bearing the Cross*, *op. cit.*, p. 343-344.

59. WASHINGTON, *op. cit.*, p. 224-225.

CHAPITRE 10

MALCOLM X ET LES MUSULMANS NOIRS

1. GENTRY, *op. cit.*, p. 528.

2. *Ibid.*, p. 568.

3. BLACKSIDE, *op. cit.*, 2e série : « America at the Racial Cross roads, 1965-1985 », 1re partie : « The Time Has Come, 1964-1966 ».

4. In HAMPTON & FAYER, *op. cit.*, p. 244.

5. De nombreux ouvrages relatent l'histoire de Malcolm X, et à la suite du film que Spike Lee lui a consacré en 1992, plusieurs de ces biographies ont été rééditées. Voir entre autres GOLDMAN (Peter Louis), *The Death and Life of Malcolm X*, Urbana, University of Illinois Press, 1979 ; PERRY (Bruce), *Malcolm : the Life of a Man Who Changed Black America*, New York, Station Hill Press, 1991 ; et bien sûr l'autobiographie qui demeure l'ouvrage de référence : X (Malcolm), *The Autobiography of Malcolm X*, *op. cit.*

6. HALEY (Alex), *The Playboy Interviews*, New York, Ballantine Books, 1993, p. 36.

En mai 1963, Malcolm X accorda une interview approfondie à Alex Haley pour le magazine *Playboy*. Haley, pendant tout le temps de sa collaboration avec cette publication, obtint ainsi de longues conversations avec des personnalités très controversées et difficiles à rencontrer. Ces interviews passionnantes ont été regroupées dans un livre : *The Playboy Interviews*.

7. *Ibid.*, p. 36.

8. X (Malcolm), *The Autobiography, op. cit.*, p. 36.

9. *Ibid.*, p. 104-107.

10. Voir LINCOLN (C. Eric), *The Black Muslims in America*, Boston, Beacon Press, 1961, p. 17.

11. GALLEN (David) et al., *Malcolm X As They Knew Him*, New York, Carroll & Graf, 1992, p. 42.

12. BLACKSIDE, *op. cit.*, 2ᵉ série, 1ʳᵉ partie.

13. GALLEN, *op. cit.*, p. 139.

14. *Ibid.*, p. 53.

15. *The Hate That Hate Produced*, News Beat WNDT-TV Channel 13, New York, 13-17 juillet 1959.

16. FARMER (James), *op. cit.*, p. 224.

17. BALDWIN (James), *The Fire Next Time*, New York, A Laurel Book, Bantam Doubleday Dell, 1988 (édition originale 1962), p. 87.

18. BLACKSIDE, *op. cit.*, 2ᵉ série, 5ᵉ partie.

19. X (Malcolm), *op. cit.*, p. 301.

20. BREITMAN (George), ed., *Malcolm X Speaks, Selected Speeches and Statements*, New York, Grove Weidenfeld, 1990 (édition originale 1966), p. 21 ; p. 38.

21. BREITMAN, *op. cit.*, p. 32.

22. *Ibid.*, p. 34.

23. Lettre du 20 avril 1964, in BREITMAN, *op. cit.*, p. 60.

24. Lettre citée in GALLEN, *op. cit.*, p. 71.

25. BREITMAN, *op. cit.*, p. 58.

26. BLACKSIDE, *op. cit.*, 1ʳᵉ série, 6ᵉ partie « *Bridge to Freedom, 1965* ».

27. WILLIAMS, *op. cit.*, p. 272.

28. POWLEDGE, *op. cit.*, p. 613.

29. CHESTNUT, (J.L., Jr) & CASS (Julia), *Black in Selma : The Uncommon Life of J.L. Chestnut, Jr*, New York, Doubleday, 1991, p. 137-138.

30. *Ibid.*, p. 172-180.

31. *Ibid.*, p. 199.

32. HAMPTON & FAYER, *op. cit.*, p. 219.

33. BLACKSIDE, *op. cit.*, 1re série, 6e partie. KING (Martin Luther), « A Letter From a Selma, Alabama, Jail », in *The New York Times*, 5 février 1965.

34. BLACKSIDE, *op. cit.*, 2e série, 1re partie.

35. KING (Coretta Scott), *op. cit.*, p. 256.

36. Voir notamment CARSON (Clayborne), *Malcolm X The FBI File*, New York, Carroll & Graf, 1991 ; LOMAX (Louis), *To Kill a Black Man*, Los Angeles, Holloway flouse, 1968 ; BREITMAN (George), *The Assassination of Malcolm X*, New York, Pathfinder, 1991 ; et FRIEDLY (Michael), *Malcolm X : The Assassination*, New York, Carroll & Graf, 1992.

37. WILLIAMS, *op. cit.*, p. 269.

38. Toute la scène a été filmée par les caméras de la télévision. Voir BLACKSIDE, *op. cit.*, 1re série, 6e partie.

39. HAMPTON & FAYER, *op. cit.*, p. 233.

40. In GARROW, *Bearing the Cross*, *op. cit.*, p. 407.

41. In BLACKSIDE, *op. cit.*, 1re série, 6e partie.

42. KING (Coretta Scott), *op. cit.*, p. 267-268.

43. In WASHINGTON (James M.), *op. cit.*, p. 228-229.

44. James FORMAN, in BLACKSIDE, *op. cit.*, 1re série, 6e partie.

45. CHESTNUT, Jr., & CASS, *op. cit.*, p. 225.

46. KING, *Why We Can't Wait*, *op. cit.*, p. 136-137.

CHAPITRE 11

BLACK POWER !

1. WHITE (Theodore), *The Making of a President*, 1964, New York, Atheneum Publishers, 1965, p. 380. Voir également GOLDMAN (Eric F.), *The Tragedy of Lyndon Johnson*, New York, Alfred Knopf, 1969, p. 255.

2. KEARNS GOODWIN (Doris), *Lyndon Johnson and the American Dream*, New York, St. Martin's Press, 1991, p. 230.

3. JOHNSON (Lyndon), « Commencement Address at Howard University », 4 juin 1965, in CARSON, ed., *op. cit.*, p. 611-613.

4. *Ibid.*, p. 305.

5. KING (Martin Luther), *Where Do We Go From Here, Chaos or Community ?*, New York, Harper & Row, 1967.

6. SITKOFF (Harvard), *The Struggle for Black Equality, 19541992*, New York, Hill & Wang, 1993, p. 187. Très souvent, le dénombrement des victimes et des dégâts causés par les émeutes raciales demeure imprécis, mais les chiffres avancés par Harvard Sitkoff se situent dans la moyenne des estimations.

7. *Ibid.*

8. HAMPTON & FAYER, *op. cit.*, p. 373.

9. SIRKOFF, *op. cit.*, p. 189.

10. *Ibid.*, p. 185.

11. HAMPTON & FAYER, *op. cit.*, p. 398.

12. CARMICHAEL (Stokely) & HAMILTON (Charles V.), *Black Power : The Politics of Liberation in America*, New York, Random House, Vintages Books, 1967, p. 98-103.

13. HAMPTON & FAYER, *op. cit.*, p. 269.

14. CARMICHAEL & HAMILTON, *op. cit.*, p. 117.

15. BLACKSIDE, *op. cit.*, 2ᵉ série, 2ᵉ partie, « Two Societies, 1965-1968 ».

16. HAMPTON & FAYER, *op. cit.*, p. 277.

17. GARROW, *Bearing the Cross, op. cit.*, p. 480.

18. KING, *Where Do We Go From Here ?*, *op. cit.*, in WASHINGTON, ed., p. 573, 577.

19. *Ibid.*, p. 586-593.

20. HAMPTON & FAYER, *op. cit.*, p. 290.

21. BLACKSIDE, *op. cit.*, 2ᵉ série, 1ʳᵉ partie, « The Time Has Come », 1964-1966.

22. *Ibid.*

23. VAN DEBURG (William L.), *New Day in Babylon, The Black Power Movement and American Culture*, Chicago, The University of Chicago Press, 1992, p. 11.

24. FANON (Frantz), *Les Damnés de la Terre*, préface de Jean-Paul Sartre, Paris, Gallimard, réédition 1991.

25. CARMICHAEL & HAMILTON, *op. cit.*, p. 5.

26. VAN DEBURG, *op. cit.*, p. 45.

27. CARMICHAEL (Stokely), *Stokely Speaks : Black Power, Back to PanAfricanism*, New York, Vintage, 1971, p. 190.

28. VAN DEBURG, *op. cit.*, p. 45.

29. BLACKSIDE, *op. cit.*, 2ᵉ série, 5ᵉ partie, « Ain't Gonna Shuffle No More, 1964-1972 ».

30. BALDWIN, *The Fire Next Time, op. cit.*, p. 105.

31. VAN DEBURG, *op. cit.*, p. 17.

32. *Ibid.*, p. 64-65.

33. MC WORTER (Gerald), « The Nature and Needs of the Black University », Sociological Essay, 1968, in CARSON (Clayborne), GARROW (David J.), GILL (Gerald), HARDING (Vincent) & CLARK HINE (Darlene), eds., *The Eyes on the Prize Civil Rights Reader, Documents, Speeches and Firsthand Accounts from the Black Freedom Struggle, 1954-1990*, New York, Penguin Books, 1991, p. 475.

34. HARE (Nathan), « The Case for Separatism : "Black Perspective" » in *Newsweek*, 10 février 1969, p. 56.

35. McWORTER, in CARSON et al., *op. cit.*, p. 476.

36. « An Open Letter Sent To Howard President James M. Nabrit », in CARSON et al., eds., *op. cit.*, p. 462 *sq.*

37. BLACKSIDE, *op. cit.*, 2ᵉ série, 5ᵉ partie.

38. KEARS GOODWIN, *op. cit.*, p. 311.

39. ALI (Muhammad), with DURHAM (Richard), « The Greatest : My Own Story », in CARSON (Clayborne) et al., eds., p. 453.

40. HAMPTON & FAYER, *op. cit.*, p. 438.

41. *Ibid.*, p. 414.

42. KAUFMAN (Jonathan), *Broken Alliance : The Turbulent Times Between Black and Jews in America*, New York, New American Library, Penguin Books, 1988, p. 200.

43. SITKOFF, *op. cit.*, p. 203.

44. WEISBROT (Robert), *Freedom Bound, A History of America's Civil Rights Movement*, New York, W.W.Norton & Company, 1990, p. 252.

45. SITKOFF, *op. cit.*, p. 203.

46. HILLLARD (David) & COLE (Lewis), *This Side of Glory, The Autobiography of David Hilliard and the Story of the Black Panther Party*, Boston, Little Brown & Company, 1993, p. 120.

47. *Ibid.*, p. 121.

48. In CARSON et al., *op. cit.*, p. 346-347.

49. In VAN DEBURG, *op. cit.*, p. 27.

50. In HAMPTON & FAYER, *op. cit.*, p. 358.

51. VAN DEBURG, *op. cit.*, p. 156.

52. HILLIARD & COLE, *op. cit.*, p. 128.

53. CLEAVER (Eldridge), *Soul on Ice*, New York, McGraw-Hill, 1968.

54. GENTRY, *op. cit.*, p. 618.

55. KING, *Where Do We Go From Here ?*, *op. cit.*, in WASHINGTON, ed., p. 590-595.

CHAPITRE 12
LA TOURMENTE

1. Le titre est de DRAKE (St. Clair) & CAYTON (Horace R.), *Black Metropolis*, A Study of Negro Life in a Northern City, New York, Harcourt, Brace & Cy, 1945.

2. LEMANN, *op. cit.*, p. 90-91.

3. RALPH (James R.), Jr., *Northern Protest, Martin Luther King, Jr., Chicago and the Civil Rights Movement*, Cambridge, Massachusetts, Harvard University Press, 1993, p. 81.

4. *Ibid.*, p. 69.

5. *Ibid.*, p. 81

6. *Ibid.*, p. 89.

7. GARROW, *Bearing the Cross, op. cit.*, p. 456.

8. *Ibid.*, p. 465.

9. RALPH, *op. cit.*, p. 78.

10. *Ibid.*, p. 111.

11. BLACKSIDE, *op. cit.*, 2ᵉ série, 2ᵉ partie, « Two Societies, 1965-1968 ».

12. GARROW, *Bearing the Cross, op. cit.*, p. 500.

13. HAMPTON & FAYER, *op. cit.*, p. 313-314.

14. BLACKSIDE, *op. cit.*, 2ᵉ série, 2ᵉ partie.

15. *Ibid.* & GARROW, *Bearing the Cross, op. cit.*, p. 515.

16. RALPH, *op. cit.*, p. 184.

17. WEISBROT, *op. cit.*, p. 220.

18. GARROW, *Bearing the Cross, op. cit.*, p. 532.

19. SILBERMAN (Charles), *Crisis in Black and White*, New York, Random House, 1964, p. 9-10.

20. RALPH, *op. cit.*, p. 185.

21. GARROW, *Bearing the Cross, op. cit.*, p. 524.

22. *Ibid.*, p. 567 ; p. 569.

23. *Ibid.* p. 533 ; p. 537.

24. *Ibid.*, p. 563.

25. KING (Coretta Scott), *op. cit.*, p. 292.

26. *Ibid.*

27. KING (Martin Luther), « A Time to Break Silence », 4 avril 1967, in WASHINGTON, *op. cit.*, p. 231-244.

28. GARROW, *Bearing the Cross, op. cit.*, p. 553-554.

29. GARROW, *The FBI and Martin Luther King*, A, *op. cit.*, p. 182.

30. KEARNS GOODWIN, *op. cit.*, p. 340.

31. HALBERSTAM (David), *The Unfinished Odyssey of Robert Kennedy*, New York, Random House, 1968, p. 129.

32. BLACKSIDE, *op. cit.*, 2ᵉ série, 4ᵉ partie, « The Promised Land ».

33. L'émotion de Robert Kennedy n'était pas feinte. Sa fille, Kerry Kennedy Cuomo, raconte qu'à son retour de voyage, il avait expliqué la situation à ses enfants, et plaidé à plusieurs reprises : « Vous devez faire quelque chose pour aider ces enfants. » « C'était un véritable élan d'émotion, se souvient Mrs Cuomo, une expression de sa compassion », in *Life*, avril 1993, p. 59.

34. HAMPTON & FAYER, *op. cit.*, p. 453.

35. BLACKSIDE, *op. cit.*, 4ᵉ série, 4ᵉ partie.

36. *Ibid.*

37. GARROW, *Bearing the Cross*, *op. cit.*, p. 582. OATES, *op. cit.*, p. 522-523.

38. *Ibid.*

39. KING (Martin Luther), « I See the Promised Land », in WASHINGTON, *op. cit.*, p. 279-286.

40. SITKOFF, *op. cit.*, p. 208.

41. Les responsabilités de la CIA et du FBI ont été de nombreuses fois mises en cause. Voir notamment : WEISBERG (Harold), *Martin Luther King, The Assassination*, New York, Carroll & Graf Publishers/Richard Gallen, 1993 (édition originale 1969) ; MELANSON (Dr. Philip H.), *The Martin Luther King Assassination, New Revelations on the Conspiracy and Cover-up*, 1968-1991, New York, Shapolsky Publishers, 1991 ; RAY (James Earl), *Who Killed Martin Luther King ?, The True Story by the Alleged Assassin*, Washington D.C., National Press Books, 1992.

42. KEARNS GOODWIN, *op. cit.*, p. 348-349.

43. HAMPTON & FAYER, *op. cit.*, p. 479-480.

44. *Ibid.*, p. 473-474.

45. *Ibid.*, p. 479.

46. ABERNATHY, *op. cit.*, p. 516.

47. HAMPTON & FAYER, *op. cit.*, p. 481.

48. KAUFMAN, *op. cit.*, p. 133.

49. *Ibid.*, p. 136-140.

50. HAMPTON & FAYER, *op. cit.*, p. 498.

51. KAUFMAN, *op. cit.*, p. 146.

52. DRAKE (St. Clair) & CAYTON (Horace R.), *Black Metropolis : A Study of Negro Life in a Northern City*, New York, Harcourt, Brace & Cy, 1945, cité in CARSON et al., *op. cit.*, p. 378.

CHAPITRE 13
LA FIN DES RÉVOLUTIONNAIRES

1. BLACKSIDE, *op. cit.*, 2ᵉ série, 5ᵉ partie, « Ain't Gonna Shuffle No More, 1964-1972 ».

2. WEISBROT, *op. cit.*, p. 278.

3. In *Time Magazine*, 9 mars 1970, p. 9. Cette phrase suscita une véritable tempête et de multiples interprétations, et Moynihan se souvient que grâce à elle, il « passa une période absolument infernale ». In COSE (Ellis), *The Rage of a Privileged Class*, New York, Harper Collins, 1993, p. 3.

4. EVANS (Rowland, Jr.) & NOVAK (Robert D.), *Nixon in the White House : The Frustration of Power*, New York, Vintage Books, 1971, p. 134.

5. WEISBROT, *op. cit.*, p. 284.

6. *Ibid.*

7. VAN DEBURG, *op. cit.*, p. 165-166.

8. SOBEL (Lester A.), ed., *Civil Rights*, New York, Facts on File, 1967-73, p. 396.

9. HAMPTON & FAYER, *op. cit.*, p. 515, et HILLIARD & COLE, *op. cit.*, p. 183-194.

10. NEWTON (Huey) & BLAKE (Herman J.), *Revolutionary Suicide*, New York, Harcourt, Brace & Jovanovich, 1973, p. 130-131.

11. HILLIARD & COLE, *op. cit.*, p. 199.

12. HAMPTON & FAYER, *op. cit.*, p. 512 ; p. 519.

13. NEWTON & BLAKE, *op. cit.*, p. 304.

14. GENTRY, *op. cit.*, p. 622.

15. *Ibid.*

16. HAMPTON & FAYFR, *op. cit.*, p. 526-527.

17. En 1982, les survivants de la fusillade et les familles de Hampton et Clark reçurent des compensations financières de la ville de Chicago, du comté et du gouvernement fédéral.

18. NEWTON & BLAKE, *op. cit.*, p. 328.

19. HILLIARD & COLE, *op. cit.*, p. 319.

20. VAN DEBURG, *op. cit.*, p. 161-162.

21. DAVIS (Angela Yvonne), *An Autobiography*, New York, Random House, 1974. Texte reproduit in CARSON, et al., ed., *op. cit.*, p. 544.

22. *Ibid.*

23. JACKSON (George), *Soledad Brother, The Prison Letters of George Jackson*, New York, Bantam Books, 1970.

24. DAVIS, *op. cit.*, in CARSON, ed., p. 541.

25. HAMPTON & FAYER, *op. cit.*, p. 543.

26. Voir BADILLO (Herman) & HAYNES (Milton), *A Bill of No Rights : Attica and the American Prison System*, New York, Outerbridge & Lazard, 1972, et également HAMTON & FAYER, *op. cit.*, p. 543-563.

27. Voir BROWN (Elaine), *A Taste of Power : A Black Woman's Story*, New York, Anchor Books, Doubleday, 1992, p. 362-376, 410-436.

CHAPITRE 14

LA LONGUE MARCHE DE L'INTÉGRATION

1. HAMPTON & FAYER, *op. cit.*, p. 574.

2. *Ibid.*, p. 571.

3. VAN DEBURG, *op. cit.*, p. 171.

4. BARAKA (Amiri), « It's Nation Time », in CARSON, ed. *op. cit.*, p. 480-482.

5. BLACKSIDE, *op. cit.*, 2ᵉ série, 8ᵉ partie.

6. NATIONAL BLACK POLITICAL AGENDA, « The Gary Declaration », in CARSON ed., *op. cit.*, p. 493-499.

7. HATCHER (Richard), « We Must Pave the Way : An Independent Black Political Thrust », in CARSON ed., *op. cit.*, p. 482-492.

8. HACKER (Andrew), *Two Nations, Black and White, Separate, Hostile, Unequal*, New York, Charles Scribner's Sons, 1992, p. 119.

9. WEISBROT, *op. cit.*, p. 293.

10. Interview de Maynard Jackson in BLACKSIDE, *op. cit.*, 2ᵉ série, 7ᵉ partie.

11. JACKSON (Maynard), « Inaugural Address », 7 janvier 1974, in CARSON, ed, *op. cit.*, p. 615.

12. *Ibid.*, p. 594 ; p. 619-620.

13. HAMPTON & FAYER, *op. cit.*, p. 636.

14. WEISBROT, *op. cit.*, p. 280.

15. *Public Papers of the Presidents of the United States : Richard Nixon, 1971*, Washington, Government Printing Office, 1972, p. 848. Cité in FRANKLIN (John Hope), *The Color Line : Legacy for*

the Twenty-First Century, Columbia, University of Missouri Press, 1993, p. 38.

16. WEISBROT, *op. cit.*, p. 289.

17. Arrêt « *Tallulah Morgan et al. v. James W. Hennigan et al.* », 1974, cité in CARSON, ed., *op. cit.*, p. 609-611.

18. HAMPTON & FAYER, *op. cit.*, p. 594.

19. BLACKSIDE, *op. cit.*, 2ᵉ série, 7ᵉ partie, « The Keys to the Kingdom, 1974-1980 », et HAMPTON & FAYER, *op. cit.*, p. 601-602.

20. HAMPTON & FAYER, *op. cit.*, p. 615.

21. Arrêt « *Milliken v. Bradley* », in WEISBROT, *op. cit.*, p. 292.

22. FRANKLIN, *The Color Line*, *op. cit.*, p. 40.

23. HAMPTON & FAYER, *op. cit.*, p. 609.

24. *Ibid.*, p. 617.

25. SITKOFF, *op. cit.*, p. 214.

26. WEISBROT, *op. cit.*, p. 299.

27. *Ibid.*

28. Julian BOND *in* SITKOFF, *op. cit.*, p. 215.

29. DREYFUSS (Joel) & ILL (Charles Lawrence), *The Bakke Case : The Politics of Inequality*, New York, Harcourt, Brace & Jovanovich, 1979, p. 98.

30. Arrêt *Regents of the University of California v. Alan Bakke*, 28 juin 1978, in CARSON, ed., *op. cit.*, p. 631-639.

31. MARSHALL (Thurgood), *Regents of the University of California v. Alan Bakke, (Justice Marshall's Dissent)*, 23 juin 1978, in CARSON, ed., p. 639-651.

32. KAUFMAN, *op. cit.*, p. 233.

33. BLACKSIDE, *op. cit.*, 2ᵉ série, 8ᵉ partie, « Back to the Movement, 1979-mid 80's ».

CHAPITRE 15
DANS L'ARÈNE POLITIQUE

1. Voir le commentaire de John Hope FRANKLIN sur la « Nouvelle Droite », in *The Color Line*, *op. cit.*, p. 10-12. Le « *Sun Belt* » ou la « ceinture de soleil », désigne les États du Sud, de la Floride à la Californie en passant par le Texas, centres de technologies de pointe et périmètre privilégié de la croissance économique pendant les années Reagan.

2. Ronald REAGAN, 20 janvier 1981 et 11 juin 1981, *Public Papers of the Presidents : Ronald Reagan, 1981*, Washington D.C., Governement Printing Office, 1982, p. 1 ; p. 506.

3. « *Yuppies* » : « *Young Urban Professionals* », équivalent américain du « jeune loup aux dents longues ».

4. FRANKLIN, *The Color Line, op. cit.*, p. 19-20.

5. WEISBROT, *op. cit.*, p. 302.

6. FRANKLIN, *The Color Line, op. cit.*, p. 13. Voir également BELL (Terrel H.), *The Thirteenth Man : A Reagan Cabinet Memoir*, New York, The Free Press, 1988.

7. McDONALD (Greg), « Critics doubt civil rights panel will gain clout during extension », in *Houston Chronicle*, 26 novembre 1989, p. 10.

8. WEISBROT, *op. cit.*, p. 303.

9. FRANKLIN, *The Color Line, op. cit.*, p. 20.

10. SITKOFF, *op. cit.*, p. 217.

11. JAYNES (Gerald David) & WILLIAMS (Robin M., Jr), eds., Committee on the Status of Black Americans, Commission on Behavioral and Social Sciences and Education, National Research Council, *A Common Destiny, Blacks and American Society*, Washington DC, National Academy Press, 1989, p. 233.

12. WEISBROT, *op. cit.*, p. 303 ; FRANKLIN, *op. cit.*, p. 46-47.

13. HAMPTON & FAYER, *op. cit.*, p. 660.

14. FRANKLIN, *op. cit.*, p. 21-23 ; NEIKIRK (William), « Liberals fear Bush speech to fuel attack on civil rights », in *Chicago Tribune*, 16 mai 1991.

15. JAYNES & WILLIAMS, *op. cit.*, p. 238.

16. BLACKSIDE, *op. cit.*, 2ᵉ série, 8ᵉ partie.

17. WASHINGTON (Harold), « Inaugural Address », 29 avril 1983, in CARSON, ed., *op. cit.*, p. 698-702.

18. KAUFMAN, *op. cit.*, p. 239.

19. BLACKSIDE, *op. cit.*, 2ᵉ série, 8ᵉ partie.

20. KAUFMAN, *op. cit.*, p. 237.

21. GARROW, *Bearing the Cross, op. cit.*, p. 585.

22. JACKSON Jesse, « Address to the Democratic National Convention », San Francisco, 17 juillet 1984, *in* CARSON, ed., *op. cit.*, p. 705.

23. *Washington Post*, 13 février 1984. Cité également in KAUFMAN, *op. cit.*, p. 243-244.

24. *Ibid.*, p. 245-246.

25. SITKOFF, *op. cit.*, p. 222 et WEISBROT, *op. cit.*, p. 313.

26. KAUFMAN, *op. cit.*, p. 270.

27. JAYNES & WILLIAMS, *op. cit.*, p. 217.

28. KAUFMAN, *op. cit.*, p. 270, et SITKOFF, *op. cit.*, p. 223.

29. SITKOFF, *op. cit.*, p. 218.

30. « *Grand Old Party* » ou GOP, surnom du parti républicain.

31. TOINET (Marie-France), « La dérive conservatrice altère le crédit de la Cour suprême » in *Le Monde Diplomatique*, janvier 1992, p. 18-19.

32. BENEDETTO (Richard), « Quota ban added to rights bill », in *USA Today*, 22 mai 1991.

33. FRANKLIN, *op. cit.*, p. 69-71.

34. NEIKIRK (William), « Liberals fear Bush speech to fuel attack on civil rights », in *Chicago Tribune*, 16 mai 1991.

35. McDONALD (Greg), « Fed force called in by Bush », *in Houston Chronicle*, 2 mai 1992.

36. TONER (Robin), « U.S. poll : Riots seen as warning on race, urban plight », in *The New York Times*, 11 mai 1991.

CHAPITRE 16

LE TEMPS DE LA RECONNAISSANCE

1. WICKHAM (DeWayne), *Why Blacks Love Bill Clinton*, février 2002, http://dir.salon.com/story/books/int/2002/02/20/clinton/index3.html

2. MORRISON (Toni), « Comment », in *The New Yorker*, 5 octobre 1998.

3. ANGELOU (Maya), *I Know Why the Caged Bird Sings*, New York, Random House, 1969.

4. ANGELOU (Maya), *On the Pulse of Morning*, 1993, http://etext.lib.virginia.edu/modeng/modeng0.browse.html

5. HACKER (Andrew), *op. cit.*, p. 208.

6. CARTER (Stephen L.), *Reflections of an Affirmative Action Baby*, New York, Basic Books, Harper Collins, 1991, p. 29. Voir également STEELE (Shelby), *The Content of Our Character*, New York, St-Martins Press, 1990.

7. *The New York Times*, « Looks Like America », 25 décembre 1992.

8. CLINTON (Bill), *My Life*, New York, Alfred Knopf, Random House, 2004, p. 454.

9. BOLICK (Clint), « Quota Queen », in *The Wall Street Journal*, 30 avril 1993.

10. APPLE Jr. (R.W.), « The Guinier Battle ; President Blames Himself for Furor Over Nominee », in *The New York Times*, 5 juin 1993.

11. CLINTON, *op. cit.*, p. 559.

12. *Ibid.*, p. 559-560.

13. KLEIN (Joe), *The Natural ; The Misunderstood Presidency of Bill Clinton*, New York, Doubleday, 2002, p. 82.

14. BACHARAN (Nicole), *Le piège*, Paris, Le Seuil, 1999, p. 25-26.

15. *Ibid.*, p. 629.

16. http://www.house.gov/house/Contract/CONTRACT.html

17. KLEIN, *op. cit.*, p. 140.

18. CLINTON, *op. cit.*, p. 638.

19. *Ibid.*, p. 658.

20. KLEIN, *op. cit.*, p. 148.

21. GIDDINGS (Paula), Préface au livre d'Andrew BILLINGSLEY, *op. cit.*, p. 14.

22. HACKER, *op. cit.*, p. 67-68, p. 74.

23. HACKER, *op. cit.*, p. 68.

24. BLOW (Charles M), « Talking Down and Stepping Up », in *The New York Times*, 12 juillet 2008.

25. WILSON (William Julius), *When Work Disappears : The World of the New Urban Poor*, New York, Alfred Knopf, 1996, p. 164.

26. http://www-cgi.cnn.com/ALLPOLITICS/1996/news/9608/22/welfare. sign/

27. KLEIN, *op. cit.*, p. 155.

28. CLINTON (Bill), « How We Ended Welfare, Together », in *The New York Times*, 22 août 2006.

29. BERMAN (Paul), « Redefining Fairness », *The New York Times Book Review*, 14 avril 1996.

30. LEMANN (Nicholas), « Taking Affirmative Action Apart », in *The New York Times Magazine*, 11 juin 1995.

31. KUNEN (James S.), « The End of Integration », in *Time Magazine*, 29 avril 1996.

32. COHEN (Adam), « The Supreme Struggle », in *The New York Times*, 18 janvier 2004.

33. *Ibid.*

34. *Adarand Constructors, Inc. v. Pena*, juin 1995.

35. CLINTON, *op. cit.*, p. 663.

36. HOLMES (Steven A.), « The Clinton Record : Civil Rights », in *The New York Times*, 20 octobre 1996.

37. HAVEMANN (Judith), « California Rejects Affirmative Action », in *The Washington Post*, 7 novembre 1996.

38. COSE (Ellis), « The Color Bind », in *Newsweek*, 12 mai 1997.

39. TCHELL (Alison), « Clinton Feels Sure-Footed on the Tightrope of Race », in *The New York Times*, 16 juin 1997.

40. CLINTON (Bill), « Speech on Race in America », in *The New York Times*, 15 juin 1997.

41. WEISER (Benjamin), « Inquiry in New York Reflects More Aggressive Federal Scrutiny of Police Nationwide », in *The New York Times*, 28 mars 1999.

42. PETERSON (Iver), « Racial Math on Turnpike : More tops, Fewer Arrests, and Divided Conclusions », in *The New York Times*, 14 janvier 2001.

43. PURDY (Matthew), « Ignoring, and Then Embracing, the Truth About Racial Profiling », in *The New York Times*, 11 mars 2001.

44. KOCIENIEWSKI (David) & HANLEY (Robert), « An Inside Story of Racial Bias and Denial », in *The New York Times*, 3 décembre 2000.

45. BACHARAN (Nicole), *Faut-il avoir peur de l'Amérique ?* Paris, Le Seuil, 2005, p. 83.

46. DARDEN (Christopher), « Darden Takes the Gloves Off », *Newsweek*, 25 mars 1996.

47. « Decision... and Division », *Newsweek*, 16 octobre 1995.

48. KOLBERT (Elizabeth), « The Perils of Safety », in *The New Yorker*, 22 mars 1999.

49. BARRY (Dan), « What to Do if You're Stopped by the Police », in *The New York Times*, 27 février 2000.

50. SEELYE (Katherine), *Clinton Initiatives to Promote Trust in Police*, 14 mars 1999.

51. Sur toute l'affaire Lewinsky, voir BACHARAN, *Le Piège*, *op. cit.*

52. MORRISON, *op. cit.*

53. CLINTON, *op. cit.*, p. 862-863.

54. *Ibid.*, p. 783.

55. COSE (Ellis), « The Good News About Black America », in *Newsweek*, 14 juin 1999.

56. WILSON (William Julius), « There Goes the Neighborhood », in *The New York Times*, 16 juin 2003.

57. CLINTON, *op. cit.*, p. 923.

CHAPITRE 17
LES ANNÉES « SANS COULEUR »

1. BRUNI (Frank), « Mixing With Minorities, Bush makes Bid for Swing Vote », in *The New York Times*, 19 octobre 1999.

2. TOOBIN (Jeffrey), « Poll Position : Is the Justice Department poised to stop voter fraud – or to keep voters from voting ? », in *The New Yorker*, 20 septembre 2004.

3. FINEMAN (Howard), « Powell on the March », in *Newsweek*, 11 septembre 1995.

4. FREEDLAND (Jonathan), « Madame Secretary », in *The New York Times*, 1er juillet 2007.

5. RICE (Condoleezza), sur *Larry King*, CNN, 11 mai 2005.

6. WEISMAN (Steven R.), « Powell Calls His UN Speech a Lasting Blot on His Record », in *The New York Times*, 9 septembre 2005.

7. « Steady Drop in Black Army Recruit », in *The Washington Post*, 9 mars 2005.

8. GILBERT (Mary) & TSIKITAS (Irene) : « Seeing In Black And White », in *National Journal*, 22 janvier 2008.

9. LIPTAK (Adam), « Scholars Say Justices Sent Murky Message », in *The New York Times*, 25 juin 2003.

10. McCLURE (Laura) & FOLLMAN (Mark), in *Salon Magazine*, juin 2003.

11. « A Win for Affirmative Action », in *The New York Times*, 24 juin 2003.

12. GREENHOUSE (Linda), « Justices Back Affirmative Action by 5 to 4 », in *The New York Times*, 24 juin 2003.

13. McCLURE & FOLLMAN, *op. cit.*

14. GREENHOUSE (Linda), *op. cit.*

15. BARNES (Robert), « Court Limits Use of Race to Achieve Diversity in Schools », in *The Washington Post*, 28 juin 2007.

16. *Newsweek*, 19 septembre 2005.

17. « Portrait of the Poor », in *Newsweek*, 19 septembre 2005.

18. KOTLOWITZ (Alex), *There Are No Children Here : The Story of Two Boys Growing Up in the Other America*, New York, Anchor Books, Doubleday, 1991, p. 10, préface.

19. GILBERT & TSIKITAS, *op. cit.*

20. REYNOLDS (Maura), « Values of Blacks and Whites Are Converging, Survey Finds », *Christian Science Monitor*, 15 novembre 2007.

21. GILBERT & TSIKITAS, *op. cit.*

22. MARTINEZ (Ruben), *The New Americans*, New York, The New Press, 2004.

23. BACHARAN (Nicole), *Faut-il avoir peur de l'Amérique ?*, *op. cit.*, p. 142-143.

24. « The New Face of Race », *Newsweek*, 18 septembre 2000.

CHAPITRE 18
L'AMÉRIQUE RÉCONCILIÉE ?

1. OBAMA (Barack), *Dreams from My Father : A Story of Race and Inheritance*, New York, Three Rivers Press, 1995.

2. OBAMA (Barack), *Discours à la Convention démocrate de Boston*, 27 juillet 2004, http://www.2004dnc.com/barackobama speech/index.html

3. OBAMA (Barack), *Discours sur la race*, Philadelphie, 18 mars 2008, http://www.thisisby.us/index.php/content/obama_race_speech _read_the_full_text

4. KENNEDY (Edward M.), Convention nationale démocrate, Denver, 25 août 2008, http://www.youtube.com/watch?v=Kip VAzR3LR0

5. KING (Bernice), 28 août 2008, http://www.democrats.org/a/ 2008/08/reverend_bernice_king.php

6. KING III (Martin Luther), 28 août 2008, http://www.democrats.org/a/2008/08/martin_luther_king_iii.php

7. LEWIS, (John) 28 août 2008, http://www.democrats.org/a/ 2008/08/rep_john_lewis.php

8. OBAMA (Barack), 28 août 2008, http://www.democrats.org/ a/2008/08/pres_barack_obama.php

9. COOPER (Michael), BUMILLER (Elizabeth), « McCain Chooses Alaska Governor as Running Mate » in *The New York Times*, 29 août 2008.

10. POWELL (Colin), *NBC, Meet the Press*, 19 octobre 2008.

11. OLIPHANT (James), « Obama : Police Acted Stupidly in Henry Louis Gates Arrest », in *Chicago Tribune*, 23 juillet 2009.

12. MEACHAM (Jon), Interview de Barack Obama, in *Newsweek*, 25 Mai 2009.

13. Le 16 décembre 1773, la *Boston Tea Party*, au cours de laquelle des colons américains avaient jeté dans le port la cargaison d'un navire venu d'Angleterre, avait donné le signal de la révolte.

14. Sondage *Washington Post*-ABC News, mai 2008.

15. LUO (Michael), in « Job Hunt, College Degree Can't Close Racial Gap », *The New York Times,* 1er décembre 2009.

16. OBAMA (Barack), Discours d'Oslo, 10 décembre 2009, http://www.nytimes.com/2009/12/11/world/europe/11prexy.text. html?_r=1&pagewanted=2

Index

Table

TABLE 615

Imprimé en France par EPAC Technologies
N° d'impression : 4550414301320
Dépôt légal : août 2010